普通高校经济管理类立体化教材·财会系列

高级财务会计
(第 2 版)

高　旸　刘大志　付　艳　王　欣　编著

清华大学出版社
北京

内 容 简 介

本书根据中华人民共和国财政部最新发布的《企业会计准则(2022年版)》，阐述了企业特殊业务、财务报表调整、企业合并、合并财务报表等会计理论与实务，包括外币折算，债务重组，非货币性资产交换，政府补助，或有事项，借款费用，租赁，股份支付，会计政策、会计估计及其变更和差错更正，资产负债表日后事项，每股收益，企业合并，合并财务报表，等等，旨在全面、系统地培养具有高素质的应用型财经类人才。

本书既可作为高等院校、高职院校相关专业的教学用书，也可作为广大会计从业人员的参考用书。

本书封面贴有清华大学出版社防伪标签，无标签者不得销售。
版权所有，侵权必究。举报：010-62782989，beiqinquan@tup.tsinghua.edu.cn。

图书在版编目(CIP)数据

高级财务会计/高旸等编著. —2版. —北京：清华大学出版社，2023.3 (2024.2重印)
普通高校经济管理类立体化教材. 财会系列
ISBN 978-7-302-63126-2

Ⅰ. ①高… Ⅱ. ①高… Ⅲ. ①财务会计—高等学校—教材 Ⅳ. ①F234.4

中国国家版本馆 CIP 数据核字(2023)第 045742 号

责任编辑：孙晓红
封面设计：李　坤
责任校对：周剑云
责任印制：杨　艳

出版发行：清华大学出版社
网　　址：https://www.tup.com.cn, https://www.wqxuetang.com
地　　址：北京清华大学学研大厦A座　　邮　编：100084
社 总 机：010-83470000　　邮　购：010-62786544
投稿与读者服务：010-62776969, c-service@tup.tsinghua.edu.cn
质量反馈：010-62772015, zhiliang@tup.tsinghua.edu.cn
课件下载：https://www.tup.com.cn, 010-62791865

印 装 者：三河市君旺印务有限公司
经　　销：全国新华书店
开　　本：185mm×260mm　　印　张：18.25　　字　数：444千字
版　　次：2018年9月第1版　2023年4月第2版　　印　次：2024年2月第2次印刷
定　　价：56.00元

产品编号：097674-01

第 2 版前言

《高级财务会计》教材一直兼顾与《中级财务会计》教材的关系，兼顾教材建设与企业会计准则的关系。基于《高级财务会计》内容的深度、难度，理论与实务的高标准，根据企业会计准则的最新变化情况与国际会计准则的持续趋同，以及教学实践的需要，我们在《高级财务会计》教材第 1 版的基础上进行了修订。

根据 2019 年以来中华人民共和国财政部、国家税务总局等最新颁布修订的企业会计准则和最新税率，我们对第 1 版教材进行了以下修订：根据《企业会计准则第 12 号——债务重组》《企业会计准则第 7 号——非货币性资产交换》《企业会计准则第 21 号——租赁》，对债务重组、非货币性资产交换、租赁等章节做了全面的修改，根据"一般企业财务报表格式"对合并财务报表等章节的内容进行了增补，其他章节也做了文字的修改、增补与完善。

《高级财务会计(第 2 版)》分十三章，介绍了企业特殊业务、财务报表调整、企业合并、合并财务报表等会计理论与实务，具体包括外币折算，债务重组，非货币性资产交换，政府补助，或有事项，借款费用，租赁，股份支付，会计政策、会计估计及其变更和差错更正，资产负债表日后事项，每股收益，企业合并，合并财务报表，等等，旨在全面、系统地培养高层次的应用型财经类人才，加强其职业认知和企业伦理意识，开启专业课程思政育人的新篇章。

在本书的修订过程中，我们力争突出以下特色。

内容新：体现最新修订和发布的企业会计准则以及税法改革的精神，满足财务人员发展的需要。

案例丰富，实务性强：选取典型案例，理论与上市公司实务相结合，与高层财务岗位相对接，有利于读者的理解和掌握。

本书由高旸教授负责全书框架和大纲的设计，并对全书进行总纂、审阅和定稿。参与编写的人员及具体分工如下：第一章、第二章、第三章、第七章、第十二章、第十三章由高旸教授编写，第四章、第八章、第十一章由刘大志副教授编写，第九章、第十章由付艳教授编写，第五章、第六章由王欣副教授编写。

在本书的编写过程中，丹东东方测控技术股份有限公司财务总监王爱军提供了大量的企业实际案例和宝贵的建议，在此表示衷心感谢！

由于编者水平有限，书中难免存在疏漏之处，欢迎广大专家和读者批评指正。

编 者

第1版前言

随着全球经济一体化的发展，新的商业模式不断出现，企业的经营活动也呈多样化、复杂化、特殊化。经济越发展，会计越重要，自20世纪90年代初至今，我国会计改革紧跟国际经济发展的步伐，企业会计准则不断被修订和发布，目前形成了1个基本准则和42个具体准则的完善的会计准则体系，逐步实现会计准则的国际趋同。

本书是根据中华人民共和国财政部发布、修订的企业会计准则的精神，以及教学实践的需要，突破了传统财务会计涉及的企业的一般经济活动，选取了13个具体会计准则，阐述企业特殊业务、财务报表调整、企业合并、合并财务报表等会计理论与实务，内容新、层次高，是培养高层次财务人员的重要参考资料，可以提高财务人员的专业素质和综合能力。

在本书的编写过程中，我们力争突出以下特色。

内容新：体现最新修订和发布的企业会计准则以及税法改革的精神，满足财务人员发展的需要。

案例丰富，实务性强：选取典型案例，理论与上市公司实务相结合，与高层财务岗位相对接，有利于读者的理解和掌握。

本书由教学经验丰富的高校老师和高层次会计实务专家共同编写，使得本书贴近实际，与高素质专业人才的培养模式相吻合。

本书由高旸教授负责全书框架和大纲的设计，并对全书进行总纂、审阅和定稿。参与编写的人员及具体分工如下：第一章、第三章、第四章、第十二章、第十三章由高旸教授编写，第八章、第十一章由宋丽萍教授编写，第七章、第九章、第十章由付艳副教授编写，第二章、第五章、第六章由王欣教师编写。

在本书编写的过程中，丹东东方测控技术股份有限公司财务总监王爱军提供了大量的企业实际案例和宝贵的建议，在此表示衷心感谢！

由于编者水平有限，书中难免存在疏漏之处，欢迎广大专家和读者批评指正。

编　者

目 录

第一章 外币折算 ... 1

第一节 外币折算概述 ... 2
一、记账本位币的确定 ... 2
二、外汇汇率 ... 4
三、汇兑损益 ... 5

第二节 外币交易的会计处理 ... 6
一、外币交易的内容 ... 6
二、外币交易的记账方法 ... 7
三、外币交易的核算程序 ... 7
四、外币交易的会计处理 ... 7

第三节 外币财务报表的折算 ... 16
一、外币财务报表折算的基本原理 ... 16
二、现行汇率法下的外币财务报表折算 ... 19
三、境外经营的处置 ... 22
四、外币折算信息的披露 ... 22

本章小结 ... 22
复习思考题 ... 23

第二章 债务重组 ... 25

第一节 债务重组概述 ... 26
一、债务重组的含义 ... 26
二、债务重组的方式 ... 27

第二节 债务重组的会计处理 ... 28
一、债权和债务的终止确认 ... 28
二、债权人的会计处理 ... 29
三、债务人的会计处理 ... 31

第三节 债务重组的相关披露 ... 36

本章小结 ... 37
复习思考题 ... 38

第三章 非货币性资产交换 ... 39

第一节 非货币性资产交换概述 ... 40
一、非货币性资产交换的相关概念 ... 40
二、非货币性资产交换不涉及的交易和事项 ... 41

第二节 非货币性资产交换的确认和计量 ... 42
一、非货币性资产交换的确认原则 ... 42
二、非货币性资产交换的计量原则 ... 42
三、商业实质的判断 ... 43

第三节 非货币性资产交换的会计处理 ... 45
一、以公允价值为基础计量的会计处理 ... 45
二、以账面价值为基础计量的会计处理 ... 48
三、涉及多项非货币性资产交换的会计处理 ... 49

本章小结 ... 54
复习思考题 ... 54

第四章 政府补助 ... 55

第一节 政府补助概述 ... 56
一、政府补助的定义 ... 56
二、政府补助的特征 ... 56
三、政府补助的分类 ... 57

第二节 政府补助的会计处理 ... 58
一、与资产相关的政府补助 ... 58
二、与收益相关的政府补助 ... 60
三、特定业务的会计处理 ... 63

第三节 政府补助的列报与披露 ... 67
一、政府补助在利润表上的列示 ... 67
二、政府补助的附注披露 ... 67

本章小结 ... 68
复习思考题 ... 68

第五章　或有事项.................................69

第一节　或有事项概述.................................70
一、或有事项的概念和特征.................70
二、或有负债和或有资产.....................71

第二节　或有事项的确认和计量.........72
一、或有事项的确认.............................72
二、预计负债的计量.............................73
三、对预计负债账面价值的复核.........75

第三节　或有事项会计处理的具体应用......75
一、未决诉讼或未决仲裁.....................75
二、债务担保...76
三、产品质量保证.................................77
四、亏损合同...77
五、重组义务...78

第四节　或有事项的列报.................79
一、预计负债的列报.............................79
二、或有负债的披露.............................79
三、或有资产的披露.............................80

本章小结...80
复习思考题...80

第六章　借款费用.................................81

第一节　借款费用概述.................................82
一、借款费用的范围.............................82
二、借款的范围.....................................82
三、符合资本化条件的资产.................83

第二节　借款费用的确认.................................83
一、借款费用开始资本化的时间.........83
二、借款费用暂停资本化的时间.........84
三、借款费用停止资本化的时间.........85

第三节　借款费用的计量.................................86
一、借款利息资本化金额的确定.........86
二、借款辅助费用资本化金额的确定.............................89
三、外币专门借款汇兑差额资本化金额的确定.............................89

本章小结...91
复习思考题...91

第七章　租赁.................................93

第一节　租赁概述.................................94
一、租赁的识别.....................................94
二、租赁期...96

第二节　承租人会计处理.................98
一、初始计量...98
二、后续计量.......................................102
三、短期租赁和低价值资产租赁.......107

第三节　出租人会计处理...............107
一、出租人的租赁分类.......................107
二、出租人对融资租赁的会计处理.............................109
三、出租人对经营租赁的会计处理.............................112

第四节　特殊租赁业务的会计处理...........113
一、转租赁...113
二、生产商或经销商出租人的融资租赁会计处理.............................113
三、售后租回交易的会计处理...........115

本章小结...118
复习思考题...120

第八章　股份支付...............................121

第一节　股份支付概述...............................122
一、股份支付的概念及特征...............122
二、股份支付的四个环节...................122
三、股份支付工具的主要类型...........123

第二节　股份支付的确认和计量...........124
一、股份支付的确认和计量原则......124
二、可行权条件的种类、处理和修改...126
三、权益工具公允价值的确定.........128

第三节　股份支付的应用举例.........128
一、附服务年限条件的权益结算股份支付...128
二、附非市场业绩条件的权益结算股份支付...129

三、现金结算的股份支付 130
　本章小结 132
　复习思考题 132

第九章　会计政策、会计估计及其变更和差错更正 133

　第一节　会计政策及其变更 134
　　一、会计政策概述 134
　　二、会计政策变更概述 135
　　三、会计政策变更的会计处理 136
　　四、会计政策变更的披露 140
　第二节　会计估计及其变更 141
　　一、会计估计概述 141
　　二、会计估计变更 142
　　三、会计估计变更的会计处理 144
　　四、会计估计变更的披露 145
　第三节　前期差错及其更正 145
　　一、前期差错概述 145
　　二、前期差错更正的会计处理 146
　　三、前期差错更正的披露 147
　本章小结 148
　复习思考题 149

第十章　资产负债表日后事项 151

　第一节　资产负债表日后事项概述 152
　　一、资产负债表日后事项的定义 152
　　二、资产负债表日后事项涵盖的期间 152
　　三、资产负债表日后事项的内容 153
　第二节　资产负债表日后调整事项的会计处理 155
　　一、资产负债表日后调整事项的处理原则 155
　　二、资产负债表日后调整事项的具体会计处理方法 155
　第三节　资产负债表日后非调整事项的会计处理 160
　　一、资产负债表日后非调整事项的处理原则 160

　　二、资产负债表日后非调整事项的具体会计处理方法 161
　本章小结 162
　复习思考题 162

第十一章　每股收益 163

　第一节　每股收益概述 164
　第二节　基本每股收益 164
　　一、分子的确定 164
　　二、分母的确定 164
　第三节　稀释每股收益 165
　　一、基本计算原则 165
　　二、可转换公司债券 166
　　三、认股权证、股份期权 167
　　四、限制性股票 168
　　五、企业承诺将回购其股份的合同 170
　　六、多项潜在普通股 170
　　七、子公司、合营企业或联营企业发行的潜在普通股 172
　第四节　每股收益的列报 173
　　一、重新计算 173
　　二、列报 175
　本章小结 175
　复习思考题 175

第十二章　企业合并 177

　第一节　企业合并概述 178
　　一、企业合并的含义 178
　　二、企业合并的方式 179
　　三、企业合并类型的划分 180
　　四、合并日或购买日的确定 183
　　五、业务的判断 183
　第二节　同一控制下的企业合并的处理 185
　　一、同一控制下的企业合并的处理原则 185

二、同一控制下的企业合并的会计
　　　　处理 186
第三节　非同一控制下的企业合并的
　　　　处理 190
　　一、非同一控制下的企业合并的
　　　　处理原则 190
　　二、非同一控制下的企业合并的
　　　　会计处理 192
　　三、企业合并涉及的或有对价 194
　　四、反向购买的处理 196
　　五、被购买方的会计处理 199
本章小结 200
复习思考题 200

第十三章　合并财务报表 201

第一节　合并财务报表概述 202
　　一、合并财务报表的含义 202
　　二、合并财务报表的合并理论 202
　　三、合并财务报表的特点 204
第二节　合并范围的确定 204
　　一、以"控制"为基础，确定合并
　　　　范围 204
　　二、对被投资方可分割部分的
　　　　控制 208
　　三、合并范围的豁免——投资性
　　　　主体 209
第三节　合并财务报表的编制原则和
　　　　程序 211
　　一、合并财务报表的编制原则 211
　　二、合并财务报表编制的前期准备
　　　　事项 212
　　三、合并财务报表的编制程序 212
　　四、编制合并财务报表需要抵销的
　　　　项目 213
　　五、合并财务报表的格式 214
第四节　长期股权投资与所有者权益的
　　　　合并处理(同一控制下) 215
　　一、同一控制下取得子公司合并日

合并财务报表的编制 215
　　二、直接投资及同一控制下取得
　　　　子公司合并日后合并财务
　　　　报表的编制 218
第五节　长期股权投资与所有者权益的
　　　　合并处理(非同一控制下) 228
　　一、非同一控制下取得子公司购买日
　　　　合并财务报表的编制 228
　　二、非同一控制下取得子公司购买日
　　　　后合并财务报表的编制 232
第六节　内部商品交易的合并处理 239
　　一、内部销售收入和内部销售
　　　　成本的抵销处理 239
　　二、连续编制合并财务报表时内
　　　　部销售商品的合并处理 243
　　三、存货跌价准备的合并处理 244
第七节　内部债权债务的合并处理 249
　　一、内部债权债务抵销概述 249
　　二、内部应收应付款项及其坏账
　　　　准备的合并处理 250
　　三、连续编制合并财务报表时内部
　　　　应收款项及其坏账准备的合并
　　　　处理 251
第八节　内部固定资产交易的合并
　　　　处理 255
　　一、内部固定资产交易概述 255
　　二、内部固定资产交易当期的合并
　　　　处理 255
　　三、内部交易固定资产取得后至
　　　　处置前期间的合并处理 258
　　四、内部交易固定资产清理期间的
　　　　合并处理 260
第九节　内部无形资产交易的合并
　　　　处理 265
　　一、内部无形资产交易当期的合并
　　　　处理 265
　　二、内部交易无形资产持有期间的
　　　　合并处理 266

三、内部无形资产交易摊销完毕的
　　期间的合并处理 269
第十节　所得税会计相关的合并处理 270
一、内部应收款项相关所得税
　　会计的合并处理 271
二、内部交易存货相关所得税
　　会计的合并处理 272
三、内部交易固定资产等相关
　　所得税会计的合并处理 274
第十一节　合并现金流量表的编制 276
一、合并现金流量表概述 276
二、编制合并现金流量表需要抵销的
　　项目 276
本章小结 277
复习思考题 278

参考文献 280

第一章

外币折算

通过本章的学习,应了解记账本位币的确定、外币交易的内容及在财务报表附注中披露的相关信息;掌握外币交易的会计处理及期末汇兑损益的计算;掌握我国现行汇率法下的外币财务报表的折算。

扫码下载本章自测与技能训练

第一节　外币折算概述

外币，是指企业记账本位币以外的货币。外币交易，是指以外币计价或者结算的交易。外币交易包括：买入或者卖出以外币计价的商品或者劳务，借入或者借出外币资金，其他以外币计价或者结算的交易。以外币反映的财务报表称为外币财务报表。外币财务报表折算是为编制合并财务报表等的需要，将子公司、联营企业、合营企业和分支机构等境外经营的外币财务报表折算为记账本位币反映的财务报表的过程。

一、记账本位币的确定

记账本位币，是指企业经营所处的主要经济环境中的货币。主要经济环境发生重大变化，通常是指企业主要产生和支出现金的环境发生重大变化，使用该环境中的货币最能反映企业的主要交易业务的经济结果。例如，我国大多数企业主要产生和支出现金的环境在国内，因此，一般以人民币作为记账本位币。我国《会计法》规定，业务收支以人民币以外的货币为主的单位，可以选定其中一种货币作为记账本位币，但是编报的财务会计报告应当折算为人民币。

(一)企业记账本位币的确定

1. 企业选定记账本位币

企业选定记账本位币，应当考虑下列因素。

(1) 该货币主要影响商品和劳务销售价格，通常以该货币进行商品和劳务销售价格的计价和结算。例如，国内甲公司为从事贸易的企业，90%以上的销售收入以人民币计价和结算。人民币是影响甲公司商品和劳务销售价格的主要货币。

(2) 该货币主要影响商品和劳务所需人工、材料和其他费用，通常以该货币进行上述费用的计价和结算。例如，国内乙公司为工业企业，所需机器设备、厂房、人工以及原材料等在国内采购，以人民币计价和结算。人民币是影响商品和劳务所需人工、材料和其他费用的主要货币。

(3) 融资活动获得的资金以及保存从经营活动中收取款项时所使用的货币，即视融资活动获得的资金在其生产经营活动中的重要性，或者企业通常留存销售收入的货币而定。

在有些情况下，企业根据收支情况难以确定记账本位币，需要在收支基础上结合融资活动获得的资金或保存从经营活动中收取款项时所使用的货币，进行综合分析然后作出判断。

例如，国内丙公司为外贸自营出口企业，超过70%的营业收入来自向欧盟各国的出口，其商品销售价格主要受欧元的影响，以欧元计价，因此，从影响商品和劳务销售价格的角度看，丙公司应选择欧元作为记账本位币。如果丙公司除厂房设施、30%的人工成本在国内以人民币采购外，生产所需原材料、机器设备及70%以上的人工成本均以欧元在欧盟市场采购，则可确定丙公司的记账本位币是欧元。但是，如果丙公司的人工成本、原材料及相应的厂房设施、机器设备等95%以上在国内采购并以人民币计价，则难以判定丙公司的记账本位币应选择欧元还是选择人民币，还需要结合第(3)项因素予以确定。如果丙公司取得的欧元营业收入在汇回国内时直接换成了人民币存款，且丙公司对欧元波动产生的外币风险进行了套期保值，那么丙公司就可以确定其记账本位币为人民币。

又如，丁公司为国内一家婴儿配方奶粉加工企业，其原材料牛奶全部来自澳大利亚，主要加工技术、机器设备及主要技术人员均由澳大利亚方面提供，生产的婴儿配方奶粉面向国内出售。企业依据第(1)、(2)项因素难以确定记账本位币，需要考虑第(3)项因素。假定为满足采购原材料牛奶等所需澳元的需要，丁公司向澳大利亚某银行借款 10 亿澳元，期限为 20 年，该借款是丁公司当期流动资金净额的 4 倍。原材料采购以澳元结算，且企业经营所需要的营运资金、融资获得的资金均使用澳元，因此，丁公司应当以澳元作为记账本位币。

需要说明的是，在确定企业的记账本位币时，上述因素的重要程度因企业的具体情况不同而不同，需要企业管理层根据实际情况进行判断，其确定的记账本位币只有一种。

2. 境外经营记账本位币的确定

境外经营是指企业在境外的子公司、合营企业、联营企业、分支机构。企业在境内的子公司、合营企业、联营企业或者分支机构，采用不同于本企业记账本位币的，也视同境外经营。

境外经营企业在确定其记账本位币时，除了需要考虑上述因素，还应当考虑该境外经营与企业的关系，考虑事项主要包括以下内容。

(1) 境外经营对其所从事的活动是否有很强的自主性。如果境外经营所从事的活动是视同企业经营活动的延伸，构成企业经营活动的组成部分，该境外经营应当选择与企业记账本位币相同的货币作为记账本位币；如果境外经营所从事的活动有极大的自主性，应根据所处的主要经济环境选择记账本位币。

(2) 境外经营活动中与企业的交易是否在境外经营活动中占有较大比重。如果境外经营与企业的交易在境外经营活动中所占的比重较高，境外经营应当选择与企业记账本位币相同的货币作为记账本位币；反之，应根据所处的主要经济环境选择记账本位币。

(3) 境外经营活动产生的现金流量是否直接影响企业的现金流量，是否可以随时汇回。如果境外经营活动产生的现金流量直接影响企业的现金流量，并可随时汇回，境外经营应当选择与企业记账本位币相同的货币作为记账本位币；反之，应根据所处的主要经济环境选择记账本位币。

(4) 境外经营活动产生的现金流量是否足以偿还其现有债务和可预期的债务。在企业不提供资金的情况下，如果境外经营活动产生的现金流量难以偿还其现有债务和正常情况下可预期的债务，境外经营应当选择与企业记账本位币相同的货币作为记账本位币；反之，应根据所处的主要经济环境选择记账本位币。

(二)记账本位币变更的会计处理

企业选择的记账本位币一经确定，不得随意变更，除非企业经营所处的主要经济环境发生了重大变化。

企业因经营所处的主要经济环境发生重大变化，确需变更记账本位币的，应当采用变更当日的即期汇率将所有项目折算为变更后的记账本位币,折算后的金额作为新的记账本位币计量的历史成本。由于采用同一即期汇率进行折算,因此,不会产生汇兑差额。当然,企业需要提供确凿的证据证明企业经营所处的主要经济环境确实发生了重大变化,并应当在附注中披露变更的理由。

企业记账本位币发生变更的,其比较财务报表应当以可比当日的即期汇率折算所有资产负债表和利润表项目。

二、外汇汇率

汇率又称汇价,是指两种货币相兑换的比率,是一种货币单位用另一种货币单位所表示的价格。我们通常在银行看到的汇率有三种表示方式:买入价、卖出价和中间价。买入价是指银行买入其他货币的价格,卖出价是指银行出售其他货币的价格,中间价是指银行买入价与卖出价的平均价。银行的卖出价一般高于买入价,以获取其中的差价。

(一)汇率的标价

汇率的标价,是指以外国货币表示本国货币的价格或以本国货币表示外国货币的价格。它可用以下两种方式表述。

1. 直接标价法

直接标价法,又称应付标价法,是指以一定单位的外币为标准折合成一定数量的本国货币,如 1 美元=6.7 元人民币。其特点是,外币数额固定不变,本国货币的数额随着汇率的变化而变化,本国货币币值的大小与汇率的高低成反比。汇率越高,本国货币越贬值。目前,国际上大多数国家汇率的标价均采用直接标价法,我国也采用直接标价法。

2. 间接标价法

间接标价法,又称应收标价法,是指以一定单位的本国货币为标准折合成一定数额的外国货币。其特点是,本国货币数额固定不变,外国货币的数额随着汇率的变化而变化,本国货币币值的大小与汇率的高低成正比。汇率越高,本国货币升值越多。通常英国、美国采用这种方法,但美国对英镑采用直接标价法。

(二)汇率的种类

汇率按不同的标准,可划分为即期汇率或即期汇率的近似汇率和远期汇率,以及现行汇率、历史汇率和平均汇率。

1. 即期汇率或即期汇率的近似汇率和远期汇率

即期汇率是相对于远期汇率而言的,远期汇率是在未来某一日交付时的计算价格。会计准则中企业用于记账的即期汇率一般是指当日中国人民银行公布的人民币汇率中间价。但是,在企业发生的货币兑换交易或涉及货币兑换的交易时,仅用中间价还不能反映货币买卖的损益,需要使用买入价或卖出价折算。

当汇率变动不大时,为简化核算,企业在外币交易日或对外币报表的某些项目进行折算时，也可以选择即期汇率的近似汇率折算。即期汇率的近似汇率，是指按照系统合理的方法确定的、与交易发生日即期汇率近似的汇率，通常是指当期平均汇率或加权平均汇率等。加权平均汇率需要采用外币交易的外币金额作为权重进行计算。

确定即期汇率的近似汇率的方法应在前后各期保持一致。如果汇率波动使得采用即期汇率的近似汇率折算不适当，应当采用交易发生日的即期汇率折算。至于何时不适当，需要企业根据汇率变动情况及计算即期汇率的近似汇率的方法等进行判断。

2. 现行汇率、历史汇率和平均汇率

现行汇率，是指资产负债表日本国货币与外国货币之间的比率。历史汇率，是指取得外币资产或承担外币债务时的汇率。

现行汇率和历史汇率一般是相对于取得外币资产或承担外币债务而言的，当取得外币资产或承担外币债务之日就是资产负债表编制之日时，这两种汇率是相同的；在记录外币交易之日，应用的折算汇率是现行汇率，但以后的时间，这个汇率就变成历史汇率了。

平均汇率，是指将现行汇率或历史汇率按简单算术平均或加权平均计算出的汇率。

三、汇兑损益

(一)汇兑损益的概念

汇兑损益，是指发生的外币业务折算为记账本位币时，由于业务发生的时间不同、所采用的汇率不同而产生的记账本位币的差额，或者是不同货币兑换，由于两种货币采用的汇率不同而产生的记账本位币的差额。汇兑损益可能是汇兑损失，也可能是汇兑收益，是衡量企业外汇风险的一个指标。

(二)汇兑损益的种类

汇兑损益按照不同的标准，可以划分为以下几类。

1. 按照业务性质划分

汇兑损益按照业务性质划分，可分为以下四类。

(1) 交易损益，是指在发生外币交易时，因收回或偿付债权债务而产生的交易汇兑损益。

(2) 兑换损益，是指在发生外币兑换业务时产生的兑换损益。

(3) 调整损益，是指在会计期末将所有外币债权债务和外币货币资金账户，按规定的期末汇率进行调整时而产生的汇兑损益。

(4) 折算损益，是指在会计期末，为了编制合并财务报表或为了重新表述会计记录和财务报表金额，而将外币计量的金额转化为记账本位币的过程中产生的折算汇兑损益。

2. 按照本期是否实现划分

汇兑损益按照本期是否实现划分，可分为以下两类。

(1) 已实现的汇兑损益，是指产生汇兑损益的外币业务在本期内已经全部完成所产生的汇兑损益。例如，应收的外币债权在实际收回时，应付的外币债务在实际偿还时，货币

在实际兑换时。一般来说，交易损益和兑换损益属于已实现的汇兑损益。

(2) 未实现的汇兑损益，是指产生汇兑损益的外币业务尚未完成。例如，应收的外币债权尚未实际收到，应付的外币债务尚未实际偿还等。一般来说，调整损益和折算损益属于未实现的汇兑损益。

(三)汇兑损益的处理原则

汇兑损益要作为财务费用计入当期损益，因而汇兑损益的确认直接影响企业损益的计算和纳税。

(1) 外币货币性项目，采用资产负债表日的即期汇率折算。因资产负债表日即期汇率与初始确认的汇率或者前一资产负债表日即期汇率不同产生的汇兑差额，计入当期财务费用。

(2) 以历史成本计量的外币非货币性项目，采用交易日的即期汇率折算，资产负债表日不改变其记账本位币金额，不产生汇兑差额。

(3) 以公允价值计量的外币非货币性项目，如交易性金融资产，因价格的变动和汇率的变动，按资产负债表日的价格(含汇率)折算的记账本位币金额，与原记账本位币金额的差额，作为公允价值变动损益处理，不计入财务费用。

(4) 企业收到投资者以外币投入的资本，应当采用交易日的即期汇率折算，不得采用合同约定的汇率折算，外币投入资本和取得相应资产的折算汇率相同，不会产生外币资本折算差额。

(5) 企业编制合并财务报表时，不同的财务报表选择的折算汇率不同，产生的外币报表折算差额列入所有者权益"其他综合收益"项目中，不影响损益，不做账务处理。处置境外经营时，计入处置当期损益。

第二节　外币交易的会计处理

一、外币交易的内容

外币交易具体包括以下三种情况。

(1) 买入或者卖出以外币计价的商品或者劳务，通常情况下是指以外币买卖商品，或者以外币结算劳务报酬。这里所说的商品，可以是有实物形态的存货、固定资产等，也可以是无实物形态的无形资产、债权或股权等。例如，以人民币为记账本位币的国内甲公司向国外乙公司出口商品，以美元结算货款；国内甲公司从境外以欧元购买固定资产或生产用原材料等。

(2) 借入或者借出外币资金，是指企业向银行或非银行金融机构借入以记账本位币以外的货币表示的资金。例如，以人民币为记账本位币的国内甲公司从中国银行借入美元，经批准向海外发行美元债券，等等。

(3) 其他以外币计价或者结算的交易，是指以记账本位币以外的货币计价或者结算的其他交易。例如，接受外币现金捐赠等。

二、外币交易的记账方法

外币交易的记账方法有外币统账制和外币分账制。

外币统账制是指企业在发生外币交易时,即折算为记账本位币入账。外币分账制是指企业在日常核算时分别币种记账,资产负债表日分货币性项目和非货币性项目调整。货币性项目按资产负债表日即期汇率折算,产生的汇兑差额计入当期损益。非货币性项目按交易日即期汇率折算。

从我国目前的情况看,绝大多数企业采用外币统账制,只有银行等少数金融机构由于外币交易频繁,涉及外币币种较多,可以采用分账制方法进行日常核算。无论是采用分账制记账方法,还是采用统账制记账方法,都只是账务处理的程序不同,产生的结果应当相同,即计算出的汇兑差额相同;相应的会计处理也相同,即均计入当期损益。

本书主要介绍外币统账制下的账户设置及其会计核算的基本程序。

三、外币交易的核算程序

(一)账户设置

在外币统账制方法下,对外币货币性项目采用复币式记账,即记录外币、汇率、记账本位币金额。不单独设置一级科目,只需在相应货币性项目的一级科目下设置二级科目。例如,在银行存款、应收账款等科目下设置二级科目"美元户",反映这些一级科目中以美元计价的交易金额。折算后的记账本位币金额与其他明细科目的记账本位币金额,均在一级科目反映。

对外币交易金额因汇率变动而产生的差额,在"财务费用"科目下设置二级科目"汇兑损益"反映。该科目借方反映因汇率变动而产生的汇兑损失,贷方反映汇率变动而产生的汇兑收益。期末余额结转到"本年利润"科目后一般无余额。

(二)会计核算的基本程序

企业发生外币交易时,其会计核算的基本程序如下所述。

(1) 将外币金额按照交易日的即期汇率或即期汇率的近似汇率折算为记账本位币金额,按照折算后的记账本位币金额登记有关账户;在登记有关记账本位币账户的同时,按照外币金额登记相应的外币账户。

(2) 期末,将所有外币货币性项目的外币余额,按照期末即期汇率折算为记账本位币金额,并与账面记账本位币余额相比较,其差额计入"财务费用——汇兑损益""在建工程"等科目。

(3) 结算外币货币性项目时,将其外币结算金额按照当日即期汇率折算为记账本位币金额,并与账面记账本位币余额相比较,其差额计入"财务费用——汇兑损益"科目。

四、外币交易的会计处理

外币交易折算的会计处理主要涉及两个环节:一是在交易日对外币交易进行初始确

认，将外币金额折算为记账本位币金额；二是在资产负债表日对相关项目进行折算，将因汇率变动产生的差额计入当期损益。

企业发生外币交易的，应当在初始确认时采用交易日的即期汇率或即期汇率的近似汇率将外币金额折算为记账本位币金额。这里的即期汇率可以是外汇牌价的买入价或卖出价，也可以是中间价，在不涉及与银行进行货币兑换的情况下，一般以中间价作为即期汇率。

(一)外币兑换业务

外币兑换业务，是指企业从银行买入外币或将外币卖给银行以及将一种外币兑换为另一种外币的交易。

企业发生的外币兑换业务，应当以交易日的银行买入价或卖出价折算。汇率变动产生的折算差额计入当期损益。

1. 企业将外币卖给银行

企业按规定将持有的外币卖给银行，即结汇业务，银行买进外汇并按其买入价将人民币兑付给企业，企业按实际收到的人民币金额计入银行存款的人民币账户的借方，按当日即期汇率折算的人民币金额计入银行存款的外币账户的贷方，将两者的差额计入"财务费用——汇兑损益"科目。

【例 1-1】甲公司以人民币为记账本位币，对外币交易采用交易日的即期汇率折算。2×20 年 7 月 5 日，将持有的 20 000 美元卖给银行，当日银行买入价为 1 美元=6.59 元人民币，当日的即期汇率为 1 美元=6.6 元人民币。

本例中，企业与银行发生货币兑换，兑换所用汇率为银行的买入价，而通常记账所用的即期汇率为中间价，汇率变动而产生的汇兑差额计入当期的财务费用。甲公司账务处理如下：

借：银行存款——人民币　　　　　　　　　　　　(20 000×6.59)　131 800
　　财务费用——汇兑损益　　　　　　　　　　　　　　　　　　　　200
　　贷：银行存款——美元　　　　　　　　　　　　(20 000×6.6)　132 000

2. 企业从银行买入外币

企业因业务需要从银行买入外币，银行售汇时按其卖出价向企业收取人民币，企业按实际付出的人民币金额，计入银行存款的人民币账户的贷方，按交易日的即期汇率或即期汇率的近似汇率折合的人民币金额，计入银行存款的外币账户的借方，将两者的差额计入"财务费用——汇兑损益"科目。

【例 1-2】甲公司的记账本位币为人民币，对外币交易采用交易日的即期汇率折算。2×20 年 7 月 8 日以人民币向中国银行买入 15 000 美元，当日银行卖出价为 1 美元=6.7 元人民币，当日的即期汇率为 1 美元=6.68 元人民币。甲公司的账务处理如下：

借：银行存款——美元　　　　　　　　　　　　　(15 000×6.68)　100 200
　　财务费用——汇兑损益　　　　　　　　　　　　　　　　　　　　300
　　贷：银行存款——人民币　　　　　　　　　　　(15 000×6.7)　100 500

(二)以外币结算的购销业务

【例 1-3】国内甲公司的记账本位币为人民币,对外币交易采用交易日的即期汇率折算。2×20 年 7 月 10 日,向国外乙公司出口一批商品,货款共计 50 000 美元,尚未收到,当日即期汇率为1美元=6.68元人民币。

注意:出口货物增值税适用零税率。甲公司应进行以下账务处理。

借:应收账款——美元　　　　　　　　　　　　(50 000×6.68)　334 000
　　贷:主营业务收入　　　　　　　　　　　　　　　　　　　　　334 000

假设 2×20 年 7 月 20 日,收到外汇并以外汇存入银行。当天即期汇率为1美元=6.69元人民币。甲公司账务处理如下。

借:银行存款——美元　　　　　　　　　　　　(50 000×6.69)　334 500
　　贷:应收账款——美元　　　　　　　　　　　(50 000×6.69)　334 500

2×20 年 7 月 31 日,调整"应收账款——美元"账户的人民币差额。

借:应收账款——美元　　　　　　　　　　　　　　　　　　　　　500
　　贷:财务费用——汇兑损益　　　　　　　　　　　　　　　　　　500

或者 2×20 年 7 月 20 日,收到外汇时做如下财务处理。

借:银行存款——美元　　　　　　　　　　　　(50 000×6.69)　334 500
　　贷:应收账款——美元　　　　　　　　　　　(50 000×6.68)　334 000
　　　　财务费用——汇兑损益　　　　　　　　　　　　　　　　　　500

假设 2×20 年 7 月 20 日,收到外汇并结售给银行,当天即期汇率为1美元=6.69元人民币,结汇银行买入价为1美元=6.65元人民币,实际收到人民币 332 500元。甲公司的账务处理如下。

借:银行存款——人民币　　　　　　　　　　　(50 000×6.65)　332 500
　　财务费用——汇兑损益　　　　　　　　　　　　　　　　　　　2 000
　　贷:应收账款——美元　　　　　　　　　　　(50 000×6.69)　334 500

2×20 年 7 月 31 日,调整"应收账款——美元"账户的人民币差额。

借:应收账款——美元　　　　　　　　　　　　　　　　　　　　　500
　　贷:财务费用——汇兑损益　　　　　　　　　　　　　　　　　　500

或者 2×20 年 7 月 20 日,做如下财务处理。

借:银行存款——人民币　　　　　　　　　　　(50 000×6.65)　332 500
　　财务费用——汇兑损益　　　　　　　　　　　　　　　　　　　1 500
　　贷:应收账款——美元　　　　　　　　　　　(50 000×6.68)　334 000

计入财务费用的金额一样,都是汇兑损失 1 500 元。

假设 2×20 年 7 月 31 日,货款尚未收到。即期汇率为1美元=6.64元人民币。按期末即期汇率调整"应收账款——美元"账户,人民币的金额=50 000×6.64=332 000(元),与账面人民币 334 000 元的差额为 2 000 元,计入财务费用。

借:财务费用——汇兑损益　　　　　　　　　　　　　　　　　　2 000
　　贷:应收账款——美元　　　　　　　　　　　　　　　　　　　2 000

【例 1-4】国内某公司的记账本位币为人民币,属于增值税一般纳税企业。2×20 年 7

月 12 日，从国外购入某原材料，货款共计 20 000 美元，货款尚未支付，当日的即期汇率为 1 美元=6.69 元人民币。按照规定计算应缴纳的进口关税为 10 000 元人民币，支付的进口增值税为 21 408 元人民币，进口关税及增值税已由银行存款支付。

相关会计分录如下。

借：原材料　　　　　　　　　　　　　　　　　　　　　　　　　143 800
　　应交税费——应交增值税(进项税额)　　　　　　　　　　　　 21 408
　　贷：应付账款——美元　　　　　　　　　　　(20 000×6.69)　133 800
　　　　银行存款　　　　　　　　　　　　　　　　　　　　　　　 31 408

假设 2×20 年 7 月 22 日，直接以外币偿还货款。当天即期汇率为 1 美元=6.66 元人民币。甲公司应进行以下账务处理。

借：应付账款——美元　　　　　　　　　　　　(20 000×6.66)　133 200
　　贷：银行存款——美元　　　　　　　　　　　(20 000×6.66)　133 200

2×20 年 7 月 31 日，调整"应付账款——美元"账户的人民币差额。

借：应付账款——美元　　　　　　　　　　　　　　　　　　　　　 600
　　贷：财务费用——汇兑损益　　　　　　　　　　　　　　　　　　 600

或者 2×20 年 7 月 22 日，直接以外币偿还货款。

借：应付账款——美元　　　　　　　　　　　　(20 000×6.69)　133 800
　　贷：银行存款——美元　　　　　　　　　　　(20 000×6.66)　133 200
　　　　财务费用——汇兑损益　　　　　　　　　　　　　　　　　　 600

假设 2×20 年 7 月 22 日，为偿还货款向银行购入外汇，当天即期汇率为 1 美元=6.66 元人民币，银行卖出价为 1 美元=6.68 元人民币，实际支付人民币 133 600 元。甲公司的账务处理如下。

借：应付账款——美元　　　　　　　　　　　　(20 000×6.66)　133 200
　　财务费用——汇兑损益　　　　　　　　　　　　　　　　　　　　 400
　　贷：银行存款——人民币　　　　　　　　　　(20 000×6.68)　133 600

2×20 年 7 月 31 日，调整"应付账款——美元"账户的人民币差额。

借：应付账款——美元　　　　　　　　　　　　　　　　　　　　　 600
　　贷：财务费用——汇兑损益　　　　　　　　　　　　　　　　　　 600

或者 2×20 年 7 月 22 日，做如下财务处理。

借：应付账款——美元　　　　　　　　　　　　(20 000×6.69)　133 800
　　贷：银行存款——人民币　　　　　　　　　　(20 000×6.68)　133 600
　　　　财务费用——汇兑损益　　　　　　　　　　　　　　　　　　 200

假设 2×20 年 7 月 31 日，货款尚未偿还。即期汇率为 1 美元=6.64 元人民币。按期末即期汇率调整"应付账款——美元"账户。人民币的金额=20 000×6.64=132 800(元)，与账面人民币 133 800 元的差额为 1 000 元，计入财务费用。

借：应付账款——美元　　　　　　　　　　　　　　　　　　　　　1 000
　　贷：财务费用——汇兑损益　　　　　　　　　　　　　　　　　　1 000

(三)外币计价的借款业务

企业外币借款是企业外币筹资的重要方式，企业应将借入的外币按当日的即期汇率折算为记账本位币入账。

【例1-5】 国内甲公司的记账本位币为人民币。2×20年7月1日从中国银行借入一年期贷款80 000美元，年利率为5%，当日即期汇率为1美元=6.6元人民币。

借：银行存款——美元　　　　　　　　　　　　　　(80 000×6.6)　528 000
　　贷：短期借款——美元　　　　　　　　　　　　(80 000×6.6)　528 000

2×20年12月31日，当日即期汇率为1美元=6.9元人民币。计提2×20年应付利息=80 000×5%×6/12×6.9=13 800(元)，账务处理如下。

借：财务费用——利息支出　　　　　　　　　　　　　　　　　　　13 800
　　贷：应付利息——美元　　　　　　　　　　　　　(2 000×6.9)　13 800

计算"短期借款——美元"账户的年末调整损益=80 000×(6.9-6.6)=24 000(元)

借：财务费用——汇兑损益　　　　　　　　　　　　　　　　　　　24 000
　　贷：短期借款——美元　　　　　　　　　　　　　　　　　　　24 000

2×21年6月30日，还本付息，当日即期汇率为1美元=6.8元人民币。

2×21年半年应付利息=80 000×5%×6/12×6.8=2 000×6.8=13 600(元)

借：财务费用——利息支出　　　　　　　　　　　　　　　　　　　13 600
　　贷：应付利息——美元　　　　　　　　　　　　　(2 000×6.8)　13 600

计算2×21年6月30日应付利息的汇兑损益=2 000×(6.9-6.8)=200(元)

计算2×21年6月30日短期借款的汇兑损益=80 000×(6.9-6.8)=8 000(元)

借：应付利息——美元　　　　　　　　　　　　　　　　　　　　　200
　　短期借款——美元　　　　　　　　　　　　　　　　　　　　8 000
　　贷：财务费用——汇兑损益　　　　　　　　　　　　　　　　　8 200

2×21年7月1日，还本付息，当日即期汇率为1美元=6.8元人民币。

借：应付利息——美元　　　　　　　　　　　　　　　(4 000×6.8)　27 200
　　短期借款——美元　　　　　　　　　　　　　　　(80 000×6.8)　544 000
　　贷：银行存款——美元　　　　　　　　　　　　　(84 000×6.8)　571 200

(四)接受外币资本投资

企业收到投资者以外币投入的资本，无论合同是否有约定汇率，均不采用合同约定汇率和即期汇率的近似汇率折算，而是采用交易日即期汇率折算，这样，外币投入资本与相应的货币性项目的记账本位币金额相等，不产生外币资本折算差额。

【例1-6】 国内甲公司的记账本位币为人民币。2×20年7月25日，与某外商签订投资合同，当日收到外商投入资本200 000美元，当日汇率为1美元=6.68元人民币，假定投资合同约定汇率为1美元=6.8元人民币。甲公司的账务处理如下。

借：银行存款——美元　　　　　　　　　　　　　　(200 000×6.68)　1 336 000
　　贷：实收资本　　　　　　　　　　　　　　　　　　　　　　　1 336 000

(五)会计期末或结算日对外币交易余额的会计处理

1. 外币货币性项目的调整

货币性项目是企业持有的货币和将以固定或可确定金额的货币收取的资产或者偿付的负债。货币性项目分为货币性资产和货币性负债,货币性资产包括现金、银行存款、应收账款和应收票据以及债权投资、其他债权投资、合同资产、合同负债、其他应收款、长期应收款等;货币性负债包括应付账款、其他应付款、短期借款、应付债券、长期借款、长期应付款等。

资产负债表日,企业应将所有外币货币性项目的外币余额,按照期末即期汇率折算为记账本位币金额作为最终报表的金额,这个金额与原账面记账本位币金额的差额,作为汇兑损益,计入"财务费用——汇兑损益"或"在建工程"等有关科目。

【**例 1-7**】国内甲公司的记账本位币为人民币。2×20 年 7 月 1 日,有关外币货币性账户的余额如表 1-1 所示。

表 1-1 期初外币货币性账户的余额

单位:元,美元

外币账户名称	美元	汇率	人民币
银行存款	20 000	6.6	132 000
应收账款	80 000	6.6	528 000
应付账款	10 000	6.6	66 000

将甲公司例 1-1～例 1-6 的业务登记入账,见表 1-2～表 1-5。

表 1-2 银行存款日记账——美元

单位:元,美元

2×20 年		凭证	摘要	借方			贷方			余额		
月	日			美元	汇率	人民币	美元	汇率	人民币	美元	汇率	人民币
7	1		月初余额							20 000	6.6	132 000
	1		借款	80 000	6.6	528 000				100 000		660 000
	5		兑换				20 000	6.6	132 000	80 000		528 000
	8		兑换	15 000	6.68	100 200				95 000		628 200
	20		收回欠款	50 000	6.69	334 500				145 000		962 700
	22		偿还欠款				20 000	6.66	133 200	125 000		829 500
	25		接受投资	200 000	6.68	1 336 000				325 000		2 165 500
			汇兑损益						7 500			2 158 000
	31		月计	345 000		2 298 700	40 000		265 200	325 000	6.64	2 158 000

银行存款的汇兑损益=325 000×6.64-(20 000×6.6+80 000×6.6-20 000×6.6+15 000×6.68+50 000×6.69-20 000×6.66+200 000×6.68)=-7 500(元)(损失)

表 1-3 应收账款明细账——美元

单位：元，美元

2×20年		凭证	摘要	借方			贷方			余额		
月	日			美元	汇率	人民币	美元	汇率	人民币	美元	汇率	人民币
7	1		月初余额							80 000	6.6	528 000
	10		出口	50 000	6.68	334 000				130 000		862 000
	20		收款				50 000	6.69	334 500	80 000		527 500
			汇兑损益			3 700						531 200
	31		月计	50 000		337 700	50 000		334 500	80 000	6.64	531 200

应收账款的汇兑损益=80 000×6.64-(80 000×6.6+50 000×6.68-50 000×6.69)=3 700(元)(收益)

表 1-4 短期借款明细账——美元

单位：元，美元

2×20年		凭证	摘要	借方			贷方			余额		
月	日			美元	汇率	人民币	美元	汇率	人民币	美元	汇率	人民币
7	1		借款				80 000	6.6	528 000	80 000	6.6	528 000
			汇兑损益						3 200			3 200
	31		月计				80 000		531 200	80 000	6.64	531 200

短期借款的汇兑损益=80 000×6.64-80 000×6.6=3 200(元)(损失)

表 1-5 应付账款明细账——美元

单位：元，美元

2×20年		凭证	摘要	借方			贷方			余额		
月	日			美元	汇率	人民币	美元	汇率	人民币	美元	汇率	人民币
7	1		月初余额							10 000	6.6	66 000
	12		进口				20 000	6.69	133 800	30 000		199 800
	22		还款	20 000	6.66	133 200				10 000		66 600
			汇兑损益			200						66 400
	31		月计	20 000		133 400	20 000		133 800	10 000	6.64	66 400

应付账款的汇兑损益=10 000×6.64-(10 000×6.6+20 000×6.69-20 000×6.66)=-200(元)(收益)

外币账户的汇兑损益总额=7 500-3 700+3 200-200=6 800(元)(损失)

2×20年7月31日，外币账户汇兑损益的账务处理如下。

借：应收账款——美元　　　　　　　　　　　　　　　　　　　3 700
　　应付账款——美元　　　　　　　　　　　　　　　　　　　　200
　　财务费用——汇兑损益　　　　　　　　　　　　　　　　　6 800
　　贷：银行存款——美元　　　　　　　　　　　　　　　　　7 500
　　　　短期借款——美元　　　　　　　　　　　　　　　　　3 200

2. 非货币性项目的处理

非货币性项目是货币性项目以外的项目，如预付账款、预收账款、存货、长期股权投资、交易性金融资产(股票、基金)、其他权益工具投资、固定资产、无形资产等。

(1) 对于以历史成本计量的外币非货币性项目，已在交易发生日按当日即期汇率折算，资产负债表日不应改变其原记账本位币金额，不产生汇兑差额。因为这些项目在取得时已按取得当日即期汇率折算，从而构成这些项目的历史成本，如果再按资产负债表日的即期汇率折算，就会导致这些项目价值不断变动，从而使这些项目的折旧、摊销和减值不断随之变动，这将与这些项目的实际情况不符。

【例1-8】某外商投资企业的记账本位币是人民币。2×20年7月15日进口一台机器设备，设备价款为50万美元，尚未支付，当日的即期汇率为1美元=6.7元人民币。2×20年7月31日的即期汇率为1美元=6.75元人民币。假定不考虑其他相关税费，该项设备属于企业的固定资产，在购入时已按当日即期汇率折算为人民币335万元。"固定资产"属于非货币性项目，因此，2×20年7月31日，不需要按当日即期汇率进行调整。

(2) 对于存货项目，在资产负债表日采用成本与可变现净值孰低计量，在以外币购入存货并且该存货在资产负债表日的可变现净值以外币确定的情况下，在计提存货跌价准备时应当考虑汇率变动的影响。在确定存货的期末价值时，应先将可变现净值折算为记账本位币，再与以记账本位币反映的存货成本进行比较。

【例1-9】甲公司以人民币为记账本位币。2×20年11月20日，从英国W公司采购国内市场尚无的H商品2 000台，每台1 000英镑，当日即期汇率为1英镑=8.5元人民币，并于当日支付了相应货款。2×20年12月31日，已售出H商品1 500台，国内市场仍无H商品供应，但H商品在国际市场的价格已降至每台800英镑。12月31日的汇率是1英镑=8.84元人民币。假定不考虑增值税等相关税费。

11月20日，购入H商品时甲公司做如下财务处理。

借：库存商品——H商品　　　　　　　　　　(2 000×1 000×8.5)　17 000 000
　　贷：银行存款——英镑　　　　　　　　　(2 000×1 000×8.5)　17 000 000

12月31日，库存的500台H商品市场价格下跌，表明其可变现净值低于成本，计提存货跌价准备=500×1 000×8.5-500×800×8.84=714 000元人民币。甲公司做如下财务处理。

借：资产减值损失　　　　　　　　　　　　　　　　　　　　　　714 000
　　贷：存货跌价准备　　　　　　　　　　　　　　　　　　　　714 000

本例中，期末，在计算库存商品——H商品的可变现净值时，在国内没有相应产品的价格，因此，只能依据H商品的国际市场价格为基础确定其可变现净值，但需要考虑汇率变动的影响，以国际市场价格为基础确定的可变现净值应按照期末汇率折算，再与库存商品的记账本位币成本相比较，低于成本的差额确定为跌价损失，这个差额包含两个因素，一个是价格变动，另一个是汇率变动，但汇率变动的差额不作为汇兑损益，统一作为资产减值损失。

(3) 对于以公允价值计量的股票、基金等非货币性项目，如果期末的公允价值以外币反映，则应当先将该外币按照公允价值确定当日的即期汇率折算为记账本位币金额，再与原记账本位币金额进行比较，其差额作为公允价值变动损益，计入当期损益。

【例1-10】国内甲公司的记账本位币为人民币。2×20年12月5日以每股2.5美元的价格购入乙公司B股10 000股作为交易性金融资产，当日即期汇率为1美元=6.88元人民币，款项已付。2×20年12月31日，市价变动，使当月购入的乙公司B股的市价变为每股 2 美元,当日即期汇率为 1 美元=6.64 元人民币。假定不考虑相关税费的影响。

2×20 年 12 月 5 日,该公司对上述交易应做以下财务处理。

借:交易性金融资产 　　　　　　　　　　　(2.5×10 000×6.88) 172 000
　　贷:银行存款——美元 　　　　　　　　(2.5×10 000×6.88) 172 000

该项交易性金融资产是以外币计价,因此在资产负债表日,不应仅考虑美元市价的变动,还应考虑汇率变动的影响,上述交易性金融资产在资产负债表日的金额为 132 800(即 2×10 000×6.64)元人民币,与原账面价值 172 000 元的差额为 39 200 元人民币,应计入公允价值变动损益。相应的会计分录如下。

借:公允价值变动损益 　　　　　　　　　　　　　　　　　　39 200
　　贷:交易性金融资产 　　　　　　　　　　　　　　　　　　39 200

39 200 元人民币既包含甲公司所购乙公司 B 股股票公允价值变动的影响,又包含人民币与美元之间汇率变动的影响。

2×21 年 2 月 15 日,甲公司将所购乙公司 B 股股票按当日市价每股 2.4 美元全部售出(即结算日),所得价款为 24 000 美元,按当日汇率为 1 美元=6.86 元人民币,折算为人民币金额 164 640 元,与其原账面价值人民币金额 132 800 元的差额为 31 840 元人民币,对于汇率的变动和股票市价的变动不进行区分,均作为投资收益进行处理。因此,售出当日,甲公司的账务处理如下。

借:银行存款——美元 　　　　　　　　　　(2.4×10 000×6.86) 164 640
　　贷:交易性金融资产 　　　　　　　　　　　　　　　　　　132 800
　　　　投资收益 　　　　　　　　　　　　　　　　　　　　　31 840

(4) 以公允价值计量且其变动计入其他综合收益的外币货币性金融资产形成的汇兑差额,应当计入当期损益;外币非货币性金融资产形成的汇兑差额,与其公允价值变动一并计入其他综合收益。但是,采用实际利率法计算的金融资产的外币利息产生的汇兑差额,应当计入当期损益,非交易性权益工具投资的外币现金股利产生的汇兑差额,应当计入当期损益。

【例 1-11】甲公司的记账本位币为人民币。2×20 年 2 月 10 日以每股 15 港元的价格购入乙公司 H 股 10 000 股,指定为以公允价值计量且其变动计入其他综合收益的金融资产,当日即期汇率为 1 港元=0.9 元人民币,款项已付。2×20 年 12 月 31 日,市价变动,使购入的乙公司 H 股的市价变为每股 18 港元,当日即期汇率为 1 港元=0.85 元人民币。假定不考虑相关税费的影响。

2×20 年 2 月 10 日,该公司对上述交易应做以下账务处理。

借:其他权益工具投资 　　　　　　　　　　　　　　　　　　135 000
　　贷:银行存款——港元 　　　　　　　　　(15×10 000×0.9) 135 000

根据《企业会计准则第 22 号——金融工具确认和计量》准则,指定以公价值计量且其变动计入其他综合收益的非交易性权益工具投资,除了获得的股利收入(作为投资成本部分收回的股利收入除外)计入当期损益,其他相关的利得和损失(包括汇兑损益)均计入其他综合收益,且后续不得转入损益。该项金融资产是以港币计价,在资产负债表日,不应仅考虑股票市价的变动,还应一并考虑港元与人民币之间汇率变动的影响,上述金融资产在资产负债表日的人民币金额为 153 000(即 18×10 000×0.85)元,与原账面价值 135 000 元的差额为 18 000 元人民币，应计入其他综合收益。相应的会计分录为如下。

  借：其他权益工具投资   18 000
    贷：其他综合收益   18 000

18 000 元人民币既包含甲公司所购乙公司 H 股股票公允价值变动的影响，又包含人民币与港元之间汇率变动的影响。

第三节 外币财务报表的折算

  企业的子公司、合营企业、联营企业和分支机构如果采用与企业相同的记账本位币，即使它们是设在境外，其财务报表也不存在折算问题。但是，如果企业境外经营的记账本位币不同于企业的记账本位币，在将企业的境外经营通过合并报表、权益法核算等纳入企业的财务报表时，需要将企业境外经营的财务报表折算为以企业记账本位币反映。

一、外币财务报表折算的基本原理

(一)外币财务报表折算的含义

  外币财务报表折算，是指将以外币表示的财务报表折算为以某一特定货币表示的财务报表，是将财务报表的表述从一种货币单位转化为另一种货币单位。

(二)外币财务报表折算的主要会计问题

1. 折算汇率的选择

  折算汇率的选择，即外币财务报表的各个项目按什么汇率进行折算，是选择现行汇率、历史汇率，还是选择与即期汇率相近似的平均汇率进行折算。

2. 折算差额的处理

  折算差额的处理，即外币报表各个项目选择不同汇率进行折算，产生的差额是直接计入当期损益，还是作为所有者权益项目。

(三)外币财务报表的折算方法

  目前，国际上的外币财务报表的折算方法主要有流动与非流动法、货币性与非货币性法、时态法、现行汇率法等四种。我国外币财务报表的折算采用的是现行汇率法。

1. 流动与非流动法

  流动与非流动法，是将资产负债表项目按其流动性划分为流动项目和非流动项目两类。流动项目包括流动资产和流动负债；非流动项目是指除流动项目以外的资产、负债、所有者权益项目。

  对于流动项目，按报表编制日的现行汇率折算；对于非流动项目，按资产取得或负债发生时的历史汇率折算，留存收益项目为依资产负债表的平衡原理轧差计算而得；对于利润表项目，除了折旧费和摊销费按其相关资产取得时的历史汇率折算，其他收入和费用项目均按报告期内的平均汇率折算。

销货成本根据"期初存货+本期购货-期末存货"的关系确定;形成的折算损失,计入报告企业的合并损益中;形成的折算收益,已实现部分予以确认,未实现部分须予以递延,以抵销以后期间形成的损失。

流动与非流动法的理论依据是,非流动资产一般不会在短期内转变为现金,非流动负债一般也不会在短期内偿还,因而不会受到现行汇率的影响,但这种理由不够充分。例如,按现行汇率折算流动资产,表明货币性资产和存货均要承受同样的汇率波动风险,但这对按历史成本计价的存货项目就不合理了。

本方法的优点在于能够反映境外经营的营运资金的报告货币等值,不改变境外经营的流动性。其缺点为:一是流动性与非流动性的划分与汇率的变动无关;二是对折算结果的处理,掩盖了汇率变动对合并净收益的影响,平滑了各期收益,与实际情况不符。

2. 货币性与非货币性法

货币性与非货币性法,是将资产负债表项目划分为货币性项目和非货币性项目两类。货币性项目,是指货币性资产和货币性负债。货币性资产主要有库存现金、银行存款、应收账款、应收票据等;货币性负债主要有应付账款、应付票据、长期负债等。非货币性项目是指除了货币性项目以外的资产、负债、所有者权益项目。

对于货币性项目,按现行汇率折算;对于非货币性项目,按其取得或发生时的历史汇率折算;对于利润表项目,除了折旧费和摊销费按其相关资产取得时的历史汇率折算,其他收入和费用项目均按报告期内的平均汇率折算。

采用货币性与非货币性法的主要理由是,外币应收、应付款等货币性项目代表着以后将要收回或付出的一笔固定的外币债权债务,它将随着汇率的变动有所增减,因而按现行汇率折算是合理的。即这种方法是依据汇率波动对企业资产负债的影响程度来选择折算汇率的,货币性项目要承受汇率变动的风险,要按现行汇率折算;而非货币性项目不受汇率变动的影响,则按历史汇率折算。本方法的缺点是仍然用分类来解决外币报表的折算,而没有考虑会计计量问题,结果使得有些项目分类未必与所选的汇率相关。例如,存货等非货币性项目,应采用历史汇率折算,但当存货采用成本与市价孰低法计量时,对以市价计量的存货按历史汇率折算就不合理。

3. 时态法

时态法,是针对资产负债表项目的计量方法和时间的不同而选择不同的汇率进行折算的一种方法。资产负债表各项目以过去价值计量的,采用历史汇率;以现在价值计量的,采用现行汇率,产生的折算损益应计入当年的合并净收益。利润表各项目的折算和流动性与非流动性法下的利润表的折算相同。本方法不仅考虑了会计计量基础,而且修正了货币性与非货币性法的缺点。但是,该方法是从报告企业的角度考虑问题,境外的子公司、分支机构等均被认为是报告企业经营活动在境外的延伸,与报告企业本身的外币交易原则相一致(有人将这一观点称为母公司货币观),这样,实际上却忽视了境外经营作为相对独立的实体(即境外实体)的情况。另外,按此方法对外币报表进行折算,各项目使用的折算汇率不同,因而产生的折算结果不可能保持外币报表折算前的原有比率关系。

采用这种方法的主要理由是，外币报表的折算是一个计量变换的过程，它不能改变被计量项目的属性和计量基础，而只能改变计量单位，如对存货项目的折算，是为了重新表述存货的计量单位的货币名称，而不是改变其实际价值。

4. 现行汇率法

现行汇率法，是对外币资产负债表中的所有资产负债项目均按现行汇率折算，对实收资本项目按发生时的历史汇率折算，利润表各项目均按当期(年)平均汇率折算，产生的折算损益作为所有者权益的一个单独项目予以列示。现行汇率法采用单一汇率对各项资产负债进行折算，为计算简便，考虑了将境外经营作为相对独立的实体的情况(有人将这一观点称为子公司货币观)，着重汇率变动对报告企业在境外经营的投资净额的影响，折算后报表中各项目之间的比例关系能与原外币报表中各项目之间的比例关系保持一致。但对于按历史成本计价的资产项目采用现行汇率折算，其结果不符合逻辑。另外，假设所有外币资产都将受汇率变动的影响，也不符合实际。现行汇率法尽管存在不足，但在会计实务中仍是应用较为广泛的一种方法。

上述四种折算方法，按照国际会计准则委员会的要求，各国可从后两种中选择一种应用。外币财务报表的折算方法比较如表1-6所示。

表1-6 外币财务报表的折算方法比较

资产负债表项目	流动与非流动法	货币性与非货币性法	时态法	现行汇率法
库存现金	现行汇率	现行汇率	现行汇率	现行汇率
应收账款	现行汇率	现行汇率	现行汇率	现行汇率
存货				
按成本计价	现行汇率	历史汇率	历史汇率	现行汇率
按市价计价	现行汇率	历史汇率	现行汇率	现行汇率
投资				
按成本计价	历史汇率	历史汇率	历史汇率	现行汇率
按市价计价	历史汇率	历史汇率	现行汇率	现行汇率
固定资产	历史汇率	历史汇率	历史汇率	现行汇率
其他资产	历史汇率	历史汇率	历史汇率	现行汇率
应付账款	现行汇率	现行汇率	现行汇率	现行汇率
长期负债	历史汇率	现行汇率	现行汇率	现行汇率
实收资本(或股本)	历史汇率	历史汇率	历史汇率	历史汇率
留存收益	平衡数	平衡数	平衡数	平衡数

(四)外币财务报表折算差额的处理

外币财务报表折算差额，是指在外币财务报表折算时，不同项目由于所采用的汇率不同而产生的差额。企业无论采用哪种折算方法，都会产生一个折算差额，即折算损益。折算损益只是在折算财务报表过程中形成的一种未实现的汇兑损益。它取决于两个因素：一是汇率变动所引起的有关资产和负债项目相比的差额；二是汇率变动的方向，即外汇汇率变动是升值还是贬值。当汇率升值或贬值时，如果有关资产项目和负债项目的金额相等，发生的损益就会相互抵销；如果资产项目金额大于负债项目金额，当外币升值时，就会产生汇兑收益，贬值时产生折算损益。

外币折算损益的大小，除取决于以上两个因素外，还取决于所选用的折算方法。在不同的折算方法下，因对不同的项目使用不同的汇率折算，因此产生的折算损益的金额也不同。

目前，国际上对外币折算差额主要有两种处理方法：一是做当期损益处理，将差额列示在利润表中，采用时态法；二是做递延处理，将差额在资产负债表的所有者权益"其他综合收益"项目中单独列示，采用现行汇率法。

二、现行汇率法下的外币财务报表折算

(一)折算原则

现行汇率法下，在对企业境外经营财务报表进行折算前，应当调整境外经营的会计期间和会计政策，使之与企业会计期间和会计政策相一致，根据调整后的会计政策及会计期间编制相应货币(记账本位币以外的货币)的财务报表，再按照以下原则对境外经营财务报表进行折算。

(1) 资产负债表中的资产和负债项目，采用资产负债表日的即期汇率折算，所有者权益项目除"未分配利润"项目外，其他项目均采用发生时的即期汇率(即历史汇率)折算。其中"未分配利润"项目的折算金额来源于所有者权益变动表的期末余额。

(2) 利润表中的收入和费用项目，采用交易发生日的即期汇率或即期汇率的近似汇率(即平均汇率)折算。

(3) 产生的外币财务报表折算差额，在资产负债表中所有者权益项目下"其他综合收益"项目中列示。在编制合并会计报表时，应在合并资产负债表的"其他综合收益"项目中列示。

【例 1-12】国内甲公司的记账本位币为人民币，该公司在境外有一子公司乙公司，乙公司确定的记账本位币为美元。根据合同约定，甲公司拥有乙公司 70%的股权，并能够对乙公司的财务和经营政策施加重大影响。甲公司采用当期平均汇率折算乙公司利润表项目。乙公司的有关资料如下。

2×20 年 12 月 31 日的汇率为 1 美元=6.94 元人民币，2×20 年的平均汇率为 1 美元=6.6 元人民币，股本、资本公积发生日的即期汇率为 1 美元=8.0 元人民币，2×19 年 12 月 31 日的股本为 500 万美元，折算为人民币 4 000 万元；累计盈余公积为 50 万美元，折算为人民币 375 万元；累计未分配利润为 120 万美元，折算为人民币 823 万元；甲、乙公司均在年末提取盈余公积，乙公司当年提取的盈余公积为 70 万美元。

乙公司的利润表、所有者权益变动表和资产负债表如表 1-7～表 1-9 所示。

表 1-7　利 润 表

2×20 年度　　　　　　　　　　　　　　　　　　单位：万元

项　目	期末数(美元)	折算汇率	折算为人民币金额
一、营业收入	2 000	6.6	13 200
减：营业成本	1 500	6.6	9 900
税金及附加	40	6.6	264
管理费用	100	6.6	660
财务费用	10	6.6	66
资产减值损失			
加：公允价值变动收益			
投资收益	30	6.6	198
二、营业利润	380	—	2 508
加：营业外收入	40	6.6	264
减：营业外支出	20	6.6	132
三、利润总额	400	—	2 640
减：所得税费用	120	6.6	792
四、净利润	280	—	1 848
五、其他综合收益			
六、综合收益总额			

表 1-8　所有者权益变动表

2×20 年度　　　　　　　　　　　　　　　　　　单位：万元

项　目	股　本			盈余公积			未分配利润		其他综合收益	所有者(或股东权益)合计
	美元	折算汇率	人民币	美元	折算汇率	人民币	美元	人民币		人民币
一、本年年初余额	500	8	4 000	50		375	120	823		5 198
二、本年增减变动金额										
(一)净利润							280	1 848		1 848
(二)其他综合收益										-453
其中：外币报表折算差额									-453	-453
(三)利润分配										
1.提取盈余公积				70	6.6	462	-70	-462		0
2.对所有者的分配										
三、本年年末余额	500	8	4 000	120		837	330	2 209	-453	6 593

当期计提的盈余公积采用当期平均汇率折算，期初盈余公积为以前年度计提的盈余公积按相应年度平均汇率折算后金额的累计，期初未分配利润记账本位币金额为以前年度未

分配利润记账本位币金额的累计。

表1-9 资产负债表

2×20年12月31日　　　　　　　　　　　　　　　　　　　单位：万元

资产	期末数(美元)	折算汇率	折算为人民币金额	负债和所有者(或股东)权益	期末数(美元)	折算汇率	折算为人民币金额
流动资产：				流动负债：			
货币资金	120	6.94	832.8	短期借款	45	6.94	312.3
应收账款	260	6.94	1 804.4	应付账款	285	6.94	1 977.9
存货	240	6.94	1 665.6	其他流动负债	110	6.94	763.4
其他流动资产	200	6.94	1 388	流动负债合计	440	—	3 053.6
流动资产合计	820	—	5 690.8	非流动负债：			
非流动资产：				长期借款	140	6.94	971.6
长期应收款	110	6.94	763.4	应付债券	80	6.94	555.2
固定资产	560	6.94	3 886.4	其他非流动负债	90	6.94	624.6
在建工程	80	6.94	555.2	非流动负债合计	310	—	2 151.4
无形资产	100	6.94	694	负债合计	750		5 205
其他非流动资产	30	6.94	208.2	所有者(或股东)权益：			
非流动资产合计	880	—	6 107.2	股本	500	8	4 000
				盈余公积	120		837
				未分配利润	330		2 209
				其他综合收益			-453
				所有者(或股东)权益合计	950		6 593
资产总计	1 700		11 798	负债和所有者(或股东)权益总计	1 700		11 798

外币报表折算差额为以记账本位币反映的净资产减去以记账本位币反映的实收资本、累计盈余公积及累计未分配利润后的余额。

(二)特殊项目的处理

1. 少数股东应分担的外币报表折算差额

在企业境外经营为其子公司的情况下，企业在编制合并财务报表时，应按少数股东在境外经营所有者权益中所享有的份额计算少数股东应分担的外币报表折算差额，并入少数股东权益列示于合并资产负债表，不再单独反映少数股东权益所对应的外币折算差额。

2. 实质上构成对境外经营净投资的外币货币性项目产生的汇兑差额的处理

在母公司含有实质上构成对子公司(境外经营)净投资的外币货币性项目的情况下，编制合并财务报表时，应根据以下两种情况编制抵销分录。

(1) 实质上构成对子公司净投资的外币货币性项目以母公司或子公司的记账本位币反

映，则应在抵销长期应收应付项目的同时，将其产生的汇兑差额转入"其他综合收益"项目。即借记或贷记"财务费用——汇兑差额"科目，贷记或借记"其他综合收益"。

(2) 实质上构成对子公司净投资的外币货币性项目以母公司、子公司的记账本位币以外的货币反映，则应将母公司、子公司此项外币货币性项目产生的汇兑差额相互抵销，差额转入"其他综合收益"项目。

如果合并财务报表中各子公司之间也存在实质上构成对另一子公司(境外经营)净投资的外币货币性项目，编制合并财务报表时应比照上述情况编制相应的抵销分录。

三、境外经营的处置

企业可以通过出售、清算、返还股东或放弃全部或部分权益等方式处置其在境外经营中的利益。在境外经营为子公司的情况下，企业处置境外经营应当按照合并财务报表处置子公司的原则进行相应的会计处理。在包含境外经营的财务报表中，将已列入其他综合收益的外币报表折算差额中与该境外经营相关部分，自所有者权益项目中转入处置当期损益。如果是部分处置境外经营，应当按处置的比例计算处置部分的外币报表折算差额，转入处置当期损益。处置的境外经营为子公司的，将已列入其他综合收益的外币报表折算差额中归属于少数股东的部分，视全部处置或部分处置分别予以终止确认或转入少数股东权益。

四、外币折算信息的披露

按照我国《企业会计准则第 19 号——外币折算》准则的规定，企业应当在财务报表附注中披露与外币折算有关的下列信息。

(1) 企业及其境外经营选定的记账本位币及选定的原因，记账本位币发生变更的，说明变更理由。
(2) 采用近似汇率的确定方法。
(3) 计入当期损益的汇兑差额。
(4) 处置境外经营对外币财务报表折算差额的影响。

本 章 小 结

外币折算包括外币交易的折算、外币财务报表的折算和相关信息的披露。

外币，是指企业记账本位币以外的货币。外币交易，是指以外币计价或者结算的交易。其主要包括：买入或者卖出以外币计价的商品或者劳务；借入或者借出外币资金；其他以外币计价或者结算的交易。外币交易的记账方法有外币统账制和外币分账制，一般企业采用前者。其会计核算的基本程序是：将外币金额按照交易日的即期汇率或即期汇率的近似汇率折算为记账本位币金额，按照折算后的记账本位币金额登记有关账户；在登记有关记账本位币账户的同时，按照外币金额登记相应的外币账户；期末，将所有外币货币性项目的外币余额按照期末即期汇率折算为记账本位币金额，并与原记账本位币金额相比较，其差额计入"财务费用——汇兑损益"科目；结算外币货币性项目时，将其外币结算金额按照当日即期汇率折算为记账本位币金额,并与原记账本位币金额相比较,其差额计入"财务费用——汇兑损益"科目。

记账本位币,是指企业经营所处的主要经济环境中的货币。境外经营,是指企业在境外的子公司、合营企业、联营企业、分支机构。企业在境内的子公司、合营企业、联营企业或者分支机构,采用不同于本企业记账本位币的,也视同境外经营。

汇率又称汇价,是指两种货币相互兑换的比率,是一种货币单位用另一种货币单位所表示的价格。汇率的标价,包括直接标价法和间接标价法。汇兑损益有交易损益、兑换损益、调整损益、折算损益等。

外币财务报表折算是编制合并财务报表等的需要,将子公司、联营企业、合营企业和分支机构等境外经营的外币财务报表折算为记账本位币反映的财务报表的过程。我国外币财务报表的折算采用的是现行汇率法。折算原则是:①资产负债表中的资产和负债项目,采用资产负债表日的即期汇率折算,所有者权益项目除"未分配利润"项目外,其他项目采用发生时的即期汇率(即历史汇率)折算;②利润表中的收入和费用项目,采用交易发生日的即期汇率或即期汇率的近似汇率(即平均汇率)折算;③产生的外币财务报表折算差额,在资产负债表中所有者权益项目下"其他综合收益"项目中列示。编制合并会计报表时,应在合并资产负债表的"其他综合收益"项目中列示。

复习思考题

1. 什么是外币?什么是外币交易?外币交易主要有哪些内容?
2. 什么是记账本位币?企业在选定记账本位币时应考虑哪些因素?
3. 什么是外汇汇率?外汇汇率的标价方法有哪几种?各有什么特点?
4. 什么是汇兑损益?有几种类型?怎样进行会计处理?对企业的财务和纳税有什么影响?
5. 外币交易的会计处理程序有哪些?
6. 外币财务报表折算的方法有哪些?各有什么特点?我国采用的外币财务报表折算方法是什么?
7. 外币财务报表折算差额应如何处理?
8. 在财务报表附注中,企业应披露哪些折算信息?

第二章

债务重组

通过本章的学习,应理解债务重组的含义及债务重组的方式;掌握债务重组的会计原则,不同方式下债务人和债权人的会计处理,以及债务重组业务对企业损益的影响;了解债务重组会计信息的披露。

扫码下载本章自测与技能训练

第一节 债务重组概述

一、债务重组的含义

债务重组涉及债权人和债务人,对债权人而言为"债权重组",对债务人而言为"债务重组",为便于表述统称为"债务重组"。债务重组,是指在不改变交易对手方的情况下,经债权人和债务人协定或法院裁定,就清偿债务的时间、金额或方式等重新达成协议。

(一)关于交易对手方

债务重组是在不改变交易对手方的情况下进行的交易。实务中经常出现第三方参与相关交易的情形,例如,某公司以不同于原合同条款的方式代债务人向债权人偿债;又如,新组建的公司承接原债务人的债务,与债权人进行债务重组;再如,资产管理公司从债权人处购得债权,再与债务人进行债务重组。在上述种种情形下,企业应当首先考虑债权和债务是否发生终止确认,是否适用《企业会计准则第22号——金融工具确认和计量》及《企业会计准则第23号——金融资产转移》等准则,再就债务重组交易适用《企业会计准则第12号——债务重组》准则。

债务重组不强调在债务人发生财务困难的背景下进行,也不论债权人是否作出让步。即无论何种原因导致债务人未按原定条件偿还债务,也无论双方是否同意债务人以低于债务的金额偿还债务,只要债权人和债务人就债务条款重新达成了协议,就都符合债务重组的定义。例如,债权人在减免债务人部分债务本金的同时提高剩余债务的利息,或者债权人同意债务人用等值库存商品抵偿到期债务等,均属于债务重组。

(二)关于债权和债务的范围

债务重组涉及的债权和债务,是指《企业会计准则第22号——金融工具确认和计量》规范的债权和债务,不包括合同资产、合同负债、预计负债,但包括租赁应收款和租赁应付款。债务重组中涉及的债权、重组债权、债务、重组债务和其他金融工具的确认、计量和列报,适用金融工具相关准则。

(三)关于债务重组的范围

通过债务重组形成企业合并的,适用《企业会计准则第20号——企业合并》准则。债务人以股权投资清偿债务或者将债务转为权益工具,可能对应导致债权人取得被投资单位或债务人控制权,在合并财务报表层面,债权人取得资产和负债的确认与计量适用企业合并准则的有关规定。

债务重组构成权益性交易的,应当适用权益性交易的有关会计处理规定,债权人和债务人不确认构成权益性交易的债务重组相关损益。债务重组构成权益性交易的情形包括以下两种。

(1) 债权人直接或间接对债务人持股,或者债务人直接或间接对债权人持股,且持股方以股东身份进行债务重组。

(2) 债权人与债务人在债务重组前后均受同一方或相同多方的最终控制，且该债务重组的交易实质是债权人或债务人进行了权益性分配或接受了权益性投入。

例如，甲公司是乙公司的股东，为了弥补乙公司临时性经营现金流短缺，甲公司向乙公司提供1 000万元无息借款，并约定于6个月后收回。借款期满时，尽管乙公司具有充足的现金流，甲公司仍然决定免除乙公司部分本金还款义务，仅收回200万元借款。在此项交易中，如果甲公司不以股东身份而是以市场交易者身份参与交易，在乙公司具有足够偿债能力的情况下是不会免除其部分本金的。因此，甲公司和乙公司应当将该交易作为权益性交易，不确认债务重组相关损益。

债务重组中不属于权益性交易的部分仍然应当确认债务重组相关损益。例如，假设上例中债务人乙公司确实出现财务困难，其他债权人对其债务普遍进行了减半的豁免，那么，甲公司作为股东比其他债务人多豁免300万元债务的交易应当作为权益性交易，正常豁免500万元债务的交易应当确认债务重组相关损益。

企业在判断债务重组是否构成权益性交易时，应当遵循实质重于形式原则。例如，假设债权人对债务人的权益性投资通过其他人代持，债权人不具有股东身份，但实质上以股东身份进行债务重组，债权人和债务人应当认为该债务重组构成权益性交易。

二、债务重组的方式

债务重组的方式主要包括：债务人以资产清偿债务、将债务转为权益工具、修改其他条款，以及前述一种以上方式的组合。这些债务重组方式都是通过债权人和债务人重新协定或者法院裁定达成的，与原来约定的偿债方式不同。

(一)债务人以资产清偿债务

债务人以资产清偿债务，是债务人转让其资产给债权人以清偿债务的债务重组方式。债务人用于偿债的资产通常是资产负债表中已经确认的资产，例如，现金、应收账款、长期股权投资、投资性房地产、固定资产、在建工程、生物资产、无形资产等。债务人以日常活动产出的商品或服务清偿债务的，用于偿债的资产可能体现为存货等资产。

在受让上述资产后，按照相关会计准则要求及本企业会计核算要求，债权人核算相关受让资产的类别可能与债务人不同。例如，债务人以作为固定资产核算的房产清偿债务，债权人可能将受让的房产作为投资性房地产核算；债务人以部分长期股权投资清偿债务，债权人可能将受让的投资作为金融资产核算；债务人以存货清偿债务，债权人可能将受让的资产作为固定资产核算；等等。

除上述已经在资产负债表中确认的资产外，债务人也可能以不符合确认条件而未予确认的资产清偿债务。例如，债务人以未确认的内部产生的品牌清偿债务，债权人在获得的商标权符合无形资产确认条件的前提下作为无形资产核算。在少数情况下，债务人还可能以处置组(即一组资产和与这些资产直接相关的负债)清偿债务。

(二)债务人将债务转为权益工具

债务人将债务转为权益工具，这里的权益工具，是指根据金融工具列报准则分类为"权益工具"的金融工具，会计处理上体现为股本、实收资本、资本公积等科目。

实务中，有些债务重组名义上采用"债转股"的方式，但同时附加相关条款，例如，约定债务人在未来某个时点有义务以某一金额回购股权，或债权人持有的股份享有强制分红权，等等。对于债务人，这些"股权"可能并不是根据《企业会计准则第 37 号——金融工具列报》准则分类为权益工具的金融工具，从而不属于债务人将债务转为权益工具的债务重组方式。债权人和债务人还可能协议以一项同时包含金融负债成分和权益工具成分的复合金融工具替换原债权债务，这类交易也不属于债务人将债务转为权益工具的债务重组方式。

(三)修改其他条款

修改债权和债务的其他条款，是债务人不以资产清偿债务，也不将债务转为权益工具，而是改变债权和债务的其他条款的债务重组方式，如调整债务本金、改变债务利息、变更还款期限等。经修改其他条款的债权和债务分别形成重组债权和重组债务。

(四)组合方式

组合方式，是采用债务人以资产清偿债务、债务人将债务转为权益工具、修改其他条款三种方式中一种以上方式的组合清偿债务的债务重组方式。例如，债权人和债务人约定，由债务人以机器设备清偿部分债务，将另一部分债务转为权益工具，调减剩余债务的本金，但利率和还款期限不变；再如，债务人以现金清偿部分债务，同时将剩余债务展期；等等。

第二节　债务重组的会计处理

一、债权和债务的终止确认

债务重组中涉及的债权和债务的终止确认，应当遵循金融工具确认和计量以及金融资产转移准则中有关金融资产和金融负债终止确认的规定。债权人在收取债权现金流量的合同权利终止时终止确认债权，债务人在债务的现时义务解除时终止确认债务。

债权人与债务人之间进行的债务重组涉及债权和债务的认定，以及清偿方式和期限等的协商，通常需要经历较长时间，例如，破产重整中进行的债务重组。只有在符合上述终止确认条件时才能终止确认相关债权和债务，并确认债务重组相关损益。对于在报告期间已经开始协商，但在报告期资产负债表日后的债务重组，则不属于资产负债表日后调整事项。

对于终止确认的债权，债权人应当结转已计提的减值准备中对应该债权终止确认部分的金额。对于终止确认的分类为以公允价值计量且其变动计入其他综合收益的债权，之前计入其他综合收益的累计利得或损失应当从其他综合收益中转出，计入"投资收益"科目。

(一)以资产清偿债务或将债务转为权益工具

对于以资产清偿债务或者将债务转为权益工具方式进行的债务重组，债权人在拥有或控制相关资产时，通常其收取债权现金流量的合同权利也同时终止，故一般可以终止确认该债权。同样地，债务人通过交付资产或权益工具解除了其清偿债务的现时义务，一般也可以终止确认该债务。

(二)修改其他条款

对于债权人，债务重组是通过调整债务本金、改变债务利息、变更还款期限等修改合同条款方式进行的，合同修改前后的交易对手方没有发生改变，合同涉及的本金、利息等现金流量很难在本息之间及债务重组前后作出明确分割，即很难单独识别合同的特定可辨认现金流量。因此，通常情况下应当整体考虑是否对全部债权的合同条款作出实质性修改。如果作出了实质性修改，或者债权人与债务人之间签订了协议，以获取实质上不同的新金融资产方式替换债权，应当终止确认原债权，并按照修改后的条款或新协议确认新金融资产。

对于债务人，如果对债务或部分债务的合同条款作出"实质性修改"形成重组债务，或者债权人与债务人之间签订协议，以承担"实质上不同"的重组债务方式替换债务，债务人应当终止确认原债务，同时按照修改后的条款确认一项新金融负债。其中，如果重组债务未来现金流量(包括支付和收取的某些费用)现值与原债务的剩余期间现金流量现值之间的差异超过 10%，则意味着新的合同条款进行了"实质性修改"或者重组债务是"实质上不同"的，有关现值的计算均采用原债务的实际利率。

(三)组合方式

对于债权人，与上述"修改其他条款"部分的分析类似，通常情况下，应当整体考虑是否终止确认全部债权。组合方式涉及多种债务重组方式，一般可以认为对全部债权的合同条款作出了实质性修改，从而终止确认全部债权，并按照修改后的条款确认新金融资产。

对于债务人，组合中以资产清偿债务或者将债务转为权益工具方式进行的债务重组，如果债务人清偿该部分债务的现时义务已经解除，那么应当终止确认该部分债务。组合中以修改其他条款方式进行的债务重组，那么需要根据具体情况，判断对应的部分债务是否满足终止确认条件。

二、债权人的会计处理

(一)以资产清偿债务或将债务转为权益工具

债务重组采用以资产清偿债务或者将债务转为权益工具方式进行的，债权人应当在受让的相关资产符合其定义和确认条件时予以确认。

1. 债权人受让金融资产

债权人受让包括现金在内的单项或多项金融资产的，应当按照金融工具确认和计量的规定进行确认和计量准则。金融资产初始确认时应当以其公允价值计量，金融资产确认金额与债权终止确认日账面价值之间的差额，计入"投资收益"科目。但是，收取的金融资产的公允价值与交易价格(即放弃债权的公允价值)存在差异的，应当按照《企业会计准则第 22 号——金融工具确认和计量》第三十四条的规定处理。

2. 债权人受让非金融资产

债权人初始确认受让的金融资产以外的资产时,应当按照下列原则以成本计量。

(1) 存货的成本,包括放弃债权的公允价值,以及使该资产达到当前位置和状态所发生的可直接归属于该资产的税金、运输费、装卸费、保险费等其他成本。

(2) 对联营企业或合营企业投资的成本,包括放弃债权的公允价值,以及可直接归属于该资产的税金等其他成本。

(3) 投资性房地产的成本,包括放弃债权的公允价值,以及可直接归属于该资产的税金等其他成本。

(4) 固定资产的成本,包括放弃债权的公允价值,以及使该资产达到预定可使用状态前所发生的可直接归属于该资产的税金、运输费、装卸费、安装费、专业人员服务费等其他成本。确定固定资产成本时,应当考虑预计弃置费用因素。

(5) 生物资产的成本,包括放弃债权的公允价值,以及可直接归属于该资产的税金、运输费、保险费等其他成本。

(6) 无形资产的成本,包括放弃债权的公允价值,以及可直接归属于使该资产达到预定用途所发生的税金等其他成本。放弃债权的公允价值与账面价值之间的差额,计入"投资收益"科目。

3. 债权人受让多项资产

债权人受让多项非金融资产,或者包括金融资产、非金融资产在内的多项资产的,应当按照《企业会计准则第 22 号——金融工具确认和计量》的规定确认和计量受让的金融资产;按照受让的金融资产以外的各项资产在债务重组合同生效日的公允价值比例,对放弃债权在合同生效日的公允价值扣除受让金融资产当日公允价值后的净额进行分配,并以此为基础分别确定各项资产的成本。放弃债权的公允价值与账面价值之间的差额,计入"投资收益"科目。

4. 债权人受让处置组

债务人以处置组清偿债务的,债权人应当分别按照《企业会计准则第 22 号——金融工具确认和计量》和其他相关准则的规定,对处置组中的金融资产和负债进行初始计量,然后按照金融资产以外的各项资产在债务重组合同生效日的公允价值比例,对放弃债权在合同生效日的公允价值以及承担的处置组中负债的确认金额之和,扣除受让金融资产当日公允价值后的净额进行分配,并以此为基础分别确定各项资产的成本。放弃债权的公允价值与账面价值之间的差额,计入"投资收益"科目。

5. 债权人将受让的资产或处置组划分为持有待售类别

债务人以资产或处置组清偿债务,且债权人在取得日未将受让的相关资产或处置组作为非流动资产和非流动负债核算,而是将其划分为持有待售类别的,债权人应当在初始计量时,比较假定其不划分为持有待售类别情况下的初始计量金额和公允价值减去出售费用后的净额,以两者孰低计量。

(二)修改其他条款

债务重组采用以修改其他条款方式进行的，如果修改其他条款导致全部债权终止确认，债权人应当按照修改后的条款以公允价值初始计量新的金融资产，新的金融资产的确认金额与债权终止确认日账面价值之间的差额，计入"投资收益"科目。

如果修改其他条款未导致债权终止确认，债权人应当根据其分类，继续以摊余成本、以公允价值计量且其变动计入其他综合收益，或者以公允价值计量且其变动计入当期损益进行后续计量。对于以摊余成本计量的债权，债权人应当根据重新议定合同的现金流量变化情况，重新计算该重组债权的账面余额，并将相关利得或损失计入"投资收益"科目。重新计算的该重组债权的账面余额，应当根据重新议定或修改的合同现金流量按债权原实际利率折现的现值确定，购买或源生的已发生信用减值的重组债权，应按经信用调整的实际利率折现。对于修改或重新议定合同所产生的成本或费用，债权人应当调整修改后的重组债权的账面价值，并在修改后重组债权的剩余期限内摊销。

债务重组采用组合方式进行的，一般可以认为对全部债权的合同条款作出了"实质性修改"，债权人应当按照修改后的条款，以公允价值初始计量新的金融资产和受让的新金融资产，按照受让的金融资产以外的各项资产在债务重组合同生效日的公允价值比例，对放弃债权在合同生效日的公允价值扣除受让金融资产和重组债权当日公允价值后的净额进行分配，并以此为基础分别确定各项资产的成本。放弃债权的公允价值与账面价值之间的差额，计入"投资收益"科目。

三、债务人的会计处理

(一)债务人以资产清偿债务

债务重组采用以资产清偿债务方式进行的，债务人应当将所清偿债务账面价值与转让资产账面价值之间的差额计入当期损益。

1. 债务人以金融资产清偿债务

债务人以单项或多项金融资产清偿债务的，债务的账面价值与偿债金融资产账面价值的差额，计入"投资收益"科目。偿债金融资产已计提减值准备的，应结转已计提的减值准备。对于被分类为以公允价值计量且其变动计入其他综合收益的债务工具投资清偿债务的，之前计入其他综合收益的累计利得或损失应当从其他综合收益中转出，计入"投资收益"科目。对于被指定为以公允价值计量且其变动计入其他综合收益的非交易性权益工具投资清偿债务的，之前计入其他综合收益的累计利得或损失应当从其他综合收益中转出，计入"盈余公积""利润分配——未分配利润"等科目。

2. 债务人以非金融资产清偿债务

债务人以单项或多项非金融资产清偿债务，或者以包括金融资产和非金融资产在内的多项资产清偿债务的，既不需要区分资产处置损益和债务重组损益，也不需要区分不同资产的处置损益，而应将所清偿债务账面价值与转让资产账面价值之间的差额，计入"其他收益——债务重组收益"科目。偿债资产已计提减值准备的，应结转已计提的减值准备。

债务人以包含非金融资产的处置组清偿债务的，应当将所清偿债务和处置组中负债的账面价值之和，与处置组中资产的账面价值之间的差额，计入"其他收益——债务重组收益"科目。处置组所属的资产组或资产组合按照《企业会计准则第 8 号——资产减值》准则分摊了企业合并中取得的商誉的，该处置组应当包含分摊至处置组的商誉。处置组中的资产已计提减值准备的，应结转已计提的减值准备。

债务人以日常活动产出的商品或服务清偿债务的，应当将所清偿债务账面价值与存货等相关资产账面价值之间的差额，计入"其他收益——债务重组收益"科目。

(二)债务人将债务转为权益工具

债务重组采用将债务转为权益工具方式进行的，债务人初始确认权益工具时，应当按照权益工具的公允价值计量，权益工具的公允价值不能可靠计量的，应当按照所清偿债务的公允价值计量。所清偿债务账面价值与权益工具确认金额之间的差额，计入"投资收益"科目。债务人因发行权益工具而支出的相关税费等，应当依次冲减资本溢价、盈余公积、未分配利润等。

(三)修改其他条款

债务重组采用修改其他条款方式进行的，如果修改其他条款导致债务终止确认，债务人应当按照公允价值计量重组债务，终止确认的债务账面价值与重组债务确认金额之间的差额，计入"投资收益"科目。

如果修改其他条款未导致债务终止确认，或者仅导致部分债务终止确认，对于未终止确认的部分债务，债务人应当根据其分类，继续以摊余成本、以公允价值计量且其变动计入当期损益或其他适当方法进行后续计量。对于以摊余成本计量的债务，债务人应当根据重新议定合同的现金流量变化情况，重新计算该重组债务的账面价值，并将相关利得或损失计入"投资收益"科目。重新计算的该重组债务的账面价值，应当根据将重新议定或修改的合同现金流量按债务的原实际利率或按《企业会计准则第 24 号——套期会计》第二十三条规定的重新计算的实际利率(如适用)折现的现值确定。对于修改或重新议定合同所产生的成本或费用，债务人应当调整修改后的重组债务的账面价值，并在修改后重组债务的剩余期限内摊销。

(四)组合方式

债务重组采用以资产清偿债务、将债务转为权益工具、修改其他条款等方式的组合进行的，对于权益工具，债务人应当在初始确认时按照权益工具的公允价值计量，权益工具的公允价值不能可靠计量的，应当按照所清偿债务的公允价值计量。对于修改其他条款形成的重组债务，债务人应当参照"(三)修改其他条款"部分的内容，确认和计量重组债务。所清偿债务的账面价值与转让资产的账面价值以及权益工具和重组债务的确认金额之和的差额，计入"其他收益——债务重组收益"或"投资收益"(仅涉及金融工具时)科目。

值得注意的是，对于企业因破产重整而进行的债务重组交易，由于涉及破产重整的债务重组协议执行过程及结果存在重大不确定性，因此，企业通常应在破产重整协议履行完毕后确认债务重组收益，除非有确凿证据表明上述重大不确定性已经被消除。

【例 2-1】2×20 年 6 月 18 日，甲公司向乙公司销售一批商品，应收乙公司款项的入账金额为 95 万元。甲公司将该应收款项分类为以摊余成本计量的金融资产。乙公司将该应付账款分类为以摊余成本计量的金融负债。2×20 年 10 月 18 日，双方签订债务重组合同，乙公司以一项作为无形资产核算的非专利技术偿还该欠款。该无形资产的账面余额为 100 万元，累计摊销额为 10 万元，已计提减值准备 2 万元。10 月 22 日，双方办理完成该无形资产转让手续，甲公司支付评估费用 4 万元。当日，甲公司应收款项的公允价值为 87 万元，已计提坏账准备 7 万元，乙公司应付款项的账面价值仍为 95 万元。假设不考虑相关税费。

(1) 债权人的会计处理。

2×20 年 10 月 22 日，债权人甲公司取得该无形资产的成本为债权公允价值(87 万元)与评估费用(4 万元)的合计(91 万元)。甲公司的账务处理如下。

借：无形资产	910 000
坏账准备	70 000
投资收益	10 000
贷：应收账款	950 000
银行存款	40 000

(2) 债务人的会计处理。

乙公司 10 月 22 日的账务处理如下。

借：应付账款	950 000
累计摊销	100 000
无形资产减值准备	20 000
贷：无形资产	1 000 000
其他收益——债务重组收益	70 000

【例 2-2】2×19 年 2 月 10 日，甲公司从乙公司购买一批材料，约定 6 个月后甲公司结清款项 100 万元(假定无重大融资成分)。乙公司将该应收款项分类为以摊余成本计量的金融资产；甲公司将该应付款项分类为以摊余成本计量的金融负债。2×19 年 8 月 12 日，甲公司因无法支付货款与乙公司协商进行债务重组，双方商定乙公司将该债权转为对甲公司的股权投资。10 月 20 日，乙公司办结了对甲公司的增资手续，甲公司和乙公司分别支付手续费等相关费用 1.5 万元和 1.2 万元。债转股后甲公司总股本为 100 万元，乙公司持有的抵债股权占甲公司总股本的 25%，对甲公司具有重大影响，甲公司股权公允价值不能可靠计量。2×19 年 10 月 20 日，应收款项和应付款项的公允价值为 76 万元。乙公司计提坏账准备 20 万元。假定不考虑其他相关税费。

(1) 债权人的会计处理。

10 月 20 日，乙公司对甲公司长期股权投资的成本为应收款项公允价值 76 万元与相关税费 1.2 万元的合计 77.2 万元。

借：长期股权投资——甲公司	772 000
坏账准备	200 000
投资收益	40 000

  贷：应收账款   1 000 000
    银行存款   12 000
 (2) 债务人的会计处理。

  10 月 20 日，由于甲公司股权的公允价值不能可靠计量，初始确认权益工具公允价值时，应当按照所清偿债务的公允价值 76 万元计量，并扣除因发行权益工具支出的相关税费 1.5 万元。甲公司的账务处理如下。

  借：应付账款   1 000 000
    贷：实收资本   250 000
      资本公积——资本溢价   495 000
      银行存款   15 000
      投资收益   240 000

  【例 2-3】 2×19 年 11 月 5 日，甲公司向乙公司赊购一批材料，含税价为 234 万元。2×20 年 9 月 10 日，甲公司因发生财务困难，无法按合同约定偿还债务，双方协商进行债务重组。乙公司同意甲公司用其生产的商品、作为固定资产管理的机器设备和一项债券投资抵偿欠款。当日，该债权的公允价值为 210 万元，甲公司用于抵债的商品市价(不含增值税)为 90 万元，抵债设备的公允价值为 75 万元，用于抵债的债券投资市价为 23.55 万元。

  抵债资产于 2×20 年 9 月 20 日转让完毕，甲公司发生设备运输费用 0.65 万元，乙公司发生设备安装费用 1.5 万元。

  乙公司以摊余成本计量该项债权。2×20 年 9 月 20 日，乙公司对该债权已计提坏账准备 19 万元，债券投资市价为 21 万元。乙公司将受让的商品、设备和债券投资分别作为低值易耗品、固定资产和以公允价值计量且其变动计入当期损益的金融资产核算。

  甲公司以摊余成本计量该项债务。2×20 年 9 月 20 日，甲公司用于抵债的商品成本为 70 万元；抵债设备的账面原价为 150 万元，累计折旧为 40 万元，已计提减值准备 18 万元；甲公司以摊余成本计量用于抵债的债券投资，债券票面价值总额为 15 万元，票面利率与实际利率一致，按年付息。当日，该项债务的账面价值仍为 234 万元。

  甲、乙公司均为增值税一般纳税人，适用增值税税率为 13%，经税务机关核定，该项交易中商品和设备的计税价格分别为 90 万元和 75 万元。假设不考虑其他相关税费。

 (1) 债权人的会计处理。

  低值易耗品可抵扣增值税=90×13% =11.7(万元)

  设备可抵扣增值税=75×13% =9.75(万元)

  低值易耗品和固定资产的成本应当以其公允价值比例(90：75)对放弃债权公允价值扣除受让金融资产公允价值后的净额进行分配后的金额为基础确定。

  低值易耗品的成本=90÷(90+75)×(210-23.55-11.7-9.75)=90(万元)

  固定资产的成本=75÷(90+75)×(210-23.55-11.7-9.75) = 75(万元)

  2×20 年 9 月 20 日，乙公司的账务处理如下。

  ① 确认各项资产成本，并结转债务重组损益。

  借：交易性金融资产   210 000
    周转材料   900 000
    在建工程——在安装设备   750 000

应交税费——应交增值税(进项税额)		214 500
坏账准备		190 000
投资收益		75 500
贷：应收账款——甲公司		2 340 000

② 支付安装成本。

借：在建工程——在安装设备　　　　　　　　　　　　　　15 000
　　贷：银行存款　　　　　　　　　　　　　　　　　　　　15 000

③ 安装完毕达到可使用状态。

借：固定资产——××设备　　　　　　　　　　　　　　765 000
　　贷：在建工程——在安装设备　　　　　　　　　　　　765 000

(2) 债务人的会计处理。甲公司9月20日的账务处理如下。

① 结转设备的账面价值。

借：固定资产清理　　　　　　　　　　　　　　　　　　920 000
　　累计折旧　　　　　　　　　　　　　　　　　　　　400 000
　　固定资产减值准备　　　　　　　　　　　　　　　　180 000
　　贷：固定资产　　　　　　　　　　　　　　　　　　1 500 000

② 支付设备的运输费。

借：固定资产清理　　　　　　　　　　　　　　　　　　6 500
　　贷：银行存款　　　　　　　　　　　　　　　　　　6 500

③ 确定债务重组损益。

借：应付账款　　　　　　　　　　　　　　　　　　　　2 340 000
　　贷：固定资产清理　　　　　　　　　　　　　　　　926 500
　　　　库存商品　　　　　　　　　　　　　　　　　　700 000
　　　　应交税费——应交增值税(销项税额)　　　　　　214 500
　　　　债权投资——成本　　　　　　　　　　　　　　150 000
　　　　其他收益——债务重组收益　　　　　　　　　　349 000

【例2-4】A公司为上市公司，2×16年1月1日，A公司取得B银行贷款4 000万元，约定贷款期限为4年(即2×19年12月31日到期)，年利率为6%，按年付息，A公司已按时支付所有利息，A公司以摊余成本计量该贷款。2×19年12月31日，A公司出现严重资金周转问题，多项债务违约，信用风险增加，无法偿还贷款本金。2×20年1月10日，B银行同意与A公司就该项贷款重新达成协议，新协议约定以下内容。

(1) A公司向B银行增发股票500万股，面值为1元/股，占A公司股份总额的1%，用于抵偿债务本金2 000万元，A公司股票于2×20年1月10日的收盘价为4元/股。

(2) 在A公司履行上述偿债义务后，B银行免除A公司500万元债务本金，并将尚未偿还的债务本金1 500万元展期至2×20年12月31日，年利率为8%；如果A公司未能履行(1)所述偿债义务，B银行有权终止债务重组协议，尚未履行的债权调整承诺随之失效。B银行以摊余成本计量该贷款，已计提贷款损失准备500万元。该贷款于2×20年1月10日的公允价值为3 500万元，予以展期的贷款的公允价值为1 500万元。2×20年5

月 9 日，双方办理完成股权转让手续，B 银行将该股权投资分类为以公允价值计量且其变动计入当期损益的金融资产，A 公司股票当日收盘价为 4.02 元/股。

(1) 债权人的会计处理。

A 公司与 B 银行以组合方式进行债务重组，同时涉及将债务转为权益工具、包括债务豁免的修改其他条款等方式，可以认为对全部债权的合同条款作出了"实质性修改"，债权人在收取债权现金流量的合同权利终止时应当终止确认全部债权，即在 2×20 年 5 月 9 日该债务重组协议的执行过程和结果不确定性消除，可以确认债务重组相关损益，并按照修改后的条款确认新金融资产。

5 月 9 日，债权人 B 银行的账务处理如下。

受让股权的公允价值=4.02×500 =2 010 (万元)

借：交易性金融资产	20 100 000
贷款——本金	15 000 000
贷款损失准备	5 000 000
贷：贷款——本金	40 000 000
投资收益	100 000

(2) 债务人的会计处理。

该债务重组协议的执行过程和结果不确定性于 2×20 年 5 月 9 日消除时，债务人清偿该部分债务的现时义务已经解除，可以确认债务重组相关损益，并按照修改后的条款确认新金融负债。

5 月 9 日，债务人 A 公司的账务处理如下。

借款的新现金流量=1 500×(1+8%)÷(1+6%) =1 528.3 (万元)

现金流变化=(1 528.3-1 500) ÷1 500 = 1.89% <10%

因此，针对 1 500 万元本金部分的合同条款的修改不构成实质性修改，不终止确认该部分负债。

借：长期借款——本金	40 000 000
贷：股本	5 000 000
资本公积	15 100 000
长期借款——本金	15 283 000
其他收益——债务重组收益	4 617 000

本例中，即使没有"A 公司未能履行(1)所述偿债义务，B 银行有权终止债务重组协议，尚未履行的债权调整承诺随之失效"的条款，债务人仍然应当谨慎处理，考虑在债务的现时义务解除时终止确认原债务。

第三节　债务重组的相关披露

债务重组中涉及的债权、重组债权、债务、重组债务和其他金融工具的披露，应当按照《企业会计准则第 37 号——金融工具列报》的规定处理。此外，债权人和债务人还应当在附注中披露与债务重组有关的其他信息。

债权人应当在附注中披露与债务重组有关的下列信息。

(1) 根据债务重组方式，分组披露债权账面价值和债务重组相关损益。分组时，债权人可以按照以资产清偿债务方式、将债务转为权益工具方式、修改其他条款方式、组合方式为标准分组，也可以根据重要性原则以更细化的标准分组。

(2) 债务重组导致的对联营企业或合营企业的权益性投资增加额，以及该投资占联营企业或合营企业股份总额的比例。

债务人应当在附注中披露与债务重组有关的下列信息。

(1) 根据债务重组方式，分组披露债务账面价值和债务重组相关损益。分组的标准与对债权人的要求类似。

(2) 债务重组导致的股本等所有者权益的增加额。

报表使用者可能关心与债务重组相关的其他信息，例如，债权人和债务人是否具有关联方关系；再如，如何确定债务转为权益工具方式中的权益工具，以及修改其他条款方式中的新重组债权或重组债务等的公允价值；又如，是否存在与债务重组相关的或有事项等，企业应当根据《企业会计准则第 13 号——或有事项》《企业会计准则第 22 号——金融工具确认和计量》《企业会计准则第 36 号——关联方披露》《企业会计准则第 37 号——金融工具列报》《企业会计准则第 39 号——公允价值计量》等准则规定，披露相关信息。

本 章 小 结

本章论述了债务重组的含义、债务重组的方式及会计原则、会计处理。在学习和理解本章内容时，应当关注以下几方面。

(1) 债务重组的含义。债务重组，是指在不改变交易对手方的情况下，经债权人和债务人协定或法院裁定，就清偿债务的时间、金额或方式等重新达成协议的交易。

(2) 债务重组的方式。例如，债务人以资产清偿债务；债务人将债务转为权益工具；修改其他条款以及组合方式。

(3) 债务重组的会计处理原则如下。①以金融资产清偿债务。债权人受让包括现金在内的单项或多项金融资产的，初始确认时应当以公允价值计量，金融资产确认金额与债权终止确认日账面价值之间的差额计入"投资收益"科目；债务人以单项或多项金融资产清偿债务的，债务的账面价值与偿债金融资产账面价值的差额，计入"投资收益"科目。②以非金融资产清偿债务。债权人受让的存货、固定资产、长期股权投资、投资性房地产、无形资产等，应以放弃债权的公允价值和相关税费进行成本计量。放弃债权的公允价值与账面价值之间的差额，应当计入当期"投资收益"科目。债务人以单项或多项非金融资产清偿债务，或者以包含金融资产和非金融资产在内的多项资产清偿债务的，将所清偿债务账面价值与转让资产账面价值之间的差额计入"其他收益——债务重组收益"科目。偿债资产已计提减值准备的应结转已计提的减值准备。③将债务转为权益工具。债权人将债权转为对联营企业或合营企业的权益性投资的，债权人应当按照前述以资产清偿债务方式进行债务重组的规定计量其初始投资成本，即放弃债权的公允价值和相关税费等其他成本，放弃债权的公允价值与账面价值之间的差额，应当计入当期损益；债务人初始确认权益工具时，应当按照权益工具的公允价值计量，权益工具的公允价值不能可靠计量的，应当按照所清偿债务的公允价值计量。所清偿债务账面价值与权益工具确认金额之间的差额，计入"投资收益"科目。④修改其他条款。债权人的会计处理：如果修改其他条款导致全部债权终止确认，债权人应当按照修改后的条款以公允价值初始计量新的金融资产，新金融资产的确认金额与债权终止确认日账面价值之间的差额，计入"投资收益"科目；如果修改其他条款未导致债权终止确认，债权人应当根据其分类，继续以摊余成本等进行后续计量。债务人的会计处理：如果修改其他条款导致债务终止确认，债务人应当按照公允价值计量重组债务，终止确认的债务账面价值与重组债务确认金额之间的差额，计入"投资收益"科目；如果修改其他条款未导致债务终止确认，或者仅导致部分债务终止确认，对于未终止确认的部分债务，债务人应当根据其分类，继续以摊余成本等进行后续计量。

复习思考题

1. 债务重组的含义是什么？
2. 债权债务的范围有哪些？举例说明不属于债权债务的项目。
3. 债务重组的方式有哪些？
4. 以金融资产抵偿债务，债权人和债务人分别应如何进行会计处理？
5. 以非金融资产抵偿债务，债权人和债务人分别应如何进行会计处理？
6. 在将债务转为权益工具的债务重组方式下，债权人和债务人分别应如何进行会计处理？
7. 修改其他条款方式进行债务重组，债权人和债务人分别应如何进行会计处理？

第三章

非货币性资产交换

通过本章的学习,应了解非货币性资产交换的含义、特点,以及与其他会计准则的分工;掌握非货币性资产交换的认定及其确认和计量的原则;熟练运用确认和计量的原则,并熟练地对非货币性资产交换以公允价值和账面价值为基础的计量进行会计处理。

扫码下载本章自测与技能训练

第一节 非货币性资产交换概述

一、非货币性资产交换的相关概念

(一)非货币性资产的概念

资产按未来经济利益流入(表现形式是货币金额)是否固定或可确定,分为货币性资产和非货币性资产。非货币性资产是相对于货币性资产而言的。货币性资产,是指企业持有的货币资金和收取固定或可确定金额的货币资金的权利,包括现金、银行存款、应收账款和应收票据等。非货币性资产,是指货币性资产以外的资产,如存货(原材料、包装物、低值易耗品、库存商品等)、固定资产、在建工程、生产性生物资产、无形资产、投资性房地产、长期股权投资等。非货币性资产有别于货币性资产的最基本特征是其在将来为企业带来的经济利益(即货币金额)是不固定的或不可确定的。如果资产在将来为企业带来的经济利益(即货币金额)是固定的或可确定的,则该资产是货币性资产;反之,如果资产在将来为企业带来的经济利益(即货币金额)是不固定的或不确定的,则该资产是非货币性资产。例如,企业持有固定资产的主要目的是用于生产经营,通过折旧方式将其磨损价值转移到产品成本或服务中,然后通过产品销售或提供服务获利,固定资产在将来为企业带来的经济利益(即货币金额)是不固定的或不可确定的,因此,固定资产属于非货币性资产。

(二)非货币性资产交换的概念

非货币性资产交换,是指企业主要以固定资产、无形资产、投资性房地产和长期股权投资等非货币性资产进行的交换,该交换不涉及或只涉及少量的货币性资产(即补价)。从非货币性资产交换的概念可以看出,非货币性资产交换具有如下特征。

第一,非货币性资产交换的交易对象主要是非货币性资产。企业用货币性资产(如现金、银行存款)来交换非货币性资产(如存货、固定资产等)的交易最为普遍;但是在有些情况下,企业为了满足各自生产经营的需要,同时减少货币性资产的流入和流出,也会进行非货币性资产交换交易。比如,A 企业需要 B 企业闲置的生产设备,B 企业需要 A 企业闲置的办公楼,双方在货币性资产短缺的情况下,可能会出现非货币性资产交换的交易行为。

第二,非货币性资产交换是以非货币性资产进行交换的行为。交换,通常是指一个企业和另一个企业之间的互惠转让,通过转让,企业以让渡其他资产或劳务、承担其他义务的方式而取得资产或劳务(或偿还负债)。非互惠的非货币性资产转让不属于本章所述的非货币性资产交换范畴,如企业捐赠非货币性资产等。

第三,非货币性资产交换一般不涉及货币性资产,但有时也可能涉及少量的货币性资产。

通常情况下,交易双方对于某项交易是否为非货币性资产交换的判断是一致的。需要注意的是,对非货币性资产交换进行判断,企业应从自身的角度,根据交易的实质判断相关交易是否属于本章定义的非货币性资产交换,不应基于交易双方的情况进行判断。例如,投资方以一项固定资产出资取得对被投资方的权益性投资,对投资方来说,换出资产为固定资产，换入资产为长期股权投资，属于非货币性资产交换；对于被投资方来说，虽取得了实物资产，但属于接受权益性投资，不属于非货币性资产交换。

(三)非货币性资产交换的认定

非货币性资产交换一般不涉及货币性资产，或只涉及少量货币性资产，即补价。非货币性资产交换准则规定，认定涉及少量货币性资产的交换为非货币性资产交换，通常以补价占整个资产交换金额的比例是否低于25%，作为参考比例。具体来说，从收到补价的企业来看，收到的补价的公允价值占换出资产公允价值(或占换入资产公允价值和收到的货币性资产之和)的比例低于25%的，视为非货币性资产交换；从支付补价的企业来看，支付的货币性资产占换出资产公允价值与支付的补价的公允价值之和(或占换入资产公允价值)的比例低于25%的，视为非货币性资产交换；如果上述比例高于25%(含25%)，则视为货币性资产交换，适用收入等相关准则的规定。

二、非货币性资产交换不涉及的交易和事项

(一)换出资产为存货的非货币性资产交换

企业以存货换取客户的非货币性资产(如固定资产、无形资产等)的，换出存货的企业相关的会计处理适用《企业会计准则第14号——收入》。

(二)非货币性资产交换中涉及的企业合并

非货币性资产交换中涉及企业合并的，适用企业合并、长期股权投资和合并财务报表准则。

(三)非货币性资产交换中涉及的金融资产

非货币性资产交换中涉及由金融工具确认和计量准则规范的金融资产的，金融资产的确认、终止确认和计量适用金融工具确认和计量及金融资产转移准则。

(四)非货币性资产交换中涉及使用权资产或应收融资租赁款

非货币性资产交换中涉及由租赁准则规范的使用权资产或应收融资租赁款等的，相关资产的确认、终止确认和计量适用租赁准则。

(五)非货币性资产交换构成权益性交易

非货币性资产交换的一方直接或间接对另一方持股且以股东身份进行交易，或者非货币性资产交换的双方均受同一方或相同的多方最终控制，且该非货币性资产交换的交易实质是交换的一方向另一方进行了权益性分配或交换的一方接受了另一方权益性投入，应当适用权益性交易的有关会计处理规定。例如，集团重组中发生的非货币性资产划拨、划转行为，在股东或最终控制方的安排下，企业无代价或以明显不公平的代价将非货币性资产转让给其他企业或接受其他企业的非货币性资产，该类转让的实质是企业进行了权益性分配或接受了权益性投入，不适用本章所述的非货币性资产交换会计处理，应当适用权益

性交易的有关会计处理规定。企业应当遵循实质重于形式的原则判断非货币性资产交换是否构成权益性交易。

(六)其他不适用非货币性资产交换准则的交易和事项

(1) 企业从政府无偿取得非货币性资产(例如，政府无偿提供非货币性资产给企业建造固定资产等)的，适用政府补助准则。

(2) 企业将非流动资产或处置组分配给所有者的，适用持有待售的非流动资产、处置组和终止经营准则。

(3) 企业以非货币性资产向职工发放非货币性福利的，适用职工薪酬准则。

(4) 企业以发行股票形式取得的非货币性资产，相当于以权益工具换入非货币性资产，其成本确定适用相关资产准则。

(5) 企业用于非货币性资产交换的非货币性资产应当符合资产的定义并满足资产的确认条件，且作为资产列报于企业的资产负债表上。因此，企业用于交换的资产目前尚未列报于资产负债表上，或不存在或尚不属于本企业的，适用其他相关会计准则。

第二节 非货币性资产交换的确认和计量

一、非货币性资产交换的确认原则

企业应当分别按照下列原则对非货币性资产交换中的换入资产进行确认，对换出资产终止确认：对于换入资产，应当在其符合资产定义并满足资产确认条件时予以确认；对于换出资产，应当在其满足资产终止确认条件时终止确认。例如，某企业在非货币性资产交换中的换入资产或换出资产均为固定资产，按照固定资产和收入准则的规定，换入的固定资产应当在与该固定资产有关的经济利益很可能流入企业，且成本能够可靠地计量时确认；换出的固定资产应当以换入企业取得该固定资产控制权时点作为处置时点终止确认。

非货币性资产交换中的资产应当符合资产的定义并满足资产的确认条件，且作为资产列报于企业的资产负债表上。因此，通常情况下，换入资产的确认时点与换出资产的终止确认时点应当相同或相近。在换入资产的确认时点与换出资产的终止确认时点存在不一致的情形下，在资产负债表日，企业应当按照下列原则进行会计处理：换入资产满足资产确认条件，换出资产尚未满足终止确认条件的，在确认换入资产的同时将交付换出资产的义务确认为一项负债；换入资产尚未满足资产确认条件，换出资产满足终止确认条件的，在终止确认换出资产的同时将取得换入资产的权利确认为一项资产。

二、非货币性资产交换的计量原则

在非货币性资产交换的情况下，不论是一项资产换入一项资产、一项资产换入多项资产、多项资产换入一项资产，还是多项资产换入多项资产，非货币性资产交换准则都规定了换入资产成本的计量基础和交换所产生损益的确认原则。

(一)以公允价值为基础计量

非货币性资产交换同时满足下列两个条件的,应当以公允价值和应支付的相关税费作为换入资产的成本,公允价值与换出资产账面价值的差额计入当期损益。

(1) 该项交换具有商业实质。
(2) 换入资产或换出资产的公允价值能够可靠地计量。

换入资产和换出资产公允价值均能够可靠计量的,应当以换出资产公允价值作为确定换入资产成本的基础。一般来说,取得资产的成本应当按照所放弃资产的对价来确定,在非货币性资产交换中,换出资产就是放弃的对价,如果其公允价值能够可靠确定,应当优先考虑按照换出资产的公允价值作为确定换入资产成本的基础;如果有确凿证据表明换入资产的公允价值更加可靠,应当以换入资产的公允价值为基础确定换入资产的成本。

对于非货币性资产交换中换入资产和换出资产的公允价值均能够可靠计量的,企业在判断是否有确凿证据表明换入资产的公允价值更加可靠时,应当考虑确定公允价值所使用的输入值层次,企业可以参考以下情况:第一层次输入值为公允价值提供了最可靠的证据,第二层次直接或间接可观察的输入值比第三层次不可观察的输入值为公允价值提供了更确凿的证据。实务中,在考虑了补价因素的调整后,正常交易中换入资产的公允价值和换出资产的公允价值通常是一致的。

(二)以账面价值为基础计量

不具有商业实质或交换涉及资产的公允价值均不能可靠计量的非货币性资产交换,应当按照换出资产的账面价值和应支付的相关税费,作为换入资产的成本,无论是否支付补价,均不确认损益;收到或支付的补价作为确定换入资产成本的调整因素。

三、商业实质的判断

非货币性资产交换具有商业实质,是能够以公允价值为基础计量的重要条件之一。在确定资产交换是否具有商业实质时,企业应当重点考虑由于发生了该项资产交换预期使企业未来现金流量发生变动的程度,通过比较换出资产和换入资产预计产生的未来现金流量或其现值,确定非货币性资产交换是否具有商业实质。只有当换出资产和换入资产预计未来现金流量或其现值两者之间的差额较大时,才能表明交易的发生使企业经济状况发生了明显改变,非货币性资产交换因而具有商业实质。

(一)判断条件

企业发生的非货币性资产交换,满足下列条件之一的,视为具有商业实质。

1. 换入资产的未来现金流量在风险、时间分布或金额方面与换出资产显著不同

企业应当对比考虑换入资产与换出资产的未来现金流量在风险、时间分布或金额的三个方面,对非货币性资产交换是否具有商业实质进行综合判断。通常情况下,只要换入资产和换出资产的未来现金流量在其中某个方面存在显著不同,即表明满足商业实质的判断条件。

例如，某企业以对联营企业的投资换入一项设备，对联营企业的投资与设备两者产生现金流量的时间相差较大，则可以判断上述对联营企业投资与固定资产的未来现金流量显著不同，因而这两项资产的交换具有商业实质。又如，A 企业以其用于经营出租的一幢公寓楼，与 B 企业同样用于经营出租的一幢公寓楼进行交换，两幢公寓楼的租期、每期租金总额均相同，但是 A 企业是租给一家财务及信用状况良好的企业(该企业租用该公寓是给其单身职工居住)，B 企业的客户则都是单个租户。相比较而言，A 企业取得租金的风险较小；B 企业由于租给散户，租金的取得依赖于各单个租户的财务和信用状况。因此，两者现金流量流入的风险或不确定性程度存在明显差异，则两幢公寓楼的未来现金流量显著不同，进而可判断这两项资产的交换具有商业实质。

2. 使用换入资产所产生的预计未来现金流量现值与继续使用换出资产所产生的预计未来现金流量现值不同，且其差额与换入资产和换出资产的公允价值相比是重大的

企业如按照上述第一个条件难以判断某项非货币性资产交换是否具有商业实质，即可根据第二个条件，通过计算换入资产和换出资产的预计未来现金流量现值，进行比较后判断。资产预计未来现金流量现值，应当按照资产在持续使用过程和最终处置时预计产生的税后未来现金流量，根据企业自身而不是市场参与者对资产特定风险的评价，选择恰当的折现率对预计未来现金流量折现后的金额加以确定，即国际财务报告准则所称的"主体特定价值"。

从市场参与者的角度分析，换入资产和换出资产预计未来现金流量在风险、时间分布或金额方面可能相同或相似，但是，鉴于换入资产的性质和换入企业经营活动的特征等因素，换入资产与换入企业其他现有资产相结合，能够比换出资产产生更大的作用，使换入企业受该换入资产影响的经营活动部分产生的现金流量，与换出资产明显不同，即换入资产对换入企业的使用价值与换出资产对该企业的使用价值明显不同，使换入资产预计未来现金流量现值与换出资产产生明显差异，因而表明该两项资产的交换具有商业实质。

例如，某企业以一项专利权换入另一企业拥有的长期股权投资，假定从市场参与者来看，该项专利权与该项长期股权投资的公允价值相同，两项资产未来现金流量的风险、时间分布或金额亦相同，但是，对换入企业来讲，换入该项长期股权投资使该企业对被投资方由重大影响变为控制关系，从而对换入企业产生的预计未来现金流量现值与换出的专利权有较大差异；另一企业换入的专利权能够解决生产中的技术难题，从而对换入企业产生的预计未来现金流量现值与换出的长期股权投资有明显差异，因而这两项资产的交换具有商业实质。

(二)交换涉及的资产类别与商业实质的关系

企业在判断非货币性资产交换是否具有商业实质时，还可以从资产是否属于同一类别进行判断。不同类非货币性资产因其产生经济利益的方式不同，一般来说，其产生的未来现金流量在风险、时间分布或金额方面也不相同，因而不同类非货币性资产之间的交换是否具有商业实质，通常较易判断。不同类非货币性资产是指在资产负债表中列示的不同大类的非货币性资产，比如固定资产、投资性房地产、生物资产、长期股权投资、无形资产等都是不同类别的资产。

同类非货币性资产交换是否具有商业实质，通常较难判断，需要根据上述两项判断条件综合判断。企业应当重点关注的是换入资产和换出资产为同类资产的情况，同类资产产生的未来现金流量既可能相同，也可能显著不同，因而它们之间的交换可能具有商业实质，也可能不具有商业实质。比如，A 企业将自己拥有的一幢建筑物，与 B 企业在同一地点拥有的另一幢建筑物相交换，两幢建筑物的建造时间、建造成本等均相同，但两者产生未来现金流量在风险、时间分布或金额方面可能不同。

第三节　非货币性资产交换的会计处理

一、以公允价值为基础计量的会计处理

非货币性资产交换具有商业实质且公允价值能够可靠计量的，应当以换出资产的公允价值和应支付的相关税费作为换入资产的成本，除非有确凿证据表明换入资产的公允价值比换出资产的公允价值更加可靠。其中，计入换入资产的应支付的相关税费应当符合相关会计准则对资产初始计量成本的规定。例如，换入资产为存货的，包括相关税费、使该资产达到目前场所和状态所发生的运输费、装卸费、保险费以及可归属于该资产的其他成本；换入资产为固定资产的，包括相关税费、使该资产达到预定可使用状态前所发生的可归属于该资产的运输费、装卸费、安装费和专业人员服务费等。

在以公允价值为基础计量的情况下，不论是否涉及补价，只要换出资产的公允价值与其账面价值不相同，就一定会涉及损益的确认，因为换出资产公允价值与换出资产账面价值的差额，通常是通过非货币性资产交换予以实现的。

企业应当在换出资产终止确认时，将换出资产的公允价值与其账面价值之间的差额计入当期损益。换出资产的公允价值不能够可靠计量的，或换入资产和换出资产的公允价值均能够可靠计量但有确凿证据表明换入资产的公允价值更加可靠的，应当在终止确认时，将换入资产的公允价值与换出资产账面价值之间的差额计入当期损益。

非货币性资产交换的会计处理，视换出资产的类别不同而有所不同。

(1) 换出资产为固定资产、在建工程、生产性生物资产、无形资产的，换出资产公允价值和换出资产账面价值的差额，计入资产处置损益。

(2) 换出资产为长期股权投资的，换出资产公允价值和换出资产账面价值的差额，计入投资收益。

(3) 换出资产为投资性房地产的，按换出资产公允价值或换入资产公允价值确认其他业务收入，按换出资产账面价值结转其他业务成本，二者之间的差额计入当期损益。

换入资产与换出资产涉及相关税费的，按照相关税收规定计算确定。

(一)不涉及补价的情况

【例 3-1】 2×20 年 9 月，A 公司以生产经营过程中使用的一台设备交换 B 打印机公司生产的一批打印机，换入的打印机作为固定资产管理。A、B 公司均为增值税一般纳税人，适用的增值税税率均为 13%。设备的账面原价为 150 万元，在更换日的累计折旧为 45 万元，公允价值为 90 万元。打印机的账面价值为 110 万元，在交换日的市场价格为 90 万

元,计税价格等于市场价格。B公司换入A公司的设备是生产打印机过程中需要使用的设备。

假设A公司此前没有为该项设备计提资产减值准备,在整个交易过程中,除支付该项设备的运杂费15 000元外,没有发生其他相关税费。假设B公司此前也没有为库存打印机计提存货跌价准备,其在整个交易过程中没有发生除增值税以外的其他税费。

分析:整个资产交换过程没有涉及收付货币性资产,因此,该项交换属于非货币性资产交换。本例中,对A公司来讲,换入的打印机是经营过程中必需的资产;对B公司来讲,换入的设备是生产打印机过程中必须使用的机器,两项资产交换后对换入企业的特定价值显著不同,两项资产的交换具有商业实质;同时,两项资产的公允价值都能够可靠地计量,符合以公允价值计量的两个条件,因此,A公司和B公司均应当以换出资产的公允价值为基础,确定换入资产的成本,并确认产生的损益。

A公司的账务处理如下。

A公司换入资产的增值税进项税额=900 000×13% = 117 000(元)

换出设备的增值税销项税额=900 000×13% =117 000 (元)

借:固定资产清理	1 050 000
累计折旧	450 000
贷:固定资产——设备	1 500 000
借:固定资产清理	15 000
贷:银行存款	15 000
借:固定资产——打印机	900 000
应交税费——应交增值税(进项税额)	117 000
资产处置损益	165 000
贷:固定资产清理	1 065 000
应交税费——应交增值税(销项税额)	117 000

B公司的账务处理如下。

根据增值税的有关规定,企业以库存商品换入其他资产,视同销售行为发生,应计算增值税销项税额,缴纳增值税。

换出打印机的增值税销项税额=900 000×13% =117 000(元)

换入设备的增值税进项税额=900 000×13% =117 000(元)

假定B公司换出存货的交易符合收入准则规定的收入确认条件。

借:固定资产——设备	900 000
应交税费——应交增值税(进项税额)	117 000
贷:主营业务收入	900 000
应交税费——应交增值税(销项税额)	117 000
借:主营业务成本	1 100 000
贷:库存商品——打印机	1 100 000

(二)涉及补价的情况

在以公允价值为基础确定换入资产成本的情况下,发生补价的,支付补价方和收到补价方应当对情况分别进行处理。

1. 支付补价方

(1) 以换出资产的公允价值为基础计量的，应当以换出资产的公允价值，加上支付补价的公允价值和应支付的相关税费，作为换入资产的成本，换出资产的公允价值与其账面价值之间的差额计入当期损益。

(2) 有确凿证据表明换入资产的公允价值更加可靠的，即以换入资产的公允价值为基础计量的，应当以换入资产的公允价值和应支付的相关税费作为换入资产的初始计量金额，换入资产的公允价值减去支付补价的公允价值，与换出资产账面价值之间的差额计入当期损益。

2. 收到补价方

(1) 以换出资产的公允价值为基础计量的，应当以换出资产的公允价值，减去收到补价的公允价值，加上应支付的相关税费，作为换入资产的成本，换出资产的公允价值与其账面价值之间的差额计入当期损益。

(2) 有确凿证据表明换入资产的公允价值更加可靠的，即以换入资产的公允价值为基础计量的，应当以换入资产的公允价值和应支付的相关税费作为换入资产的初始计量金额，换入资产的公允价值加上收到补价的公允价值，与换出资产账面价值之间的差额计入当期损益。

在涉及补价的情况下，对于支付补价方而言，作为补价的货币性资产构成换入资产所放弃对价的一部分；对于收到补价方而言，作为补价的货币性资产构成换入资产的一部分。

【例3-2】2×20年10月，为了提高产品质量，甲电视机公司以其持有的对乙公司的长期股权投资交换丙电视机公司拥有的一项液晶电视屏专利技术。在交换日，甲公司持有的长期股权投资账面余额为580万元，已计提长期股权投资减值准备余额为80万元，在交换日的公允价值为600万元；丙公司专利技术的账面原价为800万元，累计摊销为190万元，在交换日的公允价值为640万元，增值税税率为6%。甲公司另外向丙公司支付银行存款78.4万元，其中补价40万元，税差38.4万元。丙公司原已持有对乙公司的长期股权投资，从甲公司换入对乙公司的长期股权投资后，使乙公司成为丙公司的联营企业。假设整个交易过程中没有发生除增值税以外的其他税费。

分析：对甲公司而言，支付的补价40万元÷换入资产的公允价值640万元=6.25%<25%，属于非货币性资产交换。

对丙公司而言，收到的补价40万元÷换出资产的公允价值640万元(换入股票投资公允价值600万元+收到的补价40万元)=6.25%<25%，属于非货币性资产交换。

本例中，专利技术和长期股权投资的预计未来现金流量的现值不同，且其差额与换入资产和换出资产的公允价值相比是重大的，因而可判断两项资产的交换具有商业实质。同时两项资产的公允价值均能可靠地计量，因此，甲、乙公司均应以公允价值为基础确定换入资产的成本，并确认产生的损益。

甲公司的账务处理如下。

换入专利技术的增值税进项税额 = 640 × 6% = 38.4(万元)

换入资产成本=换出资产公允价值+补价+应支付的相关税费
　　　　　=600+40=640(万元)
换出资产损益即非货币性资产交换损益=600-(580-80)=100(万元)

借：无形资产——专利权　　　　　　　　　　　　　6 400 000
　　应交税费——应交增值税(进项税额)　　　　　　　384 000
　　长期股权投资减值准备　　　　　　　　　　　　　800 000
　　贷：长期股权投资　　　　　　　　　　　　　　5 800 000
　　　　银行存款　　　　　　　　　　　　　　　　　784 000
　　　　投资收益　　　　　　　　　　　　　　　　1 000 000

丙公司的账务处理如下。
换出专利技术的增值税销项税额=640×6%=38.4(万元)
换入资产成本=换出资产公允价值-补价+应支付的相关税费
　　　　　=640-40=600(万元)
换出资产损益即非货币性资产交换损益=640-(800-190)=30(万元)

借：长期股权投资　　　　　　　　　　　　　　　　6 000 000
　　银行存款　　　　　　　　　　　　　　　　　　　784 000
　　累计摊销　　　　　　　　　　　　　　　　　　1 900 000
　　贷：无形资产——专利权　　　　　　　　　　　8 000 000
　　　　应交税费——应交增值税(销项税额)　　　　　384 000
　　　　资产处置损益　　　　　　　　　　　　　　　300 000

二、以账面价值为基础计量的会计处理

非货币性资产交换不具有商业实质，或者虽然具有商业实质但换入资产和换出资产的公允价值均不能可靠计量的，应当以换出资产账面价值为基础确定换入资产成本，无论是否支付补价，均不确认损益。

(一)不涉及补价的情况

在以账面价值为基础计量的情况下，对于换入资产，应当以换出资产的账面价值和应支付的相关税费作为换入资产的初始计量金额；对于换出资产，终止确认时不确认损益。

(二)涉及补价的情况

对于以账面价值为基础计量的非货币性资产交换，涉及补价的，应当将补价作为确定换入资产初始计量金额的调整因素，分别下列情况进行处理。

(1) 支付补价方：应当以换出资产的账面价值，加上支付补价的账面价值和应支付的相关税费，作为换入资产的初始计量金额，不确认损益。

(2) 收到补价方：应当以换出资产的账面价值，减去收到补价的公允价值，加上应支付的相关税费，作为换入资产的初始计量金额，不确认损益。

【例 3-3】丙公司拥有一台专有设备，该设备账面原价为 450 万元，已计提折旧 330 万元，丁公司拥有一项长期股权投资，账面价值为 90 万元，两项资产均未计提减值准

备。丙公司决定以其专有设备交换丁公司的长期股权投资,该专有设备是生产某种产品必需的设备,专有设备系当时专门制造,性质特殊,其公允价值不能可靠计量;丁公司拥有的长期股权投资的公允价值也不能可靠计量。经双方商定,丁公司支付了 20 万元补价。假定交易不考虑相关税费。

分析:该项资产交换涉及收付货币性资产,即补价 20 万元。对丙公司而言,收到的补价 20 万元÷换出资产账面价值 120 万元=16.7%<25%。因此,该项交换属于非货币性资产交换,丁公司的情况也类似。由于两项资产的公允价值不能可靠计量,因此,丙、丁公司换入资产的成本均应当按照换出资产的账面价值确定。

丙公司的账务处理如下。

借:固定资产清理　　　　　　　　　　　　　　　　1 200 000
　　累计折旧　　　　　　　　　　　　　　　　　　3 300 000
　　　贷:固定资产——专有设备　　　　　　　　　　　　　4 500 000
借:长期股权投资　　　　　　　　　　　　　　　　1 000 000
　　银行存款　　　　　　　　　　　　　　　　　　　200 000
　　　贷:固定资产清理　　　　　　　　　　　　　　　　1 200 000

丁公司的账务处理如下。

借:固定资产——专有设备　　　　　　　　　　　　1 100 000
　　　贷:长期股权投资　　　　　　　　　　　　　　　　　900 000
　　　　　银行存款　　　　　　　　　　　　　　　　　　200 000

从本例可以看出,尽管丁公司支付了 20 万元补价,但由于整个非货币性资产交换是以账面价值为基础计量的,支付补价方和收到补价方均不确认损益。对于丙公司而言,换入资产是长期股权投资和银行存款 20 万元,换出资产专有设备的账面价值为 120(450-330)万元,因此,长期股权投资的成本就是换出设备的账面价值减去货币性资产补价的差额,即 100(120-20)万元;对于丁公司而言,换出资产是长期股权投资和银行存款 20 万元,换入资产专有设备的成本等于换出资产的账面价值,即 110(90+20)万元。由此可见,在以账面价值计量的情况下,发生的补价是用来调整换入资产的成本,不涉及确认损益问题。

三、涉及多项非货币性资产交换的会计处理

企业以一项非货币性资产同时换入另一企业的多项非货币性资产,或同时以多项非货币性资产换入另一企业的一项非货币性资产,或以多项非货币性资产同时换入另一企业的多项非货币性资产,也可能涉及补价。涉及多项资产的非货币性资产交换,企业无法将换出的某一资产与换入的某一特定资产相对应。与单项非货币性资产之间的交换一样,涉及多项资产的非货币性资产交换的计量,企业也应当首先判断是否符合以公允价值计量的两个条件,再分情况确定各项换入资产的成本。

(一)以公允价值为基础计量的情况

1. 以换出资产的公允价值为基础计量的

(1) 对于同时换入的多项资产,企业通常无法将换出资产与换入的某项特定资产相对

应,因此应当按照各项换入资产的公允价值的相对比例(换入资产的公允价值不能够可靠计量的,可以按照换入的金融资产以外的各项资产的原账面价值的相对比例或其他合理的比例),将换出资产公允价值总额(涉及补价的,加上支付补价的公允价值或减去收到补价的公允价值)分摊至各项换入资产,以分摊额和应支付的相关税费作为各项换入资产的成本进行初始计量。需要说明的是,如果同时换入的多项非货币性资产中包含由《企业会计准则第22号——金融工具确认和计量》规范的金融资产,应当按照其规定进行会计处理,在确定换入的其他多项资产的初始计量金额时,应当将金融资产公允价值从换出资产公允价值总额中扣除。

(2) 对于同时换出的多项资产,应当将各项换出资产的公允价值与其账面价值之间的差额,在各项换出资产终止确认时计入当期损益。

2. 以换入资产的公允价值为基础计量的

(1) 对于同时换入的多项资产,应当以各项换入资产的公允价值和应支付的相关税费作为各项换入资产的初始计量金额。

(2) 对于同时换出的多项资产,企业通常无法将换出资产与换入的某项特定资产相对应,因此应当按照各项换出资产的公允价值的相对比例(换出资产的公允价值不能够可靠计量的,可以按照各项换出资产的账面价值的相对比例),将换入资产的公允价值总额(涉及补价的,减去支付补价的公允价值或加上收到补价的公允价值)分摊至各项换出资产,分摊额与各项换出资产账面价值之间的差额,在各项换出资产终止确认时计入当期损益。需要说明的是,如果同时换出的多项非货币性资产中包含《企业会计准则第22号——金融工具确认和计量》规范的金融资产,该金融资产应当按照《企业会计准则第22号——金融工具确认和计量》和《企业会计准则第23号——金融资产转移》的规定判断其是否满足终止确认条件并进行终止确认的会计处理。在确定其他各项换出资产终止确认的相关损益时,终止确认的金融资产公允价值应当从换入资产公允价值总额中扣除。

【例3-4】 甲公司和乙公司均为增值税一般纳税人,适用的增值税税率均为13%。2×20年8月,为适应业务发展的需要,经协商,甲公司决定以生产经营过程中使用的机器设备和专用货车换入乙公司生产经营过程中使用的小汽车和客运汽车。甲公司设备的账面原价为1 800万元,在交换日的累计折旧为300万元,公允价值为1350万元;货车的账面原价为600万元,在交换日的累计折旧为480万元,公允价值为100万元。乙公司小汽车的账面原价为1 300万元,在交换日的累计折旧为690万元,公允价值为709.5万元;客运汽车的账面原价为1 300万元,在交换日的累计折旧为680万元,公允价值为700万元。乙公司另外向甲公司支付银行存款45.765万元,其中包括由于换出和换入资产公允价值不同而支付的补价40.5万元,以及换出资产销项税额与换入资产进项税额的差额5.265万元。

假定甲公司和乙公司都没有为换出资产计提减值准备;甲公司换入乙公司的小汽车、客运汽车作为固定资产使用和管理;乙公司换入甲公司的设备、货车作为固定资产使用和管理。假定甲公司和乙公司上述交易涉及的增值税进项税额按照税法规定可抵扣且已得到认证;不考虑其他相关税费。

分析:本例涉及收付补价,应当计算甲公司收到的补价占甲公司换出资产公允价值总额的比例(等于乙公司支付的补价占乙公司换入资产公允价值的比例),即40.5÷(1 350 + 100)=

2.79% <25%，可以认定，这一涉及多项资产的交换行为属于非货币性资产交换。甲公司为了拓展运输业务，需要小汽车、客运汽车；乙公司为了扩大产品生产，需要设备和货车，换入资产对换入企业均能发挥更大的作用。因此，该项涉及多项资产的非货币性资产交换具有商业实质；同时，各单项换入资产和换出资产的公允价值均能可靠计量，因此，甲、乙公司均应当以公允价值为基础确定换入资产的总成本，确认产生的相关损益。同时，按照各单项换入资产的公允价值占换入资产公允价值总额的比例，确定各单项换入资产的成本。

甲公司的账务处理如下。

(1) 根据税法的有关规定，计算换出资产，换入资产的增值税税额。

换出设备的增值税销项税额=1 350×13% =175.5 (万元)

换出货车的增值税销项税额= 100×13% =13 (万元)

换入小汽车、客运汽车的增值税进项税额=(709.5 +700)×13% = 183.235 (万元)

(2) 计算换出资产、换入资产公允价值总额。

换出资产公允价值总额=1 350 + 100 = 1 450 (万元)

换入资产公允价值总额=709.5 +700 = 1 409.5 (万元)

(3) 计算换入资产总成本。

换入资产总成本=换出资产公允价值-补价+应支付的相关税费=1 450-40.5 +0=1 409.5 (万元)

(4) 计算确定换入各项资产的公允价值占换入资产公允价值总额的比例。

小汽车公允价值占换入资产公允价值总额的比例=709.5÷1 409.5=50.34%

客运汽车公允价值占换入资产公允价值总额的比例= 700 ÷1 409.5 =49.66%

(5) 计算确定换入各项资产的成本。

小汽车的成本=1 409.5×50.34% =709.5 (万元)

客运汽车的成本=1 409.5×49.66% =700 (万元)

(6) 编制如下会计分录。

借：固定资产清理	16 200 000
累计折旧	7 800 000
贷：固定资产——设备	18 000 000
——货车	6 000 000
借：固定资产——小汽车	7 095 000
——客运汽车	7 000 000
应交税费——应交增值税(进项税额)	1 832 350
银行存款	457 650
资产处置损益	1 700 000
贷：固定资产清理	16 200 000
应交税费——应交增值税(销项税额)	1 885 000

乙公司的账务处理如下。

(1) 根据税法的有关规定，计算换入资产、换出资产的增值税税额。

换入货车的增值税进项税额=100×13% =13(万元)

换入设备的增值税进项税额=1350×13% =175.5(万元)

换出小汽车、客运汽车的增值税销项税额=(709.5 +700)×13% = 183.235 (万元)

(2) 计算换入资产、换出资产公允价值总额。

换入资产公允价值总额=1 350+100=1 450(万元)

换出资产公允价值总额=709.5+700=1 409.5(万元)

(3) 确定换入资产总成本。

换入资产总成本=换出资产公允价值+支付的补价=1 409.5+40.5=1 450(万元)

(4) 计算确定换入各项资产的公允价值占换入资产公允价值总额的比例。

设备公允价值占换入资产公允价值总额的比例=1 350÷1 450 =93.10%

货车公允价值占换入资产公允价值总额的比例=100÷1 450=6.90%

(5) 计算确定换入各项资产的成本。

设备的成本=1 450×93.10% =1 350(万元)

货车的成本=1 450×6.90% =100(万元)

(6) 编制如下会计分录。

借：固定资产清理	12 300 000
累计折旧	13 700 000
贷：固定资产——小汽车	13 000 000
——客运汽车	13 000 000
借：固定资产——设备	13 500 000
——货车	1 000 000
应交税费——应交增值税(进项税额)	1 885 000
贷：固定资产清理	12 300 000
应交税费——应交增值税(销项税额)	1 832 350
银行存款	457 650
资产处置损益	1 795 000

(二)以账面价值为基础计量的情况

对于以账面价值为基础计量的非货币性资产交换，如涉及换入多项资产或换出多项资产，或者同时换入和换出多项资产的，应当分别对换入的多项资产、换出的多项资产进行会计处理。

(1) 对于换入的多项资产，企业通常无法将换出资产与换入的某项特定资产相对应，因此应当按照各项换入资产的公允价值的相对比例(换入资产的公允价值不能够可靠计量的，也可以按照各项换入资产的原账面价值的相对比例或其他合理的比例)，将换出资产的账面价值总额(涉及补价的，加上支付补价的账面价值或减去收到补价的公允价值)分摊至各项换入资产，加上应支付的相关税费，作为各项换入资产的初始计量金额。

(2) 对于同时换出的多项资产，各项换出资产终止确认时均不确认产生损益。

【例 3-5】20×20 年 5 月，甲公司因经营战略发生较大转变，产品结构发生较大调整，原生产产品的专有设备、生产产品的专利技术等已不符合生产新产品的需要，经与乙公司协商，将其专有设备连同专利技术与乙公司正在建造过程中的一幢建筑物，以及对丙公司的长期股权投资进行交换。甲公司换出专有设备的账面原价为 1 200 万元，已提折旧为 750 万元；专利技术账面原价为 450 万元，已摊销金额为 270 万元。乙公司在建工程截至交换日的成本为 525 万元，对丙公司的长期股权投资账面余额为 150 万元。由于甲公司持有的专有设备和专利技术市场上已不多见，因此，公允价值不能可靠计量。乙公司的在建工程因完工程度难以合理确定，其公允价值不能可靠计量，同时乙公司对丙公司长期股权投资的公允价值也不能可靠计量。假定甲、乙公司均未对上述资产计提减值准备，假定不考虑相关税费等因素。

分析：本例不涉及收付货币性资产，属于非货币性资产交换。换入资产、换出资产的公允价值均不能可靠计量，因此甲、乙公司均应当以换出资产账面价值总额作为换入资产的成本，各项换入资产的成本，应当按各项换入资产的账面价值占换入资产账面价值总额的比例分配后确定。

甲公司的账务处理如下。

(1) 计算换入资产、换出资产账面价值总额。

换入资产账面价值总额=525 +150 =675 (万元)

换出资产账面价值总额=(1 200-750) +(450-270) =630 (万元)

(2) 确定换入资产总成本。

换入资产总成本=630 万元

(3) 计算各项换入资产账面价值占换入资产账面价值总额的比例。

在建工程占换入资产账面价值总额的比例=525÷675 =77.8%

长期股权投资占换入资产账面价值总额的比例=150÷675 =22.2%

(4) 确定各项换入资产成本。

在建工程成本=630×77.8% =490.14(万元)

长期股权投资成本=630×22.2% =139.86(万元)

(5) 编制如下会计分录。

借：固定资产清理	4 500 000
累计折旧	7 500 000
贷：固定资产——专有设备	12 000 000
借：在建工程	4 901 400
长期股权投资	1 398 600
累计摊销	2 700 000
贷：固定资产清理	4 500 000
无形资产——专利技术	4 500 000

乙公司的账务处理如下。

(1) 计算换入资产、换出资产账面价值总额。

换入资产账面价值总额=(1 200-750) +(450-270) =630 (万元)

换出资产账面价值总额=525 +150 =675 (万元)

(2) 确定换入资产总成本。

换入资产总成本=675 万元

(3) 计算各项换入资产账面价值占换入资产账面价值总额的比例。

专有设备占换入资产账面价值总额的比例=450÷630=71.4%

专利技术占换入资产账面价值总额的比例=180÷630=28.6%

(4) 确定各项换入资产成本。

专有设备成本=675×71.4% =481.95 (万元)

专利技术成本=675×28.6% =193.05 (万元)

(5) 编制如下会计分录。

借：固定资产——专有设备	4 819 500
无形资产——专利技术	1 930 500
贷：在建工程	5 250 000
长期股权投资	1 500 000

本 章 小 结

本章论述了非货币性资产交换的特征及认定、不涉及的交易或事项，非货币性资产交换的确认和计量原则，以及交换双方以公允价值和账面价值为基础计量的，涉及补价和不涉及补价，单项资产和多项资产的会计处理。

非货币性资产交换，是指企业主要以固定资产、无形资产、投资性房地产和长期股权投资等非货币性资产进行的交换。该交换不涉及或只涉及少量货币性资产即补价。对于换入资产，企业应当在换入资产符合资产定义并满足资产确认条件时予以确认；对于换出资产，企业应当在换出资产满足资产终止确认条件时终止确认。非货币性资产交换以公允价值为基础计量的，要同时满足两个条件：①该交换具有商业实质；②换入资产或换出资产的公允价值能够可靠计量的。换入资产的成本应当以换出资产的公允价值和应支付的相关税费来确定，换出资产视同销售，公允价值与换出资产账面价值的差额计入当期损益。非货币性资产交换的损益即换出资产的损益。不具有商业实质或交换涉及资产的公允价值均不能可靠计量的非货币性资产交换，则应以账面价值为基础计量。换入资产的成本，应当以换出资产的账面价值和应支付的相关税费来确定，不确认产生损益。

复习思考题

1. 什么是非货币性资产？什么是非货币性资产交换？
2. 怎样认定非货币性资产交换？
3. 换入资产成本的两种计量基础是什么？分别怎样确定换入资产的成本？
4. 如何判断非货币性资产交换是否具有商业实质？
5. 以公允价值计量的非货币性资产交换，应同时满足哪些条件？换出资产如何进行会计处理？交换损益如何确定？

第四章

政府补助

通过本章的学习,了解政府补助的定义、特征以及主要分类,与政府对企业的资本性投入或者政府购买服务所支付的对价相区分;掌握与收益相关的政府补助和与资产相关的政府补助的会计处理。

扫码下载本章自测与技能训练

第一节　政府补助概述

一、政府补助的定义

根据政府补助准则的规定，政府补助是指企业从政府无偿取得的货币性资产或非货币性资产。其主要形式包括政府对企业的无偿拨款、税收返还、财政贴息，以及无偿给予非货币性资产等。通常情况下，直接减征、免征、增加计税抵扣额、抵免部分税额等不涉及资产直接转移的经济资源，不适用政府补助准则。但是，部分减免税款需要按照政府补助准则进行会计处理。例如，属于一般纳税人的加工型企业根据税法的规定招用自主就业退役士兵，并按定额扣缴增值税的，应当将减征的税额计入当期损益，借记"应交税费——应交增值税(减免税额)"科目，贷记"其他收益"科目。又如，即征即退的增值税，先按规定缴纳增值税，然后根据退回的增值税，借记"银行存款"等科目，贷记"其他收益"科目。另外，按规定直接减免应交增值税，也计入其他收益。还需要说明的是，增值税出口退税不属于政府补助。根据税法的规定，在对出口货物取得的收入免征增值税的同时，退付出口货物前道环节发生的进项税额，增值税出口退税实际上是政府退回企业事先垫付的进项税，因此不属于政府补助。

二、政府补助的特征

政府补助具有如下特征。

(1) 政府补助是来源于政府的经济资源。政府主要是指行政事业单位及类似机构。对企业收到的来源于其他方的补助，如有确凿证据表明政府是补助的实际拨付者，其他方只是起到代收代付的作用，则该项补助也属于来源于政府的经济资源。

(2) 政府补助是无偿的，即企业取得来源于政府的经济资源，不需要向政府交付商品或服务等对价。无偿性是政府补助的基本特征。这一特征将政府补助与政府作为企业所有者投入的资本、政府购买服务等互惠性交易区别开来。

政府如以企业所有者身份向企业投入资本，享有相应的所有权权益，政府与企业之间就是投资者与被投资者的关系，属于互惠交易。

企业从政府取得的经济资源，如果与企业销售商品或提供劳务等活动密切相关，且来源于政府的经济资源是企业商品或服务的对价或者是对价的组成部分，应当按照收入准则的规定进行会计处理，不适用政府补助准则。需要说明的是，政府补助通常附有一定条件，这与政府补助的无偿性并不矛盾，只是政府为了实施其宏观经济政策，对企业使用政府补助的时间、使用范围和方向进行了限制。

【例 4-1】甲企业是一家生产和销售高效照明产品的企业。国家为了支持高效照明产品的推广与使用，通过统一招标的形式确定中标企业、高效照明产品及其中标协议供货价格。甲企业为中标企业，需以中标协议供货价格减去财政补贴资金后的价格将高效照明产品销售给终端用户，并按照高效照明产品实际安装数量、中标供货协议价格、补贴标准，申请财政补贴资金。2×20 年，甲企业因销售高效照明产品获得财政资金 5 000 万元。

此例中，甲企业虽然取得财政补贴资金，但是最终受益人是从甲企业购买高效照明产品的消费者，相当于政府以中标协议供货价格从甲企业购买了高效照明产品，再以中标协议供货价格减去政府补贴资金后的价格将产品销售给消费者。实际操作时，政府并没有直接从事高效照明产品的购销，但以补贴资金的形式通过甲企业的销售行为实现了政府推广使用高效照明产品的目标。对甲企业而言，销售高效照明产品是日常经营活动，甲企业仍按照中标协议供货价格销售了产品，其销售收入由两部分构成：一是消费者支付的购买价款；二是财政补贴资金，财政补贴资金是甲企业产品对价的组成部分。可见，甲企业收到的补贴资金 5 000 万元应当按照收入准则的规定进行会计处理。

【例 4-2】2×20 年 2 月，乙企业与所在城市的开发区人民政府签订了项目合作投资协议，实施"退城进园"技改搬迁。根据协议，乙企业在开发区内投资约 4 亿元建设电子信息设备生产基地。生产基地占地面积为 400 亩，该宗项目用地按开发区工业用地基准地价挂牌出让，乙企业摘牌并按挂牌出让价格缴纳土地款及相关税费 4 800 万元。乙企业自开工之日起须在 18 个月内完成搬迁工作，从原址搬迁至开发区，同时将乙企业位于城区繁华地段的原址用地(200 亩，按照所在地段工业用地基准地价评估为 1 亿元)移交给开发区政府收储，开发区政府将向乙企业支付补偿资金 1 亿元。

本例中，为实施"退城进园"技改搬迁，乙企业将其位于城区繁华地段的原址用地移交给开发区政府收储，开发区政府为此向乙企业支付补偿资金 1 亿元。开发区政府对乙企业的搬迁补偿是基于乙企业原址用地的公允价值确定的，实质是政府按照相应资产的市场价格向企业购买资产，企业从政府取得的经济资源是企业让渡其资产的对价，双方的交易是互惠性交易，不符合政府补助无偿性的特点，因此，乙企业收到的 1 亿元搬迁补偿资金不作为政府补助处理，而应作为处置非流动资产的收入。

【例 4-3】丙企业是一家生产和销售重型机械的企业。为推动科技创新，丙企业所在地政府于 2×20 年 8 月向丙企业拨付了 3 000 万元资金，要求丙企业将这笔资金用于技术改造项目研究，研究成果归丙企业所有。

本例中，丙企业的日常经营活动是生产和销售重型机械，其从政府获得了 3 000 万元资金用于研发支出，且研究成果归丙企业所有。因此，这项财政拨款具有无偿性，丙企业收到的 3 000 万元资金应当按照政府补助准则的规定进行会计处理。

三、政府补助的分类

确定了来源于政府的经济利益属于政府补助后，还应当对其进行恰当的分类。根据政府补助准则的规定，政府补助应当划分为与资产相关的政府补助和与收益相关的政府补助，这是因为两类政府补助给企业带来经济利益或者弥补相关成本或费用的形式不同，从而在具体账务处理上存在差别。

(一)与资产相关的政府补助

与资产相关的政府补助，是指企业取得的用于购建或以其他方式形成长期资产的政府补助。通常情况下，相关补助文件会要求企业将补助资金用于取得长期资产。长期资产将在较长的期间内给企业带来经济利益，会计上有两种处理方法可供选择：一是将与资产相关的政府补助确认为递延收益，随着资产的使用而逐步结转入损益；二是将补助冲减资产的账面价值，以反映长期资产的实际取得成本。

(二)与收益相关的政府补助

与收益相关的政府补助，是指除与资产相关的政府补助之外的政府补助。此类补助主要是用于补偿企业已发生或即将发生的费用或损失。其主要是对期间费用或生产成本的补偿，受益期相对较短，因此，通常在满足补助所附条件时计入当期损益或冲减相关资产的账面价值。

第二节　政府补助的会计处理

政府补助的无偿性决定了其应当最终计入损益而非直接计入所有者权益。其会计处理有两种方法：一是总额法，在确认政府补助时，将政府补助全额确认为收益，而不是作为相关资产或费用的扣减；二是净额法，将政府补助作为相关资产或所补偿费用的扣减。与企业日常活动相关的政府补助，应当按照经济业务实质，计入其他收益或冲减相关成本费用；与企业日常活动无关的政府补助，计入营业外收支。通常情况下，若政府补助补偿的成本费用是营业利润的项目，或该补助与日常销售等经营行为密切相关，如增值税即征即退等，则认为该政府补助与日常活动相关。企业选择总额法对与日常活动相关的政府补助进行会计处理的，应增设"其他收益"科目进行核算。"其他收益"科目核算总额法下与日常活动相关的政府补助，以及其他与日常活动相关且应直接计入本科目的项目。对于总额法下与日常活动相关的政府补助，企业在实际收到或应收时，或者将先确认为"递延收益"的政府补助分摊计入损益时，借记"银行存款""其他应收款""递延收益"等科目，贷记"其他收益"科目。

一、与资产相关的政府补助

实务中，企业通常先收到补助资金，再按照政府要求将补助资金用于购建固定资产或无形资产等长期资产。企业在收到补助资金时，有两种会计处理方法可供选择。一是总额法，即按照补助资金的金额借记有关资产科目，贷记"递延收益"科目，在相关资产使用寿命内按合理、系统的方法分期计入损益，借记"递延收益"科目，贷记"其他收益"或"营业外收入"科目。相关资产在使用寿命结束时或结束前被处置(出售、转让、报废等)，尚未分摊的递延收益余额应当一次性转入资产处置当期的损益，不再予以递延。二是净额法，将补助冲减相关资产账面价值，企业按照扣减政府补助后的资产价值对相关资产计提折旧或进项摊销。企业对某项经济业务选择总额法或净额法后，应当对该项业务一贯地运用该方法，不得随意变更。

实务中存在政府无偿给予企业长期非货币性资产的情况，如无偿给予的土地使用权和天然起源的天然林等。对无偿给予的非货币性资产，企业应当按照公允价值或名义金额对此类补助进行计量。企业在收到非货币性资产时，应当借记有关资产科目，贷记"递延收益"科目，在相关资产使用寿命内按合理、系统的方法分期计入损益，借记"递延收益"科目，贷记"其他收益"或"营业外收入"科目。对以名义金额(1元)计量的政府补助，在取得时计入当期损益。

【例 4-4】按照国家有关政策，企业购置环保设备可以申请补贴以补偿其环保支出。丁企业于 2×18 年 1 月向政府有关部门提交了 210 万元的补助申请，作为对其购置环保设备的补贴。2×18 年 3 月 15 日，丁企业收到了政府补贴款 210 万元。2×18 年 4 月 20 日，丁企业购入不需要安装的环保设备，实际成本为 480 万元，使用寿命为 10 年，采用直线法计提折旧(不考虑净残值)。2×26 年 4 月，丁企业出售了这台设备，取得价款 120 万元。本例中不考虑相关税费。

丁企业的账务处理如下。

方法一：丁企业选择总额法进行会计处理。

(1) 2×18 年 3 月 15 日实际收到财政拨款，确认递延收益。

借：银行存款　　　　　　　　　　　　　　　　　　　　　　　2 100 000
　　贷：递延收益　　　　　　　　　　　　　　　　　　　　　　2 100 000

(2) 2×18 年 4 月 20 日购入设备。

借：固定资产　　　　　　　　　　　　　　　　　　　　　　　4 800 000
　　贷：银行存款　　　　　　　　　　　　　　　　　　　　　　4 800 000

(3) 自 2×18 年 5 月起每个资产负债表日(月末)计提折旧，同时分摊递延收益。

① 计提折旧(假设该设备用于污染物排放测试，折旧费用计入制造费用)。

每月折旧=480÷10÷12=4(万元)

借：制造费用　　　　　　　　　　　　　　　　　　　　　　　　40 000
　　贷：累计折旧　　　　　　　　　　　　　　　　　　　　　　　40 000

② 分摊递延收益(月末)。

递延收益，每月分摊 210÷10÷12=1.75(万元)

借：递延收益　　　　　　　　　　　　　　　　　　　　　　　　17 500
　　贷：其他收益　　　　　　　　　　　　　　　　　　　　　　　17 500

(4) 2×26 年 4 月丁企业出售设备，同时转销递延收益余额。

① 出售设备。

设备至出售时共使用 8 年，累计折旧=480÷10×8=384(万元)

借：固定资产清理　　　　　　　　　　　　　　　　　　　　　　960 000
　　累计折旧　　　　　　　　　　　　　　　　　　　　　　　3 840 000
　　贷：固定资产　　　　　　　　　　　　　　　　　　　　　　4 800 000

借：银行存款　　　　　　　　　　　　　　　　　　　　　　　1 200 000
　　贷：固定资产清理　　　　　　　　　　　　　　　　　　　　960 000
　　　　资产处置损益　　　　　　　　　　　　　　　　　　　　240 000

② 转销递延收益余额。

借：递延收益　　　　　　　　　　　　　　　　　　　　　　　　420 000
　　贷：营业外收入　　　　　　　　　　　　　　　　　　　　　　420 000

方法二：丁企业选择净额法进行会计处理。

(1) 2×18 年 3 月 15 日实际收到财政拨款。

借：银行存款　　　　　　　　　　　　　　　　　　　　　　　2 100 000

　　　　贷：递延收益　　　　　　　　　　　　　　　　　　　　　　　　　2 100 000
　(2) 2×18 年 4 月 20 日购入设备。
　　　借：固定资产　　　　　　　　　　　　　　　　　　　　　　　　　4 800 000
　　　　贷：银行存款　　　　　　　　　　　　　　　　　　　　　　　　4 800 000
　　　借：递延收益　　　　　　　　　　　　　　　　　　　　　　　　　2 100 000
　　　　贷：固定资产　　　　　　　　　　　　　　　　　　　　　　　　2 100 000
　(3) 自 2×18 年 5 月起每个资产负债表日(月末)计提折旧。
　按扣除政府补助 210 万后的固定资产成本 270 万计提折旧，每月折旧额=270÷10÷12=2.25 万元。
　　　借：制造费用　　　　　　　　　　　　　　　　　　　　　　　　　　22 500
　　　　贷：累计折旧　　　　　　　　　　　　　　　　　　　　　　　　　22 500
　(4) 2×26 年 4 月出售设备。
　设备至出售时共使用 8 年，累计折旧=270÷10×8=216 万元。
　　　借：固定资产清理　　　　　　　　　　　　　　　　　　　　　　　540 000
　　　　累计折旧　　　　　　　　　　　　　　　　　　　　　　　　　2 160 000
　　　　贷：固定资产　　　　　　　　　　　　　　　　　　　　　　　2 700 000
　　　借：银行存款　　　　　　　　　　　　　　　　　　　　　　　　1 200 000
　　　　贷：固定资产清理　　　　　　　　　　　　　　　　　　　　　　540 000
　　　　　　资产处置损益　　　　　　　　　　　　　　　　　　　　　　660 000

二、与收益相关的政府补助

对于与收益相关的政府补助，企业同样可以选择采用总额法或净额法进行会计处理。选择总额法的，应当计入其他收益或营业外收入；选择净额法的，应当冲减相关成本费用或营业外支出。

(一)用于补偿企业以后期间的相关费用或损失的政府补助

企业在收到补助时应当先判断其是否满足政府补助所附条件。如收到补助时暂时无法确定，企业则应当将补助款先作为预收款计入"其他应付款"科目，待客观情况表明其满足政府补助所附条件后，再确认递延收益；如收到补助时，客观情况表明企业满足政府补助所附条件，则应当确认递延收益，并在确认相关费用或损失的期间，计入当期损益或冲减相关成本。

【例 4-5】甲企业于 2×18 年 3 月 15 日与企业所在地地方政府签订合作协议，根据协议约定，当地政府将向甲企业提供 1 000 万元奖励资金，用于企业的人才激励和人才引进奖励，甲企业必须按年向当地政府报送详细的资金使用计划并按规定用途使用资金。协议同时还约定，甲企业自获得奖励起 10 年内注册地址不迁离本区，否则政府有权追回奖励资金。甲企业于 2×18 年 4 月 10 日收到 1 000 万元补助资金，分别在 2×18 年 12 月、2×19 年 12 月、2×20 年 12 月使用了 400 万元、300 万元和 300 万元，用于发放总裁级别类高管年度奖金。

本例中，甲企业应当在实际收到补助资金时判断其是否满足递延收益确认条件。如果客观情况表明甲企业在未来 10 年内离开该地区的可能性很小,比如通过成本效益分析认为甲企业迁离该地区的成本大大高于收益,则甲企业在收到补助资金时应当计入"递延收益"科目,实际按规定用途使用补助资金时,再结转计入当期损益。

甲企业选择净额法,将该政府补助冲减管理费用,其账务处理如下。

(1) 2×18 年 4 月 10 日甲企业实际收到补助资金,客观情况表明甲企业在未来 10 年内离开该地区的可能性很小。

借:银行存款　　　　　　　　　　　　　　　　　　　　　10 000 000
　　贷:递延收益　　　　　　　　　　　　　　　　　　　　　10 000 000

(2) 2×18 年 12 月、2×19 年 12 月、2×20 年 12 月甲企业用补助资金向高管发放奖金时的会计分录如下。

借:递延收益　　　　　　　　　　　　　　　　　　　　　4 000 000
　　贷:管理费用　　　　　　　　　　　　　　　　　　　　　4 000 000
借:递延收益　　　　　　　　　　　　　　　　　　　　　3 000 000
　　贷:管理费用　　　　　　　　　　　　　　　　　　　　　3 000 000
借:递延收益　　　　　　　　　　　　　　　　　　　　　3 000 000
　　贷:管理费用　　　　　　　　　　　　　　　　　　　　　3 000 000

如果甲企业暂时无法确定其是否满足政府补助所附条件(即在未来 10 年内不得离开该地区),则应当将收到的补助资金先计入"其他应付款"科目,待客观情况表明其满足政府补助所附条件后再转入"递延收益"科目。

(二)用于补偿企业已发生的相关成本费用或损失的政府补助

用于补偿企业已发生的相关成本费用或损失的政府补助,通常与企业已经发生的行为有关,是对企业已发生的成本费用或损失的补偿,或是对企业过去行为的奖励。如果企业已经实际收到补助资金,应当按照实际收到的金额计入当期损益或冲减相关成本;如果会计期末企业尚未收到补助资金,但企业在符合相关政策规定后就相应获得了收款权,且与之相关的经济利益很可能流入企业,企业应当在这项补助成为应收款时按照应收的金额予以确认,计入当期损益或冲减相关成本。

【例 4-6】乙企业销售其自主开发生产的动漫软件,按照国家有关规定,该企业的这种产品适用增值税即征即退政策,按 13%的税率征收增值税后,对其增值税实际税负超过 3%的部分,实行即征即退。2×20 年 8 月,该企业进行纳税申报时,提交退税申请,经审核后的退税额为 10 万元。软件企业即征即退增值税属于与企业的日常经营活动密切相关的补助,因此,乙企业实际收到退回的增值税额时,账务处理如下。

借:其他应收款　　　　　　　　　　　　　　　　　　　　　100 000
　　贷:其他收益　　　　　　　　　　　　　　　　　　　　　100 000

【例 4-7】丙企业 2×20 年 11 月遭受重大自然灾害,并于 2×20 年 12 月 20 日收到了政府补助资金 200 万元。2×20 年 12 月 20 日,丙企业实际收到补助资金并选择按总额法进行会计处理,其账务处理如下。

借:银行存款　　　　　　　　　　　　　　　　　　　　　2 000 000
　　贷:营业外收入　　　　　　　　　　　　　　　　　　　　　2 000 000

【例 4-8】丁企业是集芳烃技术研发、生产于一体的高新技术产业。芳烃的原料是石脑油。石脑油按成品油项目在生产环节征消费税。根据国家有关规定，对使用燃料油、石脑油生产乙烯芳烃的企业购进并用于生产乙烯、芳烃类化工产品的石脑油、燃料油，按实际耗用数量退还所含消费税。假设丁企业石脑油单价为 5 333 元/吨(其中消费税为 2 105 元/吨)。本期将 115 吨石脑油投入生产，石脑油转化率为 1.15∶1(即 1.15 吨石脑油可生产 1 吨乙烯、芳烃)，共生产乙烯、芳烃 100 吨。丁企业根据当期产量及所购原料的供应商的消费税证明，申请退还相应的消费税。当前应退还的消费税为 100×1.15×2 105=242 075(元)，丁企业在期末结转存货成本和主营业务成本前，账务处理如下。

  借：其他应收款   242 075
    贷：生产成本   242 075

(三)政府补助的退回

已计入损益但需要退回的政府补助，应当分下列情况进行会计处理：①初始确认时冲减相关资产账面价值的，调整资产账面价值；②存在尚未摊销递延收益的，冲减相关递延收益账面余额，超出部分计入当期损益；③属于其他情况的，直接计入当期损益。

【例 4-9】接例 4-4，假设 2×19 年 5 月，有关部门在对丁企业的检查中发现，丁企业不符合申请补助的条件，要求丁企业退回补助款。丁企业于当月退回补助款 210 万元。

丁企业账务处理如下。

(1) 丁企业选择总额法进行会计处理，应当结转递延收益，并将超出部分计入当期损益。因为以前期间计入其他收益，所以本例中这部分退回时的补助冲减应退回当期的其他收益。

2×19 年 5 月丁企业退回补助款时的会计分录如下。

  借：递延收益   1 890 000
    其他收益   210 000
      贷：银行存款   2 100 000

(2) 丁企业选择净额法进行会计处理，应当视同一开始就没有收到政府补助，调整相关资产账面价值。本例中应调整固定资产成本和累计折旧，将实际退回金额与账面价值调整数之间的差额计入当期损益。因为以前期间实际冲减了制造费用，所以本例中这部分退回的补助补记退回当期的制造费用。

2×19 年 5 月丁企业退回补助款时的会计分录如下。

  借：固定资产   2 100 000
    制造费用   210 000
      贷：银行存款   2 100 000
        累计折旧   210 000

【例 4-10】甲企业于 2×19 年 11 月与开发区政府签订合作协议，在开发区投资建设生产基地，协议约定，开发区政府自协议签订之日起 6 个月内向甲企业提供 300 万元产业补贴资金用于奖励该企业在开发区内投资，甲企业自获得补贴起 5 年内注册地址不迁离本区。如果甲企业在此期间搬离开发区，开发区政府允许甲企业按照实际留在本区的时间保留部分补贴，并按剩余时间追回补助资金。甲企业于 2×20 年 1 月 3 日收到补贴资金。

假设甲企业在实际收到补助资金时，客观情况表明甲企业在未来 5 年内搬离本区的可能性很小，甲企业应当在收到补助资金时将其计入"递延收益"科目。协议约定，如果甲企业提前离开开发区，政府有权追回部分补助，说明企业每留一年在开发区，就有权取得这一年相关的补助，与这一年补助有关的不确定性基本消除，补助收益得以实现，所以甲企业应当将补助在5年内平均摊销结转计入损益。

甲企业账务处理如下。

(1) 2×20年1月3日甲企业实际收到补助资金。

借：银行存款   3 000 000
　　贷：递延收益   3 000 000

(2) 2×20年12月31日以后年度，甲企业分期将递延收益结转计入当期损益。

借：递延收益   600 000
　　贷：其他收益   600 000

假设2×22年1月1日甲企业因重大战略搬离开发区，根据相关协议，甲企业退回补贴180万元。

借：递延收益   1 800 000
　　贷：其他应付款   1 800 000

三、特定业务的会计处理

(一)综合性项目政府补助

综合性项目政府补助同时包含与资产相关的政府补助和与收益相关的政府补助，企业需要将其进行分解并分别进行会计处理；难以区分的，企业应将其整体归类为与收益相关的政府补助进行处理。

【例4-11】2×20年6月15日，某市科技创新委员会与乙企业签订了科技计划项目合同书，拟对乙企业的新药临床研究项目提供研究补助资金。该项目总预算为600万元，其中，市科技创新委员会资助200万元，乙企业自筹400万元。政府补助的200万元用于补助设备费60万元，材料费15万元，测试化验加工费95万元，差旅费10万元，会议费5万元，专家咨询费8万元，管理费用7万元。本例中除设备费外的其他各项费用都计入研究支出。市科技创新委员会应当在合同签订之日起30日内将资金拨付给乙企业。根据双方约定，乙企业应当按合同规定的开支范围，对市科技创新委员会资助的经费实行专款专用。项目实施期限为自合同签订之日起30个月，期满后乙企业如未通过验收，在该项目实施期满后3年内不得再向市政府申请科技补贴资金。乙企业于2×20年7月10日收到补助资金，在项目期内按照合同约定的用途使用了补助资金，其中，乙企业于2×20年7月25日按项目合同书的约定购置了相关设备，设备成本150万元，其中使用补助资金60万元，该设备使用年限为10年，采用直线计提折旧(不考虑净残值)。假设本例中不考虑相关税费。

本例中，乙企业收到的政府补助是综合性项目政府补助，需要区分与资产相关的政府补助和与收益相关的政府补助并分别进行处理。假设乙企业对收到的与资产相关的政府补助选择净额法进行会计处理。

乙企业的账务处理如下。

(1) 2×20 年 7 月 10 日乙企业实际收到补助资金时：
借：银行存款　　　　　　　　　　　　　　　　　　　　2 000 000
　　贷：递延收益　　　　　　　　　　　　　　　　　　　　2 000 000
(2) 2×20 年 7 月 25 日购入设备。
借：固定资产　　　　　　　　　　　　　　　　　　　　1 500 000
　　贷：银行存款　　　　　　　　　　　　　　　　　　　　1 500 000
借：递延收益　　　　　　　　　　　　　　　　　　　　　600 000
　　贷：固定资产　　　　　　　　　　　　　　　　　　　　　600 000
(3) 自 2×20 年 8 月起每个资产负债日(月末)计提折旧，折旧费用计入研发支出。
月折旧额=(150-60)÷10÷12=0.75(万元)
借：研发支出　　　　　　　　　　　　　　　　　　　　　　7 500
　　贷：累计折旧　　　　　　　　　　　　　　　　　　　　　　7 500
(4) 对其他与收益相关的政府补助，乙企业按规定用途实际使用补助资金时计入损益或者在实际使用的当期期末根据当期累计使用的金额计入损益，借记"递延收益"科目，贷记有关损益科目。

(二)政策性优惠贷款贴息

政策性优惠贷款贴息是政府为支持特定领域或区域发展，根据国家宏观经济形势和政策目标，对承贷企业的银行借款利息给予的补贴。企业取得政策性优惠贷款贴息的，应当区分财政将贴息资金拨付给贷款银行和财政将贴息资金直接拨付给受益企业两种情况，分别进行会计处理。

1. 财政将贴息资金拨付给贷款银行

在财政将贴息资金拨付给贷款银行的情况下，由贷款银行以政策性优惠利率向企业提供贷款。这种方式下，受益企业按照优惠利率向贷款银行支付利息，没有直接从政府取得利息补助，企业可以选择下列方法之一进行会计处理：一是以实际收到的金额作为借款的入账价值，按照借款本金和该政策性优惠利率计算借款费用；二是以借款的公允价值作为借款的入账价值并按照实际利率法计算借款费用，实际收到的金额与借款公允价值之间的差额确认为递延收益，递延收益在借款存续期内采用实际利率法摊销，冲减相关借款费用。企业选择上述两种方法之一后，应当一致地运用，不得随意变更。

在上述情况下，向企业发放贷款的银行并不是受益主体，其仍然按照市场利率收取利息，只是一部分利息来自企业，另一部分利息来自财政贴息。因此金融企业发挥的是中介作用，并不需要确认与贷款相关的递延收益。

【例 4-12】2×20 年 1 月 1 日，丙企业向银行贷款 100 万元，期限为 2 年，按月计息，按季度付息，到期一次还本。这笔贷款资金将被用于国家扶持产业，符合财政贴息的条件，因此贷款利率显著低于丙企业取得同类贷款的市场利率。假设丙企业取得同类贷款的年市场利率为 9%，丙企业与银行签订的贷款合同约定的年利率为 3%，丙企业按年向银行支付贷款利息，财政按年向银行拨付贴息资金。贴息后实际支付的年利息率为 3%，贷款期间的利息费用满足资本化条件，计入相关在建工程的成本。相关计算如表 4-1 所示。

表 4-1 相关借款费用的测算和递延收益的摊销

单位：元

月度	实际支付银行的利息 ①	财政贴息 ②	实际现金流 ③	实际现金流折现 ④	长期借款各期实际利息 ⑤	摊销金额 ⑥	长期借款的期末账面价值 ⑦
0							890 554
1	7 500	5 000	2 500	2 481	6 679	4 179	894 733
2	7 500	5 000	2 500	2 463	6 711	4 211	898 944
3	7 500	5 000	2 500	2 445	6 742	4 242	903 186
4	7 500	5 000	2 500	2 426	6 774	4 274	907 460
5	7 500	5 000	2 500	2 408	6 806	4 306	911 766
6	7 500	5 000	2 500	2 390	6 838	4 338	916 104
7	7 500	5 000	2 500	2 373	6 871	4 371	920 475
8	7 500	5 000	2 500	2 355	6 904	4 404	924 878
9	7 500	5 000	2 500	2 337	6 937	4 437	929 315
10	7 500	5 000	2 500	2 320	6 970	4 470	933 785
11	7 500	5 000	2 500	2 303	7 003	4 503	938 288
12	7 500	5 000	2 500	2 286	7 037	4 537	942 825
13	7 500	5 000	2 500	2 269	7 071	4 571	947 397
14	7 500	5 000	2 500	2 252	7 105	4 605	952 002
15	7 500	5 000	2 500	2 235	7 140	4 640	956 642
16	7 500	5 000	2 500	2 218	7 175	4 675	961 317
17	7 500	5 000	2 500	2 202	7 210	4 710	966 027
18	7 500	5 000	2 500	2 185	7 245	4 745	970 772
19	7 500	5 000	2 500	2 169	7 281	4 781	975 553
20	7 500	5 000	2 500	2 153	7 317	4 817	980 369
21	7 500	5 000	2 500	2 137	7 353	4 853	985 222
22	7 500	5 000	2 500	2 121	7 389	4 889	990 111
23	7 500	5 000	2 500	2 105	7 426	4 926	995 037
24	7 500	5 000	1 002 500	837 921	7 463	4 963	1 000 000
合计				890 554		109 446	

注：(1)实际现金流折现④为各月实际现金流③2 500 元按照月市场利率 0.75%(9%÷12)折现的金额。

(2)长期借款各期实际利息⑤为各月长期借款账面价值⑦与月市场利率 0.75%的乘积。

(3)摊销金额⑥是长期借款各期实际利息⑤扣减每月实际利息支出③2 500 元后的金额。

按方法一，丙企业的账务处理如下。

(1) 2×20 年 1 月 1 日，丙企业取得银行贷款 100 万元。

借：银行存款　　　　　　　　　　　　　　　　　　　　　　1 000 000
　　贷：长期借款——本金　　　　　　　　　　　　　　　　　　1 000 000

(2) 2×20 年 1 月 31 日起每月月末，丙企业按月计提利息，企业实际承担的利息支出为 1 000 000×3%÷12=2 500(元)

借：在建工程　　　　　　　　　　　　　　　　　　　　　　2 500

贷：应付利息　　　　　　　　　　　　　　　　　　　　　　　　　2 500

按方法二，丙企业的账务处理如下。

(1) 2×20 年 1 月 1 日，丙企业取得银行贷款 100 万元。

长期借款的公允价值=1 000 000(P/F,0.75%,24)+2 500×(P/A,0.75%,24)=890 554(元)

利息调整=1 000 000-890 554=109 446(元)

　　借：银行存款　　　　　　　　　　　　　　　　　　　　　　　　1 000 000
　　　　长期借款——利息调整　　　　　　　　　　　　　　　　　　　　109 446
　　　贷：长期借款——本金　　　　　　　　　　　　　　　　　　　　1 000 000
　　　　　递延收益　　　　　　　　　　　　　　　　　　　　　　　　　109 446

(2) 2×20 年 1 月 31 日，丙企业按月计提利息。

　　借：在建工程　　　　　　　　　　　　　　　　　　　　　　　　　　6 679
　　　贷：应付利息　　　　　　　　　　　　　　　　　　　　　　　　　2 500
　　　　　长期借款——利息调整　　　　　　　　　　　　　　　　　　　　4 179

同时，摊销递延收益：

　　借：递延收益　　　　　　　　　　　　　　　　　　　　　　　　　　4 179
　　　贷：在建工程　　　　　　　　　　　　　　　　　　　　　　　　　4 179

在上述两种方法下，计入在建工程的利息支出是一致的，均为 2 500 元。所不同的是：在第一种方法下，银行贷款在资产负债表中反映的账面价值为 1 000 000 元；在第二种方法下，银行贷款的入账价值为 890 554 元，递延收益为 109 446 元，各月需要按照实际利率法进行摊销。

2. 财政将贴息资金直接拨付给受益企业

　　财政将贴息资金直接拨付给受益企业，企业应先按照同类贷款市场利率向银行支付利息，财政部门定期与企业结算贴息。在这种方式下，由于企业先按照同类贷款市场利率向银行支付利息，因此，实际收到的借款金额通常就是借款的公允价值，企业应当将对应的贴息冲减相关借款费用。

　　【例 4-13】 接例 4-12，丙企业与银行签订的贷款合同约定的年利率为 9%，丙企业按月计提利息，按季度向银行支付贷款利息，以付息凭证向财政申请贴息资金。财政按年与丙企业结算贴息资金。

(1) 2×20 年 1 月 1 日，丙企业取得银行贷款 100 万元。

　　借：银行存款　　　　　　　　　　　　　　　　　　　　　　　　　1 000 000
　　　贷：长期借款——本金　　　　　　　　　　　　　　　　　　　　1 000 000

(2) 自 2×20 年 1 月 31 日起每月月末，丙企业按月计提利息，应向银行支付的利息金额为 1 000 000×9%÷12=7 500(元)，企业实际承担的利息支出为 1 000 000×3%÷12=2 500(元)，应收政府贴息为 5 000 元。

　　借：在建工程　　　　　　　　　　　　　　　　　　　　　　　　　　7 500
　　　贷：应付利息　　　　　　　　　　　　　　　　　　　　　　　　　7 500
　　借：其他应收款　　　　　　　　　　　　　　　　　　　　　　　　　5 000
　　　贷：在建工程　　　　　　　　　　　　　　　　　　　　　　　　　5 000

第三节 政府补助的列报与披露

一、政府补助在利润表上的列示

企业应当在利润表中的"营业利润"项目之上单独列报"其他收益"项目,计入其他收益的政府补助在该项目中反映。冲减相关成本费用的政府补助,在相关成本费用项目中反映。与企业日常经营活动无关的政府补助,在利润表的营业外收支项目中列报,如表 4-2 所示。

表 4-2 政府补助的列报

项 目	本期金额	上期金额
一、营业收入		
减:营业成本		
税金及附加		
销售费用		
管理费用		
研发费用		
财务费用		
加:其他收益		
投资收益		
加:公允价值变动收益(损失以"-"号填列)		
信用减值损失(损失以"-"号填列)		
资产减值损失		
资产处置收益(损失以"-"号填列)		
投资收益		
其中:对联营企业和合营企业的投资		
二、营业利润(亏损以"-"号填列)		

二、政府补助的附注披露

企业应当在附注中披露与政府补助有关的下列信息:政府补助的资料、金额和列报项目;计入当期损益的政府补助金额;本期退回的政府补助金额及原因。

政府补助涉及递延收益、其他收益、营业外收入以及成本费用等多个报表项目,因此为了全面反映政府补助情况,企业应当在附注中单设项目披露政府补助的相关信息。参考披露格式如表 4-3、表 4-4 所示。

表 4-3 计入递延收益的政府补助的明细表

补助项目	种 类	期初余额	本期新增金额	本期结转计入损益或冲减相关成本的金额	期末余额	本期结转计入损益或冲减相关成本的列报项目
科技项目经费	财政拨款					
……						

表 4-4　计入当期损益或冲减相关成本的政府补助的明细表

补助项目	种　类	本期计入损益或冲减相关成本的金额	本期计入损益或冲减相关成本的列报项目
科技项目经费	财政拨款		
……			

本 章 小 结

　　本章论述了政府补助的特征、分类以及会计处理。政府补助是指企业从政府无偿取得的货币性资产或非货币性资产。其主要形式包括政府对企业的无偿拨款、税收返还、财政贴息，以及无偿给予非货币性资产等。政府补助是来源于政府的经济资源，是无偿的。

　　政府补助分为与资产相关的政府补助和与收益相关的政府补助。对于与资产相关的政府补助，企业在收到补助资金时，有两种会计处理方法可供选择：总额法和净额法，一旦选择其中一种方法，就不得随意变更。对于与收益相关的政府补助，企业同样可以选择采用总额法或净额法进行会计处理。选择总额法的，应当计入其他收益或营业外收入；选择净额法的，应当冲减相关成本费用或营业外支出。后者可以区分为两种情况：用于补偿企业以后期间的相关费用或损失的，确认递延收益，并在确认相关费用或损失的期间，计入当期损益或冲减相关成本；用于补偿企业已发生的相关成本费用或损失的，直接计入当期损益或冲减相关成本。

　　已计入损益但需要退回的政府补助，应当根据下列情况进行会计处理：①初始确认时冲减相关资产成本的，应当调整资产账面价值；②存在尚未摊销递延收益的，冲减相关递延收益账面余额，超出部分计入当期损益；③属于其他情况的，直接计入当期损益。

　　综合性项目政府补助同时包含与资产相关的政府补助和与收益相关的政府补助，企业需要将其进行分解并分别进行会计处理；难以区分的，企业应将其整体归类为与收益相关的政府补助进行处理。

　　政策性优惠贷款贴息应当区分财政将贴息资金拨付给贷款银行和财政将贴息资金直接拨付给企业两种情况，分别进行会计处理。

　　企业应当在利润表中的"营业利润"项目之上单独列报"其他收益"项目，计入其他收益的政府补助在该项目中反映。冲减相关成本费用的政府补助，在相关成本费用项目中反映。与企业日常经营活动无关的政府补助，在利润表的营业外收支项目中列报，并在附注中披露与政府补助有关的信息。

复习思考题

1. 什么是政府补助？它有哪些特征？如何分类？
2. 与资产相关的政府补助的会计处理方法是什么？分别怎样进行会计处理？
3. 与收益相关的政府补助有哪些情况？分别怎样进行会计处理？
4. 政策性优惠贷款贴息的会计处理原则有哪些？
5. 政府补助如何在财务报表中列报？应披露哪些信息？

第五章

或有事项

通过本章的学习,要了解或有事项的概念和特征;掌握或有事项的确认和计量以及或有事项会计处理的具体应用;了解或有事项的列报。

扫码下载本章自测与技能训练

第一节 或有事项概述

一、或有事项的概念和特征

企业在经营活动中有时会面临诉讼、仲裁、重组等具有较大不确定性的经济事项，有的企业还为其他单位提供债务担保，对客户提供产品质量保证，等等。这些不确定事项对企业的财务状况和经营成果可能会产生较大的影响，其最终结果须由某些未来事项的发生或不发生来决定。按照权责发生制原则，企业不能等到事项发生时才确认义务，而应在资产负债表日对这些不确定事项作出判断，以决定是否在当期确认一项义务。这种不确定事项在会计上被称为或有事项。

或有事项，是指过去的交易或事项形成的，其结果须由未来事项的发生或不发生才能决定的不确定事项。常见的或有事项包括：未决诉讼或未决仲裁、债务担保、产品质量担保(含产品安全保证)、亏损合同、重组义务、承诺、环境污染整治、商业票据贴现等。或有事项一般具有如下特点。

(1) 或有事项是因过去的交易或事项形成的。因过去的交易或者事项形成，是指或有事项的现存状况是过去交易或者事项引起的客观存在。例如，产品质量保证是企业对已售出商品或服务提供的保证。又如，未决诉讼是企业过去的经济行为导致起诉其他单位或被其他单位起诉，是现存的一种状况，而不是未来将要发生的事项。基于这一特征，未来可能发生的自然灾害、交通事故、经营亏损等事项，都不属于或有事项。

(2) 或有事项的结果具有不确定性。

首先或有事项的结果是否发生具有不确定性。例如，企业为其他单位提供债务担保，如果被担保方到期无力还款，担保方将负连带责任，担保所引起的可能发生的连带责任构成或有事项。但是，担保方在债务到期时，是否一定承担和履行连带责任，需要根据被担保方能否按时还款决定，其结果在担保协议达成时具有不确定性。又如，有些未决诉讼，被起诉的一方是否会败诉，在案件审理过程中是难以确定的，需要根据法院判决情况来确定。其次，或有事项的结果预计将会发生，但发生的具体时间或金额具有不确定性。例如，某企业因生产排污治理不力并对周围环境造成污染而被起诉，如无特殊情况，该企业很可能败诉。但是，在诉讼成立时，该企业因败诉将支出多少金额，或者何时将发生这些支出，可能是难以确定的。

(3) 或有事项的结果须由未来事项决定。或有事项对企业会产生有利影响还是不利影响，或虽已知是有利影响或不利影响，但影响有多大，在或有事项发生时是难以确定的。这种不确定性的消失，只能由未来不确定事项的发生或不发生才能证实。例如，某企业为其他单位提供债务担保，该担保事项最终是否会要求企业履行偿还债务的连带责任，一般只能取决于被担保方的未来经营情况和偿债能力。如果被担保方经营情况和经营状况良好且有较好的信用，按期还款，那么企业将不需要履行该连带责任。只有在被担保方到期无力还款时，担保方才承担偿还债务的连带责任。

在会计处理过程中，存在不确定性的事项并不都是或有事项，企业应当按照或有事项的定义和特征进行判断。例如，对固定资产计提折旧虽然涉及对固定资产预计净残值和使用寿命的估计，带有一定的不确定性，但是，固定资产折旧是已经发生的损耗，固定资产的原值是固定的，其价值最终会转移到成本或费用中也是确定的，该事项的结果是确定的，因此固定资产计提折旧不是或有事项。

二、或有负债和或有资产

(一)或有负债

或有负债，是指过去交易或者事项形成的潜在义务，其存在须通过未来不确定事项的发生或不发生予以证实；或过去的交易或者事项形成的现时义务，履行该义务不是很可能导致经济利益流出企业或该义务的金额不能可靠地计量。

或有负债涉及两类义务：一类是潜在义务；另一类是现时义务。

1. 潜在义务

潜在义务，是指结果取决于不确定未来事项的可能义务。也就是说，潜在义务是否转变为现时义务，由某些未来不确定事项的发生或不发生决定。

2. 现时义务

现时义务，是指企业在现行条件下已承担的义务，该现时义务的履行不是很可能导致经济利益流出企业，或者该现时义务的金额不能可靠地计量。例如，甲公司涉及一桩诉讼案，根据以往的审判案例推断，甲公司很可能要败诉。但法院尚未判决，甲公司无法根据经验判断未来将要承担多少赔偿金额，因此该现时义务的金额不能可靠地计量，该诉讼案件即形成一项甲公司的或有负债。

履行或有事项相关义务导致经济利益流出的可能性，通常按照一定的概率区间加以判断。一般情况下，发生的概率分为以下几个层次。

(1) 基本确定：发生的可能性大于95%但小于100%。
(2) 很可能：发生的可能性大于50%但小于或等于95%。
(3) 可能：发生的可能性大于5%但小于或等于50%。
(4) 极小可能：发生的可能性大于0但小于或等于5%。

(二)或有资产

或有资产，是指过去的交易或者事项形成的潜在资产，其存在须通过不确定事项的发生或不发生予以证实。

或有资产作为一种潜在资产，其结果具有较大的不确定性，只有随着情况的变化，通过某些未来不确定事项的发生或不发生才能证实其是否会形成企业真正的资产。例如，甲企业向法院起诉乙企业侵犯了其专利权，法院尚未对该案件进行公开审理，甲企业能否胜诉尚难判断。对于甲企业而言，将来可能胜诉而获得的赔偿属于一项或有资产，但这项或有资产是否会转化为真正的资产，要由法院的判决结果确定。如果终审判决结果是甲企业胜诉，那么这项或有资产就转化为甲企业的一项资产；如果终审判决结果是甲企业败诉，那么或有资产就消失了，更不可能形成甲企业的资产。

或有负债和或有资产不符合负债或资产的定义和确认条件，企业不应当确认或有负债和或有资产，而应当进行相应的披露。但是，影响或有负债和或有资产的多种因素处于不断变化之中，企业应当持续地关注。随着时间的推移和事态的进展，或有负债对应的潜在义务可能转化为现时义务，原本不是很可能导致经济利益流出的现时义务也可能被证实将很可能导致企业流出经济利益，并且现时义务的金额也能够可靠地计量。这时或有负债就转化为企业的负债，应当予以确认。同时或有资产对应的潜在资产最终是否能够流入企业会逐渐变得明确，如果某一时点企业基本确定能够收到这项潜在资产并且其金额能够可靠地计量，则应当将其确认为企业的资产。

第二节 或有事项的确认和计量

一、或有事项的确认

或有事项的会计确认涉及的关键问题是，或有负债和或有资产在满足什么样的条件时，可以确认为负债和资产。

或有事项形成的或有资产只有在企业基本确定能够收到的情况下，才能转变为真正的资产，从而予以确认。与或有事项有关的义务应当在同时符合以下三个条件时确认为负债，作为预计负债进行确认。

1. 该义务是企业承担的现时义务

该义务是企业承担的现时义务，即与或有事项相关的义务是在企业当前条件下已经承担的义务，企业没有其他现实的选择，只能履行该现时义务。例如，甲公司违反交通规则导致交通事故，甲公司将要承担赔偿义务。为此，甲公司在违规事项发生后承担的就是一项现时义务。

通常情况下，过去的交易或事项是否导致现时义务是比较明确的，但也存在极少数情况。例如，法律诉讼，特定事项是否已经发生或这些事项是否已产生了一项现时义务可能难以确定，企业应当考虑包括资产负债表日后所有可获得的证据、专家意见等，以此确定资产负债表日是否存在现时义务。如果据此判断，资产负债表日很可能存在现时义务，且符合预计负债确认条件的，应当确认一项负债；如果资产负债表日现时义务很可能不存在，企业应披露一项或有负债，除非含有经济利益的资源流出企业的可能性极小。

这里所指的义务包括法定义务和推定义务。法定义务，是指因合同、法规或其他司法解释等产生的义务，通常是企业在经济管理和经济协调中，依照经济法律、法规的规定必须履行的责任。比如，企业与其他企业签订购货合同产生的义务就属于法定义务。推定义务，是指因企业的特定行为而产生的义务。企业的"特定行为"，泛指企业以往的习惯做法、已公开的承诺或已公开宣布的经营政策。并且，由于以往的习惯做法，或通过这些承诺或公开的声明，企业向外界表明了它将承担特定的责任，从而使受影响的各方形成了其将履行那些责任的合理预期。例如，甲公司是一家化工企业，因扩大经营规模，到A国创办了一家分公司。假定A国尚未针对甲公司这类企业的生产经营可能产生的环境污染制定相关法律，因而甲公司的分公司对在A国生产经营可能产生的环境污染就不承担法定义务。但是，甲公司为在A国树立良好的形象，自行向社会公告，宣称将对生产经营可能产生的环境污染进行治理。甲公司的分公司为此承担的义务就属于推定义务。

2. 履行该义务很可能导致经济利益流出企业

履行该义务很可能导致经济利益流出企业，即履行与或有事项相关的现时义务时，导致经济利益流出企业的可能性超过 50%，但尚未达到基本确定的程度。

企业因或有事项承担了现时义务，并不说明该现时义务很可能导致经济利益流出企业。例如，2×20 年 5 月 1 日，甲公司与乙企业签订协议，承诺为乙企业的两年期银行借款提供全额担保。对于甲公司而言，其由于担保事项而承担了一项现时义务。这项义务的履行是否很可能导致经济利益流出企业，需依据乙企业的经营情况和财务状况等因素来确定。假定 2×20 年年末，乙企业财务状况良好，且没有其他特殊情况，一般可以认定乙企业不会违约，从而甲公司承担的现时义务不是很可能导致经济利益流出。反之，如果乙企业的财务状况恶化，且没有迹象表明可能发生好转，此种情况表明乙企业很可能违约，从而甲公司履行承担的现时义务将很可能导致经济利益流出企业。

3. 该义务的金额能够可靠地计量

该义务的金额能够可靠地计量，即与或有事项相关的现时义务的金额能够合理地估计。

或有事项具有不确定性，因此因或有事项产生的现时义务的金额也具有不确定性，需要估计。要对或有事项确认为一项负债，相关现时义务的金额应当能够可靠地估计。只有在其金额能够可靠地估计，并同时满足其他两个条件时，企业才能加以确认。例如，甲公司涉及一桩诉讼案，根据以往的审判结果推断，甲公司很可能败诉，相关的赔偿金额也可以估算出一个区间。此时，就可以认为甲公司因未决诉讼承担的现时义务的金额能够可靠地计量，如果同时满足其他两个条件，就可以将所形成的义务确认为一项负债。

预计负债应当与应付账款、应计项目等其他负债进行严格区分。因为与预计负债相关的未来支出的时间或金额具有一定的不确定性，通常远大于应计项目，预计负债在资产负债表中单独列报。

二、预计负债的计量

当与或有事项有关的义务符合确认为负债的条件时，企业应当将其确认为预计负债。预计负债应当按照履行相关现时义务所需支出的最佳估计数进行初始计量。此外，企业清偿预计负债所需支出还可能从第三方或其他方获得补偿。因此，或有事项的计量主要涉及两个问题：一是最佳估计数的确定；二是预期可获得补偿的处理。

(一)最佳估计数的确定

最佳估计数的确定应当分以下两种情况进行处理。

(1) 所需支出存在一个连续范围(或区间，下同)，且该范围内各种结果发生的可能性相同，则最佳估计数应当按照该范围内的中间值，即上、下限金额的平均数确定。

【例 5-1】2×20 年 12 月 27 日，甲公司因合同违约而涉及一桩诉讼案。2×20 年 12 月 31 日，企业尚未接到法院的判决。据专业人士估计，败诉的可能性为 80%，如果败诉，赔偿金额可能在 60 万～90 万元，而且这个区间内的金额的可能性都大致相同。则甲公司应在资产负债表中确认为一项预计负债75[(60+90)÷2]万元。

(2) 所需支出不存在一个连续范围，或者虽然存在一个连续范围，但该范围内各种结果发生的可能性不相同，则最佳估计数应按如下方法确定。

① 如果或有事项涉及单个项目，最佳估计数按最可能发生金额确定。"涉及单个项目"是指或有事项涉及的项目只有一个，比如一项未决诉讼、一项未决仲裁或一项债务担保等。

【例 5-2】甲公司涉及一起诉讼。根据类似案件的经验以及公司所聘律师的意见判断，公司在该起诉讼中胜诉的可能性有40%，败诉的可能性有60%。如果胜诉，可获得70万元；如果败诉，需要赔偿100万元。此时，甲公司在资产负债表中确认的负债金额应为最可能发生的金额100万元。

② 如果或有事项涉及多个项目，最佳估计数按各种可能结果及相关概率计算确定。"涉及多个项目"是指或有事项涉及的项目不止一个，如产品质量保证。在产品质量保证中，提出产品保修要求的可能有很多客户，相应地，企业对这些客户负有保修义务。

【例 5-3】2×20年，甲公司销售产品销售额为1.5亿元，根据公司的产品质量保证条款：产品售出一年内，如发生正常质量问题，甲公司将免费负责修理。根据甲公司以往年度的维修记录，如果出现较小的质量问题，发生的修理费为销售额的5‰；如果出现较大的质量问题，发生的修理费为销售额的2%。据预测，本年度销售的产品中，有60%不会发生质量问题，28%可能发生较小的质量问题，12%可能发生较大的质量问题。据此，2×20年年末，甲公司应确认的负债金额为：150 000 000×(60%×0+28%×5‰+12%×2%)=570 000(元)。

(二)预期可获得补偿的处理

企业清偿预计负债所需支出全部或部分预期由第三方补偿的，补偿金额只有在基本确定能够收到时，才能作为资产单独确认，确认的补偿金额不应当超过预计负债的账面价值。预期可获得补偿的情况通常有以下几种。

(1) 发生交通事故等情况时，企业通常可以从保险公司获得合理的赔偿。

(2) 在某些索赔诉讼中，企业可对索赔人或第三方另行提出赔偿要求。

(3) 在债务担保业务中，企业在履行担保义务的同时，通常可以向被担保企业提出追偿要求。

企业预期从第三方获得的补偿，是一种潜在资产，其最终是否真的会转化为企业真正的资产(即企业是否能够收到这项补偿)具有较大的不确定性，企业只能在基本确定能够收到补偿时才能对其进行确认。根据资产和负债不能随意抵销的原则，预期可获得的补偿在基本确定能够收到时应当确认为一项资产，而不能作为预计负债金额的扣减。

【例 5-4】2×20年12月31日，甲公司因或有事项确认了一项负债30万元；同时，因该或有事项，甲企业还可以从乙企业获得16万元的补偿，且这项金额基本确定能收到。

本例中，甲企业应分别确认一项负债30万元和一项资产16万元，而不能只确认一项金额为14万元的负债。同时，确认的补偿金额(16万元)不能超过确认的负债金额(30万元)。

(三)预计负债的计量需要考虑的其他因素

企业在确定最佳估计数时,应当综合考虑与或有事项有关的风险和不确定性、货币时间价值及未来事项等因素。

1. 风险和不确定性

企业应充分考虑与或有事项有关的风险和不确定性等因素,并在此基础上按照最佳估计数确定预计负债的金额。

2. 货币时间价值

预计负债的金额通常应当等于未来应支付的金额,但未来应支付的金额与其现值相差较大的,如油气井及相关设施或核电站的弃置费用等,应当按照未来应支付金额的现值确定最佳估计数。

3. 未来事项

有确凿证据表明相关未来事项将会发生的,如未来技术进步、相关法规出台等,企业在预计负债计量时应考虑相关未来事项的影响,但不应考虑预期处置相关资产形成的利得。

三、对预计负债账面价值的复核

企业应当在资产负债表日对预计负债的账面价值进行复核。有确凿证据表明该账面价值不能真实反映当前最佳估计数的,应当按照当前最佳估计数对该账面价值进行调整。

第三节 或有事项会计处理的具体应用

一、未决诉讼或未决仲裁

诉讼,是指当事人不能通过协商解决争议,因而在人民法院起诉、应诉,请求人民法院通过审判解决纠纷的活动。诉讼尚未裁决之前,对于被告来说,可能形成一项或有负债或者预计负债;对于原告来说,可能形成一项或有资产。

仲裁,是指经济法的各方当事人依照事先约定或事后达成的书面仲裁协议,共同选定仲裁机构并由其对争议依法作出具有约束力裁决的一种活动。作为当事人一方,仲裁的结果在仲裁决定公布以前是不确定的,会构成一项潜在义务或现时义务,或者潜在资产。

如果未决诉讼或未决仲裁引起的相关义务符合预计负债确认条件,预计发生的赔偿金、诉讼费也能可靠地被计量,则企业应当确认预计负债,借记"营业外支出""管理费用"等科目,贷记"预计负债"科目;实际支付时,应借记"预计负债"科目,贷记"银行存款"科目。

【例5-5】2×20年12月27日,甲企业因合同违约而被丁公司起诉。根据企业的法律顾问判断,最终的判决很可能对甲企业不利。2×20年12月31日,甲企业尚未接到法院的判决,据专业人士估计,假定甲企业预计要支付的赔偿金额为80万元至100万元的某一个金额,而且这个区间内每个金额的可能性都假定,甲企业预计要支付的,其中诉讼费为 3 万元。丁公司预计,如无特殊情况很可能在诉讼中获胜,假定丁公司估计很可能获赔 100 万元。

此例中,丁公司不应当确认或有资产,而应当在 2×20 年 12 月 31 日的报表附注中披露或有资产 100 万元。甲企业应在 2×20 年 12 月 31 日的资产负债表中确认一项预计负债,金额为(80+100)÷2=90(万元),同时在 2×20 年 12 月 31 日的报表附注中进行披露。

甲公司有关账务处理如下。

借:营业外支出　　　　　　　　　　　　　　　　　　870 000
　　管理费用——诉讼费　　　　　　　　　　　　　　 30 000
　　贷:预计负债——未决诉讼　　　　　　　　　　　900 000

应当注意的是,对于未决诉讼或未决仲裁,企业当期实际发生的诉讼损失金额与已计提的相关预计负债之间的差额,应分别情况处理。

(1) 企业在前期资产负债表日,依据当时实际情况和所掌握的证据合理预计了预计负债,应当将当期实际发生的诉讼损失金额与已计提的相关预计负债之间的差额,直接计入或冲减当期营业外支出。

(2) 企业在前期资产负债表日,依据当时实际情况和所掌握的证据,原本应当能够合理估计诉讼损失,但企业所作的估计却与当时的事实严重不符(如未合理预计损失或不恰当地多计或少计损失),应当按照重大会计差错更正的方法进行处理。

(3) 企业在前期资产负债表日,依据当时实际情况和所掌握的证据,确实无法合理预计诉讼损失,因而未确认预计负债,则在该项损失实际发生的当期,直接计入当期营业外支出。

(4) 资产负债表日至财务报告批准报出日之间发生的需要调整或说明的未决诉讼,按照资产负债表日后事项的有关规定进行会计处理。

二、债务担保

债务担保在企业中是较为普遍的现象。作为提供担保的一方,在被担保方无法履行合同的情况下,会由此承担连带责任。从保护投资者、债权人的利益出发,客观、充分地反映企业因担保义务而承担的潜在风险是十分必要的。

【例 5-6】2×20 年 10 月,B 公司从银行贷款人民币 20 000 000 元,期限为 2 年,由 A 公司全额担保;2×22 年 4 月,C 公司从银行贷款 1 000 000 美元,期限为 1 年,由 A 公司担保 5%;2×22 年 6 月,D 公司通过银行从 G 公司贷款人民币 10 000 000 元,期限为 2 年,由 A 公司全额担保。

截至 2×22 年 12 月 31 日,各贷款单位的情况如下:B 公司贷款逾期未还,银行已起诉 B 公司和 A 公司,A 公司因连带责任需赔偿多少金额尚无法确定;C 公司由于受政策影响和内部管理不善等原因,经营效益不如以往,可能不能偿还到期美元债务;D 公司经营情况良好,预计不存在还款困难。

本例中,对 B 公司而言,A 公司很可能需履行连带责任,但损失金额是多少,目前还难以预计;就 C 公司而言,A 公司可能需履行连带责任;就 D 公司而言,A 公司履行连带责任的可能性极小。这三项债务担保形成 A 公司的或有负债，不符合预计负债的确认条件，A 公司在 2×22 年 12 月 31 日编制财务报表时，应当在附注中作相应披露。

三、产品质量保证

产品质量担保，通常是指销售商或制造商在销售产品或提供劳务后，对客户提供服务的一种承诺。在约定期内，若产品或劳务在正常使用过程中出现质量或与之相关的其他属于正常范围内的问题，企业负有更换产品、免费或只收成本价进行修理等责任。为此，企业应当在符合确认条件的情况下，于销售成立时确认预计负债。

【例 5-7】甲股份有限公司是生产并销售 A 产品的企业，2×20 年第一季度，共销售 A 产品 60 000 件，销售收入为 360 000 000 元。根据公司的产品质量保证条款，该产品售出后一年内，如出现正常质量问题，公司将负责免费维修。根据以前年度的维修记录，如果出现较小的质量问题，发生的维修费用为销售收入的 1%；如果出现较大的质量问题，发生的维修费用为销售收入的 2%。根据公司技术部门的预测，本季度销售的产品中，80%不会发生质量问题；15%可能出现较小的质量问题；5%可能出现较大的质量问题。甲公司 2×20 年第一季度实际发生的维修费为 850 000 元，"预计负债——产品质量保证"科目 2×19 年年末余额为 30 000 元。

本例中，2×20 年第一季度，甲公司的账务处理如下。

2×20 年第一季度末，甲股份有限公司应在资产负债表中确认的负债金额为：

360 000 000×(0×80%+1%×15%+2%×5%)=900 000(元)

(1) 确认与产品质量保证有关的预计负债。

借：销售费用——产品质量保证　　　　　　　　　　　　　900 000
　　贷：预计负债——产品质量保证　　　　　　　　　　　　　　900 000

(2) 发生产品质量保证费用(维修费)。

借：预计负债——产品质量保证　　　　　　　　　　　　　850 000
　　贷：银行存款或原材料等　　　　　　　　　　　　　　　　850 000

"预计负债——产品质量保证"科目 2×20 年第一季度末的余额为：

30 000+900 000−850 000=80 000(元)

在对产品质量保证确认预计负债时，需要注意如下事项。

(1) 如果发现产品质量保证费用的实际发生额与预计数相差较大，应及时对预计比例进行调整。

(2) 如果企业对特定批次产品确认预计负债，则在保修期结束时，应将"预计负债——产品质量保证"科目余额冲销，不留余额。

(3) 已对其确认预计负债的产品，如企业已不再生产，应在相应的产品质量保证期满后，将"预计负债——产品质量保证"科目余额冲销，不留余额。

四、亏损合同

待执行合同变为亏损合同，同时该亏损合同产生的义务满足预计负债的确认条件的，应当确认为预计负债。其中，待执行合同，是指合同各方尚未履行任何合同义务，或部分履行了同等义务的合同，如企业与其他企业签订的销售合同、劳务合同、租赁合同等。待执行合同不属于或有事项。但是待执行合同变为亏损合同的，应当作为或有事项准则规范的或有事项。亏损合同，是指履行合同义务不可避免会发生的成本超过预期经济利益情况的合同。所谓"不可避免"，是指待执行合同是不可撤销的，或者撤销合同造成的损失将会比执行合同造成的损失更大。

企业对亏损合同进行会计处理，需要遵循以下两点。

(1) 如果与亏损合同相关的义务不需要支付任何补偿即可撤销，企业通常就不存在现时义务，不应确认预计负债；如果与亏损合同相关的义务不可撤销，企业就存在现时义务，同时满足该义务很可能导致经济利益流出企业且金额能够可靠地计量的，应当确认预计负债，该项预计负债的金额应是履行该合同发生的成本与未履行该合同而发生的补偿或处罚两者之间的较低者。

(2) 待执行合同变为亏损合同时，合同存在标的资产的，应当对标的资产进行减值测试并按规定确认减值损失，在这种情况下，企业通常不需要确认预计负债，如果预计亏损超过该减值损失，应将超过部分确认为预计负债；合同不存在标的资产的，亏损合同相关义务满足预计负债确认条件时，应当确认为预计负债。

【例 5-8】2×20 年 1 月 10 日，甲公司租入一条生产线生产 A 产品，租赁期 4 年。甲公司利用该生产线生产的 A 产品每年可获利 20 万元。2×21 年 12 月 31 日，甲公司决定停产 A 产品，原租赁合同不可撤销，还要持续两年，且生产线无法转租给其他单位。

本例中，甲公司与其他公司签订了不可撤销的租赁合同，负有法定义务，必须继续履行租赁合同，交纳租金。同时，甲公司决定停产 A 产品。因此，甲公司执行原租赁合同不可避免要发生的费用很可能超过预期获得的经济利益，属于亏损合同，应于 2×21 年 12 月 31 日，根据未来应支付的租金的最佳估计数确认预计负债。

五、重组义务

(一)重组义务的定义

重组与债务重组和企业合并是有区别的。它是指企业制定和控制的，将显著改变企业组织形式、经营范围或经营方式的计划实施行为。重组通常是企业内部资源的调整和组合，谋求现有资产效能的最大化；企业合并是在不同企业之间的资本重组和规模扩张；而债务重组是指在不改变交易对方的情况下，经债权人和债务人协定或法院裁定，就清偿债务的时间、金额、或方式等重新达成协议的交易。

属于重组的事项主要包括以下三项。

(1) 出售或终止企业的部分业务。
(2) 对企业的组织结构进行较大调整，如取消一个层次的管理层。
(3) 关闭企业的部分营业场所，或将营业活动由一个国家或地区迁移到其他国家或地区。

(二)重组义务的确认

只有企业因重组而承担了重组义务，并且同时满足预计负债的三项确认条件时，才能将重组义务确认为预计负债。

首先,同时存在下列情况的,表明企业承担了重组义务。

(1) 有详细、正式的重组计划,包括重组涉及的业务、主要地点、需要补偿的职工人数、预计重组支出、计划实施时间等。

(2) 该重组计划已经对外公告,已经向受影响的各方通告该计划的主要内容,使他们对这项重组计划的实施形成了合理预期。

其次,需要判断重组义务是否同时满足预计负债的三个确认条件即判断其承担的重组义务是不是现时义务、履行重组义务是否很可能导致经济利益流出企业、重组义务的金额是否能够可靠地被计量。只有同时满足这三个确认条件,才能将重组义务确认为预计负债。

(三)重组义务的计量

企业应当按照与重组有关的直接支出确定预计负债金额,计入当期损益。其中,直接支出是企业重组必须承担的直接支出,不包括留用职工岗前培训、市场推广、新系统和营销网络投入等支出。

企业在计量预计负债时不应当考虑预期处置相关资产的利得或损失,即使资产的出售构成重组的一部分也是如此。这些利得或损失应当单独确认。

第四节 或有事项的列报

一、预计负债的列报

在资产负债表中,因或有事项而确认的负债(预计负债)应与其他负债项目区别开来,单独反映。如果企业因多项或有事项确认了预计负债,在资产负债表上一般只需通过"预计负债"项目进行总括反映。在将或有事项确认为负债的同时,应确认为一项支出或费用。这项支出或费用在利润表中不应单列项目反映,而应与其他支出或费用项目("销售费用""管理费用""营业外支出"等)合并反映。

为了使会计报表使用者获得充分详细的有关或有事项的信息,企业应在会计报表附注中披露以下内容。

(1) 预计负债的种类、形成原因以及经济利益流出不确定性的说明。

(2) 各类预计负债的期初余额、期末余额和本期变动情况。

(3) 与预计负债有关的预期补偿金额和本期已确认的预期补偿金额。

二、或有负债的披露

或有负债无论是作为潜在义务还是现时义务,均不符合负债的确认条件,因而不予确认。但是,除非或有负债极小可能导致经济利益流出企业,否则企业应当在附注中披露以下有关信息。

(1) 或有负债的种类及形成原因,包括已贴现商业承兑汇票、未决诉讼、未决仲裁、对外提供担保等形成的或有负债。

(2) 经济利益流出不确定性的说明。

(3) 或有负债预计产生的财务影响，以及获得补偿的可能性；无法预计的，应当说明原因。

需要注意的是，在涉及未决诉讼、未决仲裁的情况下，如果披露全部或部分信息预期对企业会造成重大不利影响的，企业则无须披露这些信息，但应当披露该未决诉讼、未决仲裁的性质，以及没有披露这些信息的事实和原因。

三、或有资产的披露

或有资产作为一种潜在资产，不符合资产确认的条件，因而不予确认。企业通常不应当披露或有资产，但或有资产很可能会给企业带来经济利益的，应当披露其形成的原因、预计产生的财务影响。

本 章 小 结

本章论述了或有事项的概念及特征、预计负债的确认和计量。在学习和理解本章内容时，应当关注以下内容。①或有事项的概念和特征。或有事项是指过去的交易或者事项形成的，其结果须由某些未来事项的发生或不发生才能决定的不确定事项。②或有负债和或有资产。或有事项涉及或有负债和或有资产两个概念，但二者均等不符合负债或资产的定义和确认条件，企业不应当确认负债和资产，而应当按照或有事项准则的规定进行相应的披露。③预计负债的确认和计量。与或有事项相关的义务同时满足三个条件的，应当确认为预计负债：该义务是企业承担的现时义务；履行该义务很可能导致经济利益流出企业；该义务的金额能够可靠地计量。预计负债应当按照履行相关现时义务所需支出的最佳估计数进行初始计量。同时，企业清偿预计负债所需支出还可能从第三方或其他方获得补偿。因此，预计负债的计量主要涉及两个问题：一是最佳估计数的确定；二是预计可获得补偿的处理。如果预计负债所需支出全部或部分预期由第三方或其他方补偿，则此补偿金额只有在基本确定能收到时，才能作为资产单独确认，确认的补偿金额不能超过所确认负债的账面价值。

复习思考题

1. 或有事项的特征是什么？固定资产计提折旧是否属于或有事项？为什么？
2. 预计负债确认的条件有哪些？
3. 预计负债的计量主要涉及哪些问题？具体如何计量？
4. 什么是或有负债和或有资产如何进行会计处理？
5. 预计负债需要在财务报表中披露哪些内容？

第六章

借款费用

通过本章的学习,掌握借款费用的范围、借款的范围,借款费用的确认原则,借款费用的计量以及会计处理。

扫码下载本章自测与技能训练

第一节 借款费用概述

一、借款费用的范围

借款费用是企业因借入资金所付出的代价,它包括因借款而发生的利息、因借款而发生的折价或溢价的摊销、因外币借款而发生的汇兑差额、因借款而发生的辅助费用。对于企业发生的权益性融资费用,不应包括在借款费用中。承租人根据租赁会计准则所确认的融资租赁发生的融资费用属于借款费用。

(一)因借款而发生的利息

因借款而发生的利息,包括企业向银行或者其他金融机构等借入资金发生的利息、发行公司债券发生的利息以及为购建或者生产符合资本化条件的资产而发生的带息债务所承担的利息。

(二)因借款而发生的折价或溢价的摊销

因借款而发生的折价或者溢价主要是指发行债券等发生的折价或者溢价。发行债券中的折价或溢价,其实质是对债券票面利息的调整(即将债券票面利率调整为实际利率),属于借款费用的范畴。

(三)因外币借款而发生的汇兑差额

因外币借款而发生的汇兑差额,是指汇率变动导致市场利率与账面汇率出现差异,因而对外币借款本金及其利息的记账本位币金额所产生的影响金额。汇率的变化往往和利率的变化相联动,它是企业外币借款所需承担的风险,因此,因外币借款相关汇率变化所导致的汇兑差额属于借款费用的有机组成部分。

(四)因借款而发生的辅助费用

因借款而发生的辅助费用,是指企业在借款过程中发生的诸如手续费、佣金、印刷费等费用。这些费用是为安排借款而发生的,也是借入资金所付出的一部分代价,因而这些费用构成了借款费用的组成部分。

二、借款的范围

借款包括专门借款和一般借款。专门借款是指为购建或者生产符合资本化条件的资产而专门借入的款项。专门借款通常有明确的用途,即为购建或者生产某项符合资本化条件的资产而专门借入的,并通常具有标明该用途的借款合同。例如,某制造企业为了建造厂房向某银行专门贷款 1 亿元、某房地产开发企业为了开发某住宅小区向某银行专门贷款 2 亿元、某施工企业为了完成承接的某运动场馆建造合同向银行专门贷款 5 000 万元等,均属于专门借款,其使用目的明确,而且其使用受与银行签订的相关合同限制。

一般借款是指除专门借款之外的借款,相对于专门借款而言,一般借款在借入时,其用途通常没有特指用于符合资本化条件的资产的购建或者生产。

三、符合资本化条件的资产

符合资本化条件的资产是指需要经过相当长时间的购建或者生产活动才能达到预定可使用或者可销售状态的固定资产、投资性房地产和存货等资产。建造合同成本、确认为无形资产的开发支出等在符合条件的情况下，也可以认定为符合资本化条件的资产。

符合资本化条件的存货，主要包括房地产开发企业开发的用于对外出售的房地产开发产品、企业制造的用于对外出售的大型机械设备等，这类存货通常需要经过相当长时间的建造或者生产过程，才能达到预定可销售状态。其中，"相当长时间"应当是指为资产的购建或者生产所必要的时间，通常为 1 年以上(含 1 年)。

在实务中，如果人为或者故意等非正常因素导致资产的购建或者生产时间相当长的，该资产不属于符合资本化条件的资产。购入即可使用的资产，或者购入后需要安装但所需安装时间较短的资产，或者需要建造或生产但所需建造或生产时间较短的资产，均不属于符合资本化条件的资产。

第二节 借款费用的确认

借款费用的确认主要解决的是将每期发生的借款费用资本化，计入相关资产的成本，还是将有关借款费用费用化，计入当期损益的问题。借款费用确认的基本原则是：企业发生的借款费用，可直接归属于符合资本化条件的资产的购建或者生产的，应当予以资本化，计入相关资产成本；其他借款费用，应当在发生时根据其发生额确认为费用，计入当期损益。

企业只有发生在资本化期间内的有关借款费用，才允许资本化，资本化期间的确定是借款费用确认和计量的重要前提。借款费用资本化的期间，是指从借款费用开始资本化时点到停止资本化时点的期间，但不包括借款费用暂停资本化的期间。

一、借款费用开始资本化的时间

借款费用允许开始资本化必须同时符合以下三个条件，即资产支出已经发生、借款费用已经发生、为使资产达到预定可使用或者可销售状态所必要的购建或者生产活动已经开始。

(一)"资产支出已经发生"的界定

资产支出已经发生，是指企业为购建或生产符合资本化条件的资产已经发生了支付现金、转移非现金资产或者承担带息债务形式的支出。

1. 支付现金

支付现金，是指用货币资金支付符合资本化条件的资产的购建或者生产支出。例如，用现金、银行存款或其他货币资金等购买工程用材料、支付建造或生产符合资本化条件的资产的职工薪酬、向工程承包商支付工程进度款等。

2. 转移非现金资产

转移非现金资产,是指企业将自己的非现金资产直接用于符合资本化条件的资产的购建或者生产。例如,将企业自己生产的产品用于符合资本化条件的资产的建造或者生产,或以企业自己生产的产品向其他企业换取用于符合资本化条件的资产的建造或生产所需要的物资,等等。

3. 承担带息债务

承担带息债务,是指企业为了购建或生产符合资本化条件的资产所需用物资等而承担了带息应付款项(如带息应付票据)。企业以赊购方式购买这些物资所产生的债务可能带息,也可能不带息。如果企业赊购这些物资承担的是带息债务,则企业要为这笔债务付出代价,支付利息,与企业向银行借入款项用以支付资产支出在性质上是一致的。因此,企业为购建或者生产符合资本化条件的资产而承担的带息债务应当作为资产支出,当该带息债务发生时,应视作资产支出已经发生;如果企业赊购这些物资承担的是不带息债务,就不应当将购买价款计入资产支出,因为该债务在偿付前不需要承担利息,也没有占用借款资金,企业只有等到实际偿付债务,发生了资金流出时,才能将其作为资产支出。

(二)"借款费用已经发生"的界定

借款费用已经发生,是指企业已经发生了因购建或者生产符合资本化条件的资产而专门借入款项的借款费用或者所占用的一般借款的借款费用。例如,2×20 年 1 月 1 日,企业为建造一幢建设期为两年的厂房从银行专门借入款项 5 000 万元,当日开始计息。在 2×20 年 1 月 1 日即应当认为借款费用已经发生。

(三)"为使资产达到预定可使用或者可销售状态所必要的购建或者生产活动已经开始"的界定

为使资产达到预定可使用或者可销售状态所必要的购建或者生产活动已经开始,是指符合资本化条件的资产的实体建造或生产工作已经开始,如主体设备的安装、厂房的实际开工建造等。它不包括仅仅持有资产,但没有发生为改变资产形态而进行的实质上的建造或者生产活动,例如,企业购置了建筑用地,但是尚未开工兴建房屋,有关房屋实体建造活动也没有开始,即属于这种情况。

企业只有在上述三个条件同时满足的情况下,有关借款费用才应当开始资本化,只要其中有一个条件没有满足,借款费用就不能开始资本化。

二、借款费用暂停资本化的时间

符合资本化条件的资产在购建或者生产过程中发生非正常中断,且中断时间连续超过 3 个月的,应当暂停借款费用的资本化。中断的原因必须是非正常中断,属于正常中断的,相关借款费用可以继续资本化,计入相关资产的成本。在实务中,企业应当遵循"实质重于形式"等原则来判断借款费用暂停资本化的时间,如果相关资产购建或者生产的中断时间较长而且满足其他规定条件的，相关借款费用应当暂停资本化。

"非正常中断"，通常是企业管理决策上的原因或者其他不可预见的原因等导致的中断。比如，企业因与施工方发生了质量纠纷，或者工程、生产用料没有被及时供应，或者资金周转出现了困难，或者施工、生产出现了安全事故，或者发生了与资产购建、生产有关的劳动纠纷等，导致资产购建或者生产活动中断，均属于非正常中断。

非正常中断与正常中断显著不同。正常中断通常仅限于因购建或者生产符合资本化条件的资产达到预定可使用或者可销售状态所必要的程序，或者事先可预见的不可抗力因素导致的中断。比如，某些工程建造到一定阶段必须暂停下来进行质量或者安全检查，检查通过后才可继续下一阶段的建造工作，这类中断是在施工前可以预见的，而且是工程建造必须经过的程序，属于正常中断。某些地区的工程在建造过程中，由于可预见的不可抗力因素(如雨季或冰冻季节等原因)导致施工出现停顿，也属于正常中断。

三、借款费用停止资本化的时间

当购建或者生产符合资本化条件的资产达到预定可使用或者可销售状态时，借款费用应当停止资本化。在符合资本化条件的资产达到预定可使用或者可销售状态之后所发生的借款费用，应当在发生时根据其发生额确认为费用，计入当期损益。

达到预定可使用或者可销售状态，是指资产已经达到购建方或生产方预先设想的可以使用或可以销售的状态。通常可从以下几个方面进行判断。

(1) 符合资本化条件的资产的实体建造(包括安装)或生产工作已经全部完成或者实质上已经完成。

(2) 所购建或生产的符合资本化条件的资产与设计要求、生产要求或合同要求相符合或基本相符，即使有极个别与设计、生产或合同要求不相符的地方，也不会影响其正常使用或销售。

(3) 继续发生在所购建或生产的符合资本化条件的资产上的支出金额很少或几乎不再发生。

所购建或者生产的资产如果是分别建造、分别完工的，企业应当区别情况界定借款费用停止资本化的时点。通常可从以下几个方面进行判断。

(1) 所购建或者生产的符合资本化条件的资产各部分分别完工，且每部分在其他部分继续建造或者生产过程中可供使用或者可对外销售，且为使该部分资产达到预定可使用或可销售状态所必要的购建或者生产活动实质上已经完成的，应当停止与该部分资产相关的借款费用的资本化，因为该部分资产已经达到了预定可使用或者可销售状态。

例如，某企业利用借入资金建造由若干幢厂房组成的生产车间，每幢厂房完工时间不一样，但每幢厂房在其他厂房继续建造期间均可单独使用。在这种情况下，当其中的一幢厂房完工并达到预定可使用状态时，企业应当停止该幢厂房相关借款费用的资本化。

(2) 如果企业购建或者生产的资产各部分分别完工，但必须等到整体完工后才可使用或者对外销售的，应当在该资产整体完工时停止借款费用的资本化。在这种情况下，即使各部分资产已经完工，也不能够认为该部分资产已经达到了预定可使用或者可销售状态，企业只能在所购建固定资产整体完工时，才能认为资产已经达到了预定可使用或可销售状态，借款费用方可停止资本化。

例如，某企业建设某一涉及数项工程的钢铁冶炼项目，每个单项工程都是根据各道冶炼工序设计建造的，只有在每项工程都建造完毕后，整个冶炼项目达到生产和设计要求才能正式运转。因此，当每一个单项工程完工后不应认为资产已经达到了预定可使用状态，只有等到整个冶炼项目全部完工，达到预定可使用状态时，才停止借款费用的资本化。

第三节 借款费用的计量

一、借款利息资本化金额的确定

企业在确定每期利息(包括折价或溢价的摊销)资本化金额时，应当首先判断符合资本化条件的资产在购建或者生产过程所占用的资金来源。

(1) 专门借款利息。为购建或者生产符合资本化条件的资产而借入专门借款的，应当以专门借款当期实际发生的利息费用，减去尚未动用的借款资金存入银行取得的利息收入或进行暂时性投资取得的投资收益后的金额，确定专门借款应予资本化的利息金额。

(2) 一般借款利息。为购建或者生产符合资本化条件的资产而占用了一般借款的，企业应当根据累计资产支出超过专门借款部分的资产支出加权平均数乘以所占用一般借款的资本化率，计算确定一般借款应予资本化的利息金额。资本化率应当根据一般借款加权平均利率计算确定。有关计算公式如下。

一般借款利息费用资本化金额=累计资产支出超过专门借款部分的资产支出加权平均数×所占用一般借款的资本化率

其中，

累计资产支出加权平均数=$\sum$(每笔资产支出金额×每笔资产支出在当期所占用的天数/当期天数)

所占用一般借款的资本化率=所占用一般借款当期实际发生的利息之和÷所占用一般借款本金加权平均数

所占用一般借款本金加权平均数=$\sum$(所占用每笔一般借款本金×每笔一般借款在当期所占用的天数/当期天数)

(3) 借款存在折价或者溢价的，应当按照实际利率法确定每一会计期间应摊销的折价或者溢价金额，调整每期利息金额。

(4) 在资本化期间，每一会计期间的利息资本化金额，不应当超过当期相关借款实际发生的利息金额。

【例 6-1】ABC 公司于 2×20 年 1 月 1 日正式动工兴建一幢厂房，工期预计为 1 年零 6 个月，工程采用出包方式，分别于 2×20 年 1 月 1 日、2×20 年 7 月 1 日和 2×21 年 1 月 1 日支付工程进度款。

ABC 公司为建造厂房于 2×20 年 1 月 1 日专门借款 2 000 万元，借款期限为 3 年，年利率为 6%。另外在 2×20 年 7 月 1 日又专门借款 4 000 万元，借款期限为 5 年，年利率为 7%。借款利息按年支付(如无特别说明，本章例中名义利率与实际利率均相同)。

闲置借款资金均用于固定收益债券短期投资，该短期投资月收益率为 0.5%。

厂房于 2×21 年 6 月 30 日完工，达到预定可使用状态。

ABC 公司建造厂房的支出金额如下表所示。

ABC 公司建造厂房的支出金额

单位：万元

日 期	每期资产支出金额	累计资产支出金额	闲置借款资金用于短期投资金额
2×20 年 1 月 1 日	1 500	1 500	500
2×20 年 7 月 1 日	2 500	4 000	2 000
2×21 年 1 月 1 日	1 500	5 500	500
总　　计	5 500	—	3 000

ABC 公司使用了专门借款建造厂房，而且厂房建造支出没有超过专门借款金额，因此公司 2×20 年、2×21 年建造厂房应予资本化的利息金额计算如下。

(1) 确定借款费用资本化期间为 2×20 年 1 月 1 日至 2×21 年 6 月 30 日。

(2) 计算在资本化期间内专门借款实际发生的利息金额。

2×20 年专门借款发生的利息金额=2 000×6%+4 000×7%×6÷12=260(万元)

2×21 年 1 月 1 日至 6 月 30 日专门借款发生的利息金额=2 000×6%×6÷12+4 000×7%×6÷12=200(万元)

(3) 计算在资本化期间内利用闲置的专门借款资金进行短期投资的收益。

2×20 年短期投资收益=500×0.5%×6+2 000×0.5%×6=75(万元)

2×21 年 1 月 1 日至 6 月 30 日短期投资收益=500×0.5%×6=15(万元)

(4) 在资本化期间内，专门借款利息费用的资本化金额应当以其实际发生的利息费用减去将闲置的借款资金进行短期投资取得的投资收益后的金额确定。

公司 2×20 年的利息资本化金额=260-75=185(万元)

公司 2×21 年的利息资本化金额=200-15=185(万元)

(5) 根据上述计算结果，有关账务处理如下。

① 2×20 年 12 月 31 日的会计分录。

借：在建工程　　　　　　　　　　　　　　　　　　　　　　　1 850 000
　　应收利息(或银行存款)　　　　　　　　　　　　　　　　　　 750 000
　　贷：应付利息　　　　　　　　　　　　　　　　　　　　　2 600 000

② 2×21 年 6 月 30 日的会计分录。

借：在建工程　　　　　　　　　　　　　　　　　　　　　　　1 850 000
　　应收利息(或银行存款)　　　　　　　　　　　　　　　　　　 150 000
　　贷：应付利息　　　　　　　　　　　　　　　　　　　　　2 000 000

【例 6-2】沿用例 6-1，假定 ABC 公司为建造厂房没有专门借款，占用的都是一般借款。

在厂房建造过程中占用了两笔一般借款，具体资料如下。

(1) 向甲银行长期贷款 2 000 万元，期限为 2×19 年 12 月 1 日至 2×22 年 12 月 1 日，年利率为 6%，按年支付利息。

(2) 发行公司债券 1 亿元，于 2×19 年 1 月 1 日发行，期限为 5 年，年利率为 8%，按年支付利息。

假定这两笔一般借款除了用于办公楼建设外，没有用于其他符合资本化条件的资产的购建或者生产活动。假定全年按 360 天计算。其他相关资料均沿用例 6-1。

鉴于 ABC 公司建造厂房没有占用专门借款，而是占用了一般借款，因此，公司应当首先计算所占用一般借款的加权平均利率并作为资本化率，然后计算建造厂房的累计资产支出加权平均数，将其与资本化率相乘，计算求得当期应予资本化的借款利息金额。

(1) 计算所占用一般借款资本化率。

一般借款利息资本化率(年)=(2 000×6%+10 000×8%)÷(2 000+10 000)=7.67%

(2) 计算累计资产支出加权平均数。

2×20 年累计资产支出加权平均数=1 500×360÷360+2 500×180÷360=2 750(万元)

2×21 年累计资产支出加权平均数=(4 000+1 500)×180÷360=2 750(万元)

(3) 计算每期利息资本化金额。

2×20 年为建造厂房的利息资本化金额=2 750×7.67%=210.93(万元)

2×20 年实际发生的一般借款利息费用=2 000×6%+10 000×8%=920(万元)

2×21 年为建造厂房的利息资本化金额=2 750×7.67%=210.93(万元)

2×21 年 1 月 1 日至 6 月 30 日实际发生的一般借款利息费用=2 000×6%×180÷360+10 000×8%×180÷360=460(万元)

上述计算的利息资本化金额没有超过两笔一般借款实际发生的利息费用，可以资本化。

(4) 根据上述计算结果，作账务处理如下：

① 2×20 年 12 月 31 日的会计分录。

借：在建工程　　　　　　　　　　　　　　　　　　　　　　2 109 300
　　财务费用　　　　　　　　　　　　　　　　　　　　　　7 090 700
　　　贷：应付利息　　　　　　　　　　　　　　　　　　　　　　9 200 000

② 2×21 年 12 月 31 日的会计分录。

借：在建工程　　　　　　　　　　　　　　　　　　　　　　2 109 300
　　财务费用　　　　　　　　　　　　　　　　　　　　　　2 490 700
　　　贷：应付利息　　　　　　　　　　　　　　　　　　　　　　4 600 000

【例 6-3】沿用例 6-1、例 6-2，假定 ABC 公司为建造厂房于 2×20 年 1 月 1 日专门借款 2 000 万元，借款期限为 3 年，年利率为 6%。除此之外，没有其他专门借款。在办公楼建造过程中所占用的一般借款仍为两笔，一般借款有关资料沿用例 6-2，其他相关资料均同例 6-1、例 6-2。

在这种情况下，公司应当首先计算专门借款利息的资本化金额，然后计算所占用一般借款利息的资本化金额。具体如下。

(1) 计算专门借款利息资本化金额。

2×20 年专门借款利息资本化金额=2 000×6%-500×0.5%×6=105(万元)

2×21 年专门借款利息资本化金额=2 000×6%×180÷360=60(万元)

(2) 计算一般借款资本化金额。

在建造厂房过程中，自 2×20 年 7 月 1 日起已经有 2 000 万元占用了一般借款，另外，2×21 年 1 月 1 日支出的 1 500 万元也占用了一般借款。计算这两笔资产支出的加权平均数如下。

2×20 年占用了一般借款的资产支出加权平均数=2 000×180÷360=1 000(万元)

一般借款利息资本化率(年)=(2 000×6%+10 000×8%)÷(2 000+10 000)=7.67%

2×20 年应予资本化的一般借款利息金额=1 000×7.67%=76.70(万元)

2×21 年占用了一般借款的资产支出加权平均数=(2 000+1 500)×180÷360=1 750(万元)

2×21 年应予资本化的一般借款利息金额=1 750×7.67%=134.23(万元)

(3) 根据上述计算结果，公司建造厂房应予资本化的利息金额如下。

2×20 年利息资本化金额=105+76.70=181.70(万元)

2×21 年利息资本化金额=60+134.23=194.23(万元)

(4) 有关账务处理如下。

① 2×20 年 12 月 31 日的会计分录。

借：在建工程	1 817 000
财务费用	8 433 000
应收利息(或银行存款)	150 000
贷：应付利息	10 400 000

注：2×20 年实际借款利息=2 000×6%+2 000×6%+10 000×8%=1 040(万元)。

② 2×21 年 6 月 30 日的会计分录。

借：在建工程	1 942 300
财务费用	3 257 700
贷：应付利息	5 200 000

注：2×21 年 1 月 1 日至 6 月 30 日的实际借款利息=1 040÷2=520(万元)。

二、借款辅助费用资本化金额的确定

借款辅助费用是企业为了安排借款而发生的必要费用，包括借款手续费(如发行债券手续费)、佣金等。企业如果不发生这些费用，就无法取得借款，因此，辅助费用是企业借入款项所付出的一种代价，属于借款费用。

1. 专门借款发生的辅助费用

专门借款发生的辅助费用，如果是在所购建或生产的符合资本化条件的资产达到预定可使用或可销售状态之前发生的，则应当在发生时根据其发生额予以资本化；如果是以后发生的辅助费用，则应当于发生时根据其发生额确认为费用，计入当期损益。

2. 一般借款发生的辅助费用

一般借款发生的辅助费用，也应当按照上述原则确定其发生额并进行处理。

三、外币专门借款汇兑差额资本化金额的确定

企业为购建或者生产符合资本化条件的资产所借入的专门借款为外币借款时，企业取得外币借款日、使用外币借款日和会计结算日往往并不一致，而外汇汇率又随时发生变

化,因此,外币借款会产生汇兑差额。相应地,在借款费用资本化期间内,为购建固定资产而专门借入的外币借款所产生的汇兑差额,是购建固定资产的一项代价,应当予以资本化,计入固定资产成本。出于简化核算的考虑,借款费用准则规定,在资本化期间内,外币专门借款本金及其利息的汇兑差额,应当予以资本化,计入符合资本化条件的资产的成本。而除外币专门借款之外的其他外币借款本金及其利息所产生的汇兑差额应当作为财务费用,计入当期损益。

【例 6-4】甲公司于 2×20 年 1 月 1 日,为建造某工程项目专门以面值发行美元公司债券 1 000 万元,年利率为 8%,期限为 3 年,假定不考虑与发行债券有关的辅助费用、未支出专门借款的利息收入或投资收益。合同约定,每年 1 月 1 日支付利息,到期还本。

工程于 2×20 年 1 月 1 日开始实体建造,2×21 年 6 月 30 日完工,达到预定可使用状态,期间发生的资产支出如下。

2×20 年 1 月 1 日,支出 200 万美元;

2×20 年 7 月 1 日,支出 500 万美元;

2×21 年 1 月 1 日,支出 300 万美元。

公司的记账本位币为人民币,外币业务采用外币业务发生时当日的市场汇率折算。相关汇率如下。

2×20 年 1 月 1 日,市场汇率为 1 美元=7.70 元人民币;

2×20 年 12 月 31 日,市场汇率为 1 美元=7.75 元人民币;

2×21 年 1 月 1 日,市场汇率为 1 美元=7.77 元人民币;

2×21 年 6 月 30 日,市场汇率为 1 美元=7.80 元人民币。

本例中,公司计算外币借款汇兑差额资本化金额如下。

(1) 计算 2×21 年汇兑差额资本化金额。

①债券应付利息=1 000×8%×7.75=80×7.75=620(万元)

账务处理如下。

借:在建工程 6 200 000
　　贷:应付利息 6 200 000

②外币债券本金及利息汇兑差额=1 000×(7.75-7.70)-80×(7.75-7.75)=50(万元)

账务处理如下。

借:在建工程 500 000
　　贷:应付债券 500 000

(2) 2×21 年 1 月 1 日实际支付利息时,应当支付 80 万美元,折算成人民币为 621.60 万元。该金额与原账面金额之间的差额 1.60 万元应当继续予以资本化,计入在建工程成本。

账务处理如下。

借:应付利息 6 200 000
　　在建工程 16 000
　　贷:银行存款 6 216 000

(3) 计算 2×21 年 6 月 30 日的汇兑差额资本化金额。

① 债券应付利息=1 000×8%×1÷2×7.80=40×7.80=312(万元)

账务处理如下。

```
借：在建工程                                    3 120 000
    贷：应付利息                                        3 120 000
```
② 外币债券本金及利息汇兑差额=1 000×(7.80-7.75)-40×(7.80-7.80)=50(万元)
账务处理如下。
```
借：在建工程                                      500 000
    贷：应付债券                                          500 000
```

本 章 小 结

　　本章主要介绍了借款费用的范围、资本化期间、借款费用的确认与计量问题。学习本章内容时应重点关注以下几点。①借款费用的范围。借款费用是企业因借入资金所付出的代价，包括借款利息费用以及因外币借款而发生的汇兑差额等。②借款费用资本化期间。借款费用资本化期间，是指从借款费用开始资本化时点到停止资本化时点的期间，但不包括借款费用暂停资本化的期间。③借款费用的确认原则。企业发生的借款费用，可直接归属于符合资本化条件的资产的购建或生产的，应当予以资本化，计入相关资本成本；其他借款费用，应当在发生时，确认为费用。计入当期损益。企业只有发生在资本化期间内的有关借款费用，才允许资本化。借款费用允许开始资本化必须同时满足三个条件，即资产支出已经发生、借款费用已经发生、为使资产达到预定可使用或可销售状态所必要的购建或生产活动已经开始。符合资本化条件的资产在购建或生产过程中发生非正常中断，且中断时间连续超过 3 个月的，应当暂停资本化。购建或生产符合资本化条件的资产达到预定可使用或可销售状态时，借款费用应当停止资本化。④借款费用资本化金额的计量。如专门借款利息资本化金额的确定、占用一般借款利息资本化金额的确定、外币借款汇兑差额资本化金额的确定等。除了学习本章内容外，还应当认真阅读《企业会计准则第 17 号——借款费用》及相关指南和解释。

复习思考题

1. 什么是借款费用？包括哪些内容？确认原则是什么？
2. 借款费用开始资本化必须同时满足哪些条件？
3. 什么情况下借款费用应暂停资本化？
4. 什么情况下借款费用应停止资本化？
5. 如何确定借款利息资本化的金额？

第七章

租　赁

通过本章的学习，当掌握租赁的定义及识别；明确租赁、租赁付款额、租赁收款额、使用权资产、租赁负债、融资租赁、经营租赁等的含义；掌握承租人的会计处理、出租人对经营租赁和融资租赁的会计处理；了解转租赁、售后租回等的会计处理。

扫码下载本章自测与技能训练

第一节 租赁概述

租赁，是指在一定期间内，出租人将资产的使用权让与承租人以获取对价的合同。承租人会计处理不区分经营租赁和融资租赁，而是采用单一的会计处理模型，即除采用简化处理的短期租赁和低价值资产租赁外，对所有租赁均确认使用权资产和租赁负债，参照固定资产准则对使用权资产计提折旧，采用固定的周期性利率确认每期利息费用。出租人租赁仍分为融资租赁和经营租赁两大类，并分别采用不同的会计处理方法。

一、租赁的识别

(一)租赁的定义

合同开始日，企业应当评估合同是否为租赁或者包含租赁，如果合同一方让渡了在一定期间内控制一项或多项已识别资产使用的权利以换取对价，则该合同为租赁或者包含租赁。

一项合同要被分类为租赁，必须满足三个要素：一是存在一定期间；二是存在已识别资产；三是资产供应方向客户转移对已识别资产使用权的控制。

在合同中，"一定期间"也可以表述为已识别资产的使用量，例如，某项设备的产出量。如果客户有权在部分合同期内控制已识别资产的使用，则合同包含一项在该部分合同期间的租赁。

企业应当就合同进行评估，判断其是否为租赁或包含租赁。同时符合下列条件的，使用已识别资产的权利构成一项单独租赁。

(1) 承租人可从单独使用该资产或将其与易于获得的其他资源一起使用中获利。
(2) 该资产与合同中的其他资产不存在高度依赖关系或高度关联关系。

另外，接受商品或服务的合同可能由合营安排或合营安排的代表签订。在这种情况下，企业评估合同是否包含一项租赁时，应将整个合营安排视为该合同中的客户，评估该合营安排是否在使用期间有权控制已识别资产的使用。

除非合同条款或条件发生变化，否则企业无须重新评估合同是否为租赁或者是否包含租赁。

(二)已识别资产

1. 对资产的指定

已识别资产通常由合同明确指定，也可以在资产可供客户使用时隐性指定。

【例 7-1】甲公司(客户)与乙公司(供应方)签订了使用乙公司一节火车车厢的 5 年期合同。该车厢专用于运输甲公司生产过程中使用的特殊材料而设计，未经重大改造，不适合其他客户使用。合同中没有明确指定轨道车辆(例如通过序列号)，但是乙公司仅拥有一节适合客户甲使用的火车车厢。如果车厢不能正常工作，合同要求乙公司修理或更换车厢。

分析：具体是哪节火车车厢虽未在合同中明确指定，但是其已被隐含指定，因为乙公司仅拥有一节适合客户甲使用的火车车厢，必须使用其来履行合同，乙公司无法自由替换该车厢。因此，火车车厢是一项已识别资产。

2. 物理可区分

如果资产的部分产能在物理上可区分(例如建筑物的一层)，则该部分产能属于已识别资产。如果资产的某部分产能与其他部分在物理上不可区分(例如光缆的部分容量)，则该部分不属于已识别资产，除非其实质上代表该资产的全部产能，从而使客户获得因使用该资产所产生的几乎全部经济利益的权利。

3. 实质性替换权

即使合同已对资产进行指定，如果资产供应方在整个使用期间拥有对该资产的实质性替换权，则该资产不属于已识别资产。因为合同资产并未和资产供应方的同类其他资产明确区分开来，并未被识别出来。同时符合下列条件时，表明资产供应方拥有资产的实质性替换权。

(1) 资产供应方拥有在整个使用期间替换资产的实际能力。

(2) 资产供应方通过行使替换资产的权利将获得经济利益。即，替换资产的预期经济利益将超过替换资产所需成本。

企业难以确定资产供应方是否拥有实质性替换权的，应视为资产供应方没有对该资产的实质性替换权。

(三)客户是否控制已识别资产使用权的判断

为确定合同是否让渡了在一定期间内控制已识别资产使用的权利，企业应当评估合同中的客户是否有权获得在使用期间因使用已识别资产所产生的几乎全部经济利益，并有权在该使用期间主导已识别资产的使用。

1. 客户是否有权获得因使用已识别资产所产生的几乎全部经济利益

在评估客户是否有权获得因使用已识别资产所产生的几乎全部经济利益时，企业应当在约定的客户权利范围内考虑其所产生的经济利益。

例如：①如果合同规定汽车在使用期间仅限在某一特定区域使用，则企业应当仅考虑在该区域内使用汽车所产生的经济利益，而不包括在该区域外使用汽车所产生的经济利益。②如果合同规定客户在使用期间仅能在特定里程范围内驾驶汽车，则企业应当仅考虑在允许的里程范围内使用汽车所产生的经济利益，而不包括超出该里程范围使用汽车所产生的经济利益。

2. 客户是否有权主导已识别资产的使用

存在下列情形之一的，可视为客户有权主导对已识别资产在整个使用期间的使用。

(1) 客户有权在整个使用期间主导已识别资产的使用目的和使用方式。

(2) 已识别资产的使用目的和使用方式在使用期间前已预先确定，并且客户有权在整个使用期间自行或主导他人按照其确定的方式运营该资产，或者客户设计了已识别资产(或资产的特定方面)并在设计时，已预先确定了该资产在整个使用期间的使用目的和使用方式。

二、租赁期

租赁期,是指承租人有权使用租赁资产且不可撤销的期间;承租人有续租选择权,即有权选择续租该资产,且合理确定将行使该选择权的,租赁期还应当包含续租选择权涵盖的期间;承租人有终止租赁选择权,即有权选择终止租赁该资产,但合理确定将不会行使该选择权的,租赁期应当包含终止租赁选择权涵盖的期间。

(一)租赁期开始日

租赁期自租赁期开始日起计算。租赁期开始日,是指出租人提供租赁资产使其可供承租人使用的起始日期。如果承租人在租赁协议约定的起租日或租金起付日之前,已获得对租赁资产使用权的控制,则表明租赁期已经开始。租赁协议中对起租日或租金支付时间的约定,并不影响租赁期开始日的判断。

【例 7-2】在某商铺的租赁安排中,出租人于 2×20 年 1 月 1 日将房屋钥匙交付承租人,承租人在收到钥匙后,就可以自主安排对商铺的装修布置,并安排搬迁。合同约定有 3 个月的免租期,起租日为 2×20 年 4 月 1 日,承租人自起租日开始支付租金。

分析:此交易中,承租人自 2×20 年 1 月 1 日起就已拥有对商铺使用权的控制,因此租赁期开始日为 2×20 年 1 月 1 日,即租赁期包含出租人给予承租人的免租期。

(二)不可撤销期间

在确定租赁期和评估不可撤销租赁期间时,企业应根据租赁条款约定确定可强制执行合同的期间。

如果承租人和出租人双方均有权在未经另一方许可的情况下终止租赁,且罚款金额不重大,则该租赁不再可强制执行。如果只有承租人有权终止租赁,则在确定租赁期时,企业应将该项权利视为承租人可行使的终止租赁选择权予以考虑。如果只有出租人有权终止租赁,则不可撤销的租赁期包括终止租赁选择权所涵盖的期间。

(三)续租选择权和终止租赁选择权

在租赁期开始日,企业应当评估承租人是否合理确定将行使续租或购买标的资产的选择权,或者将不行使终止租赁选择权。在评估时,企业应当考虑对承租人行使续租选择权或不行使终止租赁选择权带来经济利益的所有相关事实和情况,包括自租赁期开始日至选择权行使日之间的事实和情况的预期变化。

企业需考虑的因素包括但不限于以下方面。

(1) 与市价相比,选择权期间的合同条款和条件。例如,选择权期间内为使用租赁资产而需支付的租金;可变租赁付款额或其他或有款项,如因终止租赁罚款和余值担保导致的应付款项;初始选择权期间后可行使的其他选择权的条款和条件,如续租期结束时可按低于市价的价格行使购买选择权。

(2) 在合同期内,承租人进行或预期进行重大租赁资产改良的,在可行使续租选择权、终止租赁选择权或者购买租赁资产选择权时,预期能为承租人带来的重大经济利益。

(3) 与终止租赁相关的成本。例如谈判成本、搬迁成本、寻找与选择适合承租人需求的替代资产所发生的成本、将新资产融入运营所发生的整合成本、终止租赁的罚款、将租赁资产恢复至租赁条款约定状态的成本、将租赁资产归还至租赁条款约定地点的成本等。

(4) 租赁资产对承租人运营的重要程度。例如，租赁资产是否为一项专门资产，租赁资产位于何地以及是否可获得合适的替换资产，等等。

(5) 与行使选择权相关的条件及满足相关条件的可能性。例如，租赁条款约定仅在满足一项或多项条件时方可行使选择权，此时，还应考虑相关条件及满足相关条件的可能性。

租赁的不可撤销期间的长短会影响对承租人是否合理确定将行使或不行使选择权的评估。通常，租赁的不可撤销期间越短，承租人行使续租选择权或不行使终止租赁选择权的可能性就越大，原因在于不可撤销期间越短，获取替代资产的相对成本就越高。此外，评估承租人是否合理确定将行使或不行使选择权时，如果承租人以往曾经使用过特定类型的租赁资产或自有资产，则可以参考承租人使用该类资产的通常期限及原因，例如，承租人通常在特定时期内使用某类资产，或承租人时常对某类租赁资产行使选择权，则承租人应考虑以往这些做法的原因，以评估是否合理确定将对此类租赁资产行使选择权。

续租选择权或终止租赁选择权可能与租赁的其他条款相结合。例如，无论承租人是否行使选择权，均保证向出租人支付基本相等的最低或固定现金，在此情形下，应假定承租人合理确定将行使续租选择权或不行使终止租赁选择权。又如，同时存在原租赁和转租赁时，转租赁期限超过原租赁期限，如原租赁包含 5 年的不可撤销期间和 2 年的续租选择权，而转租赁的不可撤销期限为 7 年，此时，应考虑转租赁期限及相关租赁条款对续租选择权评估的可能影响。

购买选择权的评估方式应与续租选择权或终止租赁选择权的评估方式相同，购买选择权在经济上与将租赁期延长至租赁资产全部剩余经济寿命的续租选择权类似。

【例 7-3】承租人签订了一份建筑租赁合同，包括 4 年不可撤销期限和 2 年按照市价行使的续租选择权。在搬入该建筑之前，承租人花费了大量资金对租赁建筑进行了改良，预计在 4 年结束时租赁资产改良仍将具有重大价值，且该价值仅可通过继续使用租赁资产实现。

分析：在此情况下，承租人合理确定将行使续租选择权，因为如果在 4 年结束时放弃该租赁资产改良，其将蒙受重大经济损失。因此，在租赁开始时，承租人确定租赁期为 6 年。

(四)对租赁期和购买选择权的重新评估

发生承租人可控范围内的重大事件或变化，且影响承租人是否合理确定将行使相应选择权的，承租人应当对其是否合理确定将行使续租选择权、购买选择权或不行使终止租赁选择权进行重新评估，并根据重新评估结果修改租赁期。承租人可控范围内的重大事件或变化包括但不限于下列情形。

(1) 在租赁期开始日未预计到的重大租赁资产改良，在可行使续租选择权、终止租赁选择权或购买选择权时，预期将为承租人带来重大经济利益。

(2) 在租赁期开始日未预计到的租赁资产的重大改动或定制化调整。

(3) 承租人作出的与行使或不行使选择权直接相关的经营决策。例如，决定续租互补性资产、处置可替代的资产或处置包含相关使用权资产的业务。

如果不可撤销的租赁期发生变化，企业应当修改租赁期。例如，在下述情况下，不可撤销的租赁期将发生变化：一是承租人实际行使了选择权，但该选择权在之前企业确定租赁期时未涵盖；二是承租人未实际行使选择权，但该选择权在之前企业确定租赁期时已涵盖；三是某些事件的发生，导致根据合同规定承租人有义务行使选择权，但该选择权在之前企业确定租赁期时未涵盖；四是某些事件的发生，导致根据合同规定禁止承租人行使选择权，但该选择权在之前企业确定租赁期时已涵盖。

第二节　承租人会计处理

在租赁期开始日，承租人应当对租赁确认使用权资产和租赁负债，应用短期租赁和低价值资产租赁简化处理的除外。

一、初始计量

(一)租赁负债的初始计量

租赁负债应当按照租赁期开始日尚未支付的租赁付款额的现值进行初始计量。识别应纳入租赁负债的相关付款项目是计量租赁负债的关键。

1. 租赁付款额

租赁付款额，是指承租人向出租人支付的与在租赁期内使用租赁资产的权利相关的款项。

租赁付款额包括以下五项内容。

(1) 固定付款额及实质固定付款额，存在租赁激励的，扣除租赁激励相关金额。

租赁业务中的实质固定付款额，是指在形式上可能包含变量但实质上无法避免的付款额。其包括以下几种情形。

① 付款额设定为可变租赁付款额，但该可变条款几乎不可能发生，没有真正的经济实质。例如，付款额仅需在租赁资产经证实能够在租赁期间正常运行时支付，或者仅需在不可能不发生的事件发生时支付。又如，付款额初始设定为与租赁资产使用情况相关的可变付款额，但其潜在可变性将于租赁期开始日之后的某个时点消除，在可变性消除时，该类付款额成为实质固定付款额。

② 承租人有多套付款额方案，但其中仅有一套是可行的。在此情况下，承租人应采用该可行的付款额方案作为租赁付款额。

③ 承租人有多套可行的付款额方案，但必须选择其中一套。在此情况下，承租人应采用总折现金额最低的一套作为租赁付款额。

【例7-4】甲公司是一家知名零售商，从乙公司处租入已成熟开发的零售场所开设一家商店。根据租赁合同，甲公司在正常工作时间内必须经营该商店，且甲公司不得将商店闲置或进行分租。合同中关于租赁付款额的条款为：如果甲公司开设的这家商店没有发生销售，则甲公司应付的年租金为 100 元；如果这家商店发生了任何销售，则甲公司应付的年租金为 1 000 000 元。

分析：本例中，该租赁包含每年 1 000 000 元的实质固定付款额。该金额不是取决于销售额的可变付款额。因为甲公司是一家知名零售商，根据租赁合同，甲公司应在正常工作时间内经营该商店，所以甲公司开设的这家商店不可能不发生销售。

租赁激励，是指出租人为达成租赁向承租人提供的优惠，包括出租人向承租人支付的与租赁有关的款项、出租人为承租人偿付或承担的成本等。存在租赁激励的，承租人在确定租赁付款额时，应扣除租赁激励相关金额。

(2) 取决于指数或比率的可变租赁付款额。

可变租赁付款额，是指承租人为取得在租赁期内使用租赁资产的权利，而向出租人支付的因租赁期开始日后的事实或情况发生变化(而非时间推移)而变动的款项。可变租赁付款额可能与下列各项指标或情况挂钩。

① 市场比率或指数数值变动导致的价格变动。例如，基准利率或消费者价格指数变动可能导致租赁付款额调整。

② 承租人源自租赁资产的绩效。例如，零售业不动产租赁可能会要求基于使用该不动产取得的销售收入的一定比例确定租赁付款额。

③ 租赁资产的使用。例如，车辆租赁可能要求承租人在超过特定里程数时支付额外的租赁付款额。

需要注意的是，在可变租赁付款额中，仅取决于指数或比率的可变租赁付款额纳入租赁负债的初始计量中，包括与消费者价格指数挂钩的款项、与基准利率挂钩的款项和为反映市场租金费率变化而变动的款项等。此类可变租赁付款额应当根据租赁期开始日的指数或比率确定。除了取决于指数或比率的可变租赁付款额之外，其他可变租赁付款额均不纳入租赁负债的初始计量中。

(3) 购买选择权的行权价格，前提是承租人合理确定将行使该选择权。

在租赁期开始日，承租人应评估是否合理确定将行使购买标的资产的选择权。在评估时，承租人应考虑对其行使或不行使购买选择权产生经济激励的所有相关事实和情况。如果承租人合理确定将行使购买标的资产的选择权，则租赁付款额中应包含购买选择权的行权价格。

(4) 行使终止租赁选择权需支付的款项，前提是租赁期反映出承租人将行使终止租赁选择权。

在租赁期开始日，承租人应评估是否合理确定将行使终止租赁的选择权，在评估时，承租人应考虑对其行使或不行使终止租赁选择权产生经济激励的所有相关事实和情况。如果承租人合理确定将行使终止租赁选择权，则租赁付款额中应包含行使终止租赁选择权需支付的款项，并且租赁期不应包含终止租赁选择权涵盖的期间。

【例 7-5】承租人甲公司租入某办公楼的一层楼，期限 10 年。甲公司有权选择在第 5 年后提前终止租赁，并以相当于 6 个月的租金作为罚金。每年的租赁付款额为固定金额 200 000 元。该办公楼是全新的，并且在周边商业园区的办公楼中处于技术领先水平。上述租赁付款额与市场租金水平相符。

分析：在租赁期开始日，甲公司评估后认为，6 个月的租金对于甲公司而言金额巨大，同等条件下，也难以按更优惠的价格租入其他办公楼，可以合理确定不会选择提前终止租赁，因此，其租赁负债不应包括提前终止租赁时需支付的罚金，租赁期确定为 10 年。

(5) 根据承租人提供的担保余值预计应支付的款项。

担保余值，是指与出租人无关的一方向出租人提供担保，保证在租赁结束时租赁资产的价值至少为某指定的金额。如果承租人提供了对余值的担保，则租赁付款额应包含该担保下预计应支付的款项，它反映了承租人预计支付的金额，而不是承租人担保余值下的最大敞口。

2. 折现率

租赁负债应当按照租赁期开始日尚未支付的租赁付款额的现值进行初始计量。在计算租赁付款额的现值时，承租人应当采用租赁内含利率作为折现率；无法确定租赁内含利率的，应当采用承租人增量借款利率作为折现率。

租赁内含利率，是指出租人的租赁收款额的现值与未担保余值的现值之和等于租赁资产公允价值与出租人的初始直接费用之和的利率。

其中，未担保余值，是指租赁资产余值中，出租人无法保证能够实现或仅由与出租人有关的一方予以担保的部分。

初始直接费用，是指为达成租赁所发生的增量成本。增量成本，是指若企业不取得该租赁，则不会发生的成本，如佣金、印花税等。无论是否实际取得租赁都会发生的支出，不属于初始直接费用，例如为评估是否签订租赁合同而发生的差旅费、法律费用等，此类费用应当在发生时计入当期损益。

【例 7-6】 承租人甲公司与出租人乙公司签订了一份车辆租赁合同，租赁期为 5 年。在租赁开始日，该车辆的公允价值为 100 000 元，乙公司预计在租赁结束时其公允价值(即未担保余值)将为 10 000 元。租赁付款额为每年 23 000 元，于年末支付。乙公司发生的初始直接费用为 5 000 元。乙公司计算租赁内含利率 r 的方法如下：

$$23\,000 \times (P/A, r, 5) + 10\,000 \times (P/F, r, 5) = 100\,000 + 5\,000$$

本例中，计算得出的租赁内含利率 r 为 5.79%。

承租人增量借款利率，是指承租人在类似经济环境下为获得与使用权资产价值接近的资产，在类似期间以类似抵押条件借入资金须支付的利率。该利率与下列事项相关：①承租人自身情况，即承租人的偿债能力和信用状况；②"借款"的期限，即租赁期；③"借入"资金的金额，即租赁负债的金额；④"抵押条件"，即租赁资产的性质和质量；⑤经济环境，包括承租人所处的司法管辖区、计价货币、合同签订时间等。

(二)使用权资产的初始计量

使用权资产，是指承租人可在租赁期内使用租赁资产的权利。在租赁期开始日，承租人应当按照成本对使用权资产进行初始计量。该成本包括下列四项。

(1) 租赁负债的初始计量金额。

(2) 在租赁期开始日或之前支付的租赁付款额；存在租赁激励的，应扣除已享受的租赁激励相关金额。

(3) 承租人发生的初始直接费用。

(4) 承租人为拆卸及移除租赁资产、复原租赁资产所在场地或将租赁资产恢复至租赁条款约定状态预计将发生的成本。前述成本属于为生产存货而发生的，适用存货准则。

关于上述第(4)项的成本,承租人有可能在租赁期开始日就承担了上述成本的支付义务,也可能在特定期间内因使用标的资产而承担了相关义务。承租人应在其有义务承担上述成本时,将这些成本确认为使用权资产成本的一部分。但是,承租人由于在特定期间内将使用权资产用于生产存货而发生的上述成本,应按照存货准则进行会计处理。承租人应当按照或有事项准则对上述成本的支付义务进行确认和计量。承租人发生的租赁资产改良支出不属于使用权资产,应当计入"长期待摊费用"科目。

在某些情况下,承租人可能在租赁期开始前就发生了与标的资产相关的经济业务或事项。例如,租赁双方经协商在租赁合同中约定,标的资产需经建造或重新设计后方可供承租人使用;根据合同条款与条件,承租人需支付与资产建造或设计相关的成本。承租人如发生与标的资产建造或设计相关的成本,应适用其他相关准则(如固定资产准则)进行会计处理。同时,需要注意的是,与标的资产建造或设计相关的成本不包括承租人为获取标的资产使用权而支付的款项,此类款项无论在何时支付,均属于租赁付款额。

【例 7-7】2×20 年 1 月 1 日,承租人甲公司就某栋建筑物的某一层楼与出租人乙公司签订了为期 10 年的租赁协议,并拥有 5 年的续租选择权。有关资料如下。

(1) 初始租赁期内的不含税租金为每年 50 000 元,续租期间为每年 55 000 元,所有款项应于每年年末支付。

(2) 为获得该项租赁,甲公司发生的初始直接费用为 20 000 元,其中,15 000 元为向该楼层前任租户支付的款项,5 000 元为向促成此租赁交易的房地产中介支付的佣金。

(3) 作为对甲公司的激励,乙公司同意补偿甲公司 5 000 元的佣金。

(4) 在租赁期开始日,甲公司评估后认为,不能合理确定将行使续租选择权,因此,将租赁期确定为 10 年。

(5) 甲公司无法确定租赁内含利率,其增量借款利率为每年 5%,该利率反映的是甲公司以类似抵押条件借入期限为 10 年、与使用权资产等值的相同币种的借款而必须支付的利率。

(6) 在租赁期开始日,租赁资产的公允价值为 40 万元,账面价值为 36 万元,使用寿命为 20 年。为简化处理,假设不考虑相关税费影响。[已知:$(P/A, 5\%, 10)=7.7217$]

分析:承租人甲公司的会计处理如下。

第一步,计算租赁期开始日租赁付款额的现值,并确认租赁负债和使用权资产。

租赁付款额=50 000×10=500 000 (元)

租赁负债=租赁付款额的现值=50 000×$(P/A, 5\%, 10)$= 386 085(元)

未确认融资费用=租赁付款额-租赁付款额的现值=500 000 -386 085=113 915(元)

借:使用权资产 386 085
  租赁负债——未确认融资费用 113 915
   贷:租赁负债——租赁付款额 500 000

第二步,将初始直接费用计入使用权资产的初始成本。

借:使用权资产 20 000
   贷:银行存款 20 000

第三步,将已收的租赁激励相关金额从使用权资产入账价值中扣除。

借:银行存款 5 000

　　　　贷：使用权资产　　　　　　　　　　　　　　　　　　　　　　　　　　　　5 000
　　综上所述，甲公司使用权资产的初始成本为：386 085 + 20 000 - 5 000 = 401 085(元)。

二、后续计量

(一)租赁负债的后续计量

1. 计量基础

　　租赁期开始日后，承租人应当按以下原则对租赁负债进行后续计量。
　　(1) 确认租赁负债的利息时，增加租赁负债的账面金额。
　　(2) 支付租赁付款额时，减少租赁负债的账面金额。
　　(3) 因重估或租赁变更等原因导致租赁付款额发生变动时，重新计量租赁负债的账面价值。
　　承租人应当按照固定的周期性利率计算租赁负债在租赁期内各期间的利息费用，并计入当期损益，但按照借款费用等其他准则规定应当计入相关资产成本的，从其规定。
　　此处的周期性利率，是指承租人对租赁负债进行初始计量时所采用的折现率，或者因租赁付款额发生变动或因租赁变更而需要按照修订后的折现率对租赁负债进行重新计量时，承租人所采用的修订后的折现率。

　　【例7-8】沿用例7-7支付租金，并确认利息费用。
　　2×20年年末，支付租金，并确认利息费用。

借：租赁负债——租赁付款额　　　　　　　　　　　　　　　　　　　　50 000
　　贷：银行存款　　　　　　　　　　　　　　　　　　　　　　　　　　　50 000
借：财务费用　　　　　　　　　　　　　　　　　　　　　　　　　　19 304.25
　　贷：租赁负债——未确认融资费用　　　　　　　　　　　　　　　　19 304.25

2×20年年末确认的利息费用=386 085×5%=19 304.25(元)
2×21年年末，支付租金，并确认利息费用。

借：租赁负债——租赁付款额　　　　　　　　　　　　　　　　　　　　50 000
　　贷：银行存款　　　　　　　　　　　　　　　　　　　　　　　　　　　50 000
借：财务费用　　　　　　　　　　　　　　　　　　　　　　　　　　17 769.46
　　贷：租赁负债——未确认融资费用　　　　　　　　　　　　　　　　17 769.46

2×21年年末确认的利息费用=(386 085-50 000+19 304.25)×5%=17 769.46(元)
　　未纳入租赁负债计量的可变租赁付款额，即并非取决于指数或比率的可变租赁付款额，应当在实际发生时计入当期损益，但按照存货等其他准则规定应当计入相关资产成本的，从其规定。

2. 租赁负债的重新计量

　　租赁期开始日后，当发生下列四种情形时，承租人应当按照变动后的租赁付款额的现值重新计量租赁负债，并相应调整使用权资产的账面价值。使用权资产的账面价值已调减至零，但租赁负债仍需进一步调减的，承租人应当将剩余金额计入当期损益。

(1) 实质固定付款额发生变动。

如果租赁付款额最初是可变的,但在租赁期开始日后的某一时点变为固定,那么,在潜在可变性消除时,该付款额成为实质固定付款额,应纳入租赁负债的计量中。承租人应当按照变动后租赁付款额的现值重新计量租赁负债。在该情形下,承租人采用的折现率不变,即采用租赁期开始日确定的折现率。

【例 7-9】承租人甲公司签订了一份为期 10 年的机器租赁合同,租金于每年年末支付,并按以下方式确定:第 1 年,租金是可变的,根据该机器在第 1 年下半年的实际产能确定;第 2～10 年,每年的租金根据该机器在第 1 年下半年的实际产能确定,即租金将在第 1 年年末转变为固定付款额。在租赁期开始日,甲公司无法确定租赁内含利率,其增量借款利率为 5%。假设在第 1 年年末,根据该机器在第 1 年下半年的实际产能所确定的租赁付款额为每年 20 000 元。

分析:本例中,在租赁期开始时,未来的租金尚不确定,因此甲公司的租赁负债为 0。在第 1 年年末,租金的潜在可变性消除,成为实质固定付款额(即每年 20 000 元),因此,甲公司应基于变动后的租赁付款额重新计量租赁负债,并采用不变的折现率(即 5%)进行折现。在支付第 1 年的租金之后,甲公司后续年度需支付的租赁付款额为 180 000 元(20 000×9),租赁付款额在第 1 年年末的现值为 142 156[20 000×(P/A, 5%, 9)]元,未确认融资费用为 37 844(180 000 - 142 156)元。甲公司在第 1 年年末的相关账务处理如下。

支付第 1 年租金。

借:制造费用等 20 000
　　贷:银行存款 20 000

确认使用权资产和租赁负债。

借:使用权资产 142 156
　　租赁负债——未确认融资费用 37 844
　　贷:租赁负债——租赁付款额 180 000

(2) 担保余值预计的应付金额发生变动。

租赁期开始日后,承租人应对其在担保余值下预计支付的金额进行估计。该金额发生变动的,承租人应当按照变动后租赁付款额的现值重新计量租赁负债。在该情形下,承租人采用的折现率不变。

(3) 用于确定租赁付款额的指数或比率发生变动。

租赁期开始日后,因浮动利率的变动而导致未来租赁付款额发生变动的,承租人应当按照变动后租赁付款额的现值重新计量租赁负债。在该情形下,承租人应采用反映利率变动的修订后的折现率进行折现。

租赁期开始日后,因用于确定租赁付款额的指数或比率(浮动利率除外)的变动而导致未来租赁付款额发生变动的,承租人应当按照变动后租赁付款额的现值重新计量租赁负债。在该情形下,承租人采用的折现率不变。

需要注意的是,仅当现金流量发生变动时,即租赁付款额的变动生效时,承租人才应重新计量租赁负债,以反映变动后的租赁付款额。承租人应基于变动后的合同付款额,确定剩余租赁期内的租赁付款额。

(4) 购买选择权、续租选择权或终止租赁选择权的评估结果或实际行使情况发生变化。

租赁期开始日后，发生下列情形的，承租人应采用修订后的折现率对变动后的租赁付款额进行折现，以重新计量租赁负债。

① 发生承租人可控范围内的重大事件或变化，且影响承租人是否合理确定将行使续租选择权或终止租赁选择权的，承租人应当对其是否合理确定将行使相应选择权进行重新评估。上述选择权的评估结果发生变化的，承租人应当根据新的评估结果重新确定租赁期和租赁付款额。前述选择权的实际行使情况与原评估结果不一致等导致租赁期变化的，承租人也应当根据新的租赁期重新确定租赁付款额。

② 发生承租人可控范围内的重大事件或变化，且影响承租人是否合理确定将行使购买选择权的，承租人应当对其是否合理确定将行使购买选择权进行重新评估。评估结果发生变化的，承租人应当根据新的评估结果重新确定租赁付款额。

在上述两种情形下，承租人在计算变动后租赁付款额的现值时，应当采用剩余租赁期间的租赁内含利率作为折现率；无法确定剩余租赁期间的租赁内含利率的，应当采用重估日的承租人增量借款利率作为折现率。

【例 7-10】承租人甲公司与出租人乙公司签订了一份办公楼租赁合同，每年的租赁付款额为 50 000 元，于每年年末支付。甲公司无法确定租赁内含利率，其增量借款利率为 5%。

不可撤销租赁期为 5 年，并且合同约定在第 5 年年末，甲公司有权选择以每年 50 000 元续租 5 年，也有权选择以 1 000 000 元购买该房产。甲公司在租赁期开始时评估认为，可以合理确定将行使续租选择权，而不会行使购买选择权，因此将租赁期确定为 10 年。

分析：在租赁期开始日，甲公司确认的租赁负债和使用权资产为 386 000 元，即，50 000×(P/A, 5%, 10) =386 000(元)。租赁负债将按表 7-1 所述方法进行后续计量。

表 7-1 租赁负债的后续计量

单位：元

年　度	租赁负债 年初金额 ①	利　息 ②=①×5%	租赁付款额 ③	租赁负债 年末金额 ④=①+②-③
1	386 000 *	19 300	50 000	355 300
2	355 300	17 765	50 000	323 065
3	323 065	16 153	50 000	289 218
4	289 218	14 461	50 000	253 679
5	253 679	12 684	50 000	216 363
6	216 363	10 818	50 000	177 181
7	177 181	8 859	50 000	136 040
8	136 040	6 802	50 000	92 842
9	92 842	4 642	50 000	47 484
10	47 484	2 516	50 000	—

注：*为便于计算，本题中，年金现值系数取两位小数。

在租赁期开始日，甲公司的账务处理如下。

借：使用权资产　　　　　　　　　　　　　　　　　　　　　　　　386 000
　　租赁负债——未确认融资费用　　　　　　　　　(500 000 - 386 000) 114 000
　　贷：租赁负债——租赁付款额　　　　　　　　　　　　　　　　　500 000

在第 4 年，该房产所在地房价显著上涨，甲公司预计租赁期结束时该房产的市价为 2 000 000 元，甲公司在第 4 年年末重新评估后认为，能够合理确定将行使上述购买选择权，而不会行使上述续租选择权。该房产所在地区的房价上涨属于市场发生的变化，不在甲公司的可控范围内。因此，虽然该事项导致购买选择权及续租选择权的评估结果发生变化，但甲公司不需要重新计量租赁负债。

在第 5 年年末，甲公司实际行使了购买选择权。截至该时点，使用权资产的原值为 386 000 元，累计折旧为 193 000(386 000×5÷10)元；支付了第 5 年租赁付款额之后，租赁负债的账面价值为 216 363 元，其中，租赁付款额为 250 000 元，未确认融资费用为 33 637 元(250 000-216 363)。甲公司行使购买选择权的会计分录如下。

借：固定资产——办公楼　　　　　　　　　　　　　976 637
　　使用权资产累计折旧　　　　　　　　　　　　　193 000
　　租赁负债——租赁付款额　　　　　　　　　　　250 000
　贷：使用权资产　　　　　　　　　　　　　　　　386 000
　　　租赁负债——未确认融资费用　　　　　　　　 33 637
　　　银行存款　　　　　　　　　　　　　　　　 1 000 000

(二)使用权资产的后续计量

1. 计量基础

租赁期开始日后，承租人应当采用成本模式对使用权资产进行后续计量，即以成本减累计折旧及累计减值损失计量使用权资产。

承租人按照新租赁准则有关规定重新计量租赁负债的，应当相应调整使用权资产的账面价值。

2. 使用权资产的折旧

承租人应当参照固定资产准则有关折旧规定，自租赁期开始日起对使用权资产计提折旧。使用权资产通常应自租赁期开始的当月计提折旧，当月计提确有困难的，为便于实务操作，企业也可以选择自租赁期开始的下月计提折旧，但应对同类使用权资产采取相同的折旧政策。计提的折旧金额应根据使用权资产的用途，计入相关资产的成本或者当期损益。

承租人在确定使用权资产的折旧方法时，应当根据与使用权资产有关的经济利益的预期实现方式作出决定。通常，承租人按直线法对使用权资产计提折旧，如其他折旧方法更能反映使用权资产有关经济利益预期实现方式的，则应采用其他折旧方法。

承租人在确定使用权资产的折旧年限时，应遵循以下原则：承租人能够合理确定租赁期届满时取得租赁资产所有权的，应当在租赁资产剩余使用寿命内计提折旧；承租人无法合理确定租赁期届满时能够取得租赁资产所有权的，应当在租赁期与租赁资产剩余使用寿命两者孰短的期间内计提折旧。如果使用权资产的剩余使用寿命短于前两者，承租人则应在使用权资产的剩余使用寿命内计提折旧。

【例 7-11】沿用例 7-7 2×20 年年末，对租入建筑物的这一层楼计提折旧。

计提折旧=401 085÷10=40 108.5(元)

借：管理费用	40 108.5
贷：使用权资产累计折旧	40 108.5

租期满，返还办公楼时的会计处理如下。

借：使用权资产累计折旧	401 085
贷：使用权资产	401 085

3. 使用权资产的减值

租赁期开始日后，承租人应当按照资产减值准则的规定，确定使用权资产是否发生减值，并对已识别的减值损失进行会计处理。使用权资产发生减值的，按应减记的金额，借记"资产减值损失"科目，贷记"使用权资产减值准备"科目。使用权资产减值准备一旦计提，不得转回。承租人应当按照扣除减值损失之后的使用权资产的账面价值，进行后续折旧。

企业执行新租赁准则后，或有事项准则有关亏损合同的规定仅适用于采用短期租赁和低价值资产租赁简化处理方法的租赁合同以及在租赁开始日前已是亏损合同的租赁合同，不再适用其他租赁合同。

(三)租赁变更的会计处理

租赁变更，是指原合同条款之外的租赁范围、租赁对价、租赁期限的变更，包括增加或终止一项或多项租赁资产的使用权，延长或缩短合同规定的租赁期，等等。租赁变更生效日，是指双方就租赁变更达成一致的日期。

1. 租赁变更作为一项单独租赁处理

租赁发生变更且同时符合下列条件的，承租人应当将该租赁变更作为一项单独租赁进行会计处理。

(1) 该租赁变更通过增加一项或多项租赁资产的使用权而扩大了租赁范围。

(2) 增加的对价与租赁范围扩大部分的单独价格按该合同情况调整后的金额相当。

2. 租赁变更未作为一项单独租赁处理

租赁变更未作为一项单独租赁进行会计处理的，在租赁变更生效日，承租人应当按照新租赁准则有关租赁分拆的规定对变更后合同的对价进行分摊；按照新租赁准则有关租赁期的规定确定变更后的租赁期；并采用变更后的折现率对变更后的租赁付款额进行折现，以重新计量租赁负债。在计算变更后的租赁付款额的现值时，承租人应当采用剩余租赁期间的租赁内含利率作为折现率；无法确定剩余租赁期间的租赁内含利率的，应当采用租赁变更生效日的承租人增量借款利率作为折现率。

就上述租赁负债调整的影响，承租人应区分以下情形进行会计处理。

(1) 租赁变更导致租赁范围缩小或租赁期缩短的，承租人应当调减使用权资产的账面价值，以反映租赁的部分终止或完全终止。承租人应将部分终止或完全终止租赁的相关利得或损失计入当期损益。

(2) 其他租赁变更，承租人应当相应调整使用权资产的账面价值。

三、短期租赁和低价值资产租赁

对于短期租赁和低价值资产租赁，承租人可以选择不确认使用权资产和租赁负债。作出该选择的，承租人应当将短期租赁和低价值资产租赁的租赁付款额在租赁期内各个期间按照直线法或其他系统合理的方法计入相关资产成本或当期损益。其他系统合理的方法能够更好地反映承租人的受益模式的，承租人应当采用该方法。

(一)短期租赁

短期租赁，是指在租赁期开始日，租赁期不超过 12 个月(1 年)的租赁。包含购买选择权的租赁，即使租赁期不超过 12 个月，也不属于短期租赁。

对于短期租赁，承租人可以按照租赁资产的类别作出采用简化会计处理的选择。如果承租人对某类租赁资产作出了简化会计处理的选择，未来该类资产下所有的短期租赁都应采用简化会计处理。某类租赁资产，是指企业运营中具有类似性质和用途的一组租赁资产。

按照简化会计处理的短期租赁发生租赁变更或者其他原因导致租赁期发生变化的，承租人应当将其视为一项新租赁，重新按照上述原则判断该项新租赁是否可以选择简化会计处理。

【例 7-12】承租人与出租人签订了一份租赁合同，约定不可撤销期间为 9 个月，且承租人拥有 5 个月的续租选择权。在租赁期开始日，承租人判断可以合理确定将行使续租选择权，因为续租期的月租赁付款额明显低于市场价格。在此情况下，承租人确定租赁期为 14 个月，不属于短期租赁，承租人不能选择上述简化会计处理。

(二)低价值资产租赁

低价值资产租赁，是指单项租赁资产为全新资产时价值较低的租赁。

承租人在判断是否是低价值资产租赁时，应基于租赁资产的全新状态下的价值进行评估，不应考虑资产已被使用的年限。

对于低价值资产租赁，承租人可根据每项租赁的具体情况作出简化会计处理选择，但同时还应满足以下条件：承租人能够从单独使用该低价值资产或将其与承租人易于获得的其他资源一起使用中获利，且该项资产与其他租赁资产没有高度依赖或高度关联关系。

低价值资产租赁的标准应该是一个绝对金额，即仅与资产全新状态下的绝对价值有关，不受承租人规模、性质等影响，也不考虑该资产对于承租人或相关租赁交易的重要性。常见的低价值资产的例子包括平板电脑、普通办公家具、电话等小型资产。但是，如果承租人已经或者预期要把相关资产进行转租赁，则不能将原租赁按照低价值资产租赁进行简化会计处理。值得注意的是，符合低价值资产租赁的，也并不代表承租人若采取购入方式取得该资产时，该资产不符合固定资产确认条件。

第三节 出租人会计处理

一、出租人的租赁分类

(一)融资租赁和经营租赁

出租人应当在租赁开始日将租赁分为融资租赁和经营租赁。

租赁开始日,是指租赁合同签署日与租赁各方就主要租赁条款作出承诺日中的较早的那一天。租赁开始日可能早于租赁期开始日,也可能与租赁期开始日重合。

一项租赁属于融资租赁还是经营租赁取决于交易的实质,而不是合同的形式。如果一项租赁实质上转移了与租赁资产所有权有关的几乎全部风险和报酬,出租人应当将该项租赁分类为融资租赁。出租人应当将除融资租赁以外的其他租赁分类为经营租赁。

出租人的租赁分类是以租赁转移与租赁资产所有权相关的风险和报酬的程度为依据的。风险包括由于生产能力的闲置或技术陈旧可能造成的损失,以及由于经济状况的改变可能造成的回报变动。报酬可以表现为在租赁资产的预期经济寿命期间经营的盈利以及因增值或残值变现可能产生的利得。

租赁开始日后,除非发生租赁变更,出租人无须对租赁的分类进行重新评估。租赁资产预计使用寿命、预计余值等会计估计变更或发生承租人违约等情况变化的,出租人不对租赁进行重分类。

租赁合同可能包括因租赁开始日与租赁期开始日之间发生的特定变化而需对租赁付款额进行调整的条款与条件(例如,出租人标的资产的成本发生变动,或出租人对该租赁的融资成本发生变动)。在此情况下,出于租赁分类目的考虑,此类变动的影响均视为在租赁开始日已发生。

(二)融资租赁的分类标准

一项租赁存在下列一种或多种情形的,通常分类为融资租赁。

(1) 在租赁期届满时,租赁资产的所有权转移给承租人。如果在租赁协议中已经约定,或者根据其他条件,在租赁开始日就可以合理地判断,租赁期届满时,出租人会将资产的所有权转移给承租人,那么该项租赁通常分类为融资租赁。

(2) 承租人有购买租赁资产的选择权,所订立的购买价款预计将远低于行使选择权时租赁资产的公允价值,因而在租赁开始日就可以合理确定承租人将行使该选择权。

(3) 资产的所有权虽然不转移,但租赁期占租赁资产使用寿命的大部分。实务中,这里的"大部分"一般指租赁期占租赁开始日租赁资产使用寿命的75%以上(含75%)。需要说明的是,这里的量化标准只是指导性标准,企业在具体运用时,必须以准则规定的相关条件进行综合判断。这条标准强调的是租赁期占租赁资产使用寿命的比例,而非租赁期占该项资产全部可使用年限的比例。如果租赁资产是旧资产,在租赁前已使用年限超过资产自全新时起算可使用年限的75%以上时,则这条判断标准不适用,不能使用这条标准确定租赁的分类。

(4) 在租赁开始日,租赁收款额的现值几乎相当于租赁资产的公允价值。实务中,这里的"几乎相当于",通常掌握在90%以上。需要说明的是,这里的量化标准只是指导性标准,企业在具体运用时,必须以准则规定的相关条件进行综合判断。

(5) 租赁资产性质特殊,如果不作较大改造,只有承租人才能使用。租赁资产是由出租人根据承租人对资产型号、规格等方面的特殊要求专门购买或建造的,具有专购、专用性质。这些租赁资产如果不作较大的重新改造,其他企业通常难以使用。在这种情况下,通常也分类为融资租赁。

一项租赁存在下列一项或多项情形的，也可能分类为融资租赁。

(1) 若承租人撤销租赁，撤销租赁对出租人造成的损失由承租人承担。

(2) 资产余值的公允价值波动所产生的利得或损失归属于承租人。

例如，租赁结束时，出租人以相当于资产销售收益的绝大部分金额作为对租金的退还，说明承租人承担了租赁资产余值的几乎所有风险和报酬。

(3) 承租人有能力以远低于市场水平的租金继续租赁至下一期间。

此经济激励政策与购买选择权类似，如果续租选择权行权价远低于市场水平，可以合理确定承租人将续租至下一期间。

值得注意的是，出租人判断租赁类型时，上述情形并非总是决定性的，而是应综合考虑经济激励的有利方面和不利方面。若有其他特征充分表明，租赁实质上没有转移与租赁资产所有权相关的几乎全部风险和报酬，则该租赁应分类为经营租赁，例如，若租赁资产的所有权在租赁期结束时是以相当于届时其公允价值的可变付款额转让至承租人，或者因存在可变租赁付款额导致出租人实质上没有转移几乎全部风险和报酬，就可能出现这种情况。

二、出租人对融资租赁的会计处理

(一)初始计量

在租赁期开始日，出租人应当对融资租赁确认应收融资租赁款，并终止确认融资租赁资产。出租人对应收融资租赁款进行初始计量时，应当以租赁投资净额作为应收融资租赁款的入账价值。

租赁投资净额为未担保余值和租赁期开始日尚未收到的租赁收款额按照租赁内含利率折现的现值之和。租赁内含利率，是指使出租人的租赁收款额的现值与未担保余值的现值之和(即租赁投资净额)等于租赁资产公允价值与出租人的初始直接费用之和的利率。因此，出租人发生的初始直接费用包括在租赁投资净额中，也即包括在应收融资租赁款的初始入账价值中。

租赁收款额，是指出租人因让渡在租赁期内使用租赁资产的权利而应向承租人收取的款项，包括以下内容。

(1) 承租人需支付的固定付款额及实质固定付款额。存在租赁激励的，应当扣除租赁激励相关金额。

(2) 取决于指数或比率的可变租赁付款额。该款项在初始计量时根据租赁期开始日的指数或比率确定。

(3) 购买选择权的行权价格，前提是合理确定承租人将行使该选择权。

(4) 承租人行使终止租赁选择权需支付的款项，前提是租赁期反映出承租人将行使终止租赁选择权。

(5) 由承租人、与承租人有关的一方以及有经济能力履行担保义务的独立第三方向出租人提供的担保余值。

【例7-13】2×19年12月1日，甲公司与乙公司签订了一份租赁合同，从乙公司租入塑钢机一台。租赁合同主要条款如下。

(1) 租赁资产：全新塑钢机。

(2) 租赁期开始日：2×20 年 1 月 1 日。

(3) 租赁期：2×20 年 1 月 1 日至 2×25 年 12 月 31 日，共 72 个月。

(4) 固定租金支付：自 2×20 年 1 月 1 日，每年年末支付租金 160 000 元。如果甲公司能够在每年年末的最后一天及时付款，则给予减少租金 10 000 元的奖励。

(5) 取决于指数或比率的可变租赁付款额：租赁期限内，如遇中国人民银行贷款基准利率调整，出租人将对租赁利率作出同方向、同幅度的调整。基准利率调整日之前各期和调整日当期租金不变，从下一期租金开始按调整后的租金金额收取。

(6) 租赁开始日租赁资产的公允价值：该机器在 2×19 年 12 月 31 日的公允价值为 700 000 元，账面价值为 600 000 元。

(7) 初始直接费用：签订租赁合同过程中，乙公司发生可归属于租赁项目的手续费、佣金为 10 000 元。

(8) 承租人的购买选择权：租赁期届满时，甲公司享有优惠购买该机器的选择权，购买价为 20 000 元，估计该日租赁资产的公允价值为 80 000 元。

(9) 取决于租赁资产绩效的可变租赁付款额：2×21 年和 2×22 年两年，甲公司每年按该机器所生产的产品——塑钢窗户的年销售收入的 5%向乙公司支付。

(10) 承租人的终止租赁选择权：甲公司享有终止租赁选择权。在租赁期间，如果甲公司终止租赁，需支付的款项为剩余租赁期间的固定租金支付金额。

(11) 担保余值和未担保余值均为 0。

(12) 全新塑钢机的使用寿命为 7 年。

分析：出租人乙公司的会计处理如下。

第一步，判断租赁类型。

本例存在优惠购买选择权，优惠购买价 20 000 元远低于行使选择权日租赁资产的公允价值 80 000 元，因此在 2×19 年 12 月 31 日就可合理确定甲公司将会行使这种选择权。另外，在本例中，租赁期为 6 年，占租赁开始日租赁资产使用寿命的 86%（占租赁资产使用寿命的大部分）。同时，乙公司综合考虑其他各种情形和迹象，认为该租赁实质上转移了与该项设备所有权有关的几乎全部风险和报酬，因此将这项租赁认定为融资租赁。

第二步，确定租赁收款额。

(1) 承租人的固定付款额为考虑扣除租赁激励后的金额。

$$固定付款额=(160\ 000-10\ 000)\times 6=900\ 000（元）$$

(2) 承租人购买选择权的行权价格。

租赁期届满时，甲公司享有优惠购买该机器的选择权，购买价为 20 000 元，估计该日租赁资产的公允价值为 80 000 元。优惠购买价 20 000 元远低于行使选择权日租赁资产的公允价值，因此在 2×19 年 12 月 31 日就可合理确定甲公司将会行使这种选择权。

综上所述，租赁收款额=900 000+20 000=920 000（元）

第三步，确认租赁投资总额。

租赁投资总额 = 在融资租赁下出租人应收的租赁收款额+未担保余值

本例中，租赁投资总额 = 920 000+0 = 920 000（元）

第四步，确认租赁投资净额的金额和未实现融资收益。

租赁投资净额=租赁资产在租赁期开始日的公允价值+出租人发生的租赁初始直接费用

本例中,租赁投资净额=700 000+10 000=710 000(元)

未实现融资收益=租赁投资总额-租赁投资净额=920 000-710 000=210 000 (元)

第五步,计算租赁内含利率。

租赁内含利率是使租赁投资总额的现值(即租赁投资净额)等于租赁资产在租赁开始日的公允价值与出租人的初始直接费用之和的利率。

本例中,租赁内含利率=150 000×(P/A, r, 6) +20 000×(P/F, r, 6) =710 000,计算得到租赁的内含利率为 7.82%。

第六步,账务处理。

2×20 年 1 月 1 日的会计分录如下。

借:应收融资租赁款——租赁收款额　　　　　　　　　　　　920 000
　　贷:银行存款　　　　　　　　　　　　　　　　　　　　　 10 000
　　　　融资租赁资产　　　　　　　　　　　　　　　　　　　600 000
　　　　资产处置损益　　　　　　　　　　　　　　　　　　　100 000
　　　　应收融资租赁款——未实现融资收益　　　　　　　　　210 000

若某融资租赁合同必须以收到租赁保证金为生效条件,出租人收到承租人交来的租赁保证金,借记"银行存款"科目,贷记"其他应收(或付)款——租赁保证金"科目。承租人到期不交租金,以保证金抵作租金时,借记"其他应收款——租赁保证金"科目,贷记"应收融资租赁款"科目。承租人违约,按租赁合同或协议规定没收保证金时,借记"其他应收(或付)款——租赁保证金"科目,贷记"营业外收入"等科目。

(二)融资租赁的后续计量

出租人应当按照固定的周期性利率计算并确认租赁期内各个期间的利息收入。

【例 7-14】 沿用例 7-13,以下说明出租人如何确认计量租赁期内各期间的利息收入。

分析:第一步,计算租赁期内各期的利息收入,如表 7-2 所示。

表 7-2　租赁期内各期的利息收入

单位:元

日　期	租　金	确认的利息收入	租赁投资净额余额
①	②	③=期初④×7.82%	期末④=期初④-②+③
2×20 年 1 月 1 日			710 000
2×20 年 12 月 31 日	150 000	55 522	615 522
2×21 年 12 月 31 日	150 000	48 134	513 656
2×22 年 12 月 31 日	150 000	40 168	403 824
2×23 年 12 月 31 日	150 000	31 579	285 403
2×24 年 12 月 31 日	150 000	22 319	157 722
2×25 年 12 月 31 日	150 000	12 278 *	20 000
2×25 年 12 月 31 日	20 000		
合计	920 000	210 000	

注:* 作尾数调整:12 278 = 150 000 +20 000-157 722。

第二步，会计分录如下。

2×20 年 12 月 31 日收到第一期租金。

借：银行存款　　　　　　　　　　　　　　　　　　　　　　　150 000
　　贷：应收融资租赁款——租赁收款额　　　　　　　　　　　　150 000
借：应收融资租赁款——未实现融资收益　　　　　　　　　　　　55 522
　　贷：租赁收入　　　　　　　　　　　　　　　　　　　　　　55 522

2×21 年 12 月 31 日收到第二期租金。

借：银行存款　　　　　　　　　　　　　　　　　　　　　　　150 000
　　贷：应收融资租赁款——租赁收款额　　　　　　　　　　　　150 000
借：应收融资租赁款——未实现融资收益　　　　　　　　　　　　48 134
　　贷：租赁收入　　　　　　　　　　　　　　　　　　　　　　48 134

第三步，租期届满时，出售该塑钢机的会计分录如下。

借：银行存款　　　　　　　　　　　　　　　　　　　　　　　20 000
　　贷：应收融资租赁款——租赁收款额　　　　　　　　　　　　20 000

纳入出租人租赁投资净额的可变租赁付款额只包含取决于指数或比率的可变租赁付款额。在初始计量时，应当采用租赁期开始日的指数或比率进行初始计量。出租人应定期复核计算租赁投资总额时所使用的未担保余值，若预计未担保余值降低，出租人应修改租赁期内的收益分配，并立即确认预计的减少额。

出租人取得的未纳入租赁投资净额计量的可变租赁付款额，如其是与资产的未来绩效或使用情况挂钩的，应当在实际发生时计入当期损益。

三、出租人对经营租赁的会计处理

(一)租金的处理

在租赁期内各个期间，出租人应采用直线法或者其他系统合理的方法将经营租赁的租赁收款额确认为租金收入。如果其他系统合理的方法能够更好地反映因使用租赁资产所产生经济利益的消耗模式的，则出租人应采用该方法。

(二)出租人对经营租赁给予激励措施

出租人提供免租期的，出租人应将租金总额在不扣除免租期的整个租赁期内，按直线法或其他合理的方法进行分配，免租期内应当确认租金收入。出租人承担了承租人某些费用的，出租人应将该费用自租金收入总额中扣除，按扣除后的租金收入余额在租赁期内进行分配。

(三)初始直接费用

出租人发生的与经营租赁有关的初始直接费用应当资本化至租赁标的资产的成本，在租赁期内按照与租金收入相同的确认基础分期计入当期损益。

(四)折旧和减值

对于经营租赁资产中的固定资产，出租人应当采用类似资产的折旧政策计提折旧；对于其他经营租赁资产，应当根据该资产适用的企业会计准则，采用系统合理的方法进行摊销。

出租人应当按照资产减值准则的规定，确定经营租赁资产是否发生减值，并对已识别的减值损失进行会计处理。

(五)可变租赁付款额

出租人取得的与经营租赁有关的可变租赁付款额，如果是与指数或比率挂钩的，应在租赁期开始日计入租赁收款额；除此之外，其他的应当在实际发生时计入当期损益。

(六)经营租赁的变更

经营租赁发生变更的，出租人应自变更生效日开始，将其作为一项新的租赁进行会计处理，与变更前租赁有关的预收或应收租赁收款额视为新租赁的收款额。

第四节 特殊租赁业务的会计处理

一、转租赁

在转租情况下，原租赁合同和转租赁合同通常都是单独协商的，交易对手也是不同的企业，准则要求转租出租人对原租赁合同和转租赁合同分别根据承租人和出租人的会计处理要求，进行会计处理。

承租人在对转租赁进行分类时，转租出租人应基于原租赁中产生的使用权资产，而不是租赁资产(如作为租赁对象的不动产或设备)进行分类。原租赁资产不归转租出租人所有，原租赁资产也未计入其资产负债表。因此，转租出租人应基于其控制的资产(即使用权资产)进行会计处理。

原租赁为短期租赁，且转租出租人作为承租人已按照准则采用简化会计处理方法的，应将转租赁分类为经营租赁。

【例7-15】甲企业(原租赁承租人)与乙企业(原租赁出租人)就8 000平方米办公场所签订了一项为期5年的租赁(原租赁)合同。在第3年年初，甲企业将该8 000平方米办公场所转租给丙企业，期限为原租赁的剩余3年时间(转租赁)。假设不考虑初始直接费用。

分析：甲企业应基于原租赁形成的使用权资产对转租赁进行分类。本例中，转租赁的期限覆盖了原租赁的所有剩余期限，综合考虑其他因素，甲企业判断其实质上转移了与该项使用权资产有关的几乎全部风险和报酬，甲企业将该项转租赁分类为融资租赁。

甲企业的会计处理为：①终止确认与原租赁相关且转给丙企业(转租承租人)的使用权资产，并确认转租赁投资净额；②将使用权资产与转租赁投资净额之间的差额确认为损益；③在资产负债表中保留原租赁的租赁负债，该负债代表应付原租赁出租人的租赁付款额。在转租期间，中间出租人既要确认转租赁的融资收益，也要确认原租赁的利息费用。

二、生产商或经销商出租人的融资租赁会计处理

生产商或经销商通常为客户提供购买或租赁其产品或商品的选择。如果生产商或经

销商出租其产品或商品构成融资租赁,则该交易产生的损益应相当于按照考虑适用的交易量或商业折扣后的正常售价直接销售标的资产所产生的损益。构成融资租赁的,生产商或经销商出租人在租赁期开始日应当按照租赁资产公允价值与租赁收款额按市场利率折现的现值两者孰低确认收入,并按照租赁资产账面价值扣除未担保余值的现值后的余额结转销售成本,收入和销售成本的差额作为销售损益。

由于取得融资租赁所发生的成本主要与其赚取的销售利得相关,生产商或经销商出租人应当在租赁期开始日将其计入损益。即,与其他融资租赁出租人不同,生产商或经销商出租人取得融资租赁所发生的成本不属于初始直接费用,不计入租赁投资净额。

【例 7-16】 甲公司是一家设备生产商,与乙公司(生产型企业)签订了一份租赁合同,向乙公司出租所生产的设备,合同主要条款如下。

(1) 租赁资产:设备 A;
(2) 租赁期:2×19 年 1 月 1 日至 2×21 年 12 月 31 日,共 3 年;
(3) 租金支付:自 2×19 年起每年年末支付年租金 1 000 000 元;
(4) 租赁合同规定的利率:5%(年利率),与市场利率相同;
(5) 该设备于 2×19 年 1 月 1 日的公允价值为 2 700 000 元,账面价值为 2 000 000 元;
(6) 甲公司取得该租赁发生的相关成本为 5 000 元;
(7) 该设备于 2×19 年 1 月 1 日交付乙公司,预计使用寿命为 8 年,无残值;租赁期届满时,乙公司可以 100 元购买该设备,预计租赁到期日该设备的公允价值不低于 1 500 000 元,乙公司对此金额提供担保;租赁期内该设备的保险、维修等费用均由乙公司自行承担。假设不考虑其他因素和各项税费影响。

分析:第一步,判断租赁类型。本例中租赁期满乙公司可以远低于租赁到期日租赁资产公允价值的金额购买租赁资产,甲公司认为其可以合理地确定乙公司将行使购买选择权,综合考虑其他因素,与该项资产所有权有关的几乎所有风险和报酬已实质转移给乙公司,因此甲公司将该租赁认定为融资租赁。

第二步,计算租赁期开始日租赁收款额按市场利率折现的现值,确定收入金额。

租赁收款额=租金×期数+购买价格=1 000 000×3 +100=3 000 100 (元)

租赁收款额按市场利率折现的现值=1 000 000×(P/A, 5%, 3) + 100×(P/F, 5%, 3)=2 723 286(元)

按照租赁资产公允价值与租赁收款额按市场利率折现的现值两者孰低的原则,确认收入为 2 700 000 元。

第三步,计算租赁资产账面价值扣除未担保余值的现值后的余额,确定销售成本金额。

销售成本=账面价值-未担保余值的现值=2 000 000 - 0=2 000 000 (元)

第四步,会计分录如下。

2×19 年 1 月 1 日(租赁期开始日)的会计分录。

借:应收融资租赁款——租赁收款额 3 000 100
　　贷:营业收入 2 700 000
　　　　应收融资租赁款——未实现融资收益 300 100
借:营业成本 2 000 000
　　贷:存货 2 000 000
借:销售费用 5 000
　　贷:银行存款 5 000

甲公司在确定营业收入和租赁投资净额(即应收融资租赁款)时,是基于租赁资产的公允价值,因此,甲公司需要根据租赁收款额、未担保余值和租赁资产公允价值重新计算租赁内含利率。

即,$1\,000\,000\times(P/A,\ r,\ 3) + 100\times(P/F,\ r,\ 3) = 2\,700\,000$,经计算 $r = 5.4606\% \approx 5.46\%$,计算租赁期内各期分摊的融资收益如表 7-3 所示。

表 7-3 租赁期内各期分摊的融资收益

单位:元

日 期	收取租赁款项 ①	确认的融资收入 ②=期初④×5.4606%	应收租赁款减少额 ③=①-②	应收租赁款净额 期末④=期初④-③
2×19 年 1 月 1 日				2 700 000
2×19 年 12 月 31 日	1 000 000	147 436	852 564	1 847 436
2×20 年 12 月 31 日	1 000 000	100 881	899 119	948 317
2×21 年 12 月 31 日	1 000 000	51 783*	948 217*	100
2×21 年 12 月 31 日	100		100	
合计	3 000 100	300 100	2 700 000	

注:* 作尾数调整:51 783 = 1 000 000 - 948 217;948 217 = 948 317 - 100。

2×19 年 12 月 31 日的会计分录。

借:应收融资租赁款——未实现融资收益　　　　　　　　　147 436
　　贷:租赁收入　　　　　　　　　　　　　　　　　　　　147 436
借:银行存款　　　　　　　　　　　　　　　　　　　　1 000 000
　　贷:应收融资租赁款——租赁收款额　　　　　　　　　1 000 000

2×20 年 12 月 31 日和 2×21 年 12 月 31 日的会计分录略。

为吸引客户,生产商或经销商出租人有时以较低利率报价,使用该利率会导致出租人在租赁期开始日确认的收入偏高。在这种情况下,生产商或经销商出租人应当将销售利得限制为采用市场利率所能取得的销售利得。

三、售后租回交易的会计处理

若企业(卖方兼承租人)将资产转让给其他企业(买方兼出租人),并从买方兼出租人租回该项资产,则卖方兼承租人和买方兼出租人均应按照售后租回交易的规定进行会计处理。企业应当按照《企业会计准则第 14 号——收入》(2017 年修订)的规定,评估确定售后租回交易中的资产转让是否属于销售,并区别进行会计处理。

在标的资产的法定所有权转移给出租人并将资产租赁给承租人之前,承租人可能会先获得标的资产的法定所有权。但是,是否具有标的资产的法定所有权本身并非会计处理的决定性因素。如果承租人在资产转移给出租人之前已经取得对标的资产的控制,则该交易属于售后租回交易。然而,如果承租人未能在资产转移给出租人之前取得对标的资产的控制,那么即便承租人在资产转移给出租人之前先获得标的资产的法定所有权,该交易也不属于售后租回交易。

(一)售后租回交易中的资产转让属于销售

卖方兼承租人应当按原资产账面价值中与租回获得的使用权有关的部分,计量售后租回所形成的使用权资产,并仅就转让至买方兼出租人的权利确认相关利得或损失。买方兼出租人根据其他适用的企业会计准则对资产购买进行会计处理,并根据新租赁准则对资产出租进行会计处理。

如果销售对价的公允价值与资产的公允价值不同,或者出租人未按市场价格收取租金,则企业应当进行以下调整。

(1) 销售对价低于市场价格的款项作为预付租金进行会计处理。

(2) 销售对价高于市场价格的款项作为买方兼出租人向卖方兼承租人提供的额外融资进行会计处理。

同时,承租人按照公允价值调整相关销售利得或损失,出租人按市场价格调整租金收入。

在进行上述调整时,企业应当按以下两者中较易确定者进行。

(1) 销售对价的公允价值与资产的公允价值的差异。

(2) 合同付款额的现值与按市场租金计算的付款额的现值的差异。

(二)售后租回交易中的资产转让不属于销售

卖方兼承租人不终止确认所转让的资产,而应当将收到的现金作为金融负债,并按照《企业会计准则第 22 号——金融工具确认和计量》(2017 年修订)进行会计处理。买方兼出租人不确认被转让资产,而应当将支付的现金作为金融资产,并按照《企业会计准则第 22 号——金融工具确认和计量》(2017 年修订)进行会计处理。

(三)售后租回交易示例

1. 售后租回交易中的资产转让不属于销售

【例 7-17】甲公司(卖方兼承租人)以银行存款 2 400 万元的价格向乙公司(买方兼出租人)出售一栋建筑物,交易前该建筑物的账面价值是 2 400 万元,累计折旧是 400 万元。与此同时,甲公司与乙公司签订了合同,取得了该建筑物 18 年的使用权(全部剩余使用年限为 40 年),年租金为 200 万元,于每年年末支付,租赁期满时,甲公司将以 100 元购买该建筑物。根据交易的款项和条件,甲公司转让建筑物不满足收入准则中关于销售成立的条件,假设不考虑初始直接费用和各项税费的影响。该建筑物在销售当日的公允价值为 3 600 万元。

分析:在租赁期开始日,甲公司对该交易的会计处理如下。

借:银行存款　　　　　　　　　　　　　　　　　　　24 000 000
　　贷:长期应付款　　　　　　　　　　　　　　　　24 000 000

在租赁期开始日,乙公司对该交易的会计处理如下。

借:长期应收款　　　　　　　　　　　　　　　　　　24 000 000
　　贷:银行存款　　　　　　　　　　　　　　　　　24 000 000

2. 售后租回交易中的资产转让属于销售

【例 7-18】甲公司(卖方兼承租人)以 40 000 000 元的价格向乙公司(买方兼出租人)出售一栋建筑物，交易前该建筑物的账面价值是 24 000 000 元，累计折旧是 4 000 000 元，与此同时，甲公司与乙公司签订了合同，取得了该建筑物 18 年的使用权(全部剩余使用年限为 40 年)，年租金为 2 400 000 元，于每年年末支付。根据交易的条款和条件，甲公司转让建筑物符合收入准则(2017)中关于销售成立的条件，假设不考虑初始直接费用和各项税费的影响。该建筑物在销售当日的公允价值为 36 000 000 元。

分析：由于该建筑物的销售对价并非公允价值，甲公司和乙公司分别进行了调整，以按照公允价值计量销售收益和租赁应收款。超额售价 4 000 000(40 000 000－36 000 000)元作为乙公司向甲公司提供的额外融资进行确认。

甲、乙公司均确定租赁内含年利率为 4.5%。年付款额现值为 29 183 980 元(年付款额为 2 400 000 元，共 18 期，按每年 4.5%进行折现)，其中 4 000 000 元与额外融资相关，25 183 980 元与租赁相关(分别对应年付款额 328 948 元和 2 071 052 元)，具体计算过程如下：年付款额现值=2 400 000×(P/A, 4.5%, 18)=29 183 980(元)，额外融资年付款额=4 000 000÷29 183 980×2 400 000＝328 948(元)，租赁相关年付款额=2 400 000－328 948＝2 071 052 (元)。

(1) 在租赁期开始日，甲公司对该交易的会计处理如下。

第一步，按租回获得的使用权部分占该建筑物的原账面金额的比例计算售后租回所形成的使用权资产。

使用权资产=(24 000 000－4 000 000)(注1)×25 183 980 (注2)÷36 000 000 (注3)=13 991 100(元)

注1：该建筑物的账面价值。

注2：18 年使用权资产的租赁付款额现值。

注3：该建筑物的公允价值。

第二步，计算与转让至乙公司的权利相关的利得。

出售该建筑物的全部利得=36 000 000－20 000 000＝16 000 000 (元)，其中，

与该建筑物使用权相关利得=16 000 000×(25 183 980÷36 000 000) =11 192 880 (元)

与转让至乙公司的权利相关的利得=16 000 000－11 192 880 =4 807 120 (元)

第三步，会计分录如下。

① 与额外融资相关的会计分录。

借：银行存款	4 000 000
贷：长期应付款	4 000 000

② 与租赁相关的会计分录。

借：银行存款	36 000 000
使用权资产	13 991 100
累计折旧——建筑物	4 000 000
租赁负债——未确认融资费用	12 094 956
贷：固定资产——建筑物	24 000 000
租赁负债——租赁付款额	37 278 936

资产处置损益　　　　　　　　　　　　　　　　　　　　　　　4 807 120

　　分录中"租赁负债——租赁付款额"的金额为甲公司年付款 2 400 000 元中的 2 071 052 元；2×18 年后续甲公司支付的年付款额 2 400 000 元中的 2 071 052 元作为租赁付款额处理；328 948 元作为以下两项进行会计处理：结算金融负债 4 000 000 元而支付的款项；利息费用。以第 1 年年末为例。

　　借：租赁负债——租赁付款额　　　　　　　　　　　　　　 2 071 052
　　　　长期应付款　　　　　　　　　　　　　　　　　　　　　 148 948
　　　　利息费用　　　　　　　　　　　　　　　　　　　　　 1 313 279
　　　　贷：租赁负债——未确认融资费用　　　　　　　　　　　 1 133 279
　　　　　　银行存款　　　　　　　　　　　　　　　　　　　 2 400 000

　　其中，利息费用=25 183 980 × 4.5% + 4 000 000 × 4.5% = 1 133 279 + 180 000 =1 313 279(元)
　　长期应付款减少额=328 948 － 4 000 000 × 4.5%=328 948 － 180 000 = 148 948(元)

　　(2) 综合考虑租期占该建筑物剩余使用年限的比例等因素，乙公司将该建筑物的租赁分类为经营租赁。

　　在租赁期开始日，乙公司对该交易的会计处理如下。

　　借：固定资产——建筑物　　　　　　　　　　　　　　　　 36 000 000
　　　　长期应收款　　　　　　　　　　　　　　　　　　　　　 4 000 000
　　　　贷：货币资金　　　　　　　　　　　　　　　　　　　 40 000 000

　　租赁期开始日之后，乙公司将从甲公司年收款额 2 400 000 元中的 2 071 052 元作为租赁收款额进行会计处理，从甲公司年收款额中的其余 328 948 元作为以下两项进行会计处理：结算金融资产 4 000 000 元而收到的款项；利息收入。以第 1 年年末为例。

　　借：银行存款　　　　　　　　　　　　　　　　　　　　　　 2 400 000
　　　　贷：租赁收入　　　　　　　　　　　　　　　　　　　　 2 071 052
　　　　　　利息收入　　　　　　　　　　　　　　　　　　　　　 180 000
　　　　　　长期应收款　　　　　　　　　　　　　　　　　　　　 148 948

本 章 小 结

　　租赁是指在一定期间内，出租人将资产的使用权让与承租人以获取对价的合同。一项合同要被分类为租赁，必须满足三要素：一是存在一定期间；二是存在已识别资产；三是资产供应方向客户转移对已识别资产使用权的控制。

　　租赁期是指承租人有权使用租赁资产且不可撤销的期间。

　　在租赁期开始日，承租人应当对所有租赁均确认使用权资产和租赁负债，短期租赁和低价值资产租赁采用简化处理的除外。

　　租赁负债应当按照租赁期开始日尚未支付的租赁付款额的现值进行初始计量。租赁付款额，是指承租人向出租人支付的与在租赁期内使用租赁资产的权利相关的款项，包括以下五项内容：①固定付款额及实质固定付款额，存在租赁激励的，扣除租赁激励相关金额；②取决于指数或比率的可变租赁付款额；③购买选择权的行权价格，前提是承租人合理确定将行使该选择权；④行使终止租赁选择权需支付的款项，前提是租赁期反映出承租人将行使终止租赁选择权；⑤根据承租人提供的担保余值预计应支付的款项。

在计算租赁付款额的现值时，承租人应当采用租赁内含利率作为折现率；无法确定租赁内含利率的，应当采用承租人增量借款利率作为折现率。

使用权资产是指承租人可在租赁期内使用租赁资产的权利。在租赁期开始日，承租人应当按照成本对使用权资产进行初始计量。该成本包括下列四项。

(1) 租赁负债的初始计量金额。

(2) 在租赁期开始日或之前支付的租赁付款额；存在租赁激励的，应扣除已享受的租赁激励相关金额。

(3) 承租人发生的初始直接费用。

(4) 承租人为拆卸及移除租赁资产、复原租赁资产所在场地或将租赁资产恢复至租赁条款约定状态预计将发生的成本。

承租人应当自租赁期开始日的当月起对使用权资产计提折旧，当月计提确有困难的，企业也可以选择自租赁期开始的下月计提折旧。根据使用权资产的用途，计入相关资产的成本或者当期损益。承租人应当按照扣除减值损失之后的使用权资产的账面价值，进行后续折旧。

出租人应当在租赁开始日将租赁分为融资租赁和经营租赁。

如果一项租赁实质上转移了与租赁资产所有权有关的几乎全部风险和报酬，出租人应当将该项租赁分类为融资租赁。出租人应当将除融资租赁以外的其他租赁分类为经营租赁。

在租赁期开始日，出租人应当对融资租赁确认应收融资租赁款，并终止确认融资租赁资产。出租人对应收融资租赁款进行初始计量时，应当以租赁投资净额作为应收融资租赁款的入账价值。

租赁收款额是指出租人因让渡在租赁期内使用租赁资产的权利而应向承租人收取的款项，包括以下内容。

(1) 承租人需支付的固定付款额及实质固定付款额。存在租赁激励的，应当扣除租赁激励相关金额。

(2) 取决于指数或比率的可变租赁付款额。该款项在初始计量时根据租赁期开始日的指数或比率确定。

(3) 购买选择权的行权价格，前提是合理确定承租人将行使该选择权。

(4) 承租人行使终止租赁选择权需支付的款项，前提是租赁期反映出承租人将行使终止租赁选择权。

(5) 由承租人、与承租人有关的一方以及有经济能力履行担保义务的独立第三方向出租人提供的担保余值。

出租人应当按照内含利率计算并确认租赁期内各个期间的利息收入。

出租人对经营租赁的会计处理：在租赁期内，采用直线法或者其他系统合理的方法将经营租赁的租赁收款额确认为租金收入。出租人发生的与经营租赁有关的初始直接费用应当资本化至租赁标的资产的成本，在租赁期内按照与租金收入相同的确认基础分期计入当期损益。对于经营租赁资产中的固定资产，出租人应当采用类似资产的折旧政策计提折旧；对于其他经营租赁资产，应当根据该资产适用的企业会计准则，采用系统合理的方法进行摊销。

复习思考题

1. 什么是租赁？一项合同被分类为租赁，必须要满足哪些要素？
2. 什么是租赁期？租赁期是怎样规定的？
3. 租赁负债怎样进行初始计量和后续计量？
4. 什么是租赁付款额？包括哪些内容？
5. 租赁期开始日，承租人应当如何确定使用权资产的入账价值？
6. 使用权资产怎样进行后续计量？
7. 使用权资产的折旧方法和折旧年限如何确定？
8. 什么是短期租赁和低价值资产租赁？会计处理原则是怎样的？
9. 出租人的租赁怎样分类？融资租赁的分类标准有哪些？
10. 什么是租赁收款额？包括哪些内容？
11. 出租人对融资租赁应当如何进行初始计量和后续计量？
12. 出租人对经营租赁应当如何进行会计处理？

第八章

股份支付

通过本章的学习，了解股份支付的概念及特征；掌握股份支付的四个主要环节及可行权条件的种类、处理和修改；熟练进行权益结算股份支付和现金结算股份支付的核算。

扫码下载本章自测与技能训练

第一节　股份支付概述

一、股份支付的概念及特征

股份支付，是"以股份为基础的支付"的简称，是指企业为获取职工和其他方提供服务而授予权益工具或承担以权益工具为基础确定的负债的交易。

股份支付具有以下特征。

(一)股份支付是企业与职工或其他方之间发生的交易

以股份为基础的支付可能发生在企业与股东之间、合并交易中的合并方与被合并方之间或者企业与职工之间，只有发生在企业与职工或向企业提供服务的其他方之间的交易，才符合股份支付的定义。

(二)股份支付是以获取职工或其他方服务为目的的交易

企业在股份支付交易中旨在获取职工或其他方提供的服务(费用)或取得这些服务的权利(资产)。企业获取这些服务或权利的目的是用于其正常生产经营，而不是转手获利等。

(三)股份支付交易的对价或其定价与企业自身权益工具未来的价值密切相关

股份支付交易和企业与职工之间其他类型交易最大的不同是，交易对价或其定价与企业自身权益工具未来的价值密切相关。在股份支付中，企业要么向职工支付其自身权益工具，要么向职工支付一笔现金，而其金额高低取决于结算时企业自身权益工具的公允价值。对价的特殊性可以说是股份支付定义中最突出的特征。企业自身权益工具包括会计主体本身、母公司和同一集团内的其他会计主体的权益工具。

二、股份支付的四个环节

以薪酬性股票期权为例，典型的股份支付通常涉及四个主要环节：授予、可行权、行权和出售。股份支付交易环节如图8-1所示。

(1) 授予日。授予日，是指股份支付协议获得批准的日期。其中"获得批准"，是指企业与职工或其他方就股份支付的协议条款和条件已达成一致，该协议获得股东大会或类似机构的批准。这里的"达成一致"，是指在双方对该计划或协议内容充分形成一致理解的基础上，均接受其条款和条件。如果按照相关法规的规定，在提交股东大会或类似机构之前存在必要程序或要求，则应履行该程序或满足该要求。

(2) 可行权日。可行权日，是指可行权条件得到满足、职工或其他方具有从企业取得权益工具或现金权利的日期。有的股份支付协议是一次性可行权，有的则是分批可行权。只有达到可行权条件的股票期权，才是职工真正拥有的财产，才能去择机行权。从授予日至可行权日的时段，是可行权条件得到满足的期间，因此称为"等待期"，又称为"行权限制期"。

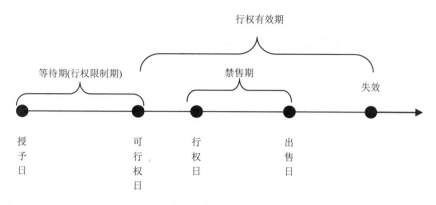

图 8-1 股份支付交易环节

(3) 行权日。行权日是指职工和其他方行使权利、获取现金或权益工具的日期。例如，持有股票期权的职工行使了以特定价格购买一定数量本公司股票的权利，该日期即为行权日。行权是按期权的约定价格实际购买股票，一般是在可行权日之后至期权到期日之前的可选择时段内行权。

(4) 出售日。出售日是指股票的持有人将行使期权所取得的期权股票出售的日期。股份筹资需要给资本市场树立稳定的形象，股东不宜频繁变动，按照我国法规规定，用于期权激励的股份支付协议，应在行权日与出售日之间设立禁售期，其中，国有控股上市公司的禁售期不得少于两年。

三、股份支付工具的主要类型

按照股份支付的方式和工具类型，股份支付工具主要可划分为两大类、四小类。

(一)以权益结算的股份支付

以权益结算的股份支付，是指企业为获取服务而以股份或其他权益工具作为对价进行结算的交易。以权益结算的股份支付最常用的工具有两类：限制性股票和股票期权。

限制性股票，是指职工或其他方按照股份支付协议规定的条款和条件，从企业获得一定数量的本企业股票。企业授予职工一定数量的股票，在一个确定的等待期内或在满足特定业绩指标之前，职工出售股票要受到持续服务期限条款或业绩条件的限制。

股票期权，是指企业授予职工或其他方在未来一定期限内以预先确定的价格和条件购买本企业一定数量股票的权利。股票期权实质上是一种向激励对象定向发行的认购权证，即职工在满足可行权条件后以约定价格(授予价格)购买公司股票的权利，也可以选择不缴纳认股款，放弃取得相应股票。职工可获取行权日股票价格高于授予价格的上行收益，但不承担股价下行风险。目前，多数上市公司的股权激励方案是采用股票期权方式。

(二)以现金结算的股份支付

以现金结算的股份支付，是指企业为获取服务而承担的以股份或其他权益工具为基础计算的交付现金或其他资产的义务的交易。以现金结算的股份支付最常用的工具有两类：模拟股票和现金股票增值权。

模拟股票和现金股票增值权,是用现金支付模拟的股权激励机制,即与股票价值挂钩,但用现金支付。除不需实际授予股票和持有股票之外,模拟股票的运作原理与限制性股票是一样的。除不需实际认购和持有股票之外,现金股票增值权的运作原理与股票期权是一样的,都是一种增值权形式的与股票价值挂钩的薪酬工具。

第二节 股份支付的确认和计量

一、股份支付的确认和计量原则

(一)权益结算的股份支付的确认和计量原则

1. 换取职工服务的权益结算的股份支付

对于换取职工服务的股份支付,企业应当以股份支付所授予的权益工具的公允价值计量。企业应在等待期内的每个资产负债表日,以对可行权权益工具数量的最佳估计为基础,按照权益工具在授予日的公允价值,将当期取得的服务计入相关资产成本或当期费用,同时计入资本公积中的其他资本公积。

(1) 授予日不需要做处理。
(2) 在等待期的每个资产负债表日按授予日权益工具的公允价值做以下处理。
借:管理费用或生产成本等
　　贷:资本公积——其他资本公积
(3) 可行权日的会计处理。
借:资本公积——其他资本公积
　　贷:股本
　　　　资本公积——股本溢价
职工购买时的会计处理。
借:银行存款
　　资本公积——其他资本公积
　　贷:股本
　　　　资本公积——股本溢价

2. 对于授予后立即可行权的换取职工提供服务的权益结算的股份支付

对于授予后立即可行权的换取职工提供服务的权益结算的股份支付(例如授予限制性股票的股份支付),应在授予日按照权益工具的公允价值,将取得的服务计入相关资产成本或当期费用,同时计入资本公积中的股本溢价。

授予日的会计处理。
借:管理费用或生产成本等 (授予日期权的公允价值)
　　贷:股本
　　　　资本公积——股本溢价

3. 换取其他方服务的股份支付的确认和计量

对于换取其他方服务的股份支付，企业应当以股份支付所换取的服务的公允价值计量。企业应当按照其他方服务在取得日的公允价值，将取得的服务计入相关资产成本或费用。

如果其他方服务的公允价值不能可靠计量，但权益工具的公允价值能够可靠计量，企业应当按照权益工具在服务取得日的公允价值，将取得的服务计入相关资产成本或费用。

4. 权益工具公允价值无法可靠确定时的处理

在极少数情况下，授予权益工具的公允价值无法可靠计量。在这种情况下，企业应当在获取对方提供服务的时点、后续的每个资产负债表日以及结算日，以内在价值计量该权益工具，内在价值的变动应计入当期损益。同时，企业应当以最终可行权或实际行权的权益工具数量为基础，确认取得服务的金额。

内在价值，是指交易对方有权认购或取得的股份的公允价值，与其按照股份支付协议应当支付的价格的差额。企业对上述以内在价值计量的已授予权益工具进行结算，应当遵循以下要求。

(1) 结算发生在等待期内的，企业应当将结算作为加速可行权处理，即立即确认本应于剩余等待期内确认的服务金额。

(2) 结算时支付的款项应当作为回购该权益工具处理，即减少所有者权益。结算支付的款项高于该权益工具在回购日内在价值的部分，计入当期损益。

5. 回购股份进行职工期权激励

企业回购股份时，应按回购股份的全部支出作为库存股处理，同时进行备查登记。按照权益结算股份支付的规定，企业应在等待期内每个资产负债表日按照权益工具在授予日的公允价值，将取得的职工服务计入成本费用，同时增加资本公积(其他资本公积)。在职工行权购买本企业股份时，企业应转销交付职工的库存股成本和等待期内资本公积(其他资本公积)累计金额，同时，按其差额调整资本公积(股本溢价)。

(1) 属于权益结算的股份支付回购时，其账务处理如下。

借：库存股
  贷：银行存款

(2) 在等待期的每个资产负债表日按授予日权益工具的公允价值做处理，其账务处理如下。

借：管理费用或生产成本等
  贷：资本公积——其他资本公积

(3) 职工行权时，其账务处理如下。

借：银行存款
  资本公积——其他资本公积
     ——股本溢价
  贷：库存股

(二)现金结算的股份支付的确认和计量原则

1. 对于等待期内的现金结算的股份支付

对于等待期内的现金结算的股份支付,企业应当在等待期内的每个资产负债表日,以对可行权情况的最佳估计为基础,按照企业承担负债的公允价值,将当期取得的服务计入相关资产成本或当期费用,同时计入负债,并在结算前的每个资产负债表日和结算日对负债的公允价值重新计量,将其变动计入损益。

(1) 授予日不做账务处理。

(2) 在等待期的每个资产负债表日,其账务处理如下。

借:管理费用或生产成本
　　贷:应付职工薪酬

(3) 在结算前的每个资产负债表日和结算日对负债的公允价值重新计量,其账务处理如下:

借:公允价值变动损益
　　贷:应付职工薪酬

或相反。

(4) 行权日(结算日)时,其账务处理如下。

借:应付职工薪酬
　　贷:银行存款

2. 对于授予后立即可行权的现金结算的股份支付

对于授予后立即可行权的现金结算的股份支付,例如,授予虚拟股票或业绩股票的股份支付,企业应当在授予日按照企业承担负债的公允价值计入相关资产成本或费用,同时计入负债,并在结算前的每个资产负债表日和结算日对负债的公允价值重新计量,将其变动计入损益。

(1) 授予日时,其账务处理如下。

借:管理费用或生产成本
　　贷:应付职工薪酬

(2) 在结算前的每个资产负债表日和结算日对负债的公允价值重新计量,其账务处理如下。

借:公允价值变动损益
　　贷:应付职工薪酬

或相反。

(3) 行权日(结算日)时,其账务处理如下:

借:应付职工薪酬
　　贷:银行存款

二、可行权条件的种类、处理和修改

股份支付中通常涉及可行权条件。可行权条件是指能够确定企业是否得到职工或其他方提供的服务,且该服务使职工或其他方具有获取股份支付协议规定的权益工具或现金等权利的条件;反之,为非可行权条件。

可行权条件包括服务期限条件和业绩条件。服务期限条件,是指职工完成规定服务期间才可行权的条件。业绩条件是指职工或其他方完成规定服务期限且企业已达到特定业绩目标,职工才可行权的条件,具体包括市场条件和非市场条件。

1. 市场条件和非市场条件及其处理

市场条件是指行权价格、可行权条件以及行权可能性与权益工具的市场价格相关的业绩条件,例如,股份支付协议中关于股价至少上升至何种水平,职工或其他方可相应取得多少股份的规定。企业在确定权益工具在授予日的公允价值时,应考虑股份支付协议规定的市场条件和非可行权条件的影响;市场条件和非可行权条件是否得到满足,不影响企业对预计可行权情况的估计。非市场条件是指除市场条件之外的其他业绩条件。如股份支付协议中关于达到最低盈利目标或销售目标才可行权的规定。对于可行权条件为业绩条件的股份支付,在确定权益工具的公允价值时,应参考市场条件的影响。只要职工满足了其他所有非市场条件(如利润增长率、服务期限等),企业就应当确认已取得的服务。

2. 可行权条件的修改

通常情况下,股份支付协议生效后,不应对其条款和条件随意修改。但在某些情况下,可能需要修改授予权益工具的股份支付协议中的条款和条件。

(1) 条款和条件的有利修改(均需考虑修改的影响)。

企业应当根据以下情况,确认导致股份支付公允价值总额增加以及其他对职工有利的修改的影响:

① 如果修改增加了所授予的权益工具的公允价值,企业应按照权益工具公允价值的增加相应地确认取得服务的增加。

② 如果修改增加了所授予的权益工具的数量,企业应按增加的权益工具的公允价值相应地确认为取得服务的增加。

③ 如果企业按照有利于职工的方式修改可行权条件,如缩短等待期、变更或取消业绩条件(非市场条件),企业在处理可行权条件时,应当考虑修改后的可行权条件。

(2) 条款和条件的不利修改(只考虑减少数量的影响,其他不考虑)。

如果企业以减少股份支付公允价值总额的方式或其他不利于职工的方式修改条款和条件,企业仍应继续对取得的服务进行会计处理,如同该变更从未发生,除非企业取消了部分或全部已授予的权益工具。具体包括如下几种情况。

① 如果修改减少了授予的权益工具的公允价值,企业应当继续以权益工具在授予日的公允价值为基础,确认取得服务的金额,而不应考虑权益工具公允价值的减少。

② 如果修改减少了授予的权益工具的数量,企业应当将减少部分作为已授予的权益工具的取消来进行处理。

③ 如果企业以不利于职工的方式修改了可行权条件,如延长等待期、增加或变更业绩条件(非市场条件),企业在处理可行权条件时,不应考虑修改后的可行权条件。

3. 取消或结算

如果企业在等待期内取消了所授予的权益工具或结算了所授予的权益工具(因未满足可行权条件而被取消的除外)，则应当做如下处理。

(1) 将取消或结算作为加速可行权处理，立即确认原本应在剩余等待期内确认的金额。假如本来是三年，现在两年就执行了，那么，此时要把后面剩余年限的服务的价值也提前确认，也就是在第二年确认的时候要按照三年确认相应费用。

(2) 在取消或结算时，支付给职工的所有款项均应作为权益的回购处理，回购支付的金额高于该权益工具在回购日公允价值的部分，计入当期费用。

(3) 如果向职工授予新的权益工具，并在新权益工具授予日认定所授予的新权益工具是用于替代被取消的权益工具的，企业应以与处理原权益工具条款和条件修改相同的方式，对授予的替代权益工具进行处理。

如果企业未将新授予的权益工具认定为替代权益工具，则应将其作为一项新授予的股份支付进行处理。

三、权益工具公允价值的确定

(一)股份

股份支付中权益工具的公允价值的确定，应当以市场价格为基础。一些股份和股票期权并没有一个活跃的交易市场，在这种情况下，应当考虑估值技术。通常情况下，企业应当按照金融工具确认和计量准则的有关规定确定权益工具的公允价值，并根据股份支付协议的条款的条件进行调整。对于授予职工的股份，企业应当按照其股份的市场价格计量。如果其股份未公开交易，则应考虑其条款和条件估计其市场价格。例如，如果股份支付协议规定了期权股票的禁售期，则会影响该股票期权的公允价值。

(二)股票期权

对于授予职工的股票期权，因其通常受到一些不同于交易期权的条款和条件的限制，因而在许多情况下难以获得其市场价格。如果不存在条款和条件相似的交易期权，就应通过期权定价模型估计所授予的期权的公允价值。在选择适用的期权定价模型时，企业应考虑熟悉情况和自愿的市场参与者将会考虑的因素。

所有适用于估计授予职工期权的定价模型至少应考虑以下因素：期权的行权价格；期权期限；基础股份的现行价格；股价的预计波动率(是指股价未来波动的标准差)；股份的预计股利；期权期限内的无风险利率。

第三节 股份支付的应用举例

一、附服务年限条件的权益结算股份支付

【例 8-1】MK 公司为一家上市公司。2×19 年 1 月 1 日，MK 公司向其 200 名管理人员每人授予 100 股股票期权，这些职员从 2×19 年 1 月 1 日起在该公司连续服务 3 年，即

可以 5 元每股购买 100 股 MK 公司股票，从而获益。MK 公司估计，该期权在授予日的公允价值为 18 元。

第一年有 20 名职员离开 MK 公司，MK 公司估计三年中职员离开的比例将达到 20%；第二年又有 10 名职员离开，公司将估计的离职比例修正为 15%；第三年又有 15 名职员离开。

(1) 费用和资本公积计算过程如表 8-1 所示。

表 8-1　费用和资本公积计算

单位：元

年　份	计　算	当期费用	累计费用
2×19	200×100×(1-20%)×18×1/3	96 000	96 000
2×20	200×100×(1-15%)×18×2/3-96 000	108 000	204 000
2×21	155×100×18-204 000	75 000	279 000

(2) 账务处理如下。

2×19 年 1 月 1 日：授予日不做账务处理。

2×19 年 12 月 31 日的会计分录。

借：管理费用　　　　　　　　　　　　　　　　　　　　　　　96 000
　　贷：资本公积——其他资本公积　　　　　　　　　　　　　　96 000

(3) 2×20 年 12 月 31 日的会计分录。

借：管理费用　　　　　　　　　　　　　　　　　　　　　　　108 000
　　贷：资本公积——其他资本公积　　　　　　　　　　　　　　108 000

(4) 2×21 年 12 月 31 日的会计分录。

借：管理费用　　　　　　　　　　　　　　　　　　　　　　　75 000
　　贷：资本公积——其他资本公积　　　　　　　　　　　　　　75 000

(5) 假设剩下的 155 名职员均在 2×22 年 12 月 31 日行权，MK 公司股份面值为 1 元，其会计分录如下。

借：银行存款　　　　　　　　　　　　　(155×100×5)　　77 500
　　资本公积——其他资本公积　　　　　　　　　　　　　　279 000
　　贷：股本　　　　　　　　　　　　　　　　　　　　　　15 500
　　　　资本公积——股本溢价　　　　　　　　　　　　　　341 000

二、附非市场业绩条件的权益结算股份支付

【例 8-2】2×19 年 1 月 1 日，LPA 公司为其 100 名管理人员每人授予 100 份股票期权；第一年年末的可行权条件为企业净利润增长率达到 20%；第二年年末的可行权条件为企业净利润两年平均增长 15%；第三年年末的可行权条件为企业净利润三年平均增长 10%。每份期权在 2×19 年 1 月 1 日的公允价值为 24 元。

2×19 年 12 月 31 日，企业净利润增长了 18%，同时有 8 名管理人员离开，企业预计 2×20 年将以同样速度增长，因此预计将于 2×20 年 12 月 31 日可行权。另外，企业预计 2×20 年 12 月 31 日又将有 8 名管理人员离开企业。

2×20 年 12 月 31 日，企业净利润仅增长了 10%，因此无法达到可行权状态。另外，

实际有 10 名管理人员离开，预计第三年将有 12 名管理人员离开企业。

2×21 年 12 月 31 日，企业净利润增长了 8%，三年平均增长率为 12%，因此达到可行权状态。当年有 8 名管理人员离开。

分析：

按照股份支付会计准则，本例中的可行权条件是一项非市场业绩条件。

第一年年末，虽然没能实现净利润增长 20% 的目标，但公司预计下年将以同样速度增长，因此能实现两年平均年增长 15% 的目标。因而公司将其预计等待期调整为 2 年。由于有 8 名管理人员离开，公司同时调整了期满(两年)后预计可行权期权的人数(100-8-8)。

第二年年末，虽然两年实现 15% 增长的目标再次落空，但是公司仍然估计能够在第三年取得较理想的业绩，从而实现 3 年平均增长 10% 的目标。因此公司将其预计等待期调整为 3 年。第二年有 10 名管理人员离开，高于预计数字，因此公司相应调增了第三年预计离开的人数(100-8-10-12)。

第三年年末，目标实现，实际离开人数为 8 人。公司根据实际情况确定累计费用，并据此确认了第三年费用和调整。

费用和资本公积计算过程如表 8-2 所示。

表 8-2　费用和资本公积计算

单位：元

年　份	计　算	当期费用	累计费用
2×19	(100-8-8)×100×24×1/2	100 800	100 800
2×20	(100-8-10-12)×100×24×2/3-100 800	11 200	112 000
2×21	(100-8-10-8)×100×24-112 000	65 600	177 600

账务处理同[例 8-1]。

三、现金结算的股份支付

【例 8-3】2×17 年年初，PYG 公司为其 200 名中层以上职员每人授予 100 份现金股票增值权，这些职员从 2×17 年 1 月 1 日起在该公司连续服务 3 年，即可按照当时股价的增长幅度获得现金，该增值权应在 2×21 年 12 月 31 日之前行使。PYG 公司估计，该增值权在负债结算之前的每个资产负债表日以及结算日的公允价值和可行权后的每份增值权现金支出额如表 8-3 所示。

表 8-3　PYG 公司的公允价值和现金支出额

单位：元

年　份	公允价值	现金支出额
2×17	14	
2×18	15	
2×19	18	16
2×20	21	20
2×21		25

第一年有 20 名职员离开，PYG 公司估计三年中还将有 15 名职员离开；第二年又有

10名职员离开，公司估计还将有10名职员离开；第三年又有15名职员离开。第三年年末，有70人行使股份增值权取得了现金。第四年年末，有50人行使了股份增值权。第五年年末，剩余35人也行使了股份增值权。

(1) 费用和应付职工薪酬计算过程如表8-4所示。

表8-4 费用和应付职工薪酬计算

单位：元

年 份	负债计算(1)	支付现金计算(2)	负债(3)	支付现金(4)	当期费用(5)
2×17	(200−35)×100×14×1/3		77 000		77 000
2×18	(200−40)×100×15×2/3		160 000		83 000
2×19	(200−45−70)×100×18	70×100×16	153 000	112 000	105 000
2×20	(200−45−70−50)×100×21	50×100×20	73 500	100 000	20 500
2×21	0	35×100×25	0	87 500	14 000
总额				299 500	299 500

注：(1)计算得(3)，(2)计算得(4)。当期(3)−前一期(3)+当期(4)=当期(5)。

(2) 会计处理如下。

① 2×17年12月31日的会计分录。

借：管理费用　　　　　　　　　　　　　　　　　　　　　　77 000
　　贷：应付职工薪酬——股份支付　　　　　　　　　　　　　　77 000

② 2×18年12月31日的会计分录。

借：管理费用　　　　　　　　　　　　　　　　　　　　　　83 000
　　贷：应付职工薪酬——股份支付　　　　　　　　　　　　　　83 000

③ 2×19年12月31日的会计分录。

借：管理费用　　　　　　　　　　　　　　　　　　　　　　105 000
　　贷：应付职工薪酬——股份支付　　　　　　　　　　　　　　105 000

借：应付职工薪酬——股份支付　　　　　　　　　　　　　　112 000
　　贷：银行存款　　　　　　　　　　　　　　　　　　　　　112 000

④ 2×20年12月31日(可行权日后)的会计分录。

借：公允价值变动损益　　　　　　　　　　　　　　　　　　20 500
　　贷：应付职工薪酬——股份支付　　　　　　　　　　　　　　20 500

借：应付职工薪酬——股份支付　　　　　　　　　　　　　　100 000
　　贷：银行存款　　　　　　　　　　　　　　　　　　　　　100 000

⑤ 2×21年12月31日的会计分录。

借：公允价值变动损益　　　　　　　　　　　　　　　　　　14 000
　　贷：应付职工薪酬——股份支付　　　　　　　　　　　　　　14 000

借：应付职工薪酬——股份支付　　　　　　　　　　　　　　87 500
　　贷：银行存款　　　　　　　　　　　　　　　　　　　　　87 500

本 章 小 结

　　股份支付，是指企业为获取职工和其他方提供服务而授予权益工具或承担以权益工具为基础确定的负债的交易。

　　股份支付具有以下特征：股份支付是企业与职工或其他方之间发生的交易；股份支付是以获取职工或其他方服务为目的的交易；股份支付交易的对价或其定价与企业自身权益工具未来的价值密切相关。股份支付通常涉及四个主要环节：授予、可行权、行权和出售。股份支付工具的主要类型有以权益结算的股份支付和以现金结算的股份支付。

　　对于以权益结算的股份支付，企业应当以股份支付所授予的权益工具的公允价值计量。企业应在等待期内的每个资产负债表日，以对可行权权益工具数量的最佳估计为基础，按照权益工具在授予日的公允价值，将当期取得的服务计入相关资产成本或当期费用，同时计入资本公积中的其他资本公积。对于授予后立即可行权的换取职工提供服务的权益结算的股份支付(例如授予限制性股票的股份支付)，应在授予日按照权益工具的公允价值，将取得的服务计入相关资产成本或当期费用，同时计入资本公积中的股本溢价。

　　对于现金结算的股份支付，企业应当在等待期内的每个资产负债表日，以对可行权情况的最佳估计为基础，按照企业承担负债的公允价值，将当期取得的服务计入相关资产成本或当期费用，同时计入负债，并在结算前的每个资产负债表日和结算日对负债的公允价值重新计量，将其变动计入损益。

复习思考题

1. 什么是股份支付？其有哪些特征？
2. 股份支付有哪些主要环节？
3. 股份支付工具有哪些主要类型？
4. 以权益结算的股份支付的会计处理原则是什么？
5. 以现金结算的股份支付的会计处理原则是什么？

第九章

会计政策、会计估计及其变更和差错更正

通过本章的学习，了解会计政策与会计估计的概念与特点，熟悉重要会计政策与会计估计；能够正确区分会计政策变更与会计估计变更；掌握会计政策变更与会计估计变更的会计处理方法；掌握前期差错更正的会计处理方法；熟悉会计政策变更、会计估计变更以及前期差错更正的披露。

扫码下载本章自测与技能训练

第一节　会计政策及其变更

一、会计政策概述

(一)会计政策的概念

会计政策是指企业在会计确认、计量和报告中所采用的原则、基础和会计处理方法。其中，原则是指按照企业会计准则规定，适合企业会计核算所采用的具体会计原则。基础是指为了将会计原则应用于交易或者事项而采用的基础，主要是计量基础(即计量属性)，包括历史成本、重置成本、可变现净值、现值和公允价值等。会计处理方法是指企业在会计核算中按照法律、行政法规或者国家统一的会计制度等规定采用或者选择的、适合本企业的具体会计处理方法。

(二)会计政策的特点

(1) 会计政策的选择性。会计政策是在允许的会计原则、基础和会计处理方法中作出指定或具体选择。由于企业经济业务的复杂性和多样化，某些经济业务在符合会计原则和基础的要求下，可以有多种会计处理方法，即存在不止一种可供选择的会计政策。例如，确定发出存货的实际成本时可以在先进先出法、加权平均法或者个别计价法中进行选择。

(2) 会计政策应当在会计准则规定的范围内选择。在我国，会计准则和会计制度属于行政规章，会计政策所包括的具体会计原则、基础和具体会计处理方法由会计准则或会计制度规定，具有一定的强制性。企业必须在法规允许的范围内选择适合本企业实际情况的会计政策，即企业在发生某项经济业务时，必须从允许的会计原则、基础和会计处理方法中选择适合本企业特点的会计政策。

(3) 会计政策的层次性。会计政策包括会计原则、基础和会计处理方法三个层次。例如，或有事项准则规定的以该义务是企业承担的现时义务、履行该义务很可能导致经济利益流出企业、该义务的金额能够可靠地计量作为预计负债的确认条件就是预计负债确认的会计原则；基础是将会计原则体现在会计核算中而采用的基础，例如，资产减值准则中涉及的公允价值就是计量基础；收入准则规定，满足一定条件的情况下，按某一时间段内履行的履约义务确认收入就是会计处理方法。会计原则、计量基础和会计处理方法三者之间是一个具有逻辑性的、密不可分的整体，通过这个整体，会计政策才能得以应用和落实。

(三)重要的会计政策

企业应当披露重要的会计政策，不具有重要性的会计政策可以不予披露。判断会计政策是否重要，应当考虑与会计政策相关项目的性质和金额。企业应当披露的重要会计政策主要包括如下方面。

(1) 发出存货成本的计量是指企业确定发出存货成本所采用的会计处理方法。例如，企业发出存货成本的计量是采用先进先出法，还是采用其他计量方法。

(2) 长期股权投资的后续计量是指企业取得长期股权投资后的会计处理。例如，企业对被投资单位的长期股权投资的后续计量是采用成本法,还是采用权益法核算。

(3) 投资性房地产的后续计量是指企业在资产负债表日对投资性房地产进行后续计量所采用的会计处理方法。例如,企业对投资性房地产的后续计量是采用成本模式,还是采用公允价值模式。

(4) 固定资产的初始计量是指对取得的固定资产初始成本的计量。例如,企业取得的固定资产初始成本是以购买价款,还是以购买价款的现值为基础进行计量。

(5) 生物资产的初始计量是指对取得的生物资产初始成本的计量。例如,企业为取得生物资产而产生的借款费用,是予以资本化,还是计入当期损益。

(6) 无形资产的确认是指对无形项目的支出是否确认为无形资产。例如,企业内部研究开发项目开发阶段的支出是确认为无形资产,还是计入当期损益。

(7) 非货币性资产交换的计量是指非货币性资产交换事项中对换入资产成本的计量。例如,非货币性资产交换是以换出资产的公允价值作为确定换入资产成本的基础,还是以换出资产的账面价值作为确定换入资产成本的基础。

(8) 收入的确认是指收入确认所采用的会计原则。例如,企业要在履行了合同中履约义务,即在客户取得相关商品控制权时确认收入。

(9) 借款费用的处理是指借款费用的会计处理原则,即对企业发生的借款费用是预计资本化计入相关资本成本,还是确认费用计入当期损益。

(10) 合并政策是指编制合并财务报表所采用的原则。例如,母公司与子公司的会计年度不一致的处理原则,合并范围的确定原则,等等。

二、会计政策变更概述

(一)会计政策变更的概念

会计政策变更,是指企业对相同的交易或者事项由原来采用的会计政策改用另一个会计政策的行为。为保证会计信息的可比性,使财务报表使用者在比较企业一个以上期间的财务报表时,能够正确判断企业的财务状况、经营成果和现金流量的趋势。一般情况下,企业采用的会计政策,在每一会计期间和前后各期应当保持一致,不得随意变更。否则,势必削弱会计信息的可比性。

(二)会计政策变更的情形

企业不能随意变更会计政策,并不意味着企业的会计政策在任何情况下均不能变更。在下述两种情形下,企业是可以变更会计政策的。

(1) 法律、行政法规或者国家统一的会计制度等要求变更。这种情况是指,按照法律、行政法规以及国家统一的会计制度的规定,要求企业采用新的会计政策,则企业应当按照法律、行政法规以及国家统一的会计制度的规定改变原会计政策,按照新的会计政策执行。例如,存货准则对发出存货实际成本的计价取消了后进先出法,这就要求执行企业会计准则的企业按照新规定,将原来以后进先出法核算发出的存货成本改为准则规定可以采用的其他发出存货计价方法。

(2) 会计政策变更能够提供更可靠、更相关的会计信息。由于经济环境、客观情况的改变，使企业原先采用的会计政策所提供的会计信息，不能恰当地反映企业的财务状况、经营成果和现金流量等情况。在这种情况下，应改变原有会计政策，按变更后新的会计政策进行会计处理，以便对外提供更可靠、更相关的会计信息。例如，某企业一直采用成本模式对投资性房地产进行后续计量，如果该企业能够从房地产交易市场上持续地取得同类或类似房地产的市场价格及其相关信息，从而能够对投资性房地产的公允价值作出合理的估计，此时企业可以将投资性房地产的后续计量方法由成本模式变更为公允价值模式。

(三) 不属于会计政策变更的情形

对会计政策变更的认定，直接影响会计处理方法的选择。因此，在会计实务中，企业应当正确认定属于会计政策变更的情形。下列两种情况不属于会计政策变更。

(1) 本期发生的交易或者事项与以前相比具有本质差别而采用新的会计政策。这是因为，会计政策是针对特定类型的交易或事项，如果发生的交易或事项与其他交易或事项有本质区别，那么，企业实际上是为新的交易或事项选择适当的会计政策，并没有改变原有的会计政策。例如，将自用的办公楼改为出租，不属于会计政策变更，而是采用新的会计政策。

(2) 对初次发生的或不重要的交易或者事项采用新的会计政策。对初次发生的某类交易或事项采用适当的会计政策，并未改变原有的会计政策。例如，企业原来在生产经营过程中使用少量的低值易耗品，并且价值较低，故企业在领用低值易耗品时一次计入费用；该企业于近期投产新产品，所需低值易耗品比较多，且价值较大，于是企业将领用的低值易耗品处理方法改为分次摊销法。该企业低值易耗品在企业生产经营中所占的费用比例并不大，改变低值易耗品处理方法后，对损益的影响也不大，属于不重要的事项，会计政策在这种情况下的改变不属于会计政策变更。

三、会计政策变更的会计处理

发生会计政策变更时，有两种会计处理方法，即追溯调整法和未来适用法。两种方法适用于不同的情形，具体如下。

(一) 追溯调整法

追溯调整法，是指对某项交易或事项变更会计政策，视同该项交易或事项初次发生时即采用变更后的会计政策，并以此对财务报表相关项目进行调整的方法。

采用追溯调整法时，对于比较财务报表期间的会计政策变更，应调整各期间净损益各项目和财务报表其他相关项目，视同该政策在比较财务报表期间一直采用。对于比较财务报表可比期间以前的会计政策变更的累积影响数，应调整比较财务报表最早期间的期初留存收益，财务报表其他相关项目的数字也应一并调整。因此，追溯调整法是将会计政策变更的累积影响数调整列报前期最早期初留存收益，而不计入当期损益。

追溯调整法通常由以下步骤构成。

第一步，计算会计政策变更的累积影响数。

第二步，编制相关项目的调整分录。

第三步，调整列报前期最早期初财务报表相关项目及其金额。

第四步，附注说明。

其中，会计政策变更累积影响数，是指按照变更后的会计政策对以前各期追溯计算的列报前期最早期初留存收益应有金额与现有金额之间的差额。根据上述定义的表述，会计政策变更的累积影响数可以分解为以下两个金额之间的差额。

(1) 在变更会计政策当期，按变更后的会计政策对以前各期追溯计算，所得到列报前期最早期初留存收益金额。

(2) 在变更会计政策当期，列报前期最早期初留存收益金额。

上述留存收益金额，包括盈余公积和未分配利润等项目，不考虑因损益的变化而应当补充的利润或股利。例如，由于会计政策变化，增加了以前期间可供分配的利润，该企业通常按净利润的 20%分派股利。但在计算调整会计政策变更当期期初的留存收益时，不应当考虑由于以前期间净利润的变化而需要分派的股利。

在财务报表只提供列报项目上一个可比会计期间比较数据的情况下，上述第(2)项，在变更会计政策当期，列报前期最早期初留存收益金额，即为上期资产负债表所反映的期初留存收益，可以从上年资产负债表项目中获得；需要计算确定的是第(1)项，即按变更后的会计政策对以前各期追溯计算，所得到的上期期初留存收益金额。

累积影响数通常通过以下各步骤计算获得。

第一步，根据新会计政策重新计算受影响的前期交易或事项。

第二步，计算两种会计政策下的差异。

第三步，计算差异的所得税影响金额。

第四步，确定前期中的每一期的税后差异。

第五步，计算会计政策变更的累积影响数。

需要注意的是，对以前年度损益进行追溯调整或财务报表追溯重述的，应当重新计算各列报期间的每股收益。

【例 9-1】 甲公司 2×19 年 10 月 26 日以交易为目的从股票市场购入 A 公司股票 20 万股，每股市价 10 元(假设不考虑购入股票发生的交易费用)，该股票市价一直高于购入成本。公司采用成本与市价孰低法对购入股票进行计量。公司从 2×21 年起对其以交易为目的购入的股票由成本与市价孰低法改为公允价值计量，公司保存的会计资料比较齐备，可以通过会计资料追溯计算。假设所得税税率为 25%，公司按净利润的 10%提取法定盈余公积，按净利润的 5%提取任意盈余公积。公司发行普通股 5 000 万股。两种方法计量的交易性金融资产账面价值如表 9-1 所示。

表 9-1 两种方法计量的交易性金融资产账面价值

单位：元

股 票	会计政策		
	成本与市价孰低	2×19 年年末公允价值	2×20 年年末公允价值
A 股票	2 000 000	2 100 000	2 500 000

根据上述资料，甲公司的会计处理如下。

第一步，计算改变交易性金融资产计量方法后的累积影响数(见表 9-2)。

表 9-2 改变交易性金融资产计量方法后的累积影响数

单位：元

时间	公允价值	成本与市价孰低	税前差异	所得税影响	税后差异
2×19 年年末	2 100 000	2 000 000	100 000	25 000	75 000
2×20 年年末	2 500 000	2 000 000	500 000	125 000	375 000

甲公司 2×21 年 12 月 31 日的比较财务报表列报前期最早期初为 2×20 年 1 月 1 日。

甲公司在 2×19 年年末按公允价值计量的账面价值为 2 100 000 元，按成本与市价孰低计量的账面价值为 2 000 000 元，两者的所得税影响合计为 25 000 元，两者差异的税后净影响额为 75 000 元，即为该公司 2×20 年期初由成本与市价孰低法改为公允价值的累积影响数。

甲公司在 2×20 年年末按公允价值计量的账面价值为 2 500 000 元，按成本与市价孰低计量的账面价值为 2 000 000 元，两者的所得税影响合计为 125 000 元，两者差异的税后净影响额为 375 000 元。

甲公司按照公允价值重新计量 A 股票，2×19 年年末 A 股票的公允价值变动收益少计了 100 000 元，所得税费用少计 25 000 元，净利润少计了 75 000 元。

至 2×20 年年末，A 股票公允价值变动收益累计少计了 500 000 元，所得税费用少计了 125 000 元，净利润少计了 375 000 元。

第二步，编制有关项目的调整分录。

(1) 对 2×19 年有关事项的调整分录。

① 调整交易性金融资产。

借：交易性金融资产——公允价值变动　　　　　　　　　　　　　　100 000
　　贷：利润分配——未分配利润　　　　　　　　　　　　　　　　　　75 000
　　　　递延所得税负债　　　　　　　　　　　　　　　　　　　　　　25 000

② 调整利润分配。

按照净利润的 10%提取法定盈余公积，按照净利润的 5%提取任意盈余公积，共计提取盈余公积 75 000×15%=11 250(元)。

借：利润分配——未分配利润　　　　　　　　　　　　　　　　　　　11 250
　　贷：盈余公积　　　　　　　　　　　　　　　　　　　　　　　　　11 250

(2) 对 2×20 年有关事项的调整分录。

① 调整交易性金融资产。

借：交易性金融资产——公允价值变动　　　　　　　　　　　　　　400 000
　　贷：利润分配——未分配利润　　　　　　　　　　　　　　　　　300 000
　　　　递延所得税负债　　　　　　　　　　　　　　　　　　　　　100 000

② 调整利润分配。

按照净利润的 10%提取法定盈余公积，按照净利润的 5%提取任意盈余公积，共计提取盈余公积 300 000×15%=45 000(元)。

借：利润分配——未分配利润　　　　　　　　　　　　　　　　　　　45 000
　　贷：盈余公积　　　　　　　　　　　　　　　　　　　　　　　　　45 000

第三步，财务报表调整和重述。

财务报表略。

甲公司在列报 2×21 年财务报表时，应调整 2×21 年资产负债表有关项目的年初余额、利润表有关项目的上年金额及所有者权益变动表有关项目的上年金额和本年金额。

(1) 资产负债表项目的调整。

调增交易性金融资产年初余额 500 000 元；调增递延所得税负债年初余额 125 000 元；调增盈余公积年初余额 56 250 元；调增未分配利润年初余额 318 750 元。

(2) 利润表项目的调整。

调增公允价值变动收益上年金额 400 000 元；调增所得税费用上年金额 100 000 元；调增净利润上年金额 300 000 元；调增基本每股收益上年金额 0.006 元。

(3) 所有者权益变动表项目的调整。

调增会计政策变更项目中盈余公积上年年初金额 11 250 元，未分配利润上年年初金额 63 750 元，所有者权益合计上年年初金额 75 000 元。

调增会计政策变更项目中盈余公积上年金额 45 000 元，未分配利润上年金额 255 000 元，所有者权益合计上年金额 300 000 元。

调增盈余公积本年年初金额 56 250 元，未分配利润本年年初金额 318 750 元，所有者权益合计本年年初金额 375 000 元。

(二)未来适用法

未来适用法，是指将变更后的会计政策应用于变更日及以后发生的交易或者事项，或者在会计估计变更当期和未来期间确认会计估计变更影响数的方法。

在未来适用法下，不需要计算会计政策变更产生的累积影响数，也无须重编以前年度的财务报表。企业会计账簿记录及财务报表上反映的金额，变更之日仍保留原有的金额，不因会计政策变更而改变以前年度的既定结果，并在现有金额的基础上再按新的会计政策进行核算。

【例 9-2】甲公司原来对发出存货采用先进先出法，由于存货价格上涨较快，该公司从 2×20 年 1 月 1 日起改用月末一次加权平均法对发出存货进行计价。2×20 年 1 月 1 日存货的价值为 200 万元，公司当年购入存货的实际成本为 1 500 万元，2×20 年 12 月 31 日按月末一次加权平均法计算确定的存货价值为 440 万元，当年销售额为 2 300 万元，假设该年度其他费用为 120 万元，所得税税率为 25%。2×20 年 12 月 31 日按先进先出法计算的存货价值为 560 万元。

甲公司由于存货价格上涨较快，继续采用先进先出法会高估期末存货价值和当期利润，因此改用月末一次加权平均法。假定对其采用未来适用法进行处理，即对存货采用月末一次加权平均法从 2×20 年及以后才适用，不需要按月末一次加权平均法计算 2×20 年 1 月 1 日以前存货应有的余额以及对留存收益的影响金额。

通过计算，确定会计政策变更对当期净利润的影响数如表 9-3 所示。

采用月末一次加权平均法的销售成本为：期初存货+购入存货实际成本-期末存货=200+1 500-440=1 260(万元)；采用先进先出法的销售成本为：期初存货+购入存货实际成本-期末存货=200+1 500-560=1 140(万元)，会计政策变更增加当期营业成本 120 万元，所得税费用减少 30 万元，当期净利润减少了 90 万元。

表 9-3 当期净利润的影响数

单位：万元

项　目	月末一次加权平均法	先进先出法
营业收入	2 300	2 300
减：营业成本	1 260	1 140
减：其他费用	120	120
利润总额	920	1 040
减：所得税	230	260
净利润	690	780
差额	90	

(三)会计政策变更的会计处理方法的选择

对于会计政策变更，企业应当根据具体情况，采用不同的会计处理方法。

(1) 在法律、行政法规或者国家统一的会计制度等要求变更的情况下，企业应当根据以下情况进行处理。

① 国家发布相关的会计处理办法，则按照国家发布的相关会计处理规定进行处理。

② 国家没有发布相关的会计处理办法，则采用追溯调整法进行会计处理。

(2) 在会计政策变更能够提供更可靠、更相关的会计信息的情况下，企业应当采用追溯调整法进行会计处理，根据会计政策变更累积影响数调整列报前期最早期初留存收益，其他相关项目的期初余额和列报前期披露的其他比较数据也应当一并调整。

(3) 确定会计政策变更对列报前期影响数不切实可行的，应当从可追溯调整的最早期间期初开始应用变更后的会计政策。在当期期初确定会计政策变更对以前各期累积影响数不切实可行的，应当采用未来适用法进行处理。

不切实可行，是指企业在采取所有合理的方法后，仍然不能获得采用某项规定所必需的相关信息，而导致无法采用该项规定，则该项规定在此时是不切实可行的。例如，企业因账簿、凭证超过法定保存期限而销毁，或因不可抗力而毁坏、遗失，如火灾、水灾等，或因人为因素，如盗窃、故意毁坏等，可能使当期期初确定会计政策变更对以前各期累积影响数无法计算，即不切实可行，此时，会计政策变更应当采用未来适用法进行处理。

四、会计政策变更的披露

企业应当在附注中披露与会计政策变更有关的下列信息。

(1) 会计政策变更的性质、内容和原因，包括对会计政策变更的简要阐述、变更的日期、变更前采用的会计政策和变更后所采用的新会计政策及会计政策变更的原因。

(2) 当期和各个列报前期财务报表中受影响的项目名称和调整金额，包括采用追溯调整法时，计算出的会计政策变更的累积影响数；当期和各个列报前期财务报表中需要调整的净损益及其影响金额，以及其他需要调整的项目名称和调整金额。

(3) 无法进行追溯调整的，说明该事实和原因以及开始应用变更后的会计政策的时点、具体应用情况，包括无法进行追溯调整的事实；确定会计政策变更对列报前期影响数不切实可行的原因；在当期期初确定会计政策变更对以前各期累积影响数不切实可行的原因；开始应用新会计政策的时点和具体应用情况。

需要注意的是，在以后期间的财务报表中，不需要重复披露在以前期间的附注中已披露的会计政策变更的信息。

第二节 会计估计及其变更

一、会计估计概述

(一)会计估计的概念

会计估计是指财务报表中具有计量不确定性的货币余额。其中的计量不确定性，是指当财务报表中的货币余额不能直接观察取得而必须进行估计时，所产生的不确定性。由于会计估计不能直接观察取得，进行会计估计时，涉及的最近可利用的信息为基础所作的判断和假设，并可能会使用某些计量技术。

(二)会计估计的特点

会计估计具有如下特点。

(1) 会计估计的存在是受经济活动中内在的不确定性因素的影响。在会计核算中，企业总是力求保持会计核算的准确性，但有些经济业务本身具有不确定性例如坏账、固定资产折旧年限、固定资产残余价值、无形资产摊销年限等)，因而需要根据经验作出估计。可以说，在进行会计核算和相关信息披露的过程中，会计估计是不可避免的。

(2) 进行会计估计时，往往以最近可利用的信息或资料为基础。企业在会计核算中，由于经营活动内在的不确定性，不得不经常进行估计。一些估计的主要目的是确定资产或负债的账面价值，例如坏账准备、担保责任引起的负债等；另一些估计的主要目的是确定将在某一期间记录的收益或费用的金额，例如某一期间的折旧、摊销的金额。企业在进行会计估计时，通常应根据当时的情况和经验，以一定的信息或资料为基础。但是，随着时间的推移、环境的变化，进行会计估计的基础可能会发生变化，因此，进行会计估计所依据的信息或者资料不得不随之发生变化。由于最新的信息是最接近目标的信息，以其为基础所作的估计最接近实际，因此进行会计估计时，应以最近可利用的信息或资料为基础。

(3) 进行会计估计并不会削弱会计确认和计量的可靠性。企业为了定期、及时地提供有用的会计信息，将延续不断的经营活动人为划分为一定的期间，并在权责发生制的基础上对企业的财务状况和经营成果进行定期确认和计量。例如，在会计分期的情况下，许多企业的交易跨越若干会计年度，以至于需要在一定程度上作出决定：某一年度发生的开支，哪些可以合理地预期能够产生其他年度以收益形式表示的利益，从而全部或部分向后递延；哪些可以合理地预期在当期能够得到补偿，从而确认为费用。由于会计分期和货币计量的前提，在确认和计量过程中，企业不得不对许多尚在延续中、其结果尚未确定的交易或事项予以估计入账。

(三)会计估计的判断

判断会计估计是否重要,应当考虑与会计估计相关项目的性质和金额。企业应当披露的重要会计估计包括以下方面。

(1) 存货可变现净值的确定。

(2) 采用公允价值模式下的投资性房地产公允价值的确定。

(3) 固定资产的预计使用寿命与净残值;固定资产的折旧方法。

(4) 生产性生物资产的预计使用寿命与净残值和折旧方法。

(5) 使用寿命有限的无形资产的预计使用寿命与净残值、摊销方法。

(6) 可回收余额按资产组的公允价值减去处置费用后的净额确定的,确定公允价值减去处置费用后的净额的方法。可回收金额按照资产组预计未来现金流量的现值确定的,预计未来现金流量的确定。

(7) 投入法或产出法的确定。

(8) 权益工具公允价值的确定。

(9) 与债务重组相关的公允价值的确定。

(10) 预计负债初始计量的最佳估计数的确定。

(11) 金融资产公允价值的确定。

(12) 非同一控制下的企业合并成本的公允价值的确定。

(13) 承租人对未确认融资费用的分摊;出租人对未实现融资收益的分配。

(14) 探明矿区权益、井及相关设施的折耗计提方法;与油气开采活动相关的辅助设备及设施的折旧方法,弃置费用的确定。

(15) 其他重要的会计估计。

二、会计估计变更

(一)会计估计变更的概念

会计估计变更,是指由于资产和负债的当前状况及预期经济利益和义务发生了变化,从而对资产或负债的账面价值或者资产的定期消耗金额进行调整。

由于企业经营活动中内在的不确定因素,许多财务报表项目不能准确地计量,只能加以估计,估计过程涉及以最近可以得到的信息为基础所作的判断。但是,估计毕竟是就现有资料对未来所作的判断,随着时间的推移,如果企业赖以进行估计的基础发生变化,或者由于取得了新的信息、积累了更多的经验,其可能不得不对估计进行修订,但会计估计变更的依据应当真实、可靠。会计估计变更的情形包括如下两项。

(1) 赖以进行估计的基础发生了变化。企业进行会计估计,总是依赖一定的基础。如果其所依赖的基础发生了变化,则会计估计也应相应发生变化。例如,某企业的一项无形资产摊销年限原定为 10 年,但以后发生的情况表明,该资产的受益年限已不足 10 年,则应相应调减摊销年限。

(2) 取得了新的信息、积累了更多的经验。企业进行会计估计是就现有资料对未来所作的判断,随着时间的推移,企业有可能取得新的信息、积累更多的经验,在这种情况下，企业可能不得不对会计估计进行修订，即发生会计估计变更。例如，某企业原来根据当时能够得到的信息，对某应收账款按其余额的5%计提坏账准备。现在掌握了新的信息，判定不能收回的应收账款比例已达20%，企业应当改按20%的比例计提坏账准备。

会计估计变更，并不意味着以前期间会计估计是错误的，只是情况发生变化，或者企业掌握了新的信息、积累了更多的经验，使得变更会计估计能够更好地反映企业的财务状况和经营成果。如果以前期间的会计估计是错误的，则属于会计差错，按会计差错更正的会计处理办法进行处理。

(二)会计估计变更与会计政策变更的划分

企业应当正确划分会计估计变更与会计政策变更，并按照不同的方法进行相关会计处理。

1. 会计估计变更与会计政策变更的划分基础

企业应当以变更事项的会计确认、计量基础和列报项目是否发生变更作为判断该变更是会计估计变更，还是会计政策变更的划分基础。

(1) 以会计确认是否发生变更作为判断基础。《企业会计准则——基本准则》规定了六项会计要素的确认标准，是会计处理的首要环节。一般来说，对会计确认的指定或选择是会计政策，其相应的变更是会计政策变更。会计确认、计量的变更一般会引起列报项目的变更。例如，某企业在前期将某项内部研发项目开发阶段的支出计入当期损益，而当期按照无形资产准则的规定，该项支出符合无形资产的确认条件，应当确认为无形资产。该事项的会计确认发生变更，即前期将开发费用确认为一项费用，而当期将其确认为一项资产。该事项中会计确认发生了变化，因此该变更属于会计政策变更。

(2) 以计量基础是否发生变更作为判断基础。《企业会计准则——基本准则》规定了五项会计计量属性，是会计处理的计量基础。一般来说，对计量基础的指定或选择是会计政策，其相应的变更是会计政策变更。例如，某企业在前期对购入的价款超过正常信用条件延期支付的固定资产初始计量采用历史成本，而当期按照固定资产准则的规定，该类固定资产的初始成本应以购买价款的现值为基础确定。该事项的计量基础发生了变化，因此该变更属于会计政策变更。

(3) 以列报项目是否发生变更作为判断基础。财务报表列报准则规定了财务报表项目应采用的列报原则。一般来说，对列报项目的指定或选择是会计政策，其相应的变更是会计政策变更。例如，某商业企业在前期将商品采购费用列入营业费用，当期根据存货准则的规定，将采购费用列入存货成本。因为列报项目发生了变化，所以该变更是会计政策变更。

(4) 根据会计确认、计量基础和列报项目所选择的、为取得与该项目有关的金额或数值所采用的处理方法不是会计政策，而是会计估计，其相应的变更是会计估计变更。例如，某企业需要对某项资产采用公允价值进行计量，而公允价值的确定需要根据市场情况选择不同的处理方法。相应地，当企业面对的市场情况发生变化时，其采用的确定公允价值的方法变更是会计估计变更，不是会计政策变更。

总之，在单个会计期间，会计政策决定了财务报表所列报的会计信息和列报方式；会计估计是用来确定与财务报表所列报的会计信息有关的金额和数值。

2. 划分会计政策变更和会计估计变更的方法

企业可以采用以下具体方法划分会计估计变更与会计政策变更：分析并判断该事项是否涉及会计确认、计量基础选择或列报项目的变更。当至少涉及其中一项划分基础变更的，该事项是会计政策变更；不涉及上述划分基础变更时，该事项可以判断为会计估计变更。例如，某企业在前期将自行购建的固定资产相关的一般借款费用计入当期损益，当期根据新会计准则的规定，将其予以资本化，企业因此将对该事项进行变更。该事项的计量基础未发生变更，即都是以历史成本作为计量基础；该事项的会计确认发生变更，即前期将借款费用确认为一项费用，而当期将其确认为一项资产；同时，会计确认的变更导致该事项在资产负债表和利润表相关项目的列报也发生变更。该事项涉及会计确认和列报的变更，因此属于会计政策变更。又如，企业原采用双倍余额递减法计提固定资产折旧，根据固定资产使用的实际情况，企业决定改用直线法计提固定资产折旧。该事项前后采用的两种计提折旧方法都是以历史成本作为计量基础，对该事项的会计确认和列报项目也未发生变更，只是固定资产折旧、固定资产净值等相关金额发生了变化。因此，该事项属于会计估计变更。

三、会计估计变更的会计处理

企业对会计估计变更应当采用未来适用法处理，即在会计估计变更当期及以后期间，采用新的会计估计，不改变以前期间的会计估计，也不调整以前期间的报告结果。其处理步骤如下。

(1) 会计估计变更仅影响变更当期的，其影响数应当在变更当期予以确认。

例如，某企业以前年度按照某种产品销售额的 5%预计产品质量保证损失，确认预计负债，如今产品质量比较稳定，维修费用减少，因此企业改按该产品销售额的 3%预计产品质量保证损失，这类会计估计变更，只影响变更当期，应于变更当期确认。

(2) 既影响变更当期又影响未来期间的，其影响数应当在变更当期和未来期间予以确认。

例如，某企业的一项可计提折旧的固定资产，其有效使用年限或预计净残值的估计发生变更，影响了变更当期及资产以后使用年限内各个期间的折旧费用，这类会计估计的变更，应于变更当期及以后各期确认。

会计估计变更的影响数应计入变更当期与前期相同的项目中。为了保证不同期间的财务报表具有可比性，如果以前期间的会计估计变更的影响数计入企业日常经营活动损益，则以后也应计入日常经营活动损益；如果会计估计变更的影响数以前包括在特殊项目中，则以后期间也应计入特殊项目。

(3) 企业应当正确划分会计政策变更和会计估计变更，并按不同的方法进行相关会计处理。企业通过判断会计政策变更和会计估计变更划分基础仍然难以对某项变更进行区分的，应当将其作为会计估计变更处理。

四、会计估计变更的披露

企业应当在附注中披露与会计估计变更有关的下列信息。

(1) 会计估计变更的内容和原因，包括变更的内容、变更日期以及对会计估计进行变更的原因。

(2) 会计估计变更对当期和未来期间的影响数，包括会计估计变更对当期和未来期间损益的影响金额，以及对其他各项目的影响金额。

(3) 会计估计变更的影响数不能确定的，披露这一事实和原因。

【例 9-3】甲公司有一台管理用设备，原始价值为 84 000 元，预计使用寿命为 8 年，净残值为 4 000 元，自 2×16 年 1 月 1 日起按直线法计提折旧。2×20 年 1 月，由于新技术的发展，公司需要对原预计使用寿命和净残值作出修正，修改后的预计使用寿命为 6 年，净残值为 2 000 元。公司所得税税率为 25%，假定税法允许按变更后的折旧额在税前扣除。

甲公司对上述会计估计变更的会计处理如下。

(1) 不调整以前各期折旧，也不计算累积影响数。

(2) 变更日以及以后发生的经济业务改按新估计使用寿命计提折旧。

按原来估计，每年折旧额为 10 000 元，已计提折旧 4 年，共计 40 000 元，固定资产净值为 44 000 元，则第 5 年相关科目的期初余额如下。

固定资产	84 000
减：累计折旧	40 000
固定资产净值	44 000

改变估计使用寿命后，2×20 年 1 月 1 日起每年计提的折旧费用为 21 000[(44 000-2 000)÷(6-4)]元。2×20 年不必对以前年度已计提折旧进行调整，只需按重新预计的尚可使用寿命和净残值计算确定的年折旧费用，编制会计分录如下。

借：管理费用　　　　　　　　　　　　　　　21 000
　　贷：累计折旧　　　　　　　　　　　　　　　　　21 000

(3) 附注说明。

本公司一台管理用设备，原始价值为 84 000 元，原预计使用寿命为 8 年，预计净残值为 4 000 元，按直线法计提折旧。由于新技术的发展，该设备已不能按原预计使用寿命计提折旧，本公司于 2×20 年年初变更该设备的使用寿命为 6 年，预计净残值为 2 000 元，以反映该设备的真实使用寿命和净残值。此估计变更影响本年度净利润减少 8 250[(21 000-10 000)×(1-25%)]元。

第三节　前期差错及其更正

一、前期差错概述

前期差错，是指由于没有运用或错误运用下列两种信息，而对前期财务报表造成省略或错报：一是编报前期财务报表时预期能够取得并加以考虑的可靠信息；二是前期财务报告批准报出时能够取得的可靠信息。前期差错通常包括计算错误、应用会计政策错误、疏忽或曲解事实以及舞弊产生的影响等。前期差错可区分为重要的前期差错和不重要的前期差错。

重要的前期差错，是指足以影响财务报表使用者对企业财务状况、经营成果和现金流量作出正确判断的前期差错。不重要的前期差错，是指不足以影响财务报表使用者对企业财务状况、经营成果和现金流量作出正确判断的前期差错。

前期差错的重要性取决于在相关环境下对遗漏或错误表述的规模和性质的判断。前期差错所影响的财务报表项目的金额或性质，是判断该前期差错是否具有重要性的决定性因素。一般来说，前期差错所影响的财务报表项目的金额越大、性质越严重，其重要性水平越高。

企业应当严格区分会计估计变更和前期差错更正，对于前期根据当时的信息、假设等做了合理估计，在当期按照新的信息、假设等需要对前期估计金额作出变更的，应当作为会计估计变更处理，不应作为前期差错更正处理。

二、前期差错更正的会计处理

企业应当采用追溯重述法更正重要的前期差错，但确定前期差错累积影响数不切实可行的除外。追溯重述法，是指在发现前期差错时，视同该项前期差错从未发生过，从而对财务报表相关项目进行更正的方法。

1. 不重要的前期差错的处理

对于不重要的前期差错，企业不需调整财务报表相关项目的期初数，但应调整发现当期与前期相同的相关项目。属于影响损益的，应直接计入本期与上期相同的净损益项目；属于不影响损益的，应调整本期与前期相同的相关项目。

【例9-4】甲公司在2×20年12月31日发现，2×19年12月10日购入一台设备，实际成本为9 600元，直接计入管理费用，该设备折旧采用直线法，预计使用寿命为4年，假设不考虑净残值因素，则在2×20年12月31日更正此差错的会计分录如下。

借：固定资产   9 600
　　贷：管理费用   7 200
　　　　累计折旧   2 400

2. 重要的前期差错的处理

对于重要的前期差错，企业应当在其发现当期的财务报表中，调整前期比较数据。具体地说，企业应当在重要的前期差错发现当期的财务报表中，通过下述处理方法对其进行追溯更正。

(1) 追溯重述差错发生期间列报的前期比较金额。

(2) 如果前期差错发生在列报的最早前期之前，则追溯重述列报的最早前期的资产、负债和所有者权益相关项目的期初余额。

对于发生的重要前期差错，如影响损益，应将其对损益的影响数调整发现当期的期初留存收益，财务报表其他相关项目的期初数也应一并调整；如不影响损益，应调整财务报表相关项目的期初数。

在编制比较财务报表时，对于比较财务报表期间的重要的前期差错，应调整各该期间的净损益和其他相关项目，视同该差错在产生的当期已经更正；对于比较财务报表期间以前的重要的前期差错，应调整比较财务报表最早期间的期初留存收益，财务报表其他相关项目的数字也应一并调整。

确定前期差错影响数不切实可行的，可以从可追溯重述的最早期间开始调整留存收益的期初余额，财务报表其他相关项目的期初余额也应一并调整，也可以采用未来适用法。当企业确定前期差错对列报的一个或者多个前期比较信息的特定期间的累积影响数不切实可行时，应当追溯重述切实可行的最早期间的资产、负债和所有者权益相关项目的期初余额(可能是当期)；当企业在当期期初确定前期差错对所有前期的累积影响数不切实可行时，应当从确定前期差错影响数切实可行的最早日期开始采用未来适用法追溯重述比较信息；当企业确定所有前期差错(例如，采用错误的会计政策)累积影响数不切实可行时，应当从确定前期差错影响数切实可行的最早日期开始采用未来适用法追溯重述比较信息。

需要注意的是，为了保证经营活动的正常进行，企业应当建立健全内部控制制度，保证会计资料的真实性、完整性。对于年度资产负债表日至财务报告批准报出日之间发现的报告年度的会计差错及报告年度前不重要的前期差错，应按照《企业会计准则第29号——资产负债表日后事项》的规定进行处理。

三、前期差错更正的披露

企业应当在附注中披露与前期差错更正有关的下列信息。
(1) 前期差错的性质。
(2) 各个列报前期财务报表中受影响的项目名称和更正金额。
(3) 无法进行追溯重述的，说明该事实和原因以及对前期差错开始进行更正的时点、具体更正情况。

在以后期间的财务报表中，不需要重复披露在以前期间的附注中已披露的前期差错更正的信息。

【例9-5】甲公司在2×20年发现，2×19年公司漏记一项固定资产的折旧费用150 000元，但在所得税申报表中扣除了该项折旧。假设2×19年适用所得税税率为25%，对上述折旧费用记录了37 500元的递延所得税负债，无其他纳税调整事项。该公司按净利润的10%提取法定盈余公积，按净利润的5%提取任意盈余公积。该公司发行股票份额为180万股。

(1) 分析差错的影响数。

2×19年少计折旧费用		150 000
少计累计折旧		150 000
多计所得税费用	(150 000×25%)	37 500
多计净利润		112 500
多计递延所得税负债	(150 000×25%)	37 500

| 多提法定盈余公积 | 11 250 |
| 多提任意盈余公积 | 5 625 |

(2) 编制有关项目的调整分录。

① 补提折旧。

借：以前年度损益调整　　　　　　　　　　　　　　　　　150 000
　　　贷：累计折旧　　　　　　　　　　　　　　　　　　　150 000

② 调整递延税款。

借：递延所得税负债　　　　　　　　　　　　　　　　　　 37 500
　　　贷：以前年度损益调整　　　　　　　　　　　　　　　 37 500

③ 将"以前年度损益调整"科目的余额转入利润分配。

借：利润分配——未分配利润　　　　　　　　　　　　　　112 500
　　　贷：以前年度损益调整　　　　　　　　　　　　　　　112 500

④ 调整利润分配有关余额。

借：盈余公积　　　　　　　　　　　　　　　　　　　　　 16 875
　　　贷：利润分配——未分配利润　　　　　　　　　　　　 16 875

(3) 财务报表调整和重述(财务报表略)。

甲公司在列报 2×20 年度财务报表时，应调整 2×20 年度资产负债表有关项目的年初余额、利润表有关项目和所有者权益变动表的上年金额。

① 资产负债表项目的调整。

调减固定资产累计折旧 150 000 元；调减所得税负债 37 500 元；调减盈余公积 16 875 元；调减未分配利润 95 625(112 500-16 875)元。

② 利润表项目的调整。

调增营业成本上年金额 150 000 元；调减应交所得税 37 500 元；调减净利润上年金额 112 500 元；调减基本每股收益上年金额 0.062 5 元。

③ 所有者权益变动表项目的调整。

调减前期差错更正项目中盈余公积上年余额 16 875 元，未分配利润上年金额 95 625 元，所有者权益合计上年金额 112 500 元。

(4) 附注说明。

本年度发现 2×19 年漏记固定资产折旧 150 000 元，在编制 2×20 年可比财务报表时，已对该项差错进行了更正。更正后，调减 2×20 年年初固定资产 150 000 元所得税负债 37 500 元及留存收益 112 500 元，调减上年净利润 112 500 元。

本 章 小 结

本章论述了会计政策、会计估计及其变更和前期差错更正的确认、计量与披露等。会计政策，是指企业在会计确认、计量和报告中所采用的原则、基础和会计处理方法。一般情况下，企业采用的会计政策在每一会计期间和前后各期应当保持一致，不得随意变更。但是在法律、行政法规或者国家统一的会计制度等要求变更或会计政策变更能够提供更可靠、更相关的会计信息时，应当变更会计政策。

会计政策变更，是指企业对相同的交易或者事项由原来采用的会计政策改用另一个会计政策的行为。发生会计政策变更时，有两种会计处理方法，即追溯调整法和未来适用法。会计估计，是指财务报表中具有计量不确定性的货币余额。计量不确定性是指当财务报表中的货币余额不能直接观察取得而必须进行估计时，所产生的不确定性。会计估计变更，是指由于资产和负债的当前状况及预期经济利益和义务发生了变化，从而对资产或负债的账面价值或者资产的定期消耗金额进行调整。企业对会计估计变更应当采用未来适用法处理，即在会计估计变更当期及以后期间采用新的会计估计，不改变以前期间的会计估计，也不调整以前期间的报告结果。

前期差错，是指没有运用或错误运用信息而对前期财务报表造成省略或错报。前期差错可区分为重要的前期差错和不重要的前期差错。对于不重要的前期差错，企业不需调整财务报表相关项目的期初数，但应调整发现当期与前期相同的相关项目；对于重要的前期差错，企业应当采用追溯重述法在其发现当期的财务报表中，调整前期年初余额和上年余额。

复习思考题

1. 什么是会计政策？企业应当披露的重要会计政策主要有哪些？
2. 企业在什么情况下可以变更会计政策？
3. 会计政策变更的会计处理方法有哪几种？如何选择？
4. 什么是会计政策变更累积影响数？如何确定？
5. 什么是会计估计？企业应当披露的重要会计估计有哪些？
6. 什么是会计估计变更？会计估计变更主要有哪几种情形？
7. 企业对于会计估计变更应当如何进行会计处理？
8. 企业通过判断难以区分某项变更为会计政策变更还是会计估计变更时应如何处理？
9. 什么是前期差错？企业应当如何对前期差错进行更正？
10. 企业应当如何披露会计政策变更和会计估计变更？

第十章

资产负债表日后事项

通过本章的学习,了解资产负债表日后事项的定义与特征;掌握资产负债表日后调整事项与非调整事项的概念及内容;熟悉以前年度损益调整账户的结构与使用方法;熟练掌握资产负债表日后调整事项与非调整事项的会计处理方法。

扫码下载本章自测与技能训练

第一节　资产负债表日后事项概述

一、资产负债表日后事项的定义

财务报告的编制需要一定的时间,因此,资产负债表日与财务报告的批准报出日之间往往存在时间差,这段时间发生的一些事项可能对财务报告使用者有重要影响。

所谓资产负债表日后事项,是指资产负债表日至财务报告批准报出日之间发生的有利或不利事项。

(一)资产负债表日

资产负债表日,是指会计年度末和会计中期期末。中期是指短于一个完整的会计年度的报告期间,包括半年度、季度和月度。按照《会计法》的规定,我国会计年度采用公历年度,即1月1日至12月31日。因此,年度资产负债表日是指每年的12月31日,中期资产负债表日是指各会计中期期末。例如,提供第一季度财务报告时,资产负债表日是该年度的3月31日;提供半年度财务报告时,资产负债表日是该年度的6月30日。

如果母公司或者子公司在国外,无论该母公司或子公司如何确定会计年度和会计中期,其向国内提供的财务报告都应根据我国《会计法》和《会计准则》的要求确定资产负债表日。

(二)财务报告批准报出日

财务报告批准报出日,是指董事会或类似机构批准财务报告报出的日期,通常是指对财务报告的内容负有法律责任的单位或个人批准财务报告对外公布的日期。

财务报告的批准者包括所有者、所有者中的多数、董事会或类似的管理单位、部门和个人。根据《公司法》的规定,董事会有权制定公司的年度财务预算方案、决算方案、利润分配方案和弥补亏损方案,因此,公司制企业的财务报告批准报出日是指董事会批准财务报告报出的日期。对于非公司制企业,财务报告批准报出日是指经理(厂长)会议或类似机构批准财务报告报出的日期。

(三)有利事项和不利事项

资产负债表日后事项包括有利事项和不利事项。"有利或不利事项",是指资产负债表日后事项肯定对企业财务状况和经营成果具有一定影响(既包括有利影响,也包括不利影响)。如果某些事项的发生对企业并无任何影响,那么,这些事项既不是有利事项,也不是不利事项,也就不属于这里所说的资产负债表日后事项。

二、资产负债表日后事项涵盖的期间

资产负债表日后事项涵盖的期间是自资产负债表日后至财务报告批准报出日止的一段时间。具体而言,资产负债表日后事项涵盖的期间包括如下内容。

(1) 报告年度次年的1月1日或报告期间下一期的第一天至董事会或类似机构批准财

务报告对外公布的日期,即以董事会或类似权力机构批准财务报告对外公布的日期为截止日期。

(2) 董事会或类似机构批准财务报告对外公布的日期,与实际对外公布日之间发生的与资产负债表日后事项有关的事项,由此影响财务报告对外公布日期的,应以董事会或类似机构再次批准财务报告对外公布的日期为截止日期。

如果公司管理层由此修改了财务报表,注册会计师应当根据具体情况进行必要的审计程序,并针对修改后的财务报表重新出具审计报告。新的审计报告日期不应早于董事会或类似机构批准修改后的财务报表对外公布的日期。

【例10-1】甲公司2×20年的年度财务报告于2×21年3月25日编制完成,注册会计师完成年度财务报表审计工作并签署审计报告的日期为2×21年4月15日,董事会批准财务报告对外公布的日期为2×21年4月18日,财务报告实际对外公布的日期为2×21年4月20日,股东大会召开日期为2×21年5月15日。

根据资产负债表日后事项涵盖期间的规定,甲公司2×20年度财务报告资产负债表日后事项涵盖的期间为2×21年1月1日至4月18日(财务报告批准报出日)。如果在2×21年4月18至20日发生了重大事项,需要调整财务报表相关项目的数字或需要在财务报表附注中披露;假设经调整或说明后的财务报告再经董事会批准报出的日期为2×21年4月28日,实际报出的日期为2×21年4月30日,则资产负债表日后事项涵盖的期间为2×21年1月1日至4月28日。

三、资产负债表日后事项的内容

资产负债表日后事项包括资产负债表日后调整事项和资产负债表日后非调整事项。

(一)资产负债表日后调整事项

资产负债表日后调整事项,是指对资产负债表日已经存在的情况提供了新的或进一步证据的事项。

如果资产负债表日及所属会计期间已经存在某种情况,但当时并不知道其存在或者不能知道确切结果,资产负债表日后发生的事项能够证实该情况的存在或者确切结果,则该事项属于资产负债表日后调整事项。如果资产负债表日后事项对资产负债表日的情况提供了进一步的证据,证据表明的情况与原来的估计和判断不完全一致,则需要对原来的会计处理进行调整。

资产负债表日后调整事项的特点是:在资产负债表日已经存在,资产负债表日后得以证实;对按资产负债表日存在状况编制的财务报表产生重大影响。

企业发生的资产负债表日后调整事项,通常包括下列各项。

(1) 资产负债表日后诉讼案件结案,法院判决证实了企业在资产负债表日已经存在现时义务,需要调整原先确认的与诉讼案件相关的预计负债,或确认一项新负债。

(2) 资产负债表日后取得确凿证据,表明某项资产在资产负债表日发生了减值或者需要调整该项资产原先确认的减值金额。

(3) 资产负债表日后进一步确定了资产负债表日前购入资产的成本或售出资产的收入。

(4) 资产负债表日后发现了财务报表舞弊或差错。

【例 10-2】 甲公司因污水影响了居民的生活,被公司附近居民起诉。2×20 年 12 月 31 日法院尚未判决,考虑到公司很可能败诉并被要求赔偿,甲公司为此确认了 500 万元的预计负债。2×21 年 2 月 20 日,在甲公司 2×20 年度财务报告对外报出之前,法院判决甲公司败诉,要求甲公司支付赔偿款 700 万元。

本例中,甲公司在 2×20 年 12 月 31 日结账时已经知道公司败诉的可能性很大,但不能确定法院判决的确切结果,因此确认了 500 万元的预计负债。2×21 年 2 月 20 日法院的判决结果为甲公司预计负债的存在提供了进一步的证据。此时,按照 2×20 年 12 月 31 日存在状况编制的财务报表所提供的信息已不能真实反映企业的实际情况,该事项属于资产负债表日后调整事项,应据此对财务报表相关项目的数字进行调整。

(二)非调整事项

资产负债表日后非调整事项,是指表明资产负债表日后发生的情况的事项。非调整事项的发生不影响资产负债表日企业的财务报表数字,只说明资产负债表日后发生了某些情况。对于财务报告使用者而言,非调整事项说明的情况有的重要,有的不重要。其中重要的非调整事项虽然不影响资产负债表日的财务报表数字,但可能影响资产负债表日后的财务状况和经营成果,不加以说明将会影响财务报告使用作出正确估计和决策,因此需要适当披露。企业发生的资产负债表日后非调整事项,通常包括资产负债表日后发生重大诉讼、仲裁、承诺,资产负债表日后资产价格、税收政策、外汇汇率发生重大变化等。

【例 10-3】 某股份有限公司 2×20 年度财务报告批准报出日为 2×21 年 2 月 28 日。2×21 年 1 月,该公司股东会作出决议,对中、高层管理人员以及公司认为应当激励的核心技术人员、业务骨干共计 860 人授予 1 739.00 万份股票期权,对应的标的股票数量为 1 739 万股,约占当前公司总股本 173 919.09 万股的 1.00%。

该事项在 2×20 年 12 月 31 日前尚未发生,与资产负债表日存在的状况无关,不影响资产负债表日该公司的财务报表数字,但该事项属于重要事项,会影响该公司今后的财务状况和经营成果,因此属于资产负债表日后非调整事项,应当在财务报告的附注中披露。

(三)调整事项与非调整事项的区别

资产负债表日后发生的某一事项究竟是调整事项还是非调整事项,取决于该事项表明的情况在资产负债表日或资产负债表日以前是否已经存在。若该情况在资产负债表日或之前已经存在,则属于调整事项;反之,则属于非调整事项。

【例 10-4】 债务人乙公司财务情况恶化导致债权人甲公司发生坏账损失。其包括以下两种情况。

(1) 2×20 年 12 月 31 日乙公司财务状况良好,甲公司预计应收账款可按时收回;乙公司一周后发生重大火灾,导致甲公司 50%的应收账款无法收回。

(2) 2×20 年 12 月 31 日甲公司根据掌握的资料判断,乙公司有可能破产清算,甲公司估计对乙公司的应收账款将有 20%无法收回,故按 20%的比例计提坏账准备。2×21 年 1 月 10 日,甲公司接到通知,乙公司已被宣告破产清算,甲公司估计有 70%的债权无法收回。

本例中,调整事项与非调整事项分别存在在两种情况中。

(1) 导致甲公司 2×21 年度应收账款损失的因素是火灾,应收账款发生损失这一事实在资产负债表日以后才发生,且是不可预计的。因此乙公司发生火灾导致甲公司应收款项发生坏账的事项属于非调整事项。

(2) 导致甲公司 2×21 年度应收账款无法收回的事实是乙公司财务状况恶化,该事实在资产负债表日已经存在,乙公司被宣告破产只是证实了资产负债表日财务状况恶化的情况,因此该事项属于调整事项。

第二节 资产负债表日后调整事项的会计处理

一、资产负债表日后调整事项的处理原则

企业发生的资产负债表日后调整事项,应当调整资产负债表日的财务报表。对于年度财务报告而言,资产负债表日后事项发生在报告年度的次年,报告年度的有关账目已经结转,特别是损益类科目在结账后已无余额。因此,年度资产负债表日后发生的调整事项,应具体根据以下情况进行处理。

(1) 涉及损益的事项,通过"以前年度损益调整"科目核算。调整增加以前年度利润或调整减少以前年度亏损的事项,计入"以前年度损益调整"科目的贷方;调整减少以前年度利润或调整增加以前年度亏损的事项,计入"以前年度损益调整"科目的借方。

涉及损益的调整事项,如果发生在资产负债表日所属年度(即报告年度)所得税汇算清缴前的,应调整报告年度应纳税所得额、应纳所得税税额;发生在报告年度所得税汇算清缴后的,应调整本年度(即报告年度的次年)应纳所得税税额。

以前年度损益调整增加的所得税费用,计入"以前年度损益调整"科目的借方,同时贷记"应交税费——应交所得税"等科目;以前年度损益调整减少的所得税费用,计入"以前年度损益调整"科目的贷方,同时借记"应交税费——应交所得税"等科目。

调整完成后,将"以前年度损益调整"科目的贷方或借方余额,转入"利润分配——未分配利润"科目。

(2) 涉及利润分配调整的事项,直接在"利润分配——未分配利润"科目核算。

(3) 不涉及损益及利润分配的事项,调整相关科目。

(4) 通过上述账务处理后,还应同时调整财务报表相关项目的数字,包括资产负债表日编制的财务报表相关项目的期末数或本年发生数;当期编制的财务报表相关项目的期初数或上年数;经过上述调整后,涉及报表附注内容的,还应当作出相应调整。

二、资产负债表日后调整事项的具体会计处理方法

为简化处理,如无特殊说明,本章所有的例子均假定如下:财务报告批准报出日是次年 4 月 30 日,所得税税率为 25%,按净利润的 10% 提取法定盈余公积,提取法定盈余公积后不再有其他分配;调整事项按税法规定均可调整应交纳的所得税;涉及递延所得税资产的,均假定未来期间很可能取得用来抵扣暂时性差异的应纳税所得额;不考虑报表附注中有关现金流量表项目的数字。

1. 资产负债表日后诉讼案件结案，法院判决证实了企业在资产负债表日已经存在现时义务，需要调整原先确认的与该诉讼案件相关的预计负债，或确认一项新负债

这一事项是指导致诉讼的事项在资产负债表日已经发生，但尚不具备确认负债的条件而未确认，因此资产负债表日后至财务报告批准报出日之间获得了新的或进一步的证据(法院判决结果)，表明符合负债的确认条件。因此，应在财务报告中确认一项新负债；或者在资产负债表日虽已确认，但需要调整已确认负债的金额。

【例 10-5】甲公司因违约，于 2×20 年 12 月被乙公司告上法庭，要求甲公司赔偿 80 万元。2×20 年 12 月 31 日法院尚未判决，甲公司按或有事项准则对该诉讼事项确认预计负债 50 万元。2×21 年 3 月 10 日，经法院判决甲公司应赔偿乙公司 60 万元。甲、乙两公司均服从判决。判决当日，甲公司向乙公司支付赔偿款 60 万元。甲、乙两公司 2×20 年所得税汇算清缴在 2×21 年 4 月 10 日完成(假定该项预计负债产生的损失不允许税前扣除，只有在损失实际发生时才允许税前抵扣)。公司适用的所得税税率为 25%。

本例中，2×21 年 3 月 10 日的判决证实了甲、乙两公司在资产负债表日(即 2×20 年 12 月 31 日)分别存在现时赔偿义务和获赔权利，因此，两公司都应将"法院判决"这一事项作为调整事项进行处理。

甲公司的账务处理如下：

(1) 2×21 年 3 月 10 日，调整已确认的预计负债、递延所得税资产。

  借：以前年度损益调整   100 000
    预计负债   500 000
     贷：其他应付款   600 000
  借：应交税费——应交所得税   25 000
     贷：以前年度损益调整   (100 000×25%) 25 000
  借：应交税费——应交所得税   125 000
     贷：以前年度损益调整   125 000
  借：以前年度损益调整   125 000
     贷：递延所得税资产   125 000
  借：其他应付款   600 000
     贷：银行存款   600 000

注：2×20 年年末因确认预计负债 50 万元时已确认相应的递延所得税资产，日后事项发生后递延所得税资产不复存在，故应冲销相应记录。支付的赔偿款不作为日后事项。

(2) 将"以前年度损益调整"科目余额转入未分配利润。

  借：利润分配——未分配利润   75 000
     贷：以前年度损益调整   75 000

(3) 调整盈余公积。

  借：盈余公积   (75 000×10%)7 500
     贷：利润分配——未分配利润   7 500

(4) 调整报告年度财务报表。

① 资产负债表项目的年末数调整。

调减递延所得税资产 125 000 元；调减预计负债 500 000 元；调增其他应付款 600 000

元；调减应交税费 150 000 元；调减盈余公积 7 500 元；调减未分配利润 67 500 元。

② 利润表项目的调整。

调增营业外支出 100 000 元；调减所得税费用 25 000 元，调减净利润 75 000 元。

③ 所有者权益变动表的调整。

调减净利润 75 000 元；提取盈余公积项目中盈余公积一栏调减 7 500 元，未分配利润一栏调增 7 500 元。

乙企业的账务处理如下：

(1) 2×21 年 3 月 10 日，记录收到的赔款，并调整应交所得税。

借：其他应收款		600 000
贷：以前年度损益调整		600 000
借：以前年度损益调整	(600 000×25%)	150 000
贷：应交税费——应交所得税		150 000
借：银行存款		600 000
贷：其他应收款		600 000

(2) 将"以前年度损益调整"科目余额转入未分配利润。

借：以前年度损益调整　　　　　　　　　　　　　　　　　　　450 000
　　贷：利润分配——未分配利润　　　　　　　　　　　　　　　450 000

(3) 因净利润增加，补提盈余公积。

借：利润分配——未分配利润　　　　　　　　　　　　　　　　45 000
　　贷：盈余公积　　　　　　　　　　　　　　　(450 000×10%) 45 000

(4) 调整报告年度财务报表。

① 资产负债表项目的年末数字调整。

调增其他应收款 600 000 元，调增应交税费 150 000 元。调增盈余公积 45 000 元；调增未分配利润 405 000 元。

② 利润表项目的调整。

调增营业外收入 600 000 元；调增所得税费用 150 000 元，调增净利润 600 000 元。

③ 所有者权益变动表项目的调整。

调增净利润 450 000 元；提取盈余公积项目中盈余公积一栏调增 45 000 元；未分配利润一栏调减 45 000 元。

2. 资产负债表日后取得确凿证据，表明某项资产在资产负债表日发生了减值或者需要调整该项资产原先确认的减值金额

【例 10-6】2×20 年 4 月甲公司销售给乙公司一批产品，货款为 58 000 元(含增值税)，乙公司于 5 月份收到所购物资并验收入库，按合同规定，乙公司应于收到所购物资后一个月内付款。由于乙公司财务状况不佳，因此到 2×20 年 12 月 31 日仍未付款。甲公司于 2×20 年 12 月 31 日编制财务报表时，已为该项应收账款提取坏账准备 2 900 元；12 月 31 日资产负债表上"应收账款"项目的金额为 76 000 元，其中 55 100 元为该项应收账款。甲公司于 2×21 年 2 月 2 日(所得税汇算清缴前)收到法院通知，乙公司已宣告破产清算，无力偿还所欠部分货款。甲公司预计可收回应收账款的 40%。适用的所得税税率为

25%。甲公司 2×20 年度财务报告批准报出日为 2×21 年 3 月 25 日。

本例中，甲公司在收到法院通知后，首先可判断该事项属于资产负债表日后调整事项；然后根据调整事项的处理原则进行处理。具体过程如下。

(1) 补提坏账准备。

应补提的坏账准备=58 000×60%-2 900=31 900(元)

借：以前年度损益调整　　　　　　　　　　　　　　　　　　　　31 900
　　贷：坏账准备　　　　　　　　　　　　　　　　　　　　　　　　31 900

(2) 调整递延所得税资产。

借：递延所得税资产　　　　　　　　　　　　　　　　　　　　　　7 975
　　贷：以前年度损益调整　　　　　　　　　　　(31 900×25%)　7 975

(3) 将"以前年度损益调整"科目的余额转入利润分配。

借：利润分配——未分配利润　　　　　　　　　　　　　　　　　23 925
　　贷：以前年度损益调整　　　　　　　　　　　(31 900-7 975)　23 925

(4) 调整利润分配有关数值。

借：盈余公积　　　　　　　　　　　　　　　　　　　　　　　　2 392.50
　　贷：利润分配——未分配利润　　　　　　　　(23 925×10%)　2 392.50

(5) 调整报告年度财务报表。

① 资产负债表项目的调整。

调减应收账款年末数 31 900 元；调增递延所得税资产 7 975 元；调减盈余公积 2 392.50 元；调减未分配利润 21 532.50 元。

② 利润表项目的调整。

调增信用减值损失 31 900 元；调减所得税费用 7 975 元；调减净利润 23 925 元。

③ 所有者权益变动表项目的调整。

调减净利润 23 925 元；提取盈余公积项目中盈余公积一栏调减 2 392.50 元；未分配利润一栏调增 2 392.50 元。

3. 资产负债表日后进一步确定了资产负债表日前购入资产的成本或售出资产的收入

这类调整事项包括以下两方面的内容

第一，若资产负债表日前购入的资产已经按暂估金额等入账，资产负债表日后获得证据，可以进一步确定该资产的成本，则应该对已入账的资产成本进行调整。

第二，企业在资产负债表日已根据收入确认条件确认资产销售收入，但资产负债表日后获得关于资产收入的进一步证据，如发生销售退回等，此时也应调整财务报表相关项目的金额。

需要说明的是，资产负债表日后发生的销售退回，既包括报告年度或报告中期销售的商品在资产负债表日后发生的销售退回，也包括以前期间销售的商品在资产负债表日后发生的销售退回。

资产负债表所属期间或以前期间所售商品在资产负债表日后退回的，应作为资产负债表日后调整事项处理。发生于资产负债表日后至财务报告批准报出日之间的销售退回事项，可能发生于年度所得税汇算清缴之前，也可能发生于年度所得税汇算清缴之后，其会计处理分别如下。

(1) 资产负债表日后事项中涉及报告年度所属期间的销售退回发生于报告年度所得税汇算清缴之前，应调整报告年度利润表的收入、成本等，并相应调整报告年度的应纳税所得额以及报告年度应缴纳的所得税等。

【例10-7】甲公司2×20年12月20日销售一批商品给丙企业，取得收入100 000元(不含税，增值税税率为13%)。甲公司发出商品后，按照正常情况已确认收入，并结转成本80 000元。此笔货款到年末尚未收到，甲公司未对应收账款计提坏账准备。2×21年1月18日，产品出现质量问题，因此本批货物被退回。公司于2×21年2月28日完成2×20年所得税汇算清缴。公司适用的所得税税率为25%。甲公司2×20年度财务报告批准报出日为2×21年3月25日。

本例中，销售退回业务发生在资产负债表日后事项涵盖期间内，应属于资产负债表日后调整事项。

甲公司的账务处理如下。

① 2×21年1月18日，调整销售收入。

借：以前年度损益调整	100 000
应交税费——应交增值税(销项税额)	13 000
贷：应收账款	113 000

② 调整销售成本。

借：库存商品	80 000
贷：以前年度损益调整	80 000

③ 调整应缴纳的所得税。

借：应交税费——应交所得税	5 000
贷：以前年度损益调整	5 000

注：(100 000-80 000)×25%=5 000(元)

④ 将"以前年度损益调整"科目余额转入未分配利润。

借：利润分配——未分配利润	15 000
贷：以前年度损益调整	15 000

⑤ 调整盈余公积。

借：盈余公积	1 500
贷：利润分配——未分配利润	1 500

⑥ 调整报告年度相关财务报表。

a. 资产负债表项目的年末数调整。

调减应收账款113 000元；调增存货80 000元；调减应交税费18 000元；调减盈余公积1 500元；调减未分配利润13 500元。

b. 利润表项目的调整。

调减营业收入100 000元；调减营业成本80 000元；调减所得税费用5 000元；调减净利润15 000元。

c. 所有者权益表项目的调整。

调减净利润15 000元；提取盈余公积项目中盈余公积一栏调减1 500元；未分配利润

一栏调增 1 500 元。

(2) 资产负债表日后事项中涉及报告年度所属期间的销售退回发生于报告年度所得税汇算清缴之后，应调整报告年度会计报表的收入、成本等，但按照税法规定在此期间的销售退回所涉及的应缴所得税应作为本年度的纳税调整事项。

【例 10-8】 沿用例 10-7 的资料，假定销售退回的时间为 2×21 年 3 月 5 日，即报告期所得税汇算清缴后。

甲公司的账务处理如下：

(1) 2×21 年 3 月 5 日，调整销售收入。

借：以前年度损益调整　　　　　　　　　　　　　　　　　100 000
　　应交税费——应交增值税(销项税额)　　　　　　　　　 13 000
　　贷：应收账款　　　　　　　　　　　　　　　　　　　　　　113 000

(2) 调整销售成本。

借：库存商品　　　　　　　　　　　　　　　　　　　　　80 000
　　贷：以前年度损益调整　　　　　　　　　　　　　　　　　　80 000

(3) 将"以前年度损益调整"科目余额转入未分配利润。

借：利润分配——未分配利润　　　　　　　　　　　　　　20 000
　　贷：以前年度损益调整　　　　　　　　　　　　　　　　　　20 000

(4) 调整盈余公积。

借：盈余公积　　　　　　　　　　　　　　　　　　　　　 2 000
　　贷：利润分配——未分配利润　　　　　　　　　　　　　　　 2 000

(5) 调整报告年度相关财务报表。

① 资产负债表项目的年末数调整。

调减应收账款 113 000 元；调增存货 80 000 元；调减盈余公积 2 000 元；调减未分配利润 18 000 元。

② 利润表项目的调整。

调减营业收入 100 000 元；调减营业成本 80 000 元；调减净利润 20 000 元。

③ 所有者权益表项目的调整。

调减净利润 20 000 元；提取盈余公积项目中盈余公积一栏调减 2 000 元；未分配利润一栏调增 2 000 元。

4. 资产负债表日后发现了财务报表舞弊或差错

这一事项是指资产负债表日后发现报告期或以前期间存在的财务报表舞弊或差错。企业发生这一事项后，应当将其作为资产负债表日后调整事项，调整报告期间财务报告相关项目的数字。

第三节　资产负债表日后非调整事项的会计处理

一、资产负债表日后非调整事项的处理原则

资产负债表日后发生的非调整事项，是表明资产负债表日后发生的情况的事项，与资

产负债表日存在状况无关，不应当调整资产负债表日的财务报表。但有的非调整事项对财务报告使用者具有重大影响，如不加以说明，将不利于财务报告使用者作出正确估计和决策，因此，应当在报表附注中披露每项重要的资产负债表日后非调整事项的性质、内容及其对财务状况和经营成果的影响。无法作出估计的，应当说明原因。

二、资产负债表日后非调整事项的具体会计处理方法

1. 资产负债表日后发生重大诉讼、仲裁、承诺

资产负债表日后发生的重大诉讼等事项，对企业影响较大，为防止误导投资者及其他财务报告使用者，应当在报表附注中披露。

2. 资产负债表日后资产价格、税收政策、外汇汇率发生重大变化

资产负债表日后发生的资产价格、税收政策和外汇汇率的重大变化，虽然不会影响资产负债表日财务报表相关项目的数据，但对企业资产负债表日后期间的财务状况和经营成果有重大影响，应当在报表附注中予以披露。

3. 资产负债表日后因自然灾害导致资产发生重大损失

资产负债表日后发生自然灾害导致资产发生重大损失，这一事项虽然在资产负债表日并不存在，但它将对公司日后的财务状况和经营成果产生较大的影响，公司有义务告知会计信息的使用者，因此，应当在财务报表的附注中进行披露。

4. 资产负债表日后发行股票和债券以及其他巨额举债

企业发行股票、债券以及向银行或非银行金融机构举借巨额债务都是比较重大的事项，虽然这一事项与企业资产负债表日的存在状况无关，但这一事项的披露能使财务报告使用者了解与此有关的情况及可能带来的影响，因此应当在报表附注中进行披露。

5. 资产负债表日后资本公积转增资本

企业以资本公积转增资本将会改变企业的资本(或股本)结构，影响较大，应当在报表附注中进行披露。

6. 资产负债表日后发生巨额亏损

企业资产负债表日后发生巨额亏损将会对企业报告期以后的财务状况和经营成果产生重大影响，应当在报表附注中及时披露该事项，以便为投资者或其他财务报告使用者作出正确决策提供信息。

7. 资产负债表日后发生企业合并或处置子公司

企业合并或者处置子公司的行为可以影响股权结构、经营范围等方面，对企业未来的生产经营活动产生重大影响，应当在报表附注中进行披露。

8. 资产负债表日后，企业利润分配方案中拟分配的以及经审议批准宣告发放的股利或利润

资产负债表日后，企业制订利润分配方案，拟分配或经审议批准宣告发放股利或利润

的行为,并不会导致企业在资产负债表日形成现时义务,虽然该事项的发生可导致企业负有支付股利或利润的义务,但支付义务在资产负债表日尚不存在,不应该调整资产负债表日的财务报告,因此,该事项为非调整事项。但为便于财务报告使用者更充分地了解相关信息,企业需要在财务报表中适当披露该信息。

【例 10-9】 甲公司 2×20 年度财务报表附注中对资产负债表日后利润分配情况的说明:根据 2×21 年 3 月 16 日董事会决议,本公司拟以 2×20 年 12 月 31 日的股份为基准向全体股东每 10 股分配股利 0.5 元,共计分配股利 12 亿元。该股利分配预案尚待本公司股东大会批准。

本 章 小 结

本章从资产负债表日后事项的定义出发,全面论述了资产负债表日后调整事项与非调整事项的内容及其会计处理方法。资产负债表日后事项,是指资产负债表日至财务报告批准报出日之间发生的有利或不利事项。资产负债表日后事项包括资产负债表日后调整事项和资产负债表日后非调整事项。

资产负债表日后调整事项,是指对资产负债表日已经存在的情况提供了新的或进一步证据的事项。企业发生的资产负债表日后调整事项,应当调整资产负债表日的财务报表。涉及损益的事项通过"以前年度损益调整"科目核算,调整完成后,将"以前年度损益调整"科目的余额,转入"利润分配——未分配利润"科目。财务报表的调整内容包括财务报表相关项目的期末数或本年发生数以及财务报表相关项目的期初数或上年数,如果涉及报表附注内容,还应当作出相应调整。

资产负债表日后非调整事项,是指表明资产负债表日后发生的情况的事项。非调整事项的发生不影响资产负债表日企业的财务报表数字,只说明资产负债表日后发生了某些情况,因此无须进行调整,只应在报表附注中披露每项重要的资产负债表日后非调整事项的性质、内容及其对财务状况和经营成果的影响,无法作出估计的,应当说明原因。

调整事项与非调整事项的区别,取决于该事项表明的情况在资产负债表日或以前是否已经存在。若存在,则属于调整事项;反之,则属于非调整事项。

复习思考题

1. 什么是资产负债表日后事项?理解这一定义应当注意什么?
2. 什么是资产负债表日后事项的涵盖期间?
3. 什么是资产负债表日后调整事项?常见的资产负债表日后调整事项有哪些?
4. 什么是资产负债表日后非调整事项?常见的资产负债表日后非调整事项有哪些?
5. 资产负债表日后调整事项与非调整事项有何区别?
6. "以前年度损益调整"账户的结构是怎样的?
7. 资产负债表日后调整事项的处理原则是什么?
8. 资产负债表日后非调整事项的处理原则是什么?

第十一章

每股收益

通过本章的学习,应了解每股收益的概念、意义及分类;熟练计算基本每股收益和稀释每股收益;掌握稀释每股收益的分类;掌握不同情况下每股收益的重新计算和列报。

扫码下载本章自测与技能训练

第一节　每股收益概述

每股收益是指普通股股东每持有一股所能享有的企业净利润或需承担的企业净亏损。每股收益是用于反映企业的经营成果，衡量普通股的获利水平及投资风险，是投资者、债权人等信息使用者据以评价企业盈利能力、预测企业成长潜力进而作出相关经济决策的一项重要的财务指标。每股收益包括基本每股收益和稀释每股收益两类。

基本每股收益是按照归属于普通股股东的当期净利润除以当期实际发行在外普通股的加权平均数计算确定。稀释每股收益是以基本每股收益为基础，假定企业所有发行在外的稀释性潜在普通股均已转换为普通股，从而分别调整归属于普通股股东的当期净利润以及发行在外普通股的加权平均数计算而得的每股收益。基本每股收益仅考虑当期实际发行在外的普通股股份，而稀释每股收益的计算和列报主要是为了避免每股收益虚增可能带来的信息误导。例如，一家公司发行可转换公司债券融资，由于转换选择权的存在，这些可转换债券的利率低于正常同等条件下普通债券的利率，从而降低了融资成本，在经营业绩和其他条件不变的情况下，相对提高了基本每股收益金额。要求考虑可转换公司债券的影响计算和列报稀释每股收益，就是为了能够提供一个更可比、更有用的财务指标。

第二节　基本每股收益

基本每股收益只考虑当期实际发行在外的普通股股份，按照归属于普通股股东的当期净利润除以当期实际发行在外普通股的加权平均数计算确定。

一、分子的确定

计算基本每股收益时，分子为归属于普通股股东的当期净利润，即企业当期实现的可供普通股股东分配的净利润或应由普通股股东分担的净亏损金额。发生亏损的企业，每股收益以负数列示。以合并财务报表为基础计算的每股收益，分子应当是归属于母公司普通股股东的当期合并净利润，即扣减少数股东损益后的余额。与合并财务报表一同提供的母公司财务报表中企业自行选择列报每股收益的，以母公司个别财务报表为基础计算的每股收益，分子应当是归属于母公司全部普通股股东的当期净利润。

二、分母的确定

计算基本每股收益时，分母为当期发行在外普通股的加权平均数，即期初发行在外普通股股数根据当期新发行或回购的普通股股数与相应时间权数的乘积进行调整后的股数。需要指出的是，公司库存股不属于发行在外的普通股，且无权参与利润分配，应当在计算分母时扣除。

发行在外普通股加权平均数=期初发行在外普通股股数+当期新发行普通股股数×
　　　　　已发行时间÷报告期时间-当期回购普通股股数×
　　　　　已回购时间÷报告期时间

其中，作为权数的已发行时间、报告期时间和已回购时间通常按天数计算，在不影响计算结果合理性的前提下，也可以采用简化的计算方法，如按月数计算。

【例11-1】 某公司2×20年期初发行在外的普通股为20 000万股；3月1日新发行普通股10 800万股；12月1日回购普通股4 800万股，以备将来奖励职工之用。该公司当年度实现净利润6 500万元。假定该公司按月数计算每股收益的时间权重。2×20年度基本每股收益计算如下：

发行在外普通股加权平均数=20 000×12÷12+10 800×10÷12-4 800×1÷12=28 600(万股)

或者=20 000×2÷12+30 800×9÷12+26 000×1÷12=28 600(万股)

基本每股收益=6 500÷28 600=0.23(元)

新发行普通股股数应当根据发行合同的具体条款，从应收对价之日(一般为股票发行日)起计算确定。通常包括下列情况。

(1) 为收取现金而发行的普通股股数，从应收取现金之日起计算。

(2) 因债务转资本而发行的普通股股数，从停计债务利息之日或结算日起计算。

(3) 非同一控制下的企业合并，作为对价发行的普通股股数，从购买日起计算；同一控制下的企业合并，作为对价发行的普通股股数，应当计入各列报期间普通股的加权平均数。

(4) 为收购非现金资产而发行的普通股股数，从确认收购之日起计算。

第三节 稀释每股收益

一、基本计算原则

稀释每股收益是以基本每股收益为基础，假设企业所有发行在外的稀释性潜在普通股均已转换为普通股，从而分别调整归属于普通股股东的当期净利润以及发行在外普通股的加权平均数计算而得的每股收益。

1. 稀释性潜在普通股

潜在普通股，是指赋予其持有者在报告期或以后期间享有取得普通股权利的一种金融工具或其他合同。目前，我国企业发行的潜在普通股主要有可转换公司债券、认股权证、股份期权等。

稀释性潜在普通股，是指假设当期转换为普通股会减少每股收益的潜在普通股。对于亏损企业而言，稀释性潜在普通股假设当期转换为普通股，将会增加每股亏损的金额。计算稀释每股收益时只考虑稀释性潜在普通股的影响，而不考虑不具有稀释性的潜在普通股。

需要特别说明的是，潜在普通股是否具有稀释性的判断标准是看其对持续经营每股收益的影响。也就是说，假定潜在普通股当期转换为普通股，如果会减少持续经营每股收益或增加持续经营每股亏损，则表明其具有稀释性；否则，其具有反稀释性。一般情况下，每股收益是按照企业当期归属于普通股股东的全部净利润计算而得；但如果企业存在终止经营的情况，则应当按照扣除终止经营净利润以后的当期归属于普通股股东的持续经营净利润进行计算。

2. 分子的调整

计算稀释每股收益时，应当根据下列事项对归属于普通股股东的当期净利润进行调整。

(1) 当期已确认为费用的稀释性潜在普通股的利息。

(2) 稀释性潜在普通股转换时将产生的收益或费用。

上述调整应当考虑相关所得税的影响。对于包含负债和权益成分的金融工具，仅需调整属于金融负债部分的相关利息、利得或损失。

3. 分母的调整

计算稀释每股收益时，当期发行在外普通股的加权平均数应当为计算基本每股收益时普通股的加权平均数与假定稀释性潜在普通股转换为已发行普通股而增加的普通股股数的加权平均数之和。

假定稀释性潜在普通股转换为已发行普通股而增加的普通股股数，应当根据潜在普通股的条件确定。当存在不止一种转换基础时，应当假定会采取从潜在普通股持有者角度看最有利的转换率或执行价格。

假定稀释性潜在普通股转换为已发行普通股而增加的普通股股数，应当按照其发行在外时间进行加权平均。以前期间发行的稀释性潜在普通股，应当假设在当期期初转换为普通股；当期发行的稀释性潜在普通股，应当假设在发行日转换为普通股；当期被注销或终止的稀释性潜在普通股，应当按照当期发行在外的时间加权平均计入稀释每股收益；当期被转换或行权的稀释性潜在普通股，应当从当期期初至转换日(或行权日)计入稀释每股收益中，从转换日(或行权日)起所转换的普通股则计入基本每股收益中。

二、可转换公司债券

可转换公司债券，是指发行公司依法发行、在一定期间内依据约定的条件可以转换成股份的公司债券。对于可转换公司债券，可以采用假设转换法判断其稀释性，并计算稀释每股收益。首先，假设这部分可转换公司债券在当期期初(或发行日)即已转换成普通股，从而一方面增加了发行在外的普通股股数，另一方面节约了公司债券的利息费用，增加了归属于普通股股东的当期净利润。然后，用增加的净利润除以增加的普通股股数，得出增量股的每股收益，与原来的每股收益比较。如果增量股的每股收益小于原来的每股收益，则说明该可转换公司债券具有稀释作用，应当计入稀释每股收益的计算中。

计算稀释每股收益时，以基本每股收益为基础，分子的调整项目为当期已确认为费用的利息等的税后影响额；分母的调整项目为假定可转换公司债券当期期初(或发行日)转换为普通股的股数加权平均数。

【例 11-2】某上市公司 2×20 年归属于普通股股东的净利润为 25 500 万元，期初发行在外普通股股数为 10 000 万股，年内普通股股数未发生变化。2×20 年 1 月 1 日，公司按面值发行 40 000 万元的 3 年期可转换公司债券，债券每张面值为 100 元，票面固定年利率为 2%，利息自发行之日起每年支付一次，即每年 12 月 31 日为付息日。该批可转换公司债券自发行结束后 12 个月以后即可转换为公司股票，即转股期为发行 12 个月后至债券到期日止的期间。转股价格为每股 10 元，即每 100 元债券可转换为 10 股面值为 1 元的普通股。债券利息不符合资本化条件,直接计入当期损益。所得税税率为25%。

假设不具备转换选择权的类似债券的市场利率为 3%。公司在对该批可转换公司债券初始确认时,根据金融工具列报准则的有关规定将负债和权益成分进行分拆。2×20 年度稀释每股收益计算如下。

基本每股收益=25 500÷10 000=2.55(元)
每年支付利息=40 000×2%=800(万元)
负债成分公允价值=800÷(1+3%)+800÷(1+3%)^2+40 800÷(1+3%)^3=38 868.56(万元)
权益成分公允价值=40 000-38 868.56=1 131.44(万元)
假设转换所增加的净利润=38 868.56×3%×(1-25%)=874.54 (万元)
假设转换所增加的普通股股数=40 000÷10=4 000(万股)
增量股的每股收益=874.54÷4 000=0.22 (元)
增量股的每股收益小于基本每股收益,可转换公司债券具有稀释作用。
稀释每股收益=(25 500+874.54) ÷(10 000+4 000)=1.88(元)

三、认股权证、股份期权

认股权证,是指公司发行的、约定持有人有权在履约期间内或特定到期日按约定价格向本公司购买新股的有价证券。股份期权,是指公司授予持有人在未来一定限期内以预先确定的价格和条件购买本公司一定数量股份的权利。股份期权持有人对其享有的股份期权,可以在规定的期间内以预先确定的价格和条件购买公司一定数量的股份,也可以放弃该权利。

对于盈利企业,认股权证、股份期权等的行权价格低于当期普通股平均市场价格时,具有稀释性。对于亏损企业,认股权证、股份期权的假设行权一般不影响净亏损,但增加普通股股数,从而导致每股亏损金额的减少,实际上产生了反稀释的作用,因此,这种情况下,不应当计算稀释每股收益。

对于稀释性认股权证、股份期权,计算稀释每股收益时,一般无须调整分子净利润金额,只需按照下列步骤对分母普通股加权平均数进行调整。

(1) 假设这些认股权证、股份期权在当期期初(或发行日)已经行权,计算按约定行权价格发行普通股将取得的股款金额。

(2) 假设按照当期普通股平均市场价格发行股票,计算需发行多少普通股能带来上述相同的股款金额。

(3) 比较行使认股权证、股份期权将发行的普通股股数与按照平均市场价格发行的普通股股数,差额部分相当于无对价发行的普通股,作为发行在外普通股股数的净增加。即认股权证、股份期权行权时发行的普通股可以视为两部分,一部分是按照平均市场价格发行的普通股,这部分普通股由于是按照市价发行,导致企业经济资源流入与普通股股数同比例增加,既没有稀释作用也没有反稀释作用,不影响每股收益金额;另一部分是无对价发行的普通股,这部分普通股由于是无对价发行,企业可利用的经济资源没有增加,但发行在外普通股股数增加,因此具有稀释性,应当计入稀释每股收益中。

增加的普通股股数=拟行权时转换的普通股股数-行权价格×拟行权时转换的普通股股数÷当期普通股平均市场价格

其中，普通股平均市场价格的计算，理论上应当包括该普通股每次交易的价格，但实务操作中通常对每周或每月具有代表性的股票交易价格进行简单算术平均即可。在股票价格比较平稳的情况下，可以将每周或每月股票的收盘价作为代表性价格；在股票价格波动较大的情况下，可以将每周或每月股票最高价与最低价的平均值作为代表性价格。无论采用何种方法计算平均市场价格，一经确定，不得随意变更，除非有确凿证据表明原计算方法不再适用。当期发行认股权证或股份期权的，普通股平均市场价格应当自认股权证或股份期权的发行日起计算。

(4) 将净增加的普通股股数乘以其假设发行在外的时间权数，据此调整计算稀释每股收益的分母数。

【例 11-3】 某公司 2×20 年度归属于普通股股东的净利润为 2 750 万元，发行在外普通股加权平均数为 5 000 万股，该普通股平均每股市场价格为 8 元。2×20 年 1 月 1 日，该公司对外发行 1 000 万份认股权证，行权日为 2×21 年 3 月 1 日，每份认股权证可以在行权日以 7 元的价格认购本公司 1 股新发的股份。该公司 2×20 年度每股收益计算如下。

基本每股收益=2 750÷5 000=0.55(元)
调整增加的普通股股数=1 000-1 000×7÷8 =125(万股)
稀释每股收益=2 750÷(5 000 +125) =0.54(元)

四、限制性股票

上市公司采取授予限制性股票的方式进行股权激励的，在其等待期内应当按照以下原则计算每股收益。

(一)等待期内每股收益的计算

基本每股收益仅考虑发行在外的普通股，按照归属于普通股股东的当期净利润除以发行在外普通股的加权平均数计算。限制性股票由于本来可能被回购，性质上属于或有可发行股票，因此，在计算基本每股收益时不应包括在内。上市公司在等待期内基本每股收益的计算，应视其发放的现金股利是否可撤销采取不同的方法。

(1) 现金股利可撤销，即一旦未达到解锁条件，被回购限制性股票的持有者将无法获得(或需要退回)其在等待期内应收(或已收)的现金股利。等待期内计算基本每股收益时，分子应扣除当期分配给预计未来可解锁限制性股票持有者的现金股利；分母不应包含限制性股票的股数。

(2) 现金股利不可撤销，即不论是否达到解锁条件，限制性股票持有者仍有权获得(或不得被要求退回)其在等待期内应收(或已收)的现金股利。对于现金股利不可撤销的限制性股票，即便未来没有解锁，已分配的现金股利也无须退回，表明在分配利润时这些股票享有了与普通股相同的权利，因此，属于同普通股股东一起参加剩余利润分配的其他权益工具。等待期内计算基本每股收益时，分子应扣除归属于预计未来可解锁限制性股票的净利润；分母不应包含限制性股票的股数。

(二)等待期内稀释每股收益的计算

上市公司在等待期内稀释每股收益的计算，应视解锁条件不同采取不同的方法。

(1) 解锁条件仅为服务期限条件的,公司应假设资产负债表日尚未解锁的限制性股票已于当期期初(或晚于期初的授予日)全部解锁,并参照本章中股份期权的有关规定考虑限制性股票的稀释性。行权价格低于公司当期普通股平价市场价格时,应当考虑其稀释性,计算稀释每股收益。其中,行权价格为限制性股票的发行价格加上资产负债表日尚未取得的职工服务按股份支付准则有关规定计算确定的公允价值。锁定期内计算稀释每股收益时,分子应加回计算基本每股收益分子时已扣除的当期分配给预计未来可解锁限制性股票持有者的现金股利或归属于预计未来可解锁限制性股票的净利润。

行权价格=限制性股票的发行价格+资产负债表日尚未取得的职工服务的公允价值

稀释每股收益=当期净利润÷(普通股加权平均数+调整增加的普通股加权平均数)

=当期净利润÷[普通股加权平均数+(限制性股票股数-行权价格)×限制性股票股数÷当期普通股平均市场价格]

其中,限制性股票若为当期发行的,则还需考虑时间权数计算及其平均数。

(2) 解锁条件包含业绩条件的,公司应假设资产负债表日即为解锁日并据以判断资产负债表日的实际业绩情况是否满足解锁要求的业绩条件。满足业绩条件的,应当参照上述解释条件仅为服务期限条件的有关规定计算稀释性每股收益;不满足业绩条件的,计算稀释性每股收益时不必考虑此限制性股票的影响。

【例 11-4】甲公司为上市公司,采用授予职工限制性股票的形式实施股权激励计划。2×20 年 1 月 1 日,公司以非公开发行的方式向 600 名管理人员每人授予 100 股自身股票(每股面值为 1 元),授予价格为每股 8 元。当日,600 名管理人员出资认购了相关股票,总认购款为 480 000 元,甲公司履行了相关增资手续。甲公司估计该限制性股票激励在授予日的公允价值为每股 15 元。

激励计划规定,这些管理人员从 2×20 年 1 月 1 日起在甲公司连续服务 3 年的,所授予股票将于 2×23 年 1 月 1 日全部解锁;在此期间离职的,甲公司将按照原授予价格每股 8 元回购相关股票。2×20 年 1 月 1 日至 2×23 年 1 月 1 日期间,所授予股票不得上市流通或转让;激励对象因所授予的限制性股票而取得的现金股利由公司代管,作为应付股利在解锁时向激励对象支付;对于未能解锁的限制性股票,公司在回购股票时应扣除激励对象已享有的该部分现金分红。

2×20 年度,甲公司实现净利润 500 万元,发行在外普通股(不含限制性股票)加权平均数为 200 万股,宣告发放现金股利每股 1 元;甲公司估计 3 年中离职的管理人员合计为 80 人,当年年末有 30 名管理人员离职。假定甲公司 2×20 年度当期普通股平均市场价格为每股 35 元。

基本每股收益=[5 000 000-1×(600-80)×100]÷2 000 000=2.47(元)

行权价格=8+15×2÷3=18(元)

由于行权价格低于当期普通股平均市场价格,因此,应当考虑限制性股票的稀释性。

发行在外的限制性股份在 2×20 年的加权平均数=600×100×(364÷365)+(600-30)×100×(1÷365)=59 991.78(股)

稀释每股收益=5 000 000÷[2 000 000+(59 991.78-18×59 991.78÷35)]=5 000 000÷2 029 139=2.46(元)

五、企业承诺将回购其股份的合同

企业承诺将回购其股份的合同中规定的回购价格高于当期普通股平均市场价格时，应当考虑其稀释性。计算稀释每股收益时，与前面认股权证、股份期权的计算思路恰好相反，具体步骤如下：

(1) 假设企业于期初按照当期普通股平均市场价格发行普通股，以募集足够的资金来履行回购合同；合同日晚于期初的，则假设企业于合同日按照自合同日至期末的普通股平均市场价格发行足量的普通股。在该假设前提下，企业是按照市价发行普通股，导致企业经济资源流入与普通股股数同比例增加，每股收益金额不变。

(2) 假设回购合同已于当期期初(或合同日)履行，按照约定的行权价格回购本企业股票。

(3) 比较假设发行的普通股股数与假设回购的普通股股数，差额部分作为净增加的发行在外普通股股数，再乘以相应的时间权重，据此调整计算稀释每股收益的分母数。

增加的普通股股数=回购价格×承诺回购的普通股股数÷当期普通股平均市场价格-承诺回购的普通股股数

【例 11-5】某公司 2×20 年度归属于普通股股东的净利润为 400 万元，发行在外普通股加权平均数为 1 000 万股。2×20 年 3 月 2 日，该公司与股东签订一份远期回购合同，承诺一年后以每股 5.5 元的价格回购其发行在外的 240 万股普通股。假设，该普通股 2×20 年 3 月至 12 月平均市场价格为 5 元。2×20 年度每股收益计算如下。

基本每股收益=400÷1000 =0.4(元)

调整增加的普通股股数= 240×5.5÷5-240= 24(万股)

稀释每股收益= 400÷(1 000 +24×10÷12)=0.39(元)

六、多项潜在普通股

企业对外发行不同潜在普通股的，单独考察其中某潜在普通股可能具有稀释作用，但如果和其他潜在普通股一并考察时可能恰恰变为反稀释作用。例如，某公司先后发行甲、乙两种可转换债券(票面利率和转换价格均不同)，甲债券导致的增量股每股收益为 1.5 元，乙债券导致的增量股每股收益为 3.5 元，假设基本每股收益为 4 元。如果分别考察甲、乙两种可转换债券，增量股每股收益小于基本每股收益，两种债券都具有稀释作用。并且，增量股每股收益越小，其稀释作用越大，因此甲债券的稀释作用大于乙债券。然而，如果综合考察甲、乙两种可转换债券，先计入甲债券使得每股收益稀释为 3.1 元，若再计入乙债券则使得每股收益反弹为 3.4 元，因此，乙债券在这种情况下不再具有稀释作用，不应计入稀释每股收益中。

为了反映潜在普通股最大的稀释作用，应当按照各潜在普通股的稀释程度从大到小的顺序计入稀释每股收益，直至稀释每股收益达到最小值。稀释程度根据增量股的每股收益衡量，即假定稀释性潜在普通股转换为普通股的情况下，将增加的归属于普通股股东的当期净利润除以增加的普通股股数的金额。需要强调的是，企业每次发行的潜在普通股应当视作不同的潜在普通股，分别判断其稀释性，而不能将其作为一个总体考虑。通常情况下，股份期权和认股权证排在前面计算，因为其假设行权一般不影响净利润。

对外发行多项潜在普通股的企业应当按照下列步骤计算稀释每股收益。

(1) 列出企业在外发行的各潜在普通股。

(2) 假设各潜在普通股已于当期期初或发行日转换为普通股，确定其对归属于普通股股东当期净利润的影响金额。可转换公司债券的假设转换一般会增加当期净利润金额；股份期权和认股权证的假设行权一般不影响当期净利润。

(3) 确定各潜在普通股假设转换后将增加的普通股股数。值得注意的是，稀释性股份期权和认股权证假设行权后，计算增加的普通股股数不是发行的全部普通股股数，而应当是其中无对价发行部分的普通股股数。

(4) 计算各潜在普通股的增量股每股收益，判断其稀释性。增量股每股收益越小的潜在普通股稀释程度越大。

(5) 按照潜在普通股稀释程度以从大到小的顺序，将各稀释性潜在普通股分别计入稀释每股收益中。在分步计算过程中，如果下一步得出的每股收益小于上一步得出的每股收益，表明新计入的潜在普通股具有稀释作用，应当计入稀释每股收益中；反之，则表明其具有反稀释作用，不计入稀释每股收益中。

(6) 最后得出的最小每股收益金额即为稀释每股收益。

【例 11-6】某公司 2×20 年度归属于普通股股东的净利润为 5 625 万元，发行在外普通股加权平均数为 18 750 万股。年初已发行在外的潜在普通股有以下几种。

(1) 认股权证为 7 200 万份，每份认股权证可以在行权日以 8 元的价格认购 1 股本公司新发股票。

(2) 按面值发行的 5 年期可转换公司债券为 75 000 万元，债券每张面值为 100 元，票面年利率为 2.6%，转股价格为每股 12.5 元，即每 100 元债券可转换为 8 股面值为 1 元的普通股。

(3) 按面值发行的 3 年期可转换公司债券为 150 000 万元，债券每张面值为 100 元，票面年利率为 1.4%，转股价格为每股 10 元，即每 100 元债券可转换为 10 股面值为 1 元的普通股。当期普通股平均市场价格为 12 元，年度内没有认股权证被行权，也没有可转换公司债券被转换或赎回，所得税税率为 25%。假设不考虑可转换公司债券在负债和权益成分的分拆，且债券票面利率等于实际利率。2×20 年度每股收益计算如下。

基本每股收益=5 625÷18 750=0.3(元)

计算稀释每股收益如下。

(1) 假设潜在普通股转换为普通股，计算增量股每股收益并排序，如表 11-1 所示。

表 11-1 增量股每股收益的计算

	净利润增加(万元)	股数增加(万股)	增量股的每股收益(元)	顺 序
认股权证	—	2 400①	—	1
2.6%债券	1 462.5②	6 000③	0.24	3
1.4%债券	1 575④	15 000⑤	0.11	2

① 7 200−7 200×8÷12 =2 400(万股)
② 75 000×2.6%×(1−25%) =1 462.5(万元)
③ 75 000÷12.5=6 000(万股)
④ 150 000×1.4%×(1−25%) =1 575(万元)
⑤ 150 000÷10 =15 000(万股)

由此可见，认股权证的稀释性最大，2.6%可转换债券的稀释性最小。

(2) 分步计算稀释每股收益如表 11-2 所示。

表 11-2　稀释每股收益的计算

	净利润(万元)	股数(万股)	每股收益(元)	稀释性
基本每股收益	5 625	18 750	0.30	
认股权证	0	2 400		
	5 625	21 150	0.27	稀释
1.4%债券	1 575	15 000		
	7 200	36 150	0.20	稀释
2.6%债券	1 462.5	6 000		
	8 662.5	42 150	0.21	反稀释

因此，稀释每股收益为 0.20 元。

七、子公司、合营企业或联营企业发行的潜在普通股

子公司、合营企业、联营企业发行能够转换成其普通股的稀释性潜在普通股，不仅应包括在其稀释每股收益计算中，而且还应包括在合并稀释每股收益以及投资者稀释每股收益的计算中。

【例 11-7】甲公司(母公司)2×20 年度归属于普通股股东的净利润为 72 000 万元(不包括子公司乙公司利润或乙公司支付的股利)，发行在外的普通股加权平均数为 60 000 万股，持有乙公司 70%的普通股股权。乙公司 2×20 年度归属于普通股股东的净利润为 32 400 万元，发行在外普通股加权平均数为 13 500 万股，该普通股当年平均市场价格为 8 元。年初，乙公司对外发行 900 万份可用于购买其普通股的认股权证，行权价格为 4 元，甲公司持有 18 万份认股权证，当年无认股权证被行权。假设除股利外，母、子公司之间没有其他需要抵销的内部交易；甲公司取得对乙公司投资时，乙公司各项可辨认资产等的公允价值与其账面价值一致。2×20 年度每股收益计算如下。

(1) 子公司每股收益。

① 基本每股收益=32 400÷13 500=2.4(元)

② 调整增加的普通股股数=900−900×4÷8=450(万股)

稀释每股收益=32 400÷(13 500+450)=2.32(元)

(2) 合并每股收益。

① 归属于母公司普通股股东的母公司净利润=72 000(万元)

包含在合并基本每股收益计算中的子公司净利润部分=2.4×13 500×70%
=22 680(万元)

基本每股收益=(72 000+22 680)÷60 000=1.58(元)

② 子公司净利润中归属于普通股且由母公司享有的部分=2.32×13 500×70%
=21 924(万元)

子公司净利润中归属于认股权证且由母公司享有的部分=2.32×450×18÷900
=20.88(万元)

稀释每股收益=(72 000+21 924+20.88)÷60 000=1.57(元)

第四节 每股收益的列报

一、重新计算

(一)派发股票股利、公积金转增资本、拆股或并股

企业派发股票股利、公积金转增资本、拆股或并股等，会增加或减少其发行在外普通股或潜在普通股的数量，但并不影响所有者权益金额。这既不影响企业所拥有或控制的经济资源，也不改变企业的盈利能力，即意味着同样的损益现在要由扩大或缩小了的股份规模来享有或分担。因此，为了保持会计指标的前后期可比性，企业应当在相关报批手续全部完成后，按调整后的股数重新计算各列报期间的每股收益。上述变化发生于资产负债表日至财务报告批准报出日之间的，应当以调整后的股数重新计算各列报期间的每股收益。

【例 11-8】某企业 2×20 年和 2×21 年归属于普通股股东的净利润分别为 665 万元和 770 万元，2×20 年 1 月 1 日发行在外的普通股为 400 万股，2×20 年 4 月 1 日按市价新发行普通股 80 万股，2×21 年 7 月 1 日分派股票股利，以 2×20 年 12 月 31 日总股本 480 万股为基数每 10 股送 3 股，假设不存在其他股数变动因素。2×21 年度比较利润表中基本每股收益的计算如下。

2×21 年度发行在外普通股加权平均数=(400+80+144)×12÷12=624(万股)
2×20 年度发行在外普通股加权平均数=400×1.3×12÷12+80×1.3×9÷12=598(万股)
2×21 年度基本每股收益=770÷624=1.23(元)
2×20 年度基本每股收益=665÷598=1.11(元)

(二)配股

配股在计算每股收益时比较特殊，因为它是向全部现有股东以低于当前股票市价的价格发行普通股，实际上可以理解为按市价发行股票和无对价送股的混合体。也就是说，配股中包含的送股因素具有与股票股利相同的效果，导致发行在外普通股股数增加的同时，却没有相应的经济资源流入。因此，计算基本每股收益时，应当考虑配股中的送股因素，将这部分无对价的送股(注意不是全部配发的普通股)视同列报最早期间期初就已发行在外，并据以调整各列报期间发行在外普通股的加权平均数，计算各列报期间的每股收益。

为此，企业首先应当计算出一个调整系数，再用配股前发行在外普通股的股数乘以该调整系数，得出计算每股收益时应采用的普通股股数。

每股理论除权价格 = (行权前发行在外普通股的公允价值总额+配股收到的款项)÷
行权后发行在外的普通股股数

调整系数=行权前发行在外普通股的每股公允价值÷每股理论除权价格

因配股重新计算的上年度基本每股收益=上年度基本每股收益÷调整系数

本年度基本每股收益=归属于普通股股东的当期净利润÷(配股前发行在外普通股股数× 调整系数×配股前普通股发行在外的时间权重+配股后发行在外普通股加权平均数)

【例 11-9】某企业 2×20 年归属于普通股股东的净利润为 23 500 万元，2×20 年 1 月

1日发行在外普通股股数为8 000万股。2×20年6月10日,该企业发布增资配股公告,向截至2×20年6月30日(股权登记日)所有登记在册的老股东配股,配股比例为每4股配1股,配股价格为每股6元,除权交易基准日为2×20年7月1日。假设行权前一日的市价为每股11元,2×19年度基本每股收益为2.64元。2×20年度比较利润表中基本每股收益的计算如下。

每股理论除权价格= (11×8 000+6×2 000) ÷(8 000+2 000) = 10(元)

调整系数= 11÷10=1.1

因配股重新计算的2×19年度基本每股收益=2.64÷1.1=2.4(元)

2×20年度基本每股收益=23 500÷(8 000×1.1×6÷12 +10 000×6÷12)=2.5(元)

需要特别说明的是,在实务中,应注意以下两点。

第一,企业向特定对象以低于当前市价的价格发行股票的,不考虑送股因素。虽然它与配股具有相似的特征,即发行价格低于市价。但是,后者属于向非特定对象增发股票;而前者往往是企业出于某种战略考虑或其他动机向特定对象以较低的价格发行股票,或者特定对象除认购股份以外还需以其他形式予以补偿。因此,综合这些因素,向特定对象发行股票的行为可以视为不存在送股因素,视同发行新股处理。

第二,企业存在发行在外的除普通股以外的金融工具的,在计算基本每股收益时,基本每股收益中的分子,即归属于普通股股东的净利润不应包含其他权益工具的股利或利息。其中,对于发行的不可累积优先股等其他权益应扣除当期宣告发放的股利;对于发行的累积优先股等其他权益工具,无论当期是否宣告发放股利,均应予以扣除。基本每股收益计算中的分母,为发行在外普通股的加权平均数。

对于同普通股股东一起参加剩余利润分配的其他权益工具,在计算普通股每股收益时,归属于普通股股东的净利润不应包含根据可参加机制计算的应归属于其他权益工具持有者的净利润。

【例11-10】 甲公司2×20年度实现净利润为200 000万元,发行在外普通股加权平均数为250 000万股。2×20年1月1日,甲公司按票面金额平价发行600万股优先股,优先股每股票面金额为100元。该批优先股股息不可累积,即当年度未向优先股股东足额派发股息的差额部分,不可累积到下一计息年度。2×20年12月31日,甲公司宣告并以现金全额发放当年优先股股息,股息率为6%。根据该优先股合同条款规定,甲公司将该批优先股分类为权益工具,优先股股息不在所得税税前列支。2×20年度基本每股收益计算如下。

归属于普通股股东的净利润=200 000-100×600×6%=196 400(万元)

基本每股收益=196 400÷250 000=0.79(元)

企业发行的金融工具中包含转股条款的,即存在潜在稀释性的,在计算稀释每股收益时考虑的因素与企业发行可转换公司债券、认股权证相同。

(三)以前年度损益的追溯调整或追溯重述

按照会计政策、会计估计及其变更和差错更正准则的规定对以前年度损益进行追溯调整或追溯重述的,应当重新计算各列报期间的每股收益。

二、列报

对于普通股或潜在普通股已公开交易的企业以及正处于公开发行普通股或潜在普通股过程中的企业,如果不存在稀释性潜在普通股,则应当在利润表中单独列示基本每股收益;如果存在稀释性潜在普通股,则应当在利润表中单独列示基本每股收益和稀释每股收益。编制比较财务报表时,各列报期间中只要有一个期间列示了稀释每股收益,那么,所有列报期间均应当列示稀释每股收益,即使其金额与基本每股收益相等。

企业对外提供合并财务报表的,仅要求其以合并财务报表为基础计算每股收益,并在合并财务报表中予以列报;与合并财务报表一同提供的母公司财务报表中不要求计算和列报每股收益,如果企业自行选择列报,应以母公司个别财务报表为基础计算每股收益,并在其个别财务报表中予以列报。

企业应当在附注中披露与每股收益有关的下列信息。

(1) 基本每股收益和稀释每股收益分子、分母的计算过程。

(2) 列报期间不具有稀释性但以后期间很可能具有稀释性的潜在普通股。

(3) 在资产负债表日至财务报告批准报出日之间,企业发行在外普通股或潜在普通股发生重大变化的情况。

企业如有终止经营的情况,应当在附注中分别持续经营和终止经营披露基本每股收益和稀释每股收益。

本 章 小 结

每股收益,是指普通股股东每持有一股所能享有的企业净利润或需承担的企业净亏损。每股收益是投资者等信息使用者评价企业盈利能力、预测企业成长潜力进而作出决策的一项重要的财务指标。每股收益包括基本每股收益和稀释每股收益两类。基本每股收益仅考虑当期实际发行在外的普通股股份,是按照归属于普通股股东的当期净利润除以当期实际发行在外普通股的加权平均数计算的每股收益。稀释每股收益是以基本每股收益为基础,假定企业所有发行在外的稀释性潜在普通股均已转换为普通股,从而分别调整归属于普通股股东的当期净利润以及发行在外普通股的加权平均数计算的每股收益。稀释每股收益的计算和列报主要是为了避免每股收益虚增可能带来的信息误导。潜在普通股,是指赋予其持有者在报告期或以后期间享有取得普通股权利的一种金融工具或其他合同。目前,我国企业发行的潜在普通股主要有可转换公司债券、认股权证、股份期权、限制性股票等。

企业应当在附注中披露与每股收益有关的下列信息:基本每股收益和稀释每股收益分子、分母的计算过程;列报期间不具有稀释性但以后期间很可能具有稀释性的潜在普通股;在资产负债表日至财务报告批准报出日之间,企业发行在外普通股或潜在普通股发生重大变化的情况。

复习思考题

1. 什么是每股收益?其有哪些类型?在实务中,每股收益指标有什么意义?

2. 什么是基本每股收益？基本每股收益的计算公式是什么？分子和分母怎么确定？
3. 什么是稀释每股收益？稀释每股收益的基本计算原则是什么？
4. 潜在普通股主要分哪几类？
5. 重新计算列报期间每股收益的情形主要有哪几种情况？列报主要有哪几种形式？

第十二章

企业合并

通过本章的学习,掌握企业合并的界定,企业合并的方式;了解企业合并的类型;掌握同一控制下的企业合并和非同一控制下的企业合并的处理原则及会计处理;将企业合并同长期股权投资入账价值的确定及合并财务报表的编制紧密结合,借以提高综合分析问题的能力。

扫码下载本章自测与技能训练

第一节 企业合并概述

一、企业合并的含义

企业合并是指将两个或两个以上单独的企业(主体)合并形成一个报告主体的交易或事项。从会计角度来说,交易是否构成企业合并,进而是否能够按照企业合并准则进行会计处理,主要应关注以下两个方面。

(一)被购买方是否构成业务

企业合并本质上是一种购买行为,但其不同于单项资产的购买,而是一组有内在联系、为了某一既定的生产经营目的存在的多项资产组合或是多项资产、负债构成的净资产的购买。企业合并的结果通常是一个企业取得了对一个或多个业务的控制权,即,要形成会计意义上的"企业合并",前提是被购买的资产或资产、负债组合要形成"业务"。如果一个企业取得了对另一个或多个企业的控制权,而被购买方(或被合并方)并不构成业务,则该交易或事项不形成企业合并。

业务,是指企业内部某些生产经营活动或资产、负债的组合,该组合具有投入、加工处理过程和产出能力,能够独立计算其成本费用或所产生的收入。要构成业务不需要有关资产、负债的组合一定构成一个企业,或是具有某一具体法律形式。实务中,虽然也有企业只经营单一业务,但一般情况下企业的分公司、独立的生产车间、不具有独立法人资格的分部等也会构成业务。值得注意的是,有关的资产组合或资产、负债组合是否构成业务,既不是看其在出售方手中如何经营,也不是看购买方在购入该部分资产或资产、负债组合后准备如何使用。为保持业务判断的客观性,对一组资产或资产、负债的组合是否构成业务,要看在正常的市场条件下,从一定的商业常识和行业惯例等出发,有关的资产或资产、负债的组合能否被作为具有内在关联度的生产经营目的整合起来使用。

区分业务的购买,即构成企业合并的交易与不构成企业合并的资产或资产、负债组合的购买,意义在于其会计处理存在以下实质上的差异。

(1) 企业取得了不形成业务的一组资产或是资产、负债的组合时,应识别并确认所取得的单独可辨认资产及承担的负债,并将购买成本在基于购买日所取得各项可辨认资产、负债的相对公允价值,在各单独可辨认资产和负债间进行分配,不按照企业合并准则进行处理。分配的结果是取得的有关资产、负债的初始入账价值有可能不同于购买日时点的公允价值,资产或资产、负债打包购买中多付或少付的部分,均需要分解到取得的资产、负债项目中,从而不会产生商誉或购买利得。在被购买资产构成业务,需要作为企业合并处理时,购买日(或合并日)的确定,合并中取得资产、负债的计量,合并差额的处理,等等,均需要按照企业合并准则的有关规定进行处理。如在构成非同一控制下企业合并的情况下,合并中自被购买方取得的各项可辨认资产、负债应当按照其在购买日的公允价值计量,合并成本与取得的可辨认净资产公允价值份额的差额应当确认为单独的一项资产——商誉,或是在企业合并成本小于合并中取得可辨认净资产公允价值份额的情况下,将该差额确认计入当期损益。

(2) 交易费用在购买资产交易中通常作为转让对价的一部分，并根据适用的准则资本化为所购买的资产成本的一部分；而在企业合并中，交易费用应被费用化。

(3) 企业会计准则禁止对在以下交易所记录的资产和负债初始确认时产生的暂时性差异确认递延所得税：非业务合并，且既不影响会计利润也不影响应纳税所得额或可抵扣亏损。相应地，资产购买中因账面价值与税务基础不同形成的暂时性差异不应确认递延所得税资产或负债；而业务合并中购买的资产和承担的债务因账面价值与税务基础不同形成的暂时性差异应确认递延所得税影响。

(二)交易发生前后是否涉及对标的业务控制权的转移

从企业合并的定义看，是否形成企业合并，除了要看取得的资产或资产负债组合是否构成业务之外，还要看有关交易或事项发生前后，是否引起报告主体的变化。报告主体的变化产生于控制权的变化。在交易或事项发生以后，投资方拥有对被投资方的权力，通过参与被投资方的相关活动享有可变回报，且有能力运用对被投资方的权力影响其回报金额的，该投资方对被投资方具有控制，形成母子公司关系，则涉及控制权的转移。该交易或事项发生后，子公司需要纳入母公司合并财务报表的范围中，从合并财务报告角度形成报告主体的变化；交易或事项发生以后，一方能够控制另一方的全部净资产，被合并的企业在合并后失去其法人资格，也涉及控制权及报告主体的变化，形成企业合并。

假定在企业合并前，A、B 两个企业为各自独立的法律主体，且均构成业务，企业合并准则中所界定是企业合并，包括但不限于以下情形。

(1) 企业 A 通过增发自身的普通股自企业 B 原股东处取得企业 B 的全部股权，该交易事项发生后，企业 B 仍持续经营。

(2) 企业 A 支付对价取得企业 B 的全部净资产，该交易事项发生后，撤销企业 B 的法人资格。

(3) 企业 A 以其资产作为出资投入企业 B，取得对企业 B 的控制权，该交易事项发生后，企业 B 仍维持其独立法人资格继续经营。

二、企业合并的方式

企业合并按合并方式划分，包括控股合并、吸收合并和新设合并三种。

(一)控股合并

合并方(或购买方，下同)通过企业合并交易或事项取得对被合并方(或被购买方，下同)的控制权，企业合并后能够通过所取得的股权等主导被合并方的生产经营决策并自被合并方的生产经营活动中获益，被合并方在企业合并后仍维持其独立的法人资格继续经营的，为控股合并。

该类企业合并中，因合并方通过企业合并交易或事项取得了被合并方的控制权，被合并方成为其子公司，在企业合并发生后，被合并方应当纳入合并方合并财务报表的编制范围，从合并财务报表角度，形成报告主体的变化。

(二)吸收合并

合并方在企业合并中取得被合并方的全部净资产,并将有关资产、负债并入合并方自身生产经营活动中。企业合并后,注销被合并方的法人资格,由合并方持有合并中取得的被合并方的资产、负债,在新的基础上继续经营,该类合并为吸收合并。

吸收合并中,因被合并方(或被购买方)在合并发生后被注销,从合并方(或购买方)的角度需要解决的问题是,其在合并日(或购买日)取得的被合并方有关资产、负债入账价值的确定,以及为了进行企业合并支付的对价与所取得的被合并方资产、负债的入账价值之间差额的处理。

企业合并继后期间,合并方应将合并中取得的资产、负债作为本企业的资产、负债核算。

(三)新设合并

参与合并的各方在企业合并后法人资格均被注销,重新注册成立一家新的企业,由新注册成立的企业持有参与合并各企业的资产、负债在新的基础上经营,为新设合并。新设合并中,各参与合并企业投入到新设企业的资产、负债价值以及相关构成新设企业的资本等,一般应按照有关法律法规及各参与合并方的合同、协议执行。

三、企业合并类型的划分

按合并前后最终控制方是否变化进行划分,即合并前后是否同属于同一方或相同的多方最终控制,企业合并划分为同一控制下的企业合并与非同一控制下的企业合并两类。企业合并的类型划分不同,所遵循的会计处理原则也不同。

(一)同一控制下的企业合并

同一控制下的企业合并,是指参与合并的企业在合并前后均受同一方或相同的多方最终控制且该控制并非暂时性的。

判断某一企业合并是否属于同一控制下的企业合并,应当把握以下要点。

(1) 能够对参与合并各方在合并前后均实施最终控制的一方通常指企业集团的母公司。同一控制下的企业合并一般发生于企业集团内部,如集团内部母子公司之间、子公司与子公司之间等。因为该类企业合并从本质上来说是集团内部企业之间的资产或权益的转移,不涉及自集团外购入子公司或是向集团外其他企业出售子公司的情况,能够对参与合并企业在合并前后均实施最终控制的一方为集团的母公司。

(2) 能够对参与合并的企业在合并前后均实施控制的相同多方,是指根据合同或协议的约定,拥有最终决定参与合并企业的财务和经营政策,并从中获取利益的投资者群体。

(3) 实施控制的时间性要求,是指参与合并各方在合并前后较长时间内为最终控制方所控制。具体是指在企业合并之前(即合并日之前),参与合并各方在最终控制方的控制时间一般在 1 年以上(含 1 年),企业合并后所形成的报告主体在最终控制方的控制时间也应达到 1 年以上(含 1 年)。

(4) 企业之间的合并是否属于同一控制下的企业合并,应综合构成企业合并交易的各方面情况,按照实质重于形式的原则进行判断。通常情况下,同一控制下的企业合并,是指发生在同一企业集团内部企业之间的合并。值得注意的是,同受国家控制的企业之间发生的合并，不应仅仅因为参与合并各方在合并前后均受国家控制而将其作为同一控制下的企业合并。

(二)非同一控制下的企业合并

非同一控制下的企业合并，是指参与合并各方在合并前后不受同一方或相同的多方最终控制的合并交易，即除判断属于同一控制下的企业合并以外的其他企业合并。

【例 12-1】 甲公司为某省国资委控制的国有企业。2×20 年 10 月，该省国资系统出于整合同类业务的需要，安排甲公司通过向乙公司部分股东定向发行其普通股取得对乙公司的控制权。该项交易前，乙公司的股权由该省国资委下属丙投资公司持有并控制。双方签订的协议约定如下：

(1) 以 2×20 年 9 月 30 日为评估基准日，根据独立的评估机构评估确定的乙公司全部股权的公允价值 4.02 亿元为基础确定甲公司应支付的对价。

(2) 甲公司普通股作价 5 元/股，该项交易中，甲公司向丙投资公司发行 3 700 万股本公司普通股，取得乙公司 46%的股权。

(3) 甲公司在本次交易中定向发行的 3 700 万股普通股向丙投资公司发行后，即有权力调整和更换乙公司董事会成员，该事项不受本次交易中股东名册变更及乙公司有关工商注册变更的影响。

2×20 年 12 月 10 日，甲公司向丙投资公司定向发行了 3 700 万股普通股并于当日对乙公司董事会进行改选。

问题：甲公司对乙公司的合并属于哪一类型？

分析：本案例中合并方甲公司与被合并方乙公司在合并前为独立的市场主体，其特殊性在于甲公司在合并前直接被当地国资委控制，乙公司是当地国资委通过下属投资公司间接控制。判断本项交易的合并类型关键在于找到是否存在于合并交易发生前后对参与合并各方均能够实施控制的一个最终控制方。本案例中，最终控制方是当地国资委。虽然该项交易是该省国资系统出于整合同类业务的需要，安排甲公司、乙公司的原控股股东丙投资公司进行的，但是交易中作价是完全按照市场价格确定的；同时企业合并准则中明确规定，同受国家控制的两个企业进行合并，不能仅因为其为国有企业，即作为同一控制下的企业合并。

因此，该项合并应当作为非同一控制下的企业合并处理。

【例 12-2】 甲公司 2×20 年 2 月通过公开市场购入乙公司 600 万股股票，占乙公司公开发行在外股份的 2%，该部分股份取得之后，甲公司将其作为以公允价值计量且其变动计入当期损益的金融资产核算。2×21 年，甲公司与乙公司签订以下协议：

(1) 甲公司向乙公司捐赠其 100%持股的三家公司股权，按照双方确定的评估基准日 2×21 年 6 月 30 日，三家公司股权的评估价值合计为 65 000 万元。

(2) 双方应于 2×21 年 7 月 31 日前办妥上述三家公司股权过户手续。

(3) 乙公司应于 2×21 年 8 月 31 日前通过股东大会决议，以公积金转增股本的方式向甲公司发行股份 16 250 万股(4 元/股)。

2×21 年 8 月 10 日，乙公司股东大会通过以公积金转增股本的方式向甲公司发行 16 250 万股本公司股票。

该股份发行后，甲公司向乙公司董事会派出 4 名成员(乙公司董事会由 7 人组成)。日常财务和生产经营决策由董事会决定；甲公司持有乙公司发行在外的股份为36.43%，除甲公司所持股份外，乙公司其他股东持有其股份的情况如表12-1所示。

表12-1　乙公司其他股东持有其股份的情况

股　东	持有乙公司股权比例
A	10%
B	8%
C	7%
D	6%
E	5%
F	4.5%
其他社会公众股(持股较为分散，最高持有不到1%)	23.07%

问题：甲公司对乙公司的合并属于哪一类型？

分析：2×20年甲公司自公开市场取得乙公司2%的股份，因未以任何方式参与乙公司生产经营决策，不能施加重大影响，该项股权投资作为交易性金融资产核算。

2×21年，甲公司通过先向乙公司捐赠，乙公司再以等量资本公积转增股本的方式向甲公司定向发行本公司股份，该次发行完成后，甲公司持有乙公司36.43%的股份。通过分析乙公司股权结构和甲公司对乙公司董事会的影响可知，该项股份发行后，甲公司能够控制乙公司，从而构成企业合并。

在本次交易发生前，甲公司虽然持有乙公司2%的股份，但不构成控制，交易完成后，甲公司控制乙公司，乙公司持有甲公司原3家子公司100%的股权，并能够对这3家公司实施控制。该项交易前后，找不到一个最终控制方能够控制所有参与合并的企业(乙公司、甲公司及其原持股的三家公司)，不属于同一控制下的企业合并，应当按照非同一控制下的企业合并处理。

值得一提的是，无论是吸收合并、新设合并，还是形成母子公司关系的控股合并，合并方(或购买方)在企业合并中都取得了对其他参与合并企业的控制权。不过，这种"控制权"有两种表现形式：在吸收合并或新设合并下，这个"控制权"表现为取得的被合并方(或被购买方)的净资产；在控股合并下，这个"控制权"表现为取得的被合并方(或被购买方)的股权。这一点对企业合并的会计确认与计量至关重要，同时，对正确理解企业合并与长期股权投资的关系也很重要。企业合并与长期股权投资具有密切的联系。根据企业会计准则，企业合并与长期股权投资的关系如图12-1所示。

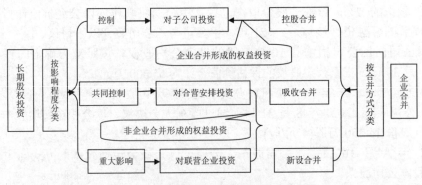

图12-1　企业合并与长期股权投资的关系

四、合并日或购买日的确定

合并日或购买日是合并方或购买方实际取得被合并方或被购买方净资产或控制权的日期，即企业合并交易进行过程中，发生控制权转移的日期。根据企业合并方式的不同，在控股合并的情况下，合并方或购买方应在合并日或购买日确认因企业合并形成的对被合并方或被购买方的长期股权投资；在吸收合并的情况下，合并方或购买方应在合并日或购买日确认合并中取得的被合并方或被购买方各项可辨认资产、负债等。

对于合并日或购买日的判断，满足以下有关条件的，通常可认为实现了控制权的转移：①企业合并合同或协议已获股东大会通过；②企业合并事项需要经过国家有关主管部门审批的，已获得批准；③参与合并各方已办理了必要的财产权转移手续；④购买方已支付了合并价款的大部分(一般应超过 50%)，并且有能力、有计划支付剩余款项；⑤购买方实际上已经控制了被购买方的财务和经营政策，并享有相应的利益，承担相应的风险。

实务操作中，应结合具体交易情况进行综合判断，关键在于确定控制权的转移时点。

五、业务的判断

业务是指企业内部某些生产经营活动或资产、负债的组合，该组合具有投入、加工处理过程和产出能力，能够独立计算其成本费用或所产生的收入等，目的在于为投资者提供股利、降低成本或带来其他经济利益。有关资产或资产、负债的组合具备了投入和加工处理过程两个要素即可认为构成一项业务。对于取得的资产、负债组合是否构成业务，企业应当结合实际情况进行判断。

(一)构成业务的要素

根据《企业会计准则第 20 号——企业合并》第三条的规定："涉及业务的合并比照本准则规定处理。"

合并方在合并中取得的生产经营活动或资产、负债的组合(以下简称组合)构成业务，通常应具有下列三个要素。

(1) 投入，指原材料、人工、必要的生产技术等无形资产以及构成产出能力的机器设备等其他长期资产的投入。

(2) 加工处理过程，指具有一定的管理能力、运营过程，能够组织投入形成产出能力的系统、标准、协议、惯例或规则。

(3) 产出，包括为客户提供的产品或服务、为投资者或债权人提供的股利或利息等投资收益，以及企业日常活动产生的其他收益。

(二)构成业务的判断条件

合并方在合并中取得的组合应当至少同时具有一项投入和一项实质性加工处理过程，且二者相结合对产出能力有显著贡献，该组合才构成业务。合并方在合并中取得的组合是否有实际产出并不是判断其构成业务的必要条件。企业应当考虑产出的下列情况分别判断加工处理过程是否是实质性的。

该组合在合并日无产出的，同时满足下列条件的加工处理过程应判断为是实质性的：第一，该加工处理过程对投入转化为产出至关重要；第二，具备执行该过程所需技能、知识或经验的有组织的员工，且具备必要的材料、权利、其他经济资源等投入，如技术、研究和开发项目、房地产或矿区权益等。

该组合在合并日有产出的，满足下列条件之一的加工处理过程应判断为是实质性的：第一，该加工处理过程对持续产出至关重要，且具备执行该过程所需技能、知识或经验的有组织的员工；第二，该加工处理过程对产出能力有显著贡献，且该过程是独有、稀缺或难以取代的。

企业在判断组合是否构成业务时，应当从市场参与者角度考虑是否可以将其作为业务进行管理和经营，而不是根据合并方的管理意图或被合并方的经营历史来判断。

(三)判断非同一控制下的企业合并中取得的组合是否构成业务，也可选择采用集中度测试

集中度测试是非同一控制下的企业合并的购买方在判断取得的组合是否构成一项业务时，可以选择采用的一种简化判断方式。在进行集中度测试时，如果购买方取得的总资产的公允价值几乎相当于其中某一单独可辨认资产或一组类似可辨认资产的公允价值的，则该组合通过集中度测试，应判断为不构成业务，且购买方无须按照上述构成业务的判断条件进行判断；如果该组合未通过集中度测试，购买方仍应按照上述构成业务的判断条件的规定进行判断。购买方应当按照下列规定进行集中度测试。

(1) 计算确定取得的总资产的公允价值。取得的总资产不包括现金及现金等价物、递延所得税资产以及由递延所得税负债影响形成的商誉。购买方通常可以通过下列公式之一计算确定取得的总资产的公允价值。

公式一：总资产的公允价值=合并中取得的非现金资产的公允价值+(购买方支付的对价+购买日被购买方少数股东权益的公允价值+购买日前持有被购买方权益的公允价值-合并中所取得的被购买方可辨认净资产的公允价值)-递延所得税资产-由递延所得税负债影响形成的商誉

公式二：总资产的公允价值=购买方支付的对价+购买日被购买方少数股东权益的公允价值+购买日前持有被购买方权益的公允价值+取得负债的公允价值(不包括递延所得税负债)－取得的现金及现金等价物－递延所得税资产－由递延所得税负债影响形成的商誉

(2) 关于单独可辨认资产。单独可辨认资产是企业合并中作为一项单独可辨认资产予以确认和计量的一项资产或资产组。如果资产(包括租赁资产)及其附着物分拆成本重大，应当将其一并作为一项单独可辨认资产，例如土地和建筑物。

(3) 关于一组类似资产。企业在评估一组类似资产时，应当考虑其中每项单独可辨认资产的性质及其与管理产出相关的风险等。下列情形通常不能作为一组类似资产：一是有形资产和无形资产；二是不同类别的有形资产，如存货和机器设备；三是不同类别的可辨认无形资产，如商标权和特许权；四是金融资产和非金融资产；五是不同类别的金融资产，如应收款项和权益工具投资；六是同一类别但风险特征存在重大差别的可辨认资产等。

第二节　同一控制下的企业合并的处理

同一控制下的企业合并，是从合并方出发，确定合并方在合并日对企业合并事项应进行的会计处理。在合并日取得对其他参与合并企业控制权的一方为合并方，参与合并的其他企业为被合并方。合并日，是指合并方实际取得对被合并方控制权的日期。

一、同一控制下的企业合并的处理原则

对于同一控制下的企业合并，企业合并准则规定的会计处理方法类似于权益结合法。该方法下，将企业合并看作两个或多个参与合并企业权益的重新整合，从最终控制方的角度来看，该类企业合并一定程度上不会造成企业集团整体的经济利益流入和流出，最终控制方在合并前后实际控制的经济资源并没有发生变化，有关交易事项不应视为出售或购买。同一控制下的企业合并，合并方应遵循以下原则进行相关的处理。

(1) 合并方在企业合并中取得的资产和负债，应当按照合并日在被合并方的账面价值计量。合并方取得的净资产账面价值与支付的合并对价账面价值(或发行股份面值总额)的差额，应当调整资本公积；资本公积不足冲减的，调整留存收益。

(2) 统一会计政策。在确定合并中取得各项资产、负债的入账价值时，应予以注意的是，被合并方在企业合并前采用的会计政策与合并方不一致的，合并方在合并日首先统一会计政策，即合并方应当按照企业会计政策对被合并方的财务报表相关项目进行调整，并以调整后的账面价值作为有关资产、负债的入账价值。

(3) 通过多次交换交易，分步取得股权，最终形成同一控制下控股合并的，在个别财务报表中，应当以持股比例计算的合并日享有被合并方所有者权益在最终控制方合并财务报表中的账面价值份额，作为该项投资的初始投资成本。初始投资成本与其原长期股权投资账面价值加上合并日为取得新的股份所支付对价的现金、转让的非现金资产及所承担债务账面价值之和的差额，调整资本公积(资本溢价或股本溢价)，资本公积不足冲减的，冲减留存收益。

(4) 合并方为进行企业合并发生的各项直接相关费用，包括为进行企业合并而支付的审计费用、评估费用、法律服务费用等，应当于发生时计入当期损益。合并方为企业合并发行的债券或承担其他债务支付的手续费、佣金等，应当计入所发行债券及其他债务的初始计量金额。企业合并中发行权益性证券发生的手续费、佣金等费用，应当抵减权益性证券溢价收入，溢价收入不足冲减的，冲减留存收益。

(5) 对于同一控制下的控股合并，合并方在编制合并财务报表时，应视同合并后形成的报告主体自最终控制方开始实施控制时一直是一体化存续下来的，参与合并各方在合并以前期间实现的留存收益应体现为合并财务报表中的留存收益。在合并财务报表中，应以合并方的资本公积(或经调整后的资本公积中的资本溢价部分)为限，在所有者权益内部进行调整，将被合并方在合并日以前实现的留存收益中按照持股比例计算归属于合并方的部分自资本公积转入留存收益。

二、同一控制下的企业合并的会计处理

同一控制下的企业合并，视合并方式不同，应当根据以下情况进行会计处理。

(一)同一控制下的控股合并

同一控制下的控股合并中，合并方在合并日涉及两个方面的问题：一是对因该项企业合并形成的对被合并方的长期股权投资的确认和计量；二是合并日合并财务报表的编制。

1. 长期股权投资的确认和计量

按照长期股权投资准则的规定，同一控制下的企业合并形成的长期股权投资，合并方应以合并日应享有被合并方账面所有者权益的份额作为长期股权投资的初始投资成本，借记"长期股权投资"科目；按享有被投资单位已宣告但尚未发放的现金股利或利润，借记"应收股利"科目；按支付的合并对价的账面价值，贷记有关资产或负债科目。以支付的现金、非现金资产方式进行的，该初始投资成本与支付的现金、非现金资产的差额，相应调整资本公积(资本溢价或股本溢价)，资本公积(资本溢价或股本溢价)余额不足冲减的，依次冲减盈余公积和未分配利润；以发行权益性证券方式进行的，长期股权投资的初始投资成本与所发行股份的面值总额之间的差额，应调整资本公积(资本溢价或股本溢价)，资本公积(资本溢价或股本溢价)余额不足冲减的，相应调整盈余公积和未分配利润。

2. 合并日合并财务报表的编制

同一控制下的企业合并形成母子公司关系的，合并方(母公司)应于合并日编制合并财务报表，反映合并日形成的报告主体的财务状况、视同该主体一直存在产生的经营成果等。编制合并日合并财务报表时，包括合并资产负债表、合并利润表及合并现金流量表等。

(1) 合并资产负债表。被合并方的有关资产、负债应以其账面价值并入合并财务报表。这里的账面价值是指被合并方的资产、负债(包括最终控制方收购被合并方而形成的商誉)在最终控制方财务报表中的账面价值。合并方与被合并方在合并日及以前期间发生的交易，应作为内部交易进行抵销。

同一控制下的企业合并的基本处理原则是视同合并后形成的报告主体在合并日及以前期间一直存在。在合并资产负债表中，对于被合并方在企业合并前实现的留存收益(盈余公积和未分配利润之和)中归属于合并方的部分，应按以下原则，自合并方的资本公积转入盈余公积和未分配利润。

① 确认企业合并形成的长期股权投资后，合并方账面资本公积(资本溢价或股本溢价)贷方余额大于被合并方在合并前实现的留存收益中归属于合并方的部分，在合并资产负债表中，应将被合并方在合并前实现的留存收益中归属于合并方的部分自"资本公积"转入"盈余公积"和"未分配利润"。在合并工作底稿中，借记"资本公积"项目，贷记"盈余公积"和"未分配利润"项目。

② 确认企业合并形成的长期股权投资后，合并方账面资本公积(资本溢价或股本溢价)贷方余额小于被合并方在合并前实现的留存收益中归属于合并方的部分的，在合并资产负债表中，应以合并方资本公积(资本溢价或股本溢价)的金额为限，将被合并方在企业合并

前实现的留存收益中归属于合并方的部分自"资本公积"转入"盈余公积"和"未分配利润"。在合并工作底稿中,借记"资本公积"项目,贷记"盈余公积"和"未分配利润"项目。

因合并方的资本公积(资本溢价或股本溢价)余额不足,被合并方在合并前实现的留存收益中归属于合并方的部分在合并资产负债表中未予全额恢复的,合并方应当在报表附注中对这一情况进行说明。

【例 12-3】 A、B 公司分别为 P 公司控制下的两家子公司。A 公司于 2×20 年 3 月 10 日自其母公司 P 处取得 B 公司 100%的股权,合并后 B 公司仍维持其独立法人资格继续经营。为进行该项企业合并,A 公司发行了 1 500 万股本公司普通股(每股面值为 1 元)作为对价。假定 A、B 公司采用的会计政策相同。合并日,A 公司及 B 公司的所有者权益构成如表 12-2 所示。

表 12-2 所有者权益构成

单位:万元

A 公司		B 公司	
项 目	金 额	项 目	金 额
股本	9 000	股本	1 500
资本公积	2 500	资本公积	500
盈余公积	2 000	盈余公积	1 000
未分配利润	5 000	未分配利润	2 000
合计	18 500	合计	5 000

A 公司在合并日应进行的账务处理如下。

借:长期股权投资——B 公司　　　　　　　　　　　　　　50 000 000
　　贷:股本——P 公司　　　　　　　　　　　　　　　　15 000 000
　　　　资本公积　　　　　　　　　　　　　　　　　　　35 000 000

A 公司在合并日编制合并资产负债表时,应编制的抵销分录如下。

借:股本　　　　　　　　　　　　　　　　　　　　　　15 000 000
　　资本公积　　　　　　　　　　　　　　　　　　　　　5 000 000
　　盈余公积　　　　　　　　　　　　　　　　　　　　10 000 000
　　未分配利润　　　　　　　　　　　　　　　　　　　20 000 000
　　贷:长期股权投资　　　　　　　　　　　　　　　　50 000 000

对于企业合并前 B 公司实现的留存收益中归属于合并方 A 公司的部分(3 000 万元)应自资本公积(资本溢价或股本溢价)转入留存收益。本例中,A 公司在确认对 B 公司的长期股权投资以后,其资本公积的账面余额为 6 000(2 500+3 500)万元,假定其中资本溢价或股本溢价的金额为 4 500 万元。在合并工作底稿中,应编制以下调整分录。

借:资本公积　　　　　　　　　　　　　　　　　　　　30 000 000
　　贷:盈余公积　　　　　　　　　　　　　　　　　　10 000 000
　　　　未分配利润　　　　　　　　　　　　　　　　　20 000 000

(2) 合并利润表。合并方在编制合并日的合并利润表时,应包含合并方及被合并方自合并当期期初至合并日实现的净利润,双方在当期所发生的交易,应当按照合并财务报表的有关原则进行抵销。例如,同一控制下的企业合并发生于 2×20 年 3 月 10 日,合并方当日编制合并利润表时,应包括合并方及被合并方自 2×20 年 1 月 1 日至 2×20 年 3 月 10 日实现的净利润。

为了帮助企业的会计信息使用者了解合并利润表中净利润的构成,发生同一控制下的企业合并的当期,合并方在合并利润表中的"净利润"项下应单列"其中:被合并方在合并前实现的净利润"项目,反映合并当期期初至合并日自被合并方带入的损益。

(3) 合并现金流量表。合并方在编制合并日的合并现金流量表时,应包含合并方及被合并方自合并当期期初至合并日产生的现金流量,涉及双方当期发生的内部交易之间产生的现金流量,应当按照合并财务报表的有关原则进行抵销。

(二)同一控制下的吸收合并

同一控制下的吸收合并中,合并方主要涉及合并日取得被合并方资产、负债入账价值的确定,以及合并中取得有关净资产的入账价值与支付的合并对价账面价值之间差额的处理。

1. 合并日取得资产、负债入账价值的确定

合并方对同一控制下的吸收合并中取得的资产、负债应当按照相关资产、负债在被合并方的原账面价值入账。若企业合并前合并方与被合并方采用的会计政策不同,则应首先统一被合并方的会计政策,按照合并方的会计政策调整被合并方的有关资产、负债的账面价值。

2. 合并差额的处理

合并方在合并日确认了取得的被合并方的资产和负债的入账价值后,以发行权益性证券方式进行的该类合并,所确认的净资产入账价值与发行股份面值总额的差额,应计入资本公积(资本溢价或股本溢价),资本公积(资本溢价或股本溢价)的余额不足冲减的,相应冲减盈余公积和未分配利润;以支付现金、非现金资产方式进行的该类合并,所确认的净资产入账价值与支付的现金、非现金资产账面价值的差额,相应调整资本公积(资本溢价或股本溢价),资本公积(资本溢价或股本溢价)的余额不足冲减的,相应冲减盈余公积和未分配利润。

【例 12-4】2×20 年 6 月 30 日,P 公司向 S 公司的股东定向增发 1 000 万股普通股(每股面值为 1 元,市价为 11 元)对 S 公司进行吸收合并,并于当日取得 S 公司净资产。不考虑相关税费及其他因素。当日,P 公司、S 公司的资产负债表(简表)如表 12-3 所示。

表 12-3 资产负债表(简表)

2×20 年 6 月 30 日　　　　　　　　　　　　　　　　　　单位:万元

项　目	P 公司	S 公司	
	账面价值	账面价值	公允价值
资产:			
货币资金	4 312.50	450	450
存货	6 200	255	450

续表

项 目	P公司 账面价值		S公司 账面价值	S公司 公允价值
应收账款	3 000		2 000	2 000
长期股权投资	2 750		2 150	3 800
固定资产:				
固定资产原价	10 000		4 000	5 500
减：累计折旧	3 000		1 000	0
固定资产净值	7 000		3 000	
无形资产	6 750		500	1 500
商誉	0		0	0
资产总计	30 012.5		8 355	13 700
负债和所有者权益：				
短期借款	2 500		2 250	2 250
应付账款	3 750		300	300
其他负债	375		300	300
负债合计	6 625		2 850	2 850
股本	7 500		2 500	
资本公积	5 000		1 500	
盈余公积	5 000		500	
未分配利润	5 887.5		1 005	
所有者权益合计	23 387.5		5 505	10 850
负债和所有者权益总计	30 012.5		8 355	

本例中，假定 P 公司和 S 公司为同一集团的两家全资子公司，合并前其共同的母公司为 A 公司。该项合并中参与合并的企业在合并前及合并后均为 A 公司最终控制，为同一控制下的企业合并。自 6 月 30 日开始，P 公司能够对 S 公司净资产实施控制，该日即为合并日。

因合并后 S 公司失去其法人资格，P 公司应确认合并中取得的 S 公司的各项资产和负债，假定 P 公司与 S 公司在合并前采用的会计政策相同。P 公司对该项合并应进行的账务处理如下：

借：货币资金　　　　　　　　　　　　　　　　　　4 500 000
　　库存商品(存货)　　　　　　　　　　　　　　　2 550 000
　　应收账款　　　　　　　　　　　　　　　　　　20 000 000
　　长期股权投资　　　　　　　　　　　　　　　　21 500 000
　　固定资产　　　　　　　　　　　　　　　　　　30 000 000
　　无形资产　　　　　　　　　　　　　　　　　　 5 000 000
　　贷：短期借款　　　　　　　　　　　　　　　　22 500 000
　　　　应付账款　　　　　　　　　　　　　　　　 3 000 000
　　　　其他应付款(其他负债)　　　　　　　　　　 3 000 000
　　　　股本　　　　　　　　　　　　　　　　　　10 000 000
　　　　资本公积　　　　　　　　(55 050 000-10 000 000) 45 050 000

第三节 非同一控制下的企业合并的处理

非同一控制下的企业合并，主要涉及购买方及购买日的确定，企业合并成本的确定，合并中取得各项可辨认资产、负债的确认和计量，合并差额的处理以及购买日合并资产负债表的编制，等等。

一、非同一控制下的企业合并的处理原则

非同一控制下的企业合并，是指参与合并的各方在合并前后不受同一方或相同的多方最终控制。基本处理原则是购买法。购买法是从购买方的角度出发，该项交易中购买方取得了被购买方的净资产或是对净资产的控制权，应确认所取得的资产以及应当承担的债务，包括被购买方原来未予确认的资产、负债。

(一)确定购买方

采用购买法核算企业合并的首要前提是确定购买方。非同一控制下的企业合并，在购买日取得对其他参与合并企业控制权的一方为购买方，参与合并的其他企业为被购买方。购买日，是指购买方实际取得被购买方控制权的日期。

(二)确定合并成本

(1) 一次交换交易实现的企业合并，合并成本为购买方在购买日为取得对被购买方的控制权而支付的现金或非现金资产、发生或承担的债务以及发行的权益性证券的公允价值。

(2) 非同一控制下的企业合并中，购买方为企业合并发生的直接相关费用，包括审计、法律服务、评估咨询等应当于发生时计入当期损益；购买方作为合并对价发行的权益性证券或债务性证券的交易费用，包括手续费、佣金等应当抵减权益性证券的溢价发行收入或计入债务性证券的初始确认金额。

(3) 通过多次交换交易，分步取得股权最终形成非同一控制下控股合并的，购买方在个别财务报表中，应当以购买日之前所持被购买方的股权投资的账面价值与购买日新增投资成本之和，作为该项投资的初始投资成本；在合并财务报表中，以购买日之前所持被购买方股权于购买日的公允价值与购买日支付对价的公允价值之和，作为合并成本。

非同一控制下的企业合并中，通过企业合并交易，购买方无论是取得对被购买方生产经营决策的控制权，还是取得被购买方的全部净资产，从本质上看，取得的均是对被购买方净资产的控制权。视合并方式的不同，在控股合并的情况下，购买方在其个别财务报表中应确认所形成的对被购买方的长期股权投资。该长期股权投资所代表的是购买方在合并中取得的被购买方各项资产、负债享有的份额，具体体现在合并财务报表中应列示的有关资产、负债；在吸收合并的情况下，合并中取得的被购买方各项可辨认资产、负债等直接体现为购买方账簿及个别财务报表中的资产、负债项目。

(三)企业合并成本与合并中取得的被购买方可辨认净资产公允价值份额差额的处理

购买方对于企业合并成本与确认的可辨认净资产公允价值份额的差额，应视情况不同分别进行处理。

(1) 企业合并成本大于合并中取得的被购买方可辨认净资产公允价值份额的差额应确认为商誉。视企业合并方式的不同，在控股合并的情况下，该差额是指在合并财务报表中应予列示的商誉，即长期股权投资的成本与购买日按照持股比例计算确定应享有被购买方可辨认净资产公允价值份额之间的差额；在吸收合并的情况下，该差额是购买方在其账簿及个别财务报表中应确认的商誉。

商誉代表的是合并中取得的由于不符合确认条件未予确认的资产以及被购买方有关资产产生的协同效应或合并盈利能力。

商誉在确认以后，持有期间不要求摊销，应当按照《企业会计准则第 8 号——资产减值》的规定对其价值进行测试，按照账面价值与可收回金额孰低的原则计量，对于可收回金额低于账面价值的部分，计提减值准备，有关减值准备在提取以后，不能够转回。

(2) 企业合并成本小于合并中取得的被购买方可辨认净资产公允价值份额的部分，应计入合并当期损益。

在这种情况下，购买方首先要对合并中取得的资产、负债的公允价值，作为合并对价的非现金资产或发行的权益性证券等的公允价值进行复核，如果复核结果表明所确定的各项资产、负债的公允价值确定是恰当的，应将企业合并成本低于取得的被购买方可辨认净资产公允价值份额之间的差额，计入合并当期的营业外收入，并在会计报表附注中予以说明。

在吸收合并的情况下，上述企业合并成本小于合并中取得的被购买方可辨认净资产公允价值份额的差额，应计入购买方合并当期的个别利润表；在控股合并的情况下，上述差额应体现在购买方合并当期的合并利润表中，不影响购买方的个别利润表。

(四)购买日合并财务报表的编制

非同一控制下的企业合并中形成母子公司关系的，母公司一般应于购买日编制合并资产负债表，反映其于购买日开始能够控制的经济资源情况。在合并资产负债表中，合并中取得的被购买方各项可辨认资产、负债应以其在购买日的公允价值计量，长期股权投资的成本大于合并中取得的被购买方可辨认净资产公允价值份额的差额，体现为合并财务报表中的商誉；长期股权投资的成本小于合并中取得的被购买方可辨认净资产公允价值份额的差额，应计入合并当期损益。购买方在购买日不需要编制合并利润表，因此该差额体现在合并资产负债表上，应调整合并资产负债表的盈余公积和未分配利润。

需要强调的是，非同一控制下的企业合并中，作为购买方的母公司在进行有关会计处理后，应单独设置备查簿，记录其在购买日取得的被购买方各项可辨认资产、负债的公允价值，以及商誉金额或计入当期损益的金额，作为企业合并当期以及以后期间编制合并财务报表的基础。企业合并当期期末以及合并以后期间，应当纳入合并财务报表中的被购买方资产、负债等，是以购买日确定的公允价值为基础持续计算的结果。

二、非同一控制下的企业合并的会计处理

(一)非同一控制下的控股合并

非同一控制下的控股合并方式下,购买方所涉及的会计处理问题主要体现在两个方面:一是购买日因进行企业合并形成的对被购买方的长期股权投资初始投资成本的确定,二是购买日合并财务报表的编制。

非同一控制下的控股合并中,购买方在购买日应当按照确定的企业合并成本(包括购买方支付的现金或非现金资产、发生或承担的债务、发行的权益性证券等在购买日的公允价值,不包括自被购买方收取的现金股利或利润),作为形成的对被购买方长期股权投资的初始投资成本,借记"长期股权投资"科目;按享有被投资单位已宣告但尚未发放的现金股利或利润,借记"应收股利"科目;按支付合并对价的账面价值或发行权益性证券的面值,贷记有关资产或借记有关负债或贷记股本等科目;按其差额,贷记"营业外收入"或借记"营业外支出"等科目;企业发生的直接相关费用,借记"管理费用"科目,贷记"银行存款"等科目。

非同一控制下的控股合并中。

涉及以库存商品等作为合并对价的,应按库存商品的公允价值,贷记"主营业务收入"科目,并同时结转相关成本。

【例 12-5】沿用例 12-4 的有关资料,P 公司在该项合并中发行 1 000 万股普通股(每股面值为 1 元,市场价格为 11 元),取得了 S 公司 100%的股权。不考虑所得税影响,编制购买方于购买日的合并资产负债表。

(1) 确认长期股权投资。

借:长期股权投资	110 000 000
贷:股本	10 000 000
资本公积——股本溢价	100 000 000

(2) 计算确定商誉。

假定 S 公司除已确认资产外,不存在其他需要确认的资产及负债,则 P 公司首先计算合并中应确认的合并商誉。

合并商誉=企业合并成本-合并中取得被购买方可辨认净资产公允价值份额
    =11 000-10 850×100%=150(万元)

(3) 编制调整分录。

借:存货	1 950 000
长期股权投资	16 500 000
固定资产	25 000 000
无形资产	10 000 000
贷:资本公积	53 450 000

编制抵销分录。

借:股本	25 000 000
资本公积	68 450 000

　　　　盈余公积　　　　　　　　　　　　　　　　　　　　5 000 000
　　　　未分配利润　　　　　　　　　　　　　　　　　　10 050 000
　　　　商誉　　　　　　　　　　　　　　　　　　　　　 1 500 000
　　　　贷：长期股权投资　　　　　　　　　　　　　　　　　　　　110 000 000

(4) 编制合并资产负债表(简表)如表 12-4 所示。

表 12-4　合并资产负债表(简表)

2×20 年 6 月 30 日　　　　　　　　　　　　　　　　单位：万元

项　目	P 公司	S 公司	调整和抵销分录 借方	调整和抵销分录 贷方	合并金额
资产：					
货币资金	4 312.50	450			4 762.50
存货	6 200	255	195		6 650
应收账款	3 000	2 000			5 000
长期股权投资	13 750	2 150	1 650	11 000	6 550
固定资产：					
固定资产原价	10 000	4 000	2 500		16 500
减：累计折旧	3 000	1 000			4 000
无形资产	6 750	500	1 000		8 250
商誉	0	0	150		150
资产总计	41 012.50	8 355	5 495	11 000	43 862.50
负债和所有者权益					
短期借款	2 500	2 250			4 750
应付账款	3 750	300			4 050
其他负债	675	300			675
负债合计	6 625	2 850			9 475
股本	8 500	2 500	2 500		8 500
资本公积	15 000	1 500	6 845	5 345	15 000
盈余公积	5 000	500	500		5 000
未分配利润	5 887.50	1 005	1 005		5 887.5
所有者权益合计	34 387.50	5 505			34 387.50
负债和所有者权益总计	41 012.50	8 355	10 850	5 345	43 862.50

(二)非同一控制下的吸收合并

　　非同一控制下的吸收合并，购买方在购买日应当将合并中取得的符合确认条件的各项资产、负债，按其公允价值确认为本企业的资产和负债；作为合并对价的有关非货币性资产在购买日的公允价值与其账面价值的差额，应作为资产处置损益计入合并当期利润表；合并对价的公允价值与所取得的被购买方可辨认净资产公允价值的差额，视情况分别确认为商誉或是作为企业合并当期的损益计入利润表。其具体处理原则与非同一控制下的控股合并类似，不同点在于在非同一控制下的吸收合并中，合并中取得的可辨认资产和负债是作为个别财务报表中的项目列示,合并中产生的商誉也是作为购买方账簿及个别财务报表的资产列示。

【例12-6】 沿用例12-4的有关资料,P公司对S公司进行吸收合并,P公司和S公司不存在关联方关系。自2×20年6月30日开始,P公司能够对S公司净资产实施控制,该日即为购买日。P公司对该项合并应进行的账务处理如下。

借:货币资金	4 500 000
库存商品(存货)	4 500 000
应收账款	20 000 000
长期股权投资	38 000 000
固定资产	55 000 000
无形资产	15 000 000
商誉	1 500 000
贷:短期借款	22 500 000
应付账款	3 000 000
其他应付款(其他负债)	3 000 000
股本	10 000 000
资本公积	100 000 000

商誉=11 000−(13 700−2 850)=150(万元)

三、企业合并涉及的或有对价

同一控制下企业合并形成的控股合并,在确认长期股权投资初始投资成本时,应按照或有事项准则的规定,判断是否应就或有对价确认预计负债(或者确认资产),以及应确认的金额;确认预计负债(或资产)的,该预计负债(或资产)金额与后续或有对价结算金额的差额不影响当期损益,而应当调整资本公积(资本溢价或股本溢价),资本公积(资本溢价或股本溢价)不足冲减的,调整留存收益。

在某些情况下,企业合并各方可能在合并协议中约定,根据未来一项或多项或有事项的发生,购买方通过发行额外证券、支付额外现金或其他资产等方式追加合并对价,或者要求返还之前已经支付的对价,这将产生企业合并的或有对价问题。会计准则规定,购买方应当将合并协议约定的或有对价作为企业合并转移对价的一部分,按照其在购买日的公允价值计入企业合并成本。或有对价符合权益工具和金融负债定义的,购买方应当将支付或有对价的义务确认为一项权益或负债;或有对价符合资产定义并满足资产确认条件的,购买方应当将符合合并协议约定条件的、可收回的部分已支付合并对价的权利确认为一项资产。同时规定,购买日12个月内出现对购买日已存在情况的新的或进一步证据需要调整或有对价的,应当予以确认并对原计入合并商誉的金额进行调整。其他情况下发生的或有对价变化或调整,应当区分情况进行会计处理:或有对价为权益性质的,不进行会计处理;或有对价为资产或负债性质的,如果属于会计准则规定的金融工具,应当按照以公允价值计量且其变动计入当期损益进行会计处理,不得指定为以公允价值计量且其变动计入其他综合收益的金融资产。

上述关于或有对价的规定，主要侧重于两个方面：一是在购买日应当合理估计或有对价并将其计入企业合并成本，购买日后 12 个月内取得新的或进一步证据表明购买日已存在情况，从而需要对企业合并成本进行调整的，可以据以调整企业合并成本；二是无论是购买日后 12 个月内还是其他时点，如果是因为出现新的情况导致对原估计或有对价进行调整的，则不能再对企业合并成本进行调整，相关或有对价属于金融工具的，应以公允价值计量，公允价值变动计入当期损益。上述会计处理的出发点在于，对企业合并交易原则上的确认和计量时点应限定为购买日，购买日以后视新的情况对原购买成本进行调整的，不能视为购买日的情况，因此也就不能据以对企业合并成本进行调整。

非同一控制下企业合并中的或有对价构成金融资产或金融负债的，应当以公允价值计量并将其变动计入当期损益；或有对价属于权益性质的，应作为权益性交易进行会计处理。

【例 12-7】A 上市公司 2×20 年 1 月 2 日以现金 3 亿元自 B 公司购买其持有的 C 公司 100%股权，并于当日向 C 公司董事会派出成员，主导其财务和生产经营决策。股权转让协议约定，B 公司就 C 公司在收购完成后的经营业绩向 A 公司作出承诺：C 公司 2×20 年、2×21 年、2×22 年经审计扣除非经常性损益后归属于母公司股东的净利润分别不低于 2 000 万元、3 000 万元和 4 000 万元。如果 C 公司未达到承诺业绩，B 公司将在 C 公司出具每一相应年度的审计报告后 30 日内，按 C 公司实际实现的净利润与承诺利润的差额，以现金方式对 A 公司进行补偿。

购买日，A 公司根据 C 公司所处市场状况及行业竞争力等情况判断，预计 C 公司能完成承诺期利润。

2×20 年，C 公司实现净利润 2 200 万元。2×21 年，由于整体宏观经济形势变化，C 公司实现净利调 2 400 万元，且预期 2×22 年该趋势将持续，预计能够实现净利润 2 600 万元。

分析：本例中，A 上市公司与 B 公司在交易前不存在关联关系，该项企业合并应为非同一控制下企业合并。

购买日为 2×20 年 1 月 2 日，当日 A 上市公司支付了有关价款 3 亿元，同时估计 C 公司能够实现承诺利润，或有对价估计为 0。A 上市公司应当确认对 C 公司长期股权投资成本为 3 亿元。

借：长期股权投资　　　　　　　　　　　　　　　　　　　300 000 000
　　贷：银行存款　　　　　　　　　　　　　　　　　　　　　　300 000 000

2×20 年 C 公司实现了预期利润，A 上市公司无须进行会计处理。

2×21 年 C 公司未实现预期利润，且预计 2×22 年也无法实现，则 A 上市公司需要估计该或有对价的公允价值并予以确认。因该预期利润未实现的情况是在购买日后新发生的，在购买日后超过 12 个月且不属于对购买日已存在情况的进一步证据，应于资产负债表日将该或有对价公允价值的变动计入当期损益。B 公司对有关利润差额的补偿将以现金支付，该或有对价属于金融工具，应当按照金融工具的原则进行处理。2×21 年年末 A 上市公司估计该或有对价的公允价值为 2 000 万元，并进行如下会计处理。

借：交易性金融资产　　　　　　　　　　　　　　　　　　20 000 000
　　贷：公允价值变动损益　　　　　　　　　　　　　　　　　　20 000 000

本例中有关或有对价的公允价值调整在个别财务报表中不作为对长期股权投资成本的调整，相应地，在合并财务报表中，亦不能调整购买日原已确认商誉金额。但由于 C 公司未实现预期利润，可能表明购买日原已确认商誉已发生减值，A 上市公司应当对商誉及相关长期资产进行减值处理。

四、反向购买的处理

(一)反向购买基本原则

非同一控制下的企业合并，以发行权益性证券交换股权的方式进行的，通常发行权益性证券的一方为购买方。但在某些企业合并中，发行权益性证券的一方因其生产经营决策在合并后被参与合并的另一方控制的，发行权益性证券的一方虽然为法律上的母公司，但其为会计上的被购买方，该类企业合并通常称为"反向购买"。例如，A 公司为一家规模较小的上市公司，B 公司为一家规模较大的公司。B 公司拟通过收购 A 公司的方式达到上市目的，但该交易是通过 A 公司向 B 公司原股东发行普通股用以交换 B 公司原股东持有的对 B 公司股权方式实现。该项交易后，B 公司原控股股东持有 A 公司 50%以上的股权，A 公司持有 B 公司 50%以上的股权，A 公司为法律上的母公司，B 公司为法律上的子公司，但从会计角度，A 公司为被购买方，B 公司为购买方。

1. 企业合并成本

反向购买中，法律上的子公司(购买方)的企业合并成本，是指其如果以发行权益性证券的方式为获取在合并后报告主体的股权比例，应向法律上的母公司(被购买方)的股东发行的权益性证券数量与其公允价值计算的结果。购买方的权益性证券在购买日存在公开报价的，通常应以公开报价作为其公允价值；购买方的权益性证券在购买日不存在可靠公开报价的，应参照购买方的公允价值和被购买方的公允价值两者之中有更为明显证据支持的一个作为基础，确定购买方假定应发行权益性证券的公允价值。

2. 合并财务报表的编制

反向购买后，法律上的母公司应当遵从以下原则编制合并财务报表。

(1) 合并财务报表中，法律上的子公司的资产、负债应以其在合并前的账面价值进行确认和计量。

(2) 合并财务报表中的留存收益和其他权益余额反映的应当是法律上的子公司在合并前的留存收益和其他权益余额。

(3) 合并财务报表中的权益性工具的金额应当反映法律上的子公司合并前发行在外的股份面值以及假定在确定该项企业合并成本过程中新发行的权益性工具的金额。但是在合并财务报表中的权益结构应当反映法律上的母公司的权益结构，即法律上的母公司发行在外的权益性证券的数量和种类。

(4) 法律上的母公司的有关可辨认资产、负债在并入合并财务报表时，应以其在购买日确定的公允价值进行合并，企业合并成本大于合并中取得的法律上的母公司(被购买方)可辨认净资产公允价值的份额体现为商誉，小于合并中取得的法律上的母公司(被购买方)可辨认净资产公允价值的份额确认为合并当期损益。

(5) 合并财务报表的比较信息应当是法律上的子公司的比较信息(即法律上的子公司的前期合并财务报表)。

(6) 法律上的子公司的有关股东在合并过程中未将其持有的股份转换为对法律上的母公司的股份的,该部分股东享有的权益份额在合并财务报表中应作为少数股东权益列示。因法律上的子公司的部分股东未将其持有的股份转换为法律上的母公司的股权,其享有的权益份额仍仅限于对法律上的子公司的部分,该部分少数股东权益反映的是少数股东按持股比例计算享有法律上的子公司合并前净资产账面价值的份额。另外,对于法律上的母公司的所有股东,虽然该项合并中其被认为是被购买方,但其享有合并形成报告主体的净资产及损益,不应作为少数股东权益列示。

上述反向购买的会计处理原则仅适用于合并财务报表的编制。法律上的母公司在该项合并中形成的对法律上的子公司长期股权投资成本的确定,应遵从《企业会计准则第2号——长期股权投资》的相关规定。

3. 每股收益的计算

发生反向购买当期,用于计算每股收益的发行在外的普通股加权平均数如下所述。

(1) 自当期期初至购买日,发行在外的普通股数量应假定为在该项合并中法律上的母公司向法律上的子公司股东发行的普通股数量。

(2) 自购买日至期末发行在外的普通股数量为法律上的母公司实际发行在外的普通股股数。

反向购买后对外提供比较合并财务报表的,其比较前期合并财务报表中的基本每股收益,应以法律上的子公司在每一比较报表期间归属于普通股股东的净损益除以在反向购买中法律上的母公司向法律上的子公司发行的普通股股数计算确定。

上述假定法律上的子公司发行的普通股股数在比较期间内和自反向购买发生期间的期初至购买日之间未发生变化。如果法律上的子公司发行的普通股股数在此期间发生了变动,计算每股收益时应适当考虑其影响并进行调整。

【例12-8】A上市公司于2×20年9月30日通过定向增发本公司普通股对B企业进行合并,取得B企业100%的股权。假定不考虑所得税影响。A公司及B企业在合并前资产负债表(简表)如表12-5所示。

表12-5 合并前资产负债表(简表)

单位:万元

项 目	A公司	B企业
流动资产	3 000	4 500
非流动资产	21 000	60 000
资产总计	24 000	64 500
流动负债	1 200	1 500
非流动负债	300	3 000
负债总计	1 500	4 500
所有者(或股东)权益:		
股本	1 500	900
资本公积		
盈余公积	6 000	17 100

续表

项 目	A 公司	B 企业
未分配利润	15 000	42 000
所有者(或股东)权益总计	22 500	60 000

其他资料如下：

① 2×20 年 9 月 30 日，A 公司通过定向增发本企业普通股，以 2 股换 1 股的比例自 B 企业原股东处取得了 B 企业全部股权。A 公司共发行了 1 800 万股普通股以取得 B 企业全部 900 万股普通股。

② A 公司每股普通股在 2×20 年 9 月 30 日的公允价值为 20 元，B 企业每股普通股当日的公允价值为 40 元。A 公司、B 企业每股普通股的面值为 1 元。

③ 2×20 年 9 月 30 日，A 公司除非流动资产公允价值较账面价值高 4 500 万元以外，其他资产、负债项目的公允价值与其账面价值相同。

④ 假定 A 公司与 B 企业在合并前不存在任何关联方关系。

对于该项企业合并，虽然在合并中发行权益性证券的一方为 A 公司，但因其生产经营决策的控制权在合并后由 B 企业原股东控制，因此，B 企业应为购买方，A 公司为被购买方。

(1) 确定该项企业合并中 B 企业的合并成本。

A 公司在该项合并中向 B 企业原股东增发了 1 800 万元普通股，合并后 B 企业原股东持有 A 公司的股权比例为 54.55%(1 800÷3 300)，假定 B 企业发行本企业普通股在合并后主体享有同样的股权比例，则 B 企业应当发行的普通股股数为 750 万股(900÷54.55%-900)，其公允价值为 30 000 万元，企业合并成本为 30 000 万元。

(2) 企业合并成本在可辨认资产、负债的分配。

企业合并成本	30 000
A 公司可辨认资产、负债：	
流动资产	3 000
非流动资产	25 500
流动负债	(1 200)
非流动负债	(300)
商誉	(3 000)

A 公司 2×20 年 9 月 30 日合并资产负债表(简表)如表 12-6 所示。

表 12-6 合并资产负债表(简表)

A 公司　　　　　　　　　　2×20 年 9 月 30 日　　　　　　　　　　单位：万元

项 目	金 额
流动资产	7 500
非流动资产	85 500
商誉	3 000
资产总计	96 000
流动负债	2 700
非流动负债	3 300

续表

项 目	金 额
负债总计	6 000
所有者(或股东)权益:	
股本(3 300 万股普通股)	1 650
资本公积	29 250
盈余公积	17 100
未分配利润	42 000
所有者(或股东)权益总计	90 000

(3) 每股收益。本例中，假定 B 企业 2×19 年实现合并净利润 1 800 万元，2×20 年 A 公司与 B 企业形成的主体实现合并净利润为 3 450 万元，自 2×19 年 1 月 1 日至 2×20 年 9 月 30 日，B 企业发行在外的普通股股数未发生变化。

A 公司 2×20 年基本每股收益=3 450÷(1 800×9÷12+3 300×3÷12)=1.59(元)

在提供比较报表的情况下，比较报表中的每股收益应进行调整，A 公司 2×19 年的基本每股收益=1 800÷1 800=1(元)。

(4) 本例中，B 企业的全部股东中，假定只有其中的 90%以原持有的对 B 企业股权换取了 A 公司增发的普通股。A 公司应发行的普通股股数为 1 620 万股(900×90%×2)。企业合并后，B 企业的股东拥有合并后报告主体的股权比例为 51.92%(1 620÷3 120)。通过 B 企业向 A 公司发行本企业普通股在合并后主体享有同样的股权比例，在计算 B 企业须发行的普通股数量时，不考虑少数股权的因素，故 B 企业应当发行的普通股股数为 750 万股 (900×90%÷51.92%-900×90%)，B 企业在该项合并中的企业合并成本为 30 000 万元 [(1 560-810)×40]，B 企业未参与股权交换的股东拥有 B 企业的股份为 10%，享有 B 企业合并前净资产的份额为 6 000 万元，在合并财务报表中应作为少数股东权益列示。

(二)非上市公司购买上市公司股权实现间接上市的会计处理

非上市公司以所持有的对子公司投资等资产为对价取得上市公司的控制权，构成反向购买的，上市公司编制合并财务报表时应当区别以下情况分别进行处理。

(1) 交易发生时，上市公司未持有任何资产、负债或仅持有现金、交易性金融资产等不构成业务的资产或负债的，购买企业应按照权益性交易的原则进行处理，不得确认商誉或确认计入当期损益。

(2) 交易发生时，上市公司保留的资产、负债构成业务的，对于形成非同一控制下企业合并的，企业合并成本与取得的上市公司可辨认净资产公允价值份额的差额应当确认为商誉或计入当期损益。

非上市公司取得上市公司的控制权，构成反向购买的，上市公司在其个别财务报表中应当按照长期股权投资准则和合营安排准则确定取得资产的入账价值。上市公司的前期比较个别报表应为其自身个别财务报表。

五、被购买方的会计处理

非同一控制下的企业合并中，被购买方在企业合并后仍持续经营的，如购买方取得被购买方 100%的股权，被购买方可以按合并中确定的有关资产、负债的公允价值调账，其他情况下被购买方不应因企业合并改记资产、负债的账面价值。

本 章 小 结

　　企业合并，是指将两个或两个以上单独的企业合并形成一个报告主体的交易或事项。企业合并方式包括控股合并、吸收合并和新设合并。企业合并分为同一控制下的企业合并与非同一控制下的企业合并。参与合并的企业在合并前后均受同一方或相同的多方最终控制且该控制并非暂时性的，为同一控制下的企业合并。参与合并的各方在合并前后不受同一方或相同的多方最终控制的，为非同一控制下的企业合并。

　　同一控制下的企业合并，是从合并方出发，确定合并方在合并日对于企业合并事项应进行的会计处理。控股合并下，合并成本按合并日应享有被合并方所有者权益账面的份额确认；吸收合并下，合并方取得的各项资产、负债，按被合并方的原账面价值入账。合并方在合并中取得的净资产的入账价值与支付的对价账面价值之间的差额，调整所有者权益相关项目。控股合并下，合并方在合并日编制合并资产负债表、合并利润表、合并现金流量表。

　　非同一控制下的企业合并，控股合并下，合并成本包括购买方进行企业合并支付的现金或非现金资产、发生或承担的债务、发行的权益性证券等在购买日的公允价值。吸收合并下，购买方取得的各项资产、负债，按其公允价值确认资产负债的成本。购买方对于企业合并成本与确认的可辨认净资产公允价值份额的差额，若前者大于后者，则应确认为商誉。控股合并下，该差额是指在合并财务报表中应予列示的商誉；吸收合并下，该差额是指购买方在其账簿及个别财务报表中应确认的商誉。若前者小于后者，则应计入合并当期损益。控股合并下，此差额应体现在购买方合并当期的合并利润表中，不影响购买方的个别利润表。购买方一般应于购买日编制合并资产负债表，因购买日不需要编制合并利润表，因此该差额体现在合并资产负债表上，调整合并资产负债表的盈余公积和未分配利润。吸收合并下，此差额应计入购买方合并当期的个别利润表。

　　企业合并中发生的有关直接费用，如审计费用、资产评估费用以及有关的法律咨询费用等，直接计入当期管理费用。

复习思考题

　　1. 什么是企业合并？企业合并方式有哪些？应怎样分类？
　　2. 什么是同一控制下的企业合并？它的会计处理原则有哪些？
　　3. 什么是非同一控制下的企业合并？它的会计处理原则有哪些？
　　4. 什么是吸收合并、新设合并、控股合并？它们之间有什么区别？
　　5. 同一控制下的控股合并和非同一控制下的控股合并，合并成本怎样确定？在合并日、购买日，需要编制哪些合并财务报表？
　　6. 什么是合并商誉？它是怎样形成的？应怎样进行会计处理？

第十三章

合并财务报表

通过本章的学习,掌握合并财务报表的含义、了解合并理论、掌握合并范围的确定;熟悉合并财务报表的种类及编制程序;重点掌握合并资产负债表、合并利润表、合并所有者权益变动表的编制;熟练运用内部交易抵销分录的编制。

扫码下载本章自测与技能训练

第一节　合并财务报表概述

一、合并财务报表的含义

　　合并财务报表，是指反映母公司和其全部子公司形成的企业集团整体财务状况、经营成果和现金流量的财务报表。合并财务报表至少应当包括合并资产负债表、合并利润表、合并现金流量表、合并所有者权益变动表(或合并股东权益变动表)以及附注。它们分别从不同的方面反映企业集团财务状况、经营成果及其现金流量情况，构成一个完整的合并财务报表体系。

　　合并资产负债表是反映母公司和子公司所形成的企业集团某一特定日期财务状况的报表。合并利润表是反映母公司和子公司所形成的企业集团整体在一定期间经营成果的报表。合并所有者权益变动表(或合并股东权益变动表)是反映母公司在一定期间，包括经营成果分配在内的所有者(或股东)权益增减变动情况的报表。它是从母公司的角度，站在母公司所有者的立场反映企业所有者(或股东)在母公司中的权益增减变动情况的。合并现金流量表是反映母公司和子公司所形成的企业集团在一定期间现金流入量、流出量以及现金净增减变动情况的报表。附注是对在合并资产负债表、合并利润表、合并现金流量表和合并所有者权益变动表(或合并股东权益变动表)等报表中列示项目的文字描述或明细资料，以及对未能在这些报表中列示项目的说明等。

　　企业集团中期、期末编制合并财务报表的，至少应当包括合并资产负债表、合并利润表、合并现金流量表和附注。

　　母公司，是指控制一个或一个以上主体(含企业、被投资单位中可分割的部分，以及企业所控制的结构化主体等，下同)的主体。子公司，是指被母公司控制的主体。

　　企业合并形成企业集团以后，母公司及其所属的子公司各自仍为独立的法人实体，因此仍应单独编制各自的财务报表。但是作为企业集团，还应对外公开报告企业集团整体的财务信息，以便于母公司及企业集团的投资者、债权人和其他报表使用者了解企业集团整体的资源总量及其来源，了解企业集团整体对外交易的经营成果。因此，还要编制合并财务报表。

二、合并财务报表的合并理论

　　合并财务报表是以企业集团为会计主体编制的财务报表，编制合并财务报表首先就涉及如何界定企业集团范围的问题，企业集团的界定、合并范围的确定以及合并方法的选择，直接关系到合并财务报表提供什么样的信息为准提供信息等一系列问题，对合并财务报表的编制具有重要的意义。这些问题的解决，很大程度上取决于编制合并财务报表所采用的合并理论。依据不同的合并理论，其确定的合并范围和选择的合并方法也各不相同。合并理论主要有母公司理论、实体理论以及所有者理论。

(一)母公司理论

　　母公司理论，是将合并财务报表视为母公司本身的财务报表反映的范围扩大来看待，从母公司角度来考虑合并财务报表的合并范围、选择合并处理方法。母公司理论认为，合并财务报表主要是为母公司的股东和债权人服务的，为母公司现实的和潜在的投资者服务的，强调的是母公司股东的利益。

在采用母公司理论的情况下，在确定合并范围时，通常更多的是以法定控制为基础，以持有多数股权或表决权作为是否将某一被投资企业纳入合并范围的依据，或者通过一家公司处于另一家公司法定支配下的控制协议来确定合并财务报表的合并范围。在母公司理论编制合并财务报表的情况下，所采用的合并处理方法都是从母公司本身的股东利益来考虑的，如子公司少数股东的权益，在合并资产负债表中通常视为一项负债来处理；对于企业集团内部销售收入的抵销，需要考虑销售的顺销(母公司将商品销售给子公司)和逆销(子公司将商品销售给母公司)两种情况，对于顺销，编制合并财务报表时只抵销子公司中母公司持有股权相对的份额，即多数股权的份额，而对于少数股东股权相对的份额，则视为实现销售处理，不需要进行抵销处理。这一理论忽视了母公司股东以外的少数股东的利益和信息需要。

(二)实体理论

实体理论认为，合并财务报表是企业集团各成员企业构成的经济联合体的财务报表，编制合并财务报表是为整个经济体服务的，它强调的是企业集团中所有成员企业所构成的经济实体，它对构成企业集团的持有多数股权的股东和拥有少数股权的股东一视同仁、同等对待，认为只要是企业集团成员的股东，无论是拥有多数股权，还是拥有少数股权，都是共同组成的经济实体的股东。

在运用实体理论的情况下，对于少数股东权益，通常视为股东权益的一部分，在合并资产负债表中股东权益部分列示和反映。由于对构成企业集团的成员企业的所有股东视为企业集团的股东，对于企业集团内部各成员企业相互之间发生的销售行为，其内部销售商品或提供劳务过程中所实现的销售损益，均属于未实现内部销售损益，应当予以抵销。无论是顺销还是逆销，其实现的内部销售损益，对于由成员企业全体股东构成的企业集团来说都是未实现内部销售损益，均属于抵销范围。

采用实体理论编制的合并财务报表，有利于企业集团内部管理人员从整体上把握企业集团经营活动的情况，相对来说，更能满足企业集团内部管理人员对财务信息的需要。因此，目前国际财务报表准则及我国企业会计准则主要采用的就是实体理论。

(三)所有权理论

所有权理论运用于合并财务报表编制时，既不强调企业集团中存在的法定控制关系，也不强调企业集团各成员企业所构成的经济实体，而是强调编制合并财务报表的企业对另一企业的经济活动和财务决策具有重大影响的所有权。所有权理论认为，母公司理论和实体理论都不能解决隶属于两个或两个以上企业集团的企业的合并财务报表编制问题。如，某一企业的全部股权由两个投资企业投资形成，各拥有其 50%的股权，即共同控制企业。在这种情况下，其中任何一个投资企业都不能对该投资实施控制，根据母公司理论和实体理论都很难确定该企业的财务报表由哪一个投资企业合并。因为在这种情况下，既没有单一的母公司，也没有少数股权的股东；既不存在法定支配权，也不存在单一的经济主体。

为了弥补母公司理论和实体理论的不足，有的国家在编制合并财务报表时，就提出了所有权理论，以期解决共同控制下的合并财务报表的编制问题。

在采用所有权理论的情况下，对于其拥有所有权企业的资产、负债和当期实现的净损益，均按照一定的比例合并计入合并财务报表。这也是一些国家合并财务报表相关准则规定比例合并法的理论基础。

三、合并财务报表的特点

与个别财务报表相比，合并财务报表具有如下特点。

(1) 合并财务报表反映的对象是由母公司和其全部子公司组成的会计主体。

(2) 合并财务报表的编制者是母公司，但所对应的会计主体是由母公司及其控制的所有子公司构成的合并财务报表主体(简称为"合并集团")。

(3) 合并财务报表是站在合并财务报表主体的立场上，以纳入合并范围的企业个别财务报表为基础，根据其他有关资料，抵销母公司与子公司、子公司相互之间发生的内部交易，考虑了特殊交易事项对合并财务报表的影响后编制的，旨在反映合并财务报表主体作为一个整体的财务状况、经营成果和现金流量，防止和避免企业集团利用内部控股关系、内部转移价格等手段粉饰财务报表。

第二节　合并范围的确定

一、以"控制"为基础，确定合并范围

合并财务报表的合并范围应当以控制为基础予以确定。控制，是指投资方拥有对被投资方的权利，通过参与被投资方的相关活动而享有可变回报，并且有能力运用对被投资方的权利影响其回报金额。当投资方因参与被投资方的相关活动而享有可变回报，且有能力运用对被投资方的权利来影响其回报时，投资方即控制被投资方。

因此，投资方要实现控制必须具备以下基本要素：一是因参与被投资方的相关活动而享有可变回报；二是拥有对被投资方的权利，并且有能力运用对被投资方的权利影响其回报金额。投资方只有同时具备这两个要素时，才能控制被投资方。

(一)因参与被投资方的相关活动而享有可变回报

1. 可变回报的定义

享有控制权的投资方，通过参与被投资方相关活动，享有的是可变回报。可变回报是不固定且可能随着被投资方业绩而变化的回报，可以仅是正回报，仅是负回报，或者同时包括正回报和负回报。

2. 可变回报的形式

投资方在判断其享有被投资方的回报是否可变动以及可变程度时，需基于合同安排的实质，而不是法律形式。例如，投资方持有固定利率的债券投资时，由于债券存在违约风

险,投资方需承担被投资方不履约而产生的信用风险,因此,投资方享有的固定利息回报也可能属于可变回报。再如,投资方管理被投资方资产获得的固定管理费也属于可变回报,因为投资方是否能获得此回报取决于被投资方能否获得足够的收益以支付该固定管理费。可变回报的形式主要包括以下几种。

(1) 股利、被投资方经济利益的其他分配(例如被投资方发行的债务工具产生的利息)、投资方对被投资方投资的价值变动。

(2) 因向被投资方的资产或负债提供服务而得到的报酬、因提供信用支持或流动性支持收取的费用或承担的损失、被投资方清算时在其剩余净资产中所享有的权益、税务利益,因参与被投资方相关活动而获得的未来流动性。

(3) 其他利益持有方无法得到的回报。例如,投资方将自身资产与被投资方的资产整合以实现规模经济,达到节约成本的目的;投资方通过参与被投资方,从而保证稀缺资源的供应、获得专有技术或限制被投资方某些运营或资产,从而提高投资方其他资产价值的目的。

此外,尽管只有一个投资方能够控制被投资方,但可能存在多个投资方分享被投资方的回报。例如少数股东可以分享被投资方的利润。

(二)投资方拥有对被投资方的权力,并且有能力运用此权力影响其回报金额

1. 权力的定义

控制的另一个要素是权力。投资方能够主导被投资方的相关活动时,称投资方对被投资方享有权力。在判断投资方是否对被投资方拥有权力时,应注意以下几点:①权力只表明投资方主导被投资方相关活动的现时能力,并不要求投资方实际行使其权力。即,如果投资方拥有主导被投资方相关活动的现时能力,即使这种能力尚未被实际行使,也视为该投资方拥有对被投资方的权力。②权力是一种实质性权利,而不是保护性权利。③权力是为自己行使的,而不是代其他方行使。④权力通常表现为表决权,但有时也可能表现为其他合同安排。

2. 识别相关活动

从上述权力的定义中可以看出,要判断投资方是否拥有对被投资方的权力,首先需要识别被投资方的相关活动。相关活动,是指对被投资方的回报产生重大影响的活动。可见,判断相关活动时,关注的应是那些对被投资方的回报具有重大影响的活动,而不是对被投资方回报影响甚微或没有影响的行政活动。

对许多企业而言,经营和财务活动通常对其回报产生重大影响。但是,不同企业的相关活动可能是不同的,应当根据企业的行业特征、业务特点、发展阶段、市场环境等具体情况来进行判断,这些活动可能包括但不限于:商品或劳务的销售和购买;金融资产的管理;资产的购买和处置;研究与开发活动;确定资本结构和获取融资。同一企业在不同环境和情况下,相关活动也可能有所不同。

判断被投资方的相关活动后,下一个重要步骤是分析此类活动的决策机制。就相关活动作出的决策包括但不限于:①对被投资方的经营、融资等活动作出决策,包括编制预算;②任命被投资方的关键管理人员或服务提供商,并决定其报酬、以及终止该关键管理

人员的劳务关系或终止与服务提供商的业务关系。投资方在分析相关活动的决策机制时，应当重点关注被投资方设立的目的和设计，以及如何作出有关下列活动的决策：变更战略方向，包括收购和处置子公司；购买或处置主要资本性资产；委任董事及其他关键管理人员并确定其酬劳；批准年度计划、预算和股利政策。另外，清晰了解被投资方的治理结构对识别相关活动的决策方式至关重要。

3. "权力"是一种实质性权利

实质性权利是持有人在对相关活动进行决策时有实际能力行使的可执行权利。"有实际能力行使"，意味着对于投资方拥有的实质性权利，即便投资方并未实际行使，也应在判断投资方是否对被投资方拥有权力时予以考虑。为了使一项权利成为实质性权利，在作出可主导被投资方相关活动的决策时，该项权利应当是可行使的。通常情况下，实质性权利应当是当前可执行的权利，但在某些情况下，目前不可行使的权利也可能是实质性权利，如某些潜在表决权。

【例 13-1】投资方持有一份 25 天后结算的远期股权购买合同，该合同结算后，投资方能够持有被投资方的多数表决权股份。30 天后才能召开的特别股东大会是能够对被投资方相关活动进行决策的最早决策日。其他投资方不能对被投资方相关活动现行政策作出任何改变。

本例中，虽然投资方持有的远期股权购买合同 25 天后才能结算，不是当前可执行的权利，但是由于最早召开的股东大会必须在 30 天之后，晚于此远期合同的可行权日(25 天后)，在投资方执行远期合同之前，也没有其他任何一方可以改变与被投资方相关活动有关的决策。因此，虽然该权利当前不可执行，但其仍然为一项实质性权利，使该投资方当前有能力主导被投资方的相关活动。

有时，其他投资方也可能拥有实质性权利，从而使投资方不能控制被投资方。其他投资方拥有的实质性权利不一定是待决策事项的提议权，可能仅是一些批准或否定议案的权利，当这些权利不仅仅是保护性权利时，其他方拥有的这些权利可能导致投资方不能控制被投资方。

保护性权利仅为了保护权利持有人利益，却没有赋予持有人对相关活动的决策权。通常包括应由股东大会(或股东会，下同)持有的对修改公司章程，增加或减少注册资本，发行公司债券，公司合并、分立、解散或变更公司形式等事项的表决权。例如，少数股东批准超过正常经营范围的资本性支出或发行权益工具、债务工具的权利。再如，贷款方限制借款方从事损害贷款方权利的活动的权利，这些活动将对借款方信用风险产生不利影响，从而损害贷款方权利；贷款方在借款方发生违约行为时扣押其资产的权利；等等。

保护性权利通常仅适用于被投资方的活动发生根本性改变或某些例外情况发生时才能够行使，它既没有赋予其持有人对被投资方拥有权力，也不能阻止被投资方的其他投资方对被投资方拥有权力。仅享有保护性权利的投资方不拥有对被投资方的权力。

4. 权力的一般来源——表决权

投资方对被投资方的权力可能源自各种权利。例如表决权、委派或罢免有能力主导被投资方相关活动的该被投资方关键管理人员或其他主体的权利、决定被投资方进行某项交易或否决某项交易的权利、由管理合同授予的决策权利。这些权利单独或者结合在一起，可能赋予对被投资方的权力。

通常情况下，当被投资方具有一系列对回报产生重要影响的经营及财务活动，且需要就这些活动连续地进行实质性决策时，表决权或类似权利本身或结合其他安排，将赋予投资者权力。

表决权是对被投资方经营计划、投资方案、年度财务预算方案和决算方案、利润分配方案和弥补亏损方案、内部管理机构的设置、聘任或解聘公司经理及确定其报酬、公司的基本管理制度等事项进行表决而持有的权利。表决权比例通常与其出资比例或持股比例是一致的，但公司章程另有规定的除外。

(1) 通过直接或间接持有半数以上表决权而拥有权力。当被投资方的相关活动由持有半数以上表决权的投资方表决决定，或者主导相关活动的权力机构的多数成员由持有半数以上表决权的投资方指派，而且权力机构的决策由多数成员主导时，持有半数以上表决权的投资方拥有对被投资方的权力。

(2) 持有被投资方半数以上表决权但并无权力。确定持有半数以上表决权的投资方是否拥有权力，关键在于该投资方是否拥有主导被投资方相关活动的现时能力。在被投资方相关活动被政府、法院、管理人、接管人、清算人或监管人等其他方主导时，投资方无法凭借其拥有的表决权主导被投资方的相关活动。因此，投资方此时即使持有被投资方过半数的表决权，也不拥有对被投资方的权力。但是在主动清算的情况下，投资方仍拥有对进入清算阶段的被投资方的权力，能够继续实施控制，仍应将其纳入合并财务报表范围。

(3) 直接或间接结合，也只拥有半数或半数以下表决权，但仍然可以通过表决权判断其是否拥有权力。持有半数或半数以下表决权的投资方(或者虽持有半数以上表决权，但仅凭自身表决权比例仍不足以主导被投资方相关活动的投资方)，应综合考虑下列事实和情况，以判断其持有的表决权与相关事实和情况相结合是否可以赋予投资方对于被投资方的权力。

① 考虑投资方持有的表决权相对于其他投资方持有的表决权份额的大小，以及其他投资方持有表决权的分散程度。与其他方持有的表决权比例相比，投资方持有的表决权比例越高，越有可能有能力主导被投资方相关活动。

② 考虑与其他表决权持有人的协议。投资方自己拥有的表决权不足，但通过与其他表决权持有人的协议使其可以控制足以主导被投资方相关活动的表决权，从而拥有被投资方的权力。

③ 考虑其他合同安排产生的权利。投资方可能通过拥有的表决权和其他决策权相结合的方式，使其目前有能力主导被投资方的相关活动。例如，合同安排赋予投资方在被投资方的权力机构中指派若干成员的权利，而该若干成员足以主导被投资方的权力机构对相关活动的决策。

④ 如果结合表决权和上述第①~③项所列因素，仍不足以判断投资方能否控制被投资方，则还需要考虑是否存在其他事实或情况，能够证明投资方拥有主导被投资方相关活动的现时能力。例如，投资方能够任命或批准被投资方的关键管理人员，这些关键管理人员能够主导被投资方的相关活动；投资方能够出于自身利益决定或者否决被投资方的重大交易，等等。

对于被投资方的相关活动通过表决权进行决策,而投资方持有的表决权比例不超过半数的情况,如果投资方在综合考虑了所有相关情况和事实后仍不能确定其是否拥有对被投资方的权力,则投资方不控制被投资方。

5. 权力来自表决权之外的其他权利——来自合同安排

在某些情况下,某些主体的投资方对其的权力并非源自表决权(例如表决权可能仅与日常行政活动工作有关),被投资方的相关活动由一项或多项合同安排决定,例如证券化产品、资产支持融资工具、部分投资基金等结构化主体。

结构化主体,是指在确定其控制方时没有将表决权或类似权利作为决定因素而设计的主体。通常情况下,结构化主体在合同约定的范围内开展业务活动,表决权或类似权利仅与行政性管理事务有关。结构化主体具有下列特征中的多项或全部:

(1) 业务活动范围受到了限制。例如,从事信贷资产证券化业务的结构化主体,在发行资产支持证券募集资金和购买信贷资产后,根据相关合同,其业务活动是将来源于信贷资产的现金向资产支持证券投资者分配收益。

(2) 结构化主体通常是为了特殊目的而设立的主体。例如,有的企业发起结构化主体是为了将企业的资产转让给结构化主体以迅速回收资金,并改变资产结构来满足资产负债管理的需要;有的企业发起结构化主体是为了满足客户特定的投资需求,吸引到更多的客户;还有的企业发起结构化主体是为了专门从事研究开发活动或者开展租赁业务等。

(3) 股本(如有)不足以支撑其业务活动时,必须依靠其他次级财务支持。次级财务支持是指承受结构化主体部分或全部预计损失的可变收益,其中的"次级"代表受偿顺序在后。股本本身就是一种次级财务支持。其他次级财务支持包括次级债权、对承担损失作出的承诺或担保义务等。通常情况下,结构化主体的股本占资产规模的份额较小,甚至没有股本。当股本很少或没有股本,不足以支撑结构化主体的业务活动时,通常需要依靠其他次级财务支持来为结构化主体注入资金,支撑结构化主体的业务活动。

(4) 通过向投资者发行不同等级的证券(如分级产品)等金融工具进行融资的,不同等级的证券的信用风险及其他风险的集中程度也不同。例如,以发行分级产品的方式融资是对各级产品的受益权进行了分层配置。购买优先级的投资者享有优先受益权,购买次级的投资者享有次级受益权。投资期满后,投资收益在逐级保证受益人本金、预期收益及相关费用后的余额归购买次级的投资者,如果出现投资损失,先由购买次级的投资者承担。由于不同等级的证券具有不同的信用风险、利率风险或流动性风险,发行分级产品,可以满足不同风险偏好投资者的投资需求。

由于主导结构化主体的权力并非源自于表决权或类似权利,而是由合同安排决定,因此投资方在分析此类主体的相关活动和是否对该类主体拥有权力时,难度加大。投资方在判断能否控制结构化主体时,还需结合四个要素进一步分析:①在设立被投资方时作出的决策及投资方对其设立活动的参与度;②考虑其他相关合同安排;③考虑仅在特定情况或事项发生时开展的活动;④投资方对被投资方的承诺。

二、对被投资方可分割部分的控制

投资方通常要对是否控制被投资方整体进行判断。但在少数情况下,如果有确凿证据表明同时满足下列条件并且符合相关法律法规规定的，投资方应当将被投资方的一部分视为被投资方可分割部分，进而判断是否控制该部分(可分割部分)。

(1) 该部分的资产是偿付该部分负债或该部分其他权益的唯一来源，不能用于偿还该部分以外的被投资方的其他负债。

(2) 除与该部分相关的各方外，其他方不享有与该部分资产相关的权利，也不享有与该部分资产剩余现金流量相关的权利。

实质上该部分的所有资产、负债及相关权益均与被投资方的其他部分相隔离。即该部分的资产产生的回报不能由该部分以外的被投资方其他部分使用，该部分的负债也不能用该部分以外的被投资方资产偿还。

如果被投资方的一部分资产和负债及相关权益满足上述条件，构成可分割部分，则投资方应当基于控制的判断标准确定其是否能够控制该可分割部分，包括考虑该可分割部分的相关活动及其决策机制，投资方是否有能力主导可分割部分的相关活动并据以从中取得可变回报等。如果投资方控制可分割部分，则应将其进行合并。此时，其他方在考虑是否控制并合并被投资方时，应仅对被投资方的剩余部分进行控制及合并的评估，而将可分割部分排除在外。

三、合并范围的豁免——投资性主体

(一)豁免规定

母公司应当将其全部子公司(包括母公司所控制的被投资单位可分割部分、结构化主体)纳入合并范围。但是，如果母公司是投资性主体，则只应将那些为投资性主体的投资活动提供相关服务的子公司纳入合并范围，其他子公司不应予以合并，母公司对其他子公司的投资应按照公允价值计量且其变动计入当期损益。

一个投资性主体的母公司如果其本身不是投资性主体，则应当将其控制的全部主体，包括投资性主体以及通过投资性主体间接控制的主体，纳入合并财务报表范围。

(二)投资性主体的定义

当母公司同时满足下列三个条件时，该母公司属于投资性主体。

(1) 该公司以向投资者提供投资管理服务为目的，从一个或多个投资者获取资金，这是投资性主体与其他主体的显著区别。

(2) 该公司的唯一经营目的，是通过资本增值、投资收益或两者兼有而让投资者获得回报。投资性主体的经营目的一般可以通过其设立目的、投资管理方式、投资期限、投资退出战略等体现，具体表现形式可以是通过募集说明书、公司章程或合伙协议以及所发布的其他公开信息。例如，一个基金在募集说明书中可能说明其投资的目的是实现资本增值、一般情况下的投资期限较长、制定了比较清晰的投资退出策略等，则这些描述与投资性主体的经营目的是一致的；反之，如果该基金的经营目的是与被投资方合作开发、生产或者销售某种产品，则其不是投资性主体。

(3) 该公司按照公允价值对几乎所有投资的业绩进行计量和评价。对于投资性主体而言，相对于合并子公司财务报表或者按照权益法核算对联营企业或合营企业的投资，公允价值计量所提供的信息更具有相关性。公允价值计量体现在：在会计准则允许的情况下，在向投资方报告其财务状况和经营成果时应当以公允价值计量其投资；向其关键管理人员提供公允价值信息，以供他们据此评估投资业绩或作出投资决策。但投资性主体没有必要以公允价值计量其固定资产等非投资性资产或其负债。

(三)投资性主体的特征

投资性主体通常应当符合下列四个特征。

1. 拥有一个以上投资

投资性主体通常会同时持有多项投资，以分散风险，获取最大化回报，但通过直接或间接投资于另一个投资性主体(该主体持有多项投资)的，也可能是投资性主体。当主体刚设立、尚未寻找到多个符合要求的投资项目，或者刚处置了部分投资、尚未进行新的投资，或者该主体正处于清算过程中时，即使主体仅持有一项投资，该主体仍可能是投资性主体。

2. 拥有一个以上投资者

典型的投资性主体通常拥有多个投资者，多个投资者可通过投资性主体集中资金，以获取单个投资者可能无法单独获取的投资管理服务和投资机会。拥有多个投资者使投资性主体或其所在企业集团成员获取除资本增值、投资收益外的收益的可能性减小。当主体刚刚设立、正在积极识别合格投资者，或者原持有的权益已经赎回、正在寻找新的投资者，或者处于清算过程中时，或者是代表或支持一个较大的投资者集合的利益而设立的。例如，某企业设立一个年金基金，其目的是保障该企业职工退休后的福利，该基金的投资者虽然只有一个，但是代表了一个较大的投资者集合的利益，仍然属于投资性主体。

3. 投资者不是该主体的关联方

投资性主体通常拥有若干投资者，这些投资者既不是其关联方，也不是该投资主体所在集团的其他成员，这一情况使得投资性主体或其集团成员获取除资本增值、投资收益以外的收益的可能性减小。但是，关联投资者的存在并非表明该主体一定不是投资性主体。例如，某基金的投资方之一可能是该基金的关键管理人员出资设立的企业，其目的是更好地激励基金的关键管理人员，这一安排并不影响该基金符合投资性主体的定义。

4. 该主体的所有者权益以股权或类似权益存在

一个投资性主体并不一定必须是单独的法律主体。无论其采取何种法律形式，其所有者权益通常采取股份、合伙权益或者类似权益的形式且净资产按照所有者权益比例份额享有。然而，拥有不同类型的投资者，并且其中一些投资者可能仅对某类或某组特定投资拥有权利，或者不同类型的投资者对净资产享有不同比例的分配权的情况，并不说明该主体不是一个投资性主体。

【例13-2】A 技术公司设立 B 高新技术基金，以投资于高新技术创业公司而获取资本增值。A 技术公司持有 B 高新技术基金 70%的权益并且控制该基金，该基金其余 30%的权益由其他 10 个不相关投资者持有。A 技术公司同时持有以公允价值购买 B 基金所持有投资的选择权，如果行使该选择权，A 技术公司将受益于 B 基金所持被投资方开发的技术。B 基金没有明确的退出投资的计划，且 B 基金由该基金投资者代理人作为投资顾问管理。

本例中，即使 B 基金的经营目的是为资本增值而进行投资，并向其投资者提供投资管理服务，其也不是投资性主体，主要原因如下：一是 A 公司持有购买 B 基金持有投资的选择权，B 基金被投资方开发的资产将使 A 技术公司受益，除资本增值外，B 基金还提供了其他利益；二是 B 基金的投资计划不包括作为权益投资的投资退出战略，A 技术公司持有的选择权并非由 B 基金控制，也不构成退出战略。

第三节 合并财务报表的编制原则和程序

一、合并财务报表的编制原则

合并财务报表作为财务报表，必须符合财务报表编制的一般原则和基本要求。在此基础上，合并财务报表还应遵循以下原则和要求。

1. 以个别财务报表为基础编制

合并财务报表并不是直接根据母公司和子公司账簿编制，而是利用母公司和子公司编制的反映各自财务状况和经营成果的财务报表提供的数据，通过合并财务报表的特有方法进行编制。其以纳入合并范围的个别财务报表为基础，可以说是客观性原则在合并财务报表编制时的具体体现。

2. 一体性原则

合并财务报表反映的是企业集团的财务状况和经营成果，反映的是由多个法人企业组成的一个会计主体的财务情况，在编制合并财务报表时应当将母公司和所有子公司作为整体来看待，视为一个会计主体，母公司和子公司发生的经营活动都应当从企业集团这一整体的角度进行考虑。因此，在编制合并财务报表时，对于母公司与子公司、子公司相互之间发生的经济业务，应当视同同一会计主体内部业务处理，视同同一会计主体之下的不同核算单位的内部业务。

3. 重要性原则

与个别财务报表相比，合并财务报表涉及多个法人主体，涉及的经营活动的范围很广，母公司与子公司经营活动往往跨越不同行业，有时母公司与子公司经营活动甚至相差很大。因此在编制合并财务报表时，应特别强调重要性原则的运用。例如，一些项目对企业集团中的某一企业具有重要性，但对整个企业集团则不一定具有重要性，这时，根据重要性原则的要求对财务报表项目进行取舍，则具有重要的意义。此外，母公司与子公司、子公司相互之间发生的经济业务，对整个企业集团财务状况和经营成果影响不大时，为简化合并手续也应根据重要性原则进行取舍，可以不编制抵销分录而直接编制合并财务报表。

二、合并财务报表编制的前期准备事项

合并财务报表的编制涉及多个子公司,有的合并财务报表的合并范围甚至包括数百个子公司。为了使编制的合并财务报表准确、全面地反映企业集团的真实情况,必须做好一系列的前期准备事项。

1. 统一母子公司的会计政策

编制合并财务报表前,母公司应当统一子公司所采用的会计政策,使子公司所采用的会计政策与母公司保持一致。如果子公司采用的会计政策与母公司不一致,应当按照母公司的会计政策对子公司财务报表进行调整,或者要求子公司按照母公司的会计政策重新编制财务报表。

2. 统一母子公司的资产负债表日和会计期间

母公司应当统一企业集团内所有的子公司的资产负债表日和会计期间,使子公司的资产负债表日和会计期间与母公司保持一致。如果子公司的资产负债表日和会计期间与母公司不一致,应当按照母公司的资产负债表日和会计期间对子公司财务报表进行调整,或者要求子公司按照母公司的资产负债表日和会计期间另行编制其个别财务报表。

3. 对子公司以外币表示的财务报表进行折算

母公司在将子公司以外币表示的财务报表纳入合并范围时,必须将其折算为母公司采用的记账本位币表示的财务报表。我国外币财务报表基本上采用的是现行汇率法。

4. 收集编制合并财务报表的相关资料

合并财务报表以母公司和其子公司的财务报表以及其他有关资料为依据,由母公司合并有关项目的数据编制。为编制合并财务报表,母公司应当要求子公司及时提供下列有关资料:①子公司相应期间的财务报表;②与母公司及与其他子公司之间发生的内部购销交易、债权债务、投资及其产生的现金流量,以及未实现内部销售损益的期初余额、期末余额及变动情况等资料;③子公司所有者权益变动和利润分配的有关资料;④编制合并财务报表所需要的其他资料,如非同一控制下的企业合并购买日的公允价值资料。

三、合并财务报表的编制程序

编制合并财务报表的程序主要包括以下五项。

1. 设置合并工作底稿

合并工作底稿的作用是为合并财务报表的编制提供基础。在合并工作底稿中,首先对母公司和纳入合并范围的子公司的个别财务报表各项目的数额进行汇总和抵销处理,最终计算得出合并财务报表各项目的合并数。一般地,合并资产负债表、合并利润表、合并所有者权益变动表设置在一张工作底稿中,合并现金流量表工作底稿单独设置。

2. 过入数据

将母公司、纳入合并范围的子公司的个别资产负债表、个别利润表及个别所有者权益变动表各项目的数据过入合并工作底稿，并在合并工作底稿中对母公司和子公司个别财务报表各项目的数据进行加总，计算得出个别资产负债表、个别利润表及个别所有者权益变动表各项目的合计数额。

3. 编制调整分录与抵销分录

在合并工作底稿中编制调整分录和抵销分录，将母公司与子公司、子公司相互之间发生的经济业务对个别财务报表有关项目的影响进行调整和抵销处理。编制调整分录和抵销分录，进行调整和抵销处理是合并财务报表编制的关键和主要内容，其目的在于将因会计政策及计量基础的差异而对个别财务报表的影响进行调整，以及将个别财务报表各项目的加总金额中重复的因素予以抵销。

4. 计算合并财务报表各项目的合并数额

在母公司和纳入合并范围的子公司的个别财务报表各项目加总数额的基础上，分别计算合并财务报表中各资产类项目、负债类项目和所有者权益类项目、有关收益类项目和费用类项目的合并数。其计算方法如下。

(1) 资产类项目，其合并数根据该项目加总的数额，加上该项目调整分录与抵销分录的借方发生额，减去该项目调整分录与抵销分录的贷方发生额计算确定。

(2) 负债类项目和所有者权益类项目，其合并数根据该项目加总的数额，减去该项目调整分录和抵销分录的借方发生额，加上该项目调整分录和抵销分录的贷方发生额计算确定。

(3) 有关收益类项目，其合并数根据该项目加总的数额，减去该项目调整分录和抵销分录的借方发生额，加上该项目调整分录和抵销分录的贷方发生额计算确定。

(4) 有关成本费用类项目和有关利润分配类项目，其合并数根据该项目加总的数额，加上该项目调整分录与抵销分录的借方发生额，减去该项目调整分录与抵销分录的贷方发生额计算确定。

5. 填列合并财务报表

根据合并工作底稿中计算出的资产、负债、所有者权益、收益、成本费用和利润分配类各项目的合并数，填列正式的合并财务报表。

四、编制合并财务报表需要抵销的项目

1. 编制合并资产负债表需要调整抵销的项目

合并资产负债表是以母公司和纳入合并范围的子公司的个别资产负债表为基础编制的。对于企业集团内部母公司与子公司、子公司相互之间发生的经济业务，双方都在其个别资产负债表中进行了反映。如果简单地将母公司与公司的资产、负债和所有者权益类各

项目的数额加总，必然包含重复计算的因素。作为反映企业集团整体财务状况的资产负债表，必须将这些重复计算的因素予以扣除，对这些重复的因素进行抵销处理。

编制合并资产负债表时需要进行抵销的项目主要有：①母公司与子公司股权投资项目与子公司所有者权益(或股东权益)项目；②母公司与子公司相互之间发生的未结算的内部债权债务项目；③存货项目，即内部购进存货价值中包含的未实现内部销售损益；④固定资产项目(包括固定资产原价和累计折旧项目)，即内部购进固定资产价值中包含的未实现内部销售损益；⑤无形资产项目，即内部购进无形资产价值包含的未实现的内部销售损益。

2. 编制合并利润表和合并所有者权益变动表需要抵销的项目

合并利润表和合并所有者权益变动表是以母公司和纳入合并范围的子公司的个别利润表和个别所有者权益变动表为基础编制的。如果企业集团内部发生了购销等经济业务，在以其个别利润表和个别所有者权益变动表为基础计算的收益和费用等项目的加总数额中，也必然包含重复计算的因素。在编制合并利润表和合并所有者权益变动表时，也需要将这些重复的因素予以抵销。

编制合并利润表和合并所有者权益变动表需要抵销的项目主要有：①内部销售收入和内部销售成本项目；②内部投资收益项目，包括内部利息收入与利息支出项目、内部股份投资收益项目；③信用减值损失、资产减值损失项目，即与内部交易相关的内部应收账款、存货、固定资产、无形资产等项目的减值损失；④纳入合并范围的子公司利润分配项目。

3. 编制合并现金流量表需要抵销的项目

合并现金流量表是以母公司和纳入合并范围的子公司的个别现金流量表为基础，如果企业集团内部发生了现金流入、现金流出等经济业务，在以其个别现金流量表为基础计算的现金流入、现金流出各项目的加总数额中，也必然包含重复计算的因素。在编制合并现金流量表时，也需要将这些重复的因素予以抵销。

在以母公司和子公司的个别现金流量表为基础编制合并现金流量表时，需要进行抵销的内容主要有：①母公司与子公司、子公司相互之间当期以现金投资或收购股权增加的投资所产生的现金流量；②母公司与子公司、子公司相互之间当期取得投资收益收到的现金与分配股利、利润或偿还利息支付的现金；③母公司与子公司、子公司相互之间当期以现金结算债权与债务所产生的现金流量；④母公司与子公司、子公司相互之间当期销售商品所产生的现金流量；⑤母公司与子公司、子公司相互之间处置固定资产、无形资产和其他长期资产收回的现金净额与购建固定资产、无形资产和其他长期资产支付的现金；⑥母公司与子公司、子公司相互之间当期发生的其他内部交易所产生的现金流量。

五、合并财务报表的格式

合并财务报表格式通常在个别财务报表的基础上，增加下列项目。

1. 合并资产负债表

(1) 在所有者权益项目下增加"归属于母公司所有者权益合计"项目，用于反映企业集团的所有者权益中归属于母公司所有者权益的部分，包括实收资本(或股本)、其他权益工具、资本公积、库存股、其他综合收益、专项储备、盈余公积、一般风险准备、未分配利润、其他等项目的金额。

(2) 在所有者权益项目下增加"少数股东权益"项目，用于反映非全资子公司的所有者权益中不属于母公司的份额。

2. 合并利润表

(1) 在"净利润"项目下增加"归属于母公司所有者的净利润"和"少数股东损益"两个项目，分别反映净利润中由母公司所有者享有的份额和非全资子公司当期实现的净利润中归属于少数股东的份额。同一控制下的企业合并增加子公司的，当期合并利润表中还应在"净利润"项目下增加"其中：被合并方在合并前实现的净利润"项目，用于反映同一控制下的企业合并中取得的被合并方在合并日前实现的净利润。

(2) 在"综合收益总额"项目下增加"归属于母公司所有者的综合收益总额"和"归属于少数股东的综合收益总额"两个项目，分别反映综合收益总额中由母公司所有者享有的份额和非全资子公司当期综合收益总额中归属于少数股东的份额。

3. 合并现金流量表

合并现金流量表的格式与个别现金流量表的格式基本相同，格式略。

4. 合并所有者权益变动表

合并所有者权益变动表中增加"少数股东权益"栏目，反映少数股东权益变动的情况。另外，参照合并资产负债表中的"资本公积""其他权益工具""其他综合收益"等项目的列示，合并所有者权益变动表中应单列上述各栏目反映。

第四节　长期股权投资与所有者权益的合并处理(同一控制下)

一、同一控制下取得子公司合并日合并财务报表的编制

根据企业会计准则，母公司在合并日需要编制合并日的合并资产负债表、合并利润表、合并现金流量表等合并财务报表。母公司在将购买取得的子公司股权登记入账后，在编制合并日的合并资产负债表时，只需进行与内部股权投资有关的抵销处理，即将对子公司长期股权投资与子公司所有者权益中母公司所拥有的份额相抵销。

【例 13-3】甲公司于 2×20 年 1 月 1 日以 28 600 万元的价格取得 A 公司 80%的股权。A 公司净资产的公允价值为 35 000 万元。甲公司在购买 A 公司过程中发生审计、评估和法律服务等相关费用共计 120 万元。上述价款均以银行存款支付。甲公司与 A 公司均为同一控制下的企业。A 公司采用的会计政策与甲公司一致。

甲公司在对 A 公司投资进行账务处理后编制的资产负债表，以及 A 公司当日的资产

负债表如表 13-1 所示。

表 13-1　资产负债表　　　　　　　　　　　　　　　　　　　　　　会企 01 表

编制单位：　　　　　　　　　　　2×20 年 1 月 1 日　　　　　　　　　　　单位：万元

资产	甲公司	A 公司	负债和股东权益	甲公司	A 公司
流动资产：			流动负债：		
货币资金	9 000	4 200	短期借款	12 000	5 000
交易性金融资产	4 000	1 800	交易性金融负债	3 800	0
应收票据	4 700	3 000	应付票据	10 000	3 000
应收账款	5 800	3 920	应付账款	18 000	4 200
预付款项	2 000	880	预收款项	3 000	1 300
应收股利	4 200	0	应付职工薪酬	6 000	1 600
其他应收款	0	0	应交税费	2 000	1 200
存货	31 000	20 000	应付股利	4 000	4 000
其他流动资产	1 300	1 200	其他应付款	0	0
流动资产合计	62 000	35 000	其他流动负债	1 200	700
			流动负债合计	60 000	21 000
			非流动负债：		
非流动资产：			长期借款	4 000	3 000
债权投资	10 000	0	应付债券	20 000	2 000
其他债权投资	11 400	0	长期应付款	2 000	0
长期股权投资	25 600	0	其他非流动负债	0	0
固定资产	21 000	18 000	非流动负债合计	26 000	5 000
在建工程	20 000	3 400	负债合计	86 000	26 000
无形资产	4 000	1 600	股东权益：		
商誉	2 000	0	股本	40 000	20 000
其他非流动资产	0	0	资本公积	10 000	8 000
非流动资产合计	94 000	23 000	其他综合收益		
			盈余公积	11 000	1 200
			未分配利润	9 000	2 800
			股东权益合计	70 000	32 000
资产总计	156 000	58 000	负债和股东权益总计	156 000	58 000

A 公司与甲公司均为同一控制下的企业。根据 A 公司资产负债表可知，A 公司股东权益总额为 32 000 万元。合并后，甲公司在 A 公司股东权益中所拥有的份额为 25 600 (32 000×80%)万元。甲公司对 A 公司长期股权投资的初始投资成本为 25 600 万元。甲公司对 A 公司投资时的账务处理如下。

　　借：长期股权投资——A 公司　　　　　　　　　　　　　　　　　　　25 600
　　　　管理费用　　　　　　　　　　　　　　　　　　　　　　　　　　　　120
　　　　资本公积　　　　　　　　　　　　　　　　　　　　　　　　　　　3 000
　　　贷：银行存款　　　　　　　　　　　　　　　　　　　　　　　　　28 720

甲公司在合并日编制合并资产负债表时,应当在合并工作底稿中进行如下抵销处理。

借:股本　　　　　　　　　　　　　　　　　　　　　　　　20 000
　　资本公积　　　　　　　　　　　　　　　　　　　　　　　8 000
　　盈余公积　　　　　　　　　　　　　　　　　　　　　　　1 200
　　未分配利润　　　　　　　　　　　　　　　　　　　　　　2 800
　　贷:长期股权投资　　　　　　　　　　　　　　　　　　　25 600
　　　　少数股东权益　　　　　　　　　　　　　　　　　　　6 400

合并工作底稿如表 13-2 所示。

表 13-2　合并工作底稿

单位:万元

项　目	甲公司	A 公司	合计数	抵销分录 借方	抵销分录 贷方	少数股东权益	合并数
流动资产:							
货币资金	9 000	4 200	13 200				13 200
交易性金融资产	4 000	1 800	5 800				5 800
应收票据	4 700	3 000	7 700				7 700
应收账款	5 800	3 920	9 720				9 720
预付款项	2 000	880	2 880				2 880
应收股利	4 200	0	4 200				4 200
存货	31 000	20 000	51 000				51 000
其他流动资产	1 300	1 200	2 500				2 500
流动资产合计	62 000	35 000	97 000				97 000
非流动资产:							
债权投资	10 000	0	10 000				10 000
其他债权投资	11 400	0	11 400				11 400
长期股权投资	25 600	0	25 600		25 600		0
固定资产	21 000	18 000	39 000				39 000
在建工程	20 000	3 400	23 400				23 400
无形资产	4 000	1 600	5 600				5 600
商誉	2 000	0	2 000				2 000
非流动资产合计	94 000	23 000	117 000		25 600		91 400
资产总计	156 000	58 000	214 000		25 600		188 400
流动负债:							
短期借款	12 000	5 000	17 000				17 000
交易性金融负债	3 800	0	3 800				3 800
应付票据	10 000	3 000	13 000				13 000
应付账款	18 000	4 200	22 200				22 200
预收款项	3 000	1 300	4 300				4 300
应付职工薪酬	6 000	1 600	7 600				7 600
应交税费	2 000	1 200	3 200				3 200

续表

项目	甲公司	A公司	合计数	抵销分录 借方	抵销分录 贷方	少数股东权益	合并数
应付股利	4 000	4 000	8 000				8 000
其他流动负债	1 200	700	1 900				1 900
流动负债合计	60 000	21 000	81 000				81 000
非流动负债:							
长期借款	4 000	3 000	7 000				7 000
应付债券	20 000	2 000	22 000				22 000
长期应付款	2 000	0	2 000				2 000
非流动负债合计	26 000	5 000	31 000				31 000
负债合计	86 000	26 000	112 000				112 000
股东权益:							
股本	40 000	20 000	60 000	20 000			40 000
资本公积	10 000	8 000	18 000	8 000			10 000
其他综合收益							
盈余公积	11 000	1 200	12 200	1 200			11 000
未分配利润	9 000	2 800	11 800	2 800			9 000
归属于母公司股东权益合计	70 000	32 000	102 000	32 000			70 000
少数股东权益						6 400	6 400
股东权益合计	70 000	32 000	102 000	32 000		6 400	76 400
负债和股东权益总计	156 000	58 000	214 000	32 000		6 400	188 400

二、直接投资及同一控制下取得子公司合并日后合并财务报表的编制

编制合并日后合并财务报表时,首先,将母公司对子公司长期股权投资由成本法核算的结果调整为权益法核算的结果,使母公司对子公司长期股权投资项目反映其在子公司所有者权益中所拥有权益的变动情况;其次,将母公司对子公司长期股权投资项目与子公司所有者权益项目等内部交易相关的项目进行抵销处理,将内部交易对合并财务报表的影响予以抵销;最后,在编制合并日后合并工作底稿的基础上,编制合并财务报表。

(一)长期股权投资成本法核算的结果调整为权益法核算的结果

将成本法核算调整为权益法核算时,应当自取得对子公司长期股权投资的年度起,逐年按照子公司当年实现的净利润中属于母公司享有的份额,调整增加对子公司长期股权投资的金额,并调整增加当年净收益;对于子公司当期分派的现金股利或宣告分派的股利中母公司享有的份额,则调整冲减长期股权投资的账面价值,同时调整减少原投资收益。之所以按子公司分派或宣告的现金股利调整减少投资收益,是因为在成本法核算的情况下,母公司在当期的财务报表中已按子公司分派或宣告分派的现金股利确认投资收益。

在取得子公司长期股权投资的第二年,将成本法调整为权益法核算的结果时,则在调整计算第一年年末权益法核算的对子公司长期股权投资金额的基础上,按第二年子公司实现的净利润中母公司所拥有的份额,调增长期股权投资的金额;按子公司分派或宣告分派的现金股利中母公司所拥有的份额,调减长期股权投资的金额。以后年度的调整,则按照

上述做法进行调整处理。

子公司除净损益以外的所有者权益的其他变动,在按照权益法对成本法核算的结果进行调整时,应当根据子公司本期除损益外的所有者权益的其他变动而计入资本公积或其他综合收益的金额中所享有的金额,对长期股权投资的金额进行调整。在以后年度将成本法调整为权益法核算的结果时,也应当考虑这一因素对长期股权投资的金额进行持续调整。

【例13-4】接例13-3,甲公司于2×20年1月1日以28 600万元的价格取得A公司80%的股权,使其成为子公司。甲公司和A公司2×20年度个别财务报表如表13-3至表13-5所示。

表13-3 资产负债表

会企01表

编制单位: 2×20年12月31日 单位:万元

资产	甲公司	A公司	负债和股东权益	甲公司	A公司
流动资产:			流动负债:		
货币资金	5 700	6 500	短期借款	10 000	4 800
交易性金融资产	3 000	5 000	交易性金融负债	4 000	2 400
应收票据	7 200	3 600	应付票据	13 000	3 600
应收账款	8 500	5 100	应付账款	18 000	5 200
预付款项	1 500	2 500	预收款项	4 000	3 900
应收股利	4 800	0	应付职工薪酬	5 000	1 600
其他应收款	500	1 300	应交税费	2 700	1 400
存货	37 000	18 000	应付股利	5 000	4 500
其他流动资产	1 800	1 000	其他应付款	300	700
流动资产合计	70 000	43 000	其他流动负债	2 000	900
			流动负债合计	64 000	29 000
			非流动负债:		
非流动资产:			长期借款	4 000	5 000
债权投资	13 000	4 000	应付债券	20 000	7 000
其他债权投资	8 000	0	长期应付款	6 000	0
长期股权投资	40 000	0	其他非流动负债	0	0
固定资产	28 000	26 000	非流动负债合计	30 000	12 000
在建工程	13 000	4 200	负债合计	94 000	41 000
无形资产	6 000	1 800	股东权益:		
商誉	2 000	0	股本	40 000	20 000
其他非流动资产	0	0	资本公积	10 000	8 000
非流动资产合计	110 000	36 000	其他综合收益		
			盈余公积	18 000	3 200
			未分配利润	18 000	6 800
			股东权益合计	86 000	38 000
资产总计	180 000	79 000	负债和股东权益总计	180 000	79 000

表 13-4 利润表

会企 02 表

编制单位：　　　　　　　　　　　2×20 年度　　　　　　　　　　　　　单位：万元

项　目	甲公司	A 公司
一、营业收入	150 000	94 800
减：营业成本	96 000	73 000
税金及附加	1 800	1 000
销售费用	5 200	3 400
管理费用	6 000	3 900
财务费用	1 200	800
加：其他收益	0	0
投资收益(损失以"-"号填列)	9 800	200
公允价值变动收益(损失以"-"号填列)		
信用减值损失(损失以"-"号填列)		
资产减值损失(损失以"-"号填列)	600	600
资产处置收益(损失以"-"号填列)		
二、营业利润(亏损以"-"号填列)	49 000	12 600
加：营业外收入	1 600	2 400
减：营业外支出	2 600	1 000
三、利润总额(亏损以"-"号填列)	48 000	14 000
减：所得税费用	12 000	3 500
四、净利润(净亏损以"-"号填列)	36 000	10 500
五、其他综合收益的税后净额		
六、综合收益总额	36 000	10 500
七、每股收益		
(一)基本每股收益		
(二)稀释每股收益		

表 13-5 股东权益变动表

会企 04 表

编制单位：　　　　　　　　　　　2×20 年度　　　　　　　　　　　　　单位：万元

项　目	甲公司					A 公司				
	股本	资本公积	盈余公积	未分配利润	股东权益合计	股本	资本公积	盈余公积	未分配利润	股东权益合计
一、上年年末余额	40 000	10 000	11 000	9 000	70 000	20 000	8 000	1 200	2 800	32 000
加：会计政策变更										
前期差错更正										
二、本年年初余额	40 000	10 000	11 000	9 000	70 000	20 000	8 000	1 200	2 800	32 000
三、本年增减变动金额(减少以"-"号填列)										
(一)综合收益总额				36 000	36 000				10 500	10 500

续表

项目	甲公司 股本	资本公积	盈余公积	未分配利润	股东权益合计	A公司 股本	资本公积	盈余公积	未分配利润	股东权益合计
(二)所有者投入和减少资本										
1.所有者投入资本										
2.股份支付计入所有者权益的金额										
3.其他										
(三)利润分配										
1.提取盈余公积			7 000	7 000				2 000	2 000	
2.对所有者的分配				20 000	20 000				4 500	4 500
3.其他										
(四)股东权益内部结转										
1.资本公积转增股本										
2.盈余公积转增股本										
3.盈余公积弥补亏损										
4.其他										
四、本年年末余额	40 000	10 000	18 000	18 000	86 000	20 000	8 000	3 200	6 800	38 000

本例中，A公司当年实现净利润 10 500 万元，经公司董事会提议并经股东大会批准，2×20 年提取盈余公积 2 000 万元，向股东宣告分派现金股利 4 500 万元。甲公司对 A 公司长期股权投资取得时的账面价值为 25 600 万元，2×20 年 12 月 31 日仍为 25 600 万元，甲公司当年确认投资收益 3 600 万元。

将成本法核算的结果调整为权益法核算的结果相关的调整分录如下。

借：长期股权投资——A 公司　　　　　　　　　① (10 500×80%) 8 400
　　贷：投资收益　　　　　　　　　　　　　　　　　　　　　8 400
借：投资收益　　　　　　　　　　　　　　　② 3 600
　　贷：长期股权投资——A 公司　　　　　　　　　　　　　　3 600

经过上述调整分录后，甲公司对 A 公司长期股权投资的账面价值为 30 400(25 600+8 400-3 600)万元。甲公司对 A 公司长期股权投资的账面价值 30 400(38 000×80%)万元与母公司(即甲公司)在 A 公司股东权益所拥有的份额相等。

(二)合并抵销处理

编制合并财务报表时，将母公司与子公司之间的内部交易对合并财务报表的影响予以抵销。首先，必须将母公司对子公司长期股权投资与子公司所有者权益中其所拥有的份额予以抵销。根据母公司在子公司所有者权益中拥有份额的多少，可以将子公司分为全资子公司和非全资子公司。对于全资子公司，进行抵销处理时，将对子公司长期股权投资的金额与子公司所有者权益全额抵销；而对于非全资子公司，则将长期股权投资与子公司所有者权益中母公司所拥有的份额进行抵销，不属于母公司的份额，即属于子公司少数股东的权益，应将其转为少数股东权益。

接例 13-4，经过调整后，甲公司对 A 公司长期股权投资的金额为 30 400 万元，A 公司股东权益总额为 38 000 万元，甲公司拥有 80%的股权，即在子公司股东权益中拥有 30 400 万元，其余 20%则属于少数股东权益。

长期股权投资与子公司所有者权益抵销时，其抵销分录如下。

借：股本　　　　　　　　　　　　　　　　　　　　　③　20 000
　　资本公积　　　　　　　　　　　　　　　　　　　　　　 8 000
　　盈余公积　　　　　　　　　　　　　　　　　　　　　　 3 200
　　未分配利润　　　　　　　　　　　　　　　　　　　　　 6 800
　　贷：长期股权投资　　　　　　　　　　　　　　　　　　30 400
　　　　少数股东权益　　　　　　　　　　　　(38 000×20%) 7 600

其次，还必须将对子公司的投资收益与子公司当年利润分配相抵销，使合并财务报表反映母公司股东权益变动的情况。子公司当年实现的净利润有两部分：一部分属于母公司所有，即母公司的投资收益；另一部分则属于少数股东所有，即少数股东本期收益。为了使合并财务报表反映母公司股东权益的变动情况及财务状况，必须将母公司投资收益、少数股东收益和期初未分配利润与子公司当年利润分配以及未分配利润的金额相抵销。

甲公司进行上述抵销处理时，其抵销分录如下。

借：投资收益　　　　　　　　　　　　　　　　　　　　④　8 400
　　少数股东损益　　　　　　　　　　　　　　(10 500×20%) 2 100
　　年初未分配利润　　　　　　　　　　　　　　　　　　 2 800
　　贷：提取盈余公积　　　　　　　　　　　　　　　　　　2 000
　　　　向股东分配利润　　　　　　　　　　　　　　　　　4 500
　　　　年末未分配利润　　　　　　　　　　　　　　　　　6 800

同时，被合并方在企业合并前实现的留存收益中归属于合并方的部分，自资本公积转入留存收益。(本例略)

该抵销分录主要抵销内部股权投资形成的投资损益。一方面，这个投资收益(以及少数股东享有的部分)在权益法下等于子公司的净利润，甲公司按照权益法调增投资收益和净利润，与 A 公司加总后，属于重复因素应予以抵销；另一方面，子公司的分配利润因并不属于对企业集团之外分配从而应予以抵销。因此，这一抵销分录将涉及合并利润表、合并所有者权益变动表项目。

另外，本例中的 A 公司本年宣告分派现金股利 4 500 万元，股利款项尚未支付，A 公司已将其列为应付股利 4500 万元。甲公司按其所享有的金额，已确认应收股利 3 600 万元，这属于母公司与子公司之间的债权债务，在编制合并财务报表时必须将其予以抵销。其抵销分录如下。

借：应付股利　　　　　　　　　　　　　　　　　　　　⑤　3 600
　　贷：应收股利　　　　　　　　　　　　　　　　　　　　3 600

上述调整分录和抵销分录应在合并工作底稿中进行，合并工作底稿的编制如表 13-6 所示。

表 13-6 合并工作底稿

2×20 年度　　　　　　　　　　　　　　　　　　　　　　　　　　　单位：万元

项　目	甲公司	A公司	合计数	调整分录 借方	调整分录 贷方	抵销分录 借方	抵销分录 贷方	少数股东权益	合并数
资产负债表项目									
流动资产：									
货币资金	5 700	6 500	12 200						12 200
交易性金融资产	3 000	5 000	8 000						8 000
应收票据	7 200	3 600	10 800						10 800
应收账款	8 500	5 100	13 600						13 600
预付款项	1 500	2 500	4 000						4 000
应收股利	4 800	0	4 800				3 600⑤		1 200
其他应收款	500	1 300	1 800						1 800
存货	37 000	18 000	55 000						55 000
其他流动资产	1 800	1 000	2 800						2 800
流动资产合计	70 000	43 000	113 000				3 600		109 400
非流动资产：									
债权投资	13 000	4 000	17 000						17 000
其他债权投资	8 000	0	8 000						8 000
长期股权投资	40 000	0	40 000	8 400①	3 600②		30 400③		14 400
固定资产	28 000	26 000	54 000						54 000
在建工程	13 000	4 200	17 200						17 200
无形资产	6 000	1 800	7 800						7 800
商誉	2 000	0	2 000						2 000
非流动资产合计	110 000	36 000	146 000	8 400	3 600		30 400		120 400
资产总计	180 000	79 000	259 000	8 400	3 600		30 400		229 800
流动负债：									
短期借款	10 000	4 800	14 800						14 800
交易性金融负债	4 000	2 400	6 400						6 400
应付票据	13 000	3 600	16 600						16 600
应付账款	18 000	5 200	23 200						23 200
预收款项	4 000	3 900	7 900						7 900
应付职工薪酬	5 000	1 600	6 600						6 600
应交税费	2 700	1 400	4 100						4 100
应付股利	5 000	4 500	9 500			3 600⑤			5 900
其他应付款	300	700	1 000						1 000
其他流动负债	2 000	900	2 900						2 900
流动负债合计	64 000	29 000	93 000			3 600			89 400
非流动负债									
长期借款	4 000	5 000	9 000						9 000
应付债券	20 000	7 000	27 000						27 000
长期应付款	6 000	0	6 000						6 000

续表

项　目	甲公司	A公司	合计数	调整分录 借方	调整分录 贷方	抵销分录 借方	抵销分录 贷方	少数股东权益	合并数
非流动负债合计	30 000	12 000	42 000						42 000
负债合计	94 000	41 000	135 000				3 600		131 400
股东权益：									
股本	40 000	20 000	60 000			20 000③			40 000
资本公积	10 000	8 000	18 000			8 000③			10 000
盈余公积	18 000	3 200	21 200			3 200③			18 000
未分配利润	18 000	6 800	24 800	3 600	8 400	18 000	13 300	21 00④	22 800
归属母公司股东权益合计	86 000	38 000	124 000	3 600	8 400	49 200	13 300	2 100	90 800
少数股东权益								7 600③	7 600
股东权益合计	86 000	38 000	124 000	3 600	8 400	49 200	133 000	5 500	98 400
负债和股东权益总计	180 000	79 000	259 000	3 600	8 400	52 800	13 300	5 500	229 800
利润表项目									
一、营业收入	150 000	94 800	244 800						244 800
减：营业成本	96 000	73 000	169 000						169 000
税金及附加	1 800	1 000	2 800						2 800
销售费用	5 200	3 400	8 600						8 600
管理费用	6 000	3 900	9 900						9 900
财务费用	1 200	800	2 000						2 000
加：其他收益	0	0	0						0
投资收益	9 800	200	10 000	3 600②	8 400①	8 400④			6 400
公允价值变动收益									
资产减值损失	600	300	900						900
资产处置损益(损失以"-"号填列)									
二、营业利润	49 000	12 600	61 600	3 600	8 400	8 400			58 000
加：营业外收入	1 600	2 400	4 000						4 000
减：营业外支出	2 600	1 000	3 600						3 600
三、利润总额	48 000	14 000	62 000	3 600	8 400	8 400			58 400
减：所得税费用	12 000	3 500	15 500						15 500
四、净利润	36 000	10 500	46 500	3 600	8 400	8 400			42 900
归属于母公司股东净利润									40 800
少数股东损益								2100④	2 100
股东权益变动表									
一、年初未分配利润	9 000	2 800	11 800			2 800 ④			9 000
二、本年增减变动金额									
其中：利润分配									
1.提取盈余公积	7 000	2 000	9 000				2 000④		7 000
2.对股东的分配	20 000	4 500	24 500				4 500④		20 000
三、年末未分配利润	18 000	6 800	24 800	3 600	8 400	6 800③ 18 000	6 800④ 13 300	2 100④	22 800*

注：*22 800=24 800+(8 400-3 600)+(13 300-18 000)-2 100。

根据上述合并工作底稿编制甲公司 2×20 年度合并资产负债表、合并利润表和合并股东权益变动表，如表 13-7～表 13-9 所示。

表 13-7 合并资产负债表 会合 01 表

编制单位：甲公司　　　　　　　　2×20 年 12 月 31 日　　　　　　　　单位：万元

资　产	期末余额	年初余额	负债和所有者权益	期末余额	年初余额
流动资产：			流动负债：		
货币资金	12 200		短期借款	14 800	
交易性金融资产	8 000		交易性金融负债	6 400	
应收票据	10 800		应付票据	16 600	
应收账款	13 600		应付账款	23 200	
预付款项	4 000		预收款项	7 900	
应收股利	1 200		应付职工薪酬	6 600	
其他应收款	1 800		应交税费	4 100	
存货	55 000		应付股利	5 900	
其他流动资产	2 800		其他应付款	1 000	
流动资产合计	109 400		其他流动负债	2 900	
			流动负债合计	89 400	
			非流动负债：		
非流动资产：			长期借款	9 000	
债权投资	17 000		应付债券	27 000	
其他债权投资	8 000		长期应付款	6 000	
长期股权投资	14 400		其他非流动负债	0	
固定资产	54 000		非流动负债合计	42 000	
在建工程	17 200		负债合计	131 400	
无形资产	7 800		股东权益：		
商誉	2 000		股本	40 000	
其他非流动资产	0		资本公积	10 000	
非流动资产合计	120 400		其他综合收益		
			盈余公积	18 000	
			未分配利润	22 800	
			归属于母公司股东权益合计	90 800	
			少数股东权益	7 600	
			股东权益合计	98 400	
资产总计	229 800		负债和股东权益总计	229 800	

表 13-8 合并利润表 会合 02 表

编制单位：甲公司　　　　2×20 年度　　　　单位：万元

项　目	本年金额	上年金额
一、营业收入	244 800	
减：营业成本	169 000	
税金及附加	2 800	
销售费用	8 600	
管理费用	9 900	
财务费用	2 000	
加：其他收益(损失以"-"号填列)	0	
投资收益(损失以"-"号填列)	6 400	
公允价值变动收益(损失以"-"号填列)		
资产减值损失	900	
资产处置收益(损失以"-"号填列)		
二、营业利润(亏损以"-"号填列)	58 000	
加：营业外收入	4 000	
减：营业外支出	3 600	
三、利润总额(亏损以"-"号填列)	58 400	
减：所得税费用	15 500	
四、净利润(净亏损以"-"号填列)	42 900	
归属于母公司股东的净利润(亏损以"-"号填列)	40 800	
少数股东收益(亏损以"-"号填列)	2 100	
五、其他综合收益的税后净额		
六、综合收益总额	42 900	
归属于母公司股东的综合收益总额	40 800	
归属于少数股东的综合收益总额	2 100	
七、每股收益		
(一)基本每股收益		
(二)稀释每股收益		

表13-9 合并股东权益变动表

编制单位：甲公司　　2×20年度　　合合04表　　单位：万元

项目	本年金额						上年金额					
	归属于母公司股东权益				少数股东权益	股东权益合计	归属于母公司股东权益				少数股东权益	股东权益合计
	股本	资本公积	盈余公积	未分配利润	其他			股本	资本公积	盈余公积	未分配利润	其他		
一、上年年末余额	40 000	10 000	11 000	9 000			70 000						
加：会计政策变更													
前期差错更正						6400	6 400						
二、本年年初余额	40 000	10 000	11 000	9 000		6400	76 400						
三、本年增减变动金额（减少以"－"号填列）				40 800		2100	42 900						
（一）综合收益总额				40 800		2100	42 900						
（二）所有者投入和减少资本													
1.所有者投入资本													
2.股份支付计入股东权益的金额													
3.其他													
（四）利润分配			7 000	27 000		900	20 900						
1.提取盈余公积			7 000	7 000									
2.对股东的分配				20 000		900	20 900						
3.其他													
（五）股东权益内部结转													
1.资本公积转增股本													
2.盈余公积转增股本													
3.盈余公积弥补亏损													
4.其他													
四、本年年末余额	40 000	10 000	18 000	22 800		7600	98 400						

第五节 长期股权投资与所有者权益的合并处理(非同一控制下)

一、非同一控制下取得子公司购买日合并财务报表的编制

非同一控制下取得的子公司，母公司需编制购买日的合并资产负债表，因企业合并取得的子公司各项可辨认资产、负债应当以公允价值在合并财务报表中列示。母公司合并成本大于取得子公司可辨认净资产公允价值份额的差额，作为合并商誉在合并资产负债表中列示。

对于非同一控制下取得的子公司，编制购买日合并资产负债表时，首先，应当将非同一控制下取得的子公司财务报表按购买日资产、负债等的公允价值进行调整；其次，在按公允价值对子公司购买日财务报表进行调整的基础上，将母公司对子公司长期股权投资与子公司所有者权益等项目进行抵销处理；最后，编制购买日合并资产负债表。

(一)按公允价值对非同一控制下取得子公司的财务报表进行调整

在非同一控制下取得子公司的情况下，母公司为进行企业合并要对子公司的资产、负债进行估值，然而子公司作为持续经营的主体，一般不将估值产生的资产、负债的公允价值的变动登记入账，其对外提供的财务报表仍然是以各项资产和负债原账面价值为基础编制的。因此，母公司如果要编制购买日的合并资产负债表，就必须按照购买日子公司资产、负债的公允价值对其财务报表项目进行调整。

这一调整是在合并工作底稿中编制调整分录进行的，实际上相当于将各项资产、负债的公允价值变动模拟入账，然后编制购买日的合并财务报表。(以购买日子公司各项资产、负债的公允价值为基础)

【例 13-5】甲公司 2×20 年 1 月 1 日以定向增发公司普通股股票的方式，购买取得 A 公司 70%的股权。甲公司当日资产负债表和 A 公司当日资产负债表及估值确认的资产、负债数据如表 13-10 所示。甲公司定向增发普通股股票 10 000 万股，其普通股股票每股面值为 1 元，市场价格每股为 2.95 元。甲公司并购 A 公司属于非同一控制下的企业合并。假定不考虑所得税、甲公司增发该普通股股票所发生的审计以及发行等费用。

表 13-10 资产负债表　　　　　　　　　　会企01表

编制单位：甲公司　　　　　　2×20 年 1 月 1 日　　　　　　　　单位：万元

资产	甲公司	A 公司		负债和所有者(或股东)权益	甲公司	A 公司	
		账面价值	公允价值			账面价值	公允价值
流动资产：				流动负债：			
货币资金	9 000	4 200	4 200	短期借款	12 000	5 000	5 000
交易性金融资产	4 000	1 800	1 800	交易性金融负债	3 800	0	0

资　产	甲公司	A公司 账面价值	A公司 公允价值	负债和所有者(或股东)权益	甲公司	A公司 账面价值	A公司 公允价值
应收票据	4 700	3 000	3 000	应付票据	10 000	3 000	3 000
应收账款	5 800	3 920	3 820	应付账款	18 000	4 200	4 200
预付款项	2 000	880	880	预收款项	3 000	1 300	1 300
应收股利	4 200	0	0	应付职工薪酬	6 000	1 600	1 600
其他应收款	0	0	0	应交税费	2 000	1 200	1 200
存货	31 000	20 000	21 100	应付股利	4 000	4 000	4 000
其他流动资产	1 300	1 200	1 200	其他应付款	0	0	0
流动资产合计	62 000	35 000	36 000	其他流动负债	1 200	700	700
				流动负债合计	60 000	21 000	21 000
				非流动负债：			
非流动资产：				长期借款	4 000	3 000	3 000
债权投资	11 000	0	0	应付债券	20 000	2 000	2 000
其他债权投资	6 000	0	0	长期应付款	2 000	0	0
长期股权投资	32 000	0	0	其他非流动负债	0	0	0
固定资产	21 000	18 000	21 000	非流动负债合计	26 000	5 000	5 000
在建工程	20 000	3 400	3 400	负债合计	86 000	26 000	26 000
无形资产	4 000	1 600	1 600	股东权益：			
商誉	0	0	0	股本	40 000	20 000	
其他非流动资产	0	0	0	资本公积	10 000	8 000	
非流动资产合计	94 000	23 000	26 000	盈余公积	11 000	1 200	
				未分配利润	9 000	2 800	
				股东权益合计	70 000	32 000	36 000
资产总计	156 000	58 000	62 000	负债和股东权益总计	156 000	58 000	62 000

在本例中，有关计算如下。

甲公司合并成本=2.95×10 000=29 500(万元)

甲公司在A公司可辨认净资产公允价值的份额=36 000×70%=25 200(万元)

合并商誉=29 500-25 200=4 300(万元)

甲公司将购买取得A公司70%的股权作为长期股权投资入账，其账务处理如下。

借：长期股权投资——A公司　　　　　　　　　　　　　　　　　　29 500

　　贷：股本　　　　　　　　　　　　　　　　　　　　　　　　　10 000

　　　　资本公积　　　　　　　　　　　　　　　　　　　　　　　19 500

甲公司购买A公司股权所形成的商誉，在甲公司个别财务报表中表示对A公司长期股权投资的一部分，在编制合并财务报表时，将长期股权投资与在子公司所有者权益公允价值中拥有的份额相抵销，其抵销差额在合并资产负债表中体现为合并商誉。

编制购买日的合并资产负债表时，将A公司资产和负债的公允价值与其账面价值的差额分别调增或调减相关资产和负债项目的金额。在合并工作底稿中调整分录如下。

借：存货　　　　　　　　　　　　　　　　　　　① 1 100

　　固定资产　　　　　　　　　　　　　　　　　　　3 000

    贷：应收账款   100
         资本公积   4 000

上述调整实际上是等于将资产、负债的公允价值模拟入账，通过这一调整，调整后的子公司资产负债表实际上是以公允价值反映资产和负债的，在此基础上，再与母公司的个别财务报表合并，则是将子公司的资产和负债以公允价值反映于合并资产负债表中。

(二)母公司长期股权投资与子公司所有者权益抵销处理

在编制购买日的合并资产负债表时，需要将母公司对子公司长期股权投资与其在子公司所有者权益中所拥有的份额予以抵销。母公司对非同一控制下取得的子公司长期股权投资进行账务处理时，母公司是按子公司资产、负债的公允价值确定其在子公司所有者权益中所拥有的份额，合并成本超过这一金额的差额则作为合并商誉处理。经过上述按公允价值对子公司财务报表调整处理后，在编制合并财务报表时可以将长期股权投资与子公司所有者权益所拥有的份额相抵销。在非全资子公司的情况下，不属于母公司所拥有的份额在抵销处理时则结转为少数股东权益。在抵销处理时，应当注意的是，母公司在子公司所有者权益中所拥有的份额是以资产和负债的公允价值为基础计算的，也是按公允价值进行抵销的，当然，少数股东权益也是以资产和负债的公允价值为基础计算调整后的金额确定的。

接例 13-5，基于资产和负债的公允价值对 A 公司财务报表调整后，其股东权益总额为 36 000 万元，甲公司在其中所拥有的份额为 25 200(36 000×70%)万元。甲公司对 A 公司长期股权投资的金额为 29 500 万元，超过其拥有的份额 25 200 万元的金额 4 300 万元则为合并商誉。少数股东权益则为 10 800(36 000×30%)万元。资本公积为 12 000(8 000+ 4 000)万元。

因此，甲公司将长期股权投资与其在 A 公司所有者权益中拥有的份额抵销时，其抵销分录如下：

    借：股本   ② 20 000
         资本公积   12 000
         盈余公积   1 200
         未分配利润   2 800
         商誉   4 300
      贷：长期股权投资——A 公司   29 500
           少数股东权益   10 800

(三)编制合并工作底稿并编制合并财务报表

在按公允价值对子公司财务报表项目进行调整，并编制合并抵销分录，将母公司对子公司长期股权投资与子公司所有者权益中母公司所持有的份额进行抵销后，则可以编制购买日合并工作底稿。

根据上述调整分录和抵销分录，甲公司编制购买日合并工作底稿如表 13-11 所示。

表 13-11 合并工作底稿

2×20 年 1 月 1 日　　　　　　　　　　　　　　　　　　　　　　　　　　单位：万元

项　目	甲公司	A 公司	合计数	调整分录 借方	调整分录 贷方	抵销分录 借方	抵销分录 贷方	少数股东权益	合并数
流动资产：									
货币资金	9 000	4 200	13 200						13 200
交易性金融资产	4 000	1 800	5 800						5 800
应收票据	4 700	3 000	7 700						7 700
应收账款	5 800	3 920	9 720		100①				9 620
预付款项	2 000	880	2 880						2 880
应收股利	4 200	0	4 200						4 200
其他应收款	0	0							
存货	31 000	20 000	51 000	1 100①					52 100
其他流动资产	1 300	1 200	2 500						2 500
流动资产合计	62 000	35 000	97 000	1 100	100				98 000
非流动资产：									
债权投资	11 000	0	11 000						11 000
其他债权投资	6 000	0	6 000						6 000
长期股权投资	61 500	0	61 500				29 500②		32 000
固定资产	30 000	20 000	50 000	3 000①					53 000
减：累计折旧	9 000	2 000	11 000						11 000
固定资产净值	21 000	18 000	39 000	3 000					42 000
在建工程	20 000	3 400	23 400						23 400
无形资产	4 000	1 600	5 600						5 600
商誉	0	0	0			4 300②			4 300
非流动资产合计	123 500	23 000	146 500	3 000		4 300	29 500		124 300
资产总计	185 500	58 000	243 500	4 100	100	4 300	29 500		222 300
流动负债：									
短期借款	12 000	5 000	17 000						17 000
交易性金融负债	3 800	0	3 800						3 800
应付票据	10 000	3 000	13 000						13 000
应付账款	18 000	4 200	22 200						22 200
预收款项	3 000	1 300	4 300						4 300
应付职工薪酬	6 000	1 600	7 600						7 600
应交税费	2 000	1 200	3 200						3 200
应付股利	4 000	4 000	8 000						8 000
其他应付款	0	0	0						0
其他流动负债	1 200	700	1 900						1 900
流动负债合计	60 000	21 000	81 000						81 000
非流动负债：									
长期借款	4 000	3 000	7 000						7 000

续表

项目	甲公司	A公司	合计数	调整分录 借方	调整分录 贷方	抵销分录 借方	抵销分录 贷方	少数股东权益	合并数
应付债券	20 000	2 000	22 000						22 000
长期应付款	2 000		2 000						2 000
非流动负债合计	26 000	5 000	31 000						31 000
负债合计	86 000	26 000	112 000						112 000
股东权益:									
股本	50 000	20 000	70 000			20 000②			50 000
资本公积	29 500	8 000	37 500	4 000①		12 000②			29 500
盈余公积	11 000	1 200	12 200			1 200②			11 000
未分配利润	9 000	2 800	11 800			2 800②			9 000
归属于母公司股东权益合计	99 500	32 000	131 500	4 000		36 000			99 500
少数股东权益								10 800②	10 800
股东权益合计	99 500	32 000	131 500	4 000		36 000		10 800	110 300
负债和股东权益总计	185 500	58 000	243 500	4 000		36 000		10 800	222 300*

注:*222 300=214 000+33 500-36 000+10 800。

根据上述合并工作底稿计算得出的合并资产负债表各项目的合并数,则可以编制购买日的合并资产负债表。本例编制的合并资产负债表略。

二、非同一控制下取得子公司购买日后合并财务报表的编制

母公司在非同一控制下取得子公司后,在未来持有该子公司的情况下,每一会计期末都需要将其纳入合并范围,编制合并财务报表。

在对非同一控制下取得的子公司编制合并财务报表时,首先,应当以购买日确定的各项可辨认资产、负债及或有负债的公允价值为基础对子公司的财务报表进行调整。在合并工作底稿中,将子公司的资产、负债公允价值与原账面价值之间的差额,通过编制相应的调整分录,对子公司财务报表进行调整。

其次,将母公司对子公司的长期股权投资采用成本法核算的结果,调整为权益法核算的结果,在子公司的财务报表中,当期实现的净利润是基于子公司各项资产、负债的账面价值核算的结果。在调整为权益法核算的结果时,必须确定基于购买日子公司相关资产和负债公允价值为基础计算的相应会计期间的净利润,并以此净利润将长期股权投资由成本法调整为权益法,对子公司的财务报表进行相应的调整。

再次,则是通过编制合并抵销分录,将母公司对子公司长期股权投资与子公司所有者权益等内部交易对合并财务报表的影响予以抵销。

最后,则是在编制合并工作底稿的基础上,计算合并财务报表各项目的合并数,编制合并财务报表。

【例 13-6】接例 13-5,甲公司 2×20 年 1 月 1 日以定向增发公司普通股股票的方式,购买取得 A 公司 70%的股权。甲公司对 A 公司长期股权投资的金额为 29 500 万元,甲公司购买日编制的合并资产负债表中确认的合并商誉为 4 300 万元。

甲公司和 A 公司 2×20 年 12 月 31 日个别资产负债表、利润表和股东权益变动表如表 13-12～表 13-14 所示。

表 13-12　资产负债表　　　　　　　　　　　　　　　　　会企 01 表

编制单位：　　　　　　　　2×20 年 12 月 31 日　　　　　　　　单位：万元

资产	甲公司	A 公司	负债和所有者(或股东)权益	甲公司	A 公司
流动资产：			流动负债：		
货币资金	5 700	6 500	短期借款	10 000	4 800
交易性金融资产	3 000	5 000	交易性金融负债	4 000	2 400
应收票据	7 200	3 600	应付票据	13 000	3 600
应收账款	8 500	5 100	应付账款	18 000	5 200
预付款项	1 500	2 500	预收款项	4 000	3 900
应收股利	4 800	0	应付职工薪酬	5 000	1 600
其他应收款	500	1 300	应交税费	2 700	1 400
存货	37 000	18 000	应付股利	5 000	4 500
其他流动资产	1 800	1 000	其他应付款	300	700
流动资产合计	70 000	43 000	其他流动负债	2 000	900
			流动负债合计	64 000	29 000
			非流动负债：		
非流动资产：			长期借款	4 000	5 000
债权投资	14 000	4 000	应付债券	20 000	7 000
其他债权投资	9 000	0	长期应付款	6 000	0
长期股权投资	69 500	0	其他非流动负债	0	0
固定资产	28 000	26 000	非流动负债合计	30 000	12 000
在建工程	13 000	4 200	负债合计	94 000	41 000
无形资产	6 000	1 800	股东权益：		
商誉	0	0	股本	50 000	20 000
其他非流动资产	0	0	资本公积	29 500	8 000
非流动资产合计	139 500	36 000	盈余公积	18 000	3 200
			未分配利润	18 000	6 800
			股东权益合计	115 500	38 000
资产总计	209 500	79 000	负债和股东权益总计	209 500	79 000

表 13-13　利润表　　　　　　　　　　　　　　　　　　　　会企 02 表

编制单位：　　　　　　　　　2×20 年度　　　　　　　　　　　单位：万元

项目	甲公司	A 公司
一、营业收入	150 000	94 800
减：营业成本	96 000	73 000
税金及附加	1 800	1 000
销售费用	5 200	3 400
管理费用	6 000	3 900
财务费用	1 200	800

续表

项目	甲公司	A公司
加：其他收益		
投资收益(损失以"-"号填列)	9 800	200
公允价值变动收益(损失以"-"号填列)	0	0
信用减值损失(损失以"-"号填列)	200	
资产减值损失(损失以"-"号填列)	400	300
资产处置损益(损失以"-"号填列)		
二、营业利润(亏损以"-"号填列)	49 000	12 600
加：营业外收入	1 600	2 400
减：营业外支出	2 600	1 000
三、利润总额(亏损以"-"号填列)	48 000	14 000
减：所得税费用	12 000	3 500
四、净利润(净亏损以"-"号填列)	36 000	10 500
五、其他综合收益的税后净额		
六、综合收益总额	36 000	10 500
七、每股收益	36 000	10 500
(一)基本每股收益		
(二)稀释每股收益		

表 13-14　股东权益变动表　　　会企04表

编制单位：　　　　　　2×20 年度　　　　　　单位：万元

项目	甲公司 股本	甲公司 资本公积	甲公司 盈余公积	甲公司 未分配利润	甲公司 股东权益合计	A公司 股本	A公司 资本公积	A公司 盈余公积	A公司 未分配利润	A公司 股东权益合计
一、上年年末余额	40 000	10 000	11 000	9 000	70 000	20 000	8 000	1 200	2 800	32 000
加：会计政策变更										
前期差错更正										
二、本年年初余额	40 000	10 000	11 000	9 000	70 000	20 000	8 000	1 200	2 800	32 000
三、本年增减变动金额(减少以"-"号填列)										
(一)综合收益总额				36 000	36 000				10 500	10 500
(二)所有者投入和减少资本										
1.所有者投入资本	10 000	19 500			29 500					
2.股份支付计入所有者权益的金额										
3.其他										
(三)利润分配										
1.提取盈余公积			7 000	7 000	7 000			2 000	2 000	
2.对股东的分配				20 000	20 000				4 500	4 500
3.其他										
(四)股东权益内部结转										
1.资本公积转增股本										

续表

项目	甲公司					A公司				
	股本	资本公积	盈余公积	未分配利润	股东权益合计	股本	资本公积	盈余公积	未分配利润	股东权益合计
2.盈余公积转增股本										
3.盈余公积弥补亏损										
4.其他										
四、本年年末余额	50 000	29 500	18 000	18 000	115 500	20 000	8 000	3 200	6 800	38 000

A公司在购买日股东权益总额为32 000万元,其中股本为20 000万元,资本公积为8 000万元,盈余公积为1 200万元,未分配利润为2 800万元。A公司购买日应收账款账面价值为3 920万元,公允价值为3 820万元;存货的账面价值为20 000万元,公允价值为21 100万元;固定资产账面价值为18 000万元,公允价值为21 000万元。

A公司2×20年12月31日股东权益总额为38 000万元,其中股本为20 000万元,资本公积为8 000万元,盈余公积为3 200万元,未分配利润为6 800万元。A公司2×20年全年实现净利润10 500万元,A公司当年提取盈余公积2 000万元,向股东分配现金股利4 500万元。截至2×20年12月31日,应收账款按购买日确认的金额收回,确认的坏账已核销;购买日存货公允价值增值部分,当年已全部实现对外销售;购买日固定资产原价公允价值增加系公司用办公楼增值,该办公楼采用的折旧方法为年限平均法,其剩余折旧年限为20年,假定该办公楼增加的公允价值在未来20年内平均摊销。

(1) 甲公司2×20年末编制合并财务报表时相关项目计算如下。

A公司调整后本年净利润=10 500+100(购买日应收账款公允价值减值的实现而调减信用减值损失)-1 100(购买日存货公允价值增值的实现而调增营业成本)-150(固定资产公允价值增值计算的折旧而调增管理费用)=9 350(万元)

150万元系固定资产公允价值增值3 000万元按剩余折旧年限(20年)摊销。

A公司调整后本年年末未分配利润=2 800(年初)+9 350-2 000(提取盈余公积)-4 500(分派股利)=5 650(万元)

权益法下甲公司对A公司投资的投资收益=9 350×70%=6 545(万元)

权益法下甲公司对A公司长期股权投资本年年末余额=29 500+6 545-4 500(分派股利)×70%=32 895(万元)

少数股东损益=9 350×30%=2 805(万元)

少数股东权益的年末余额=10 800+2 805-4 500×30%=12 255(万元)

或=40 850×30%=12 255(万元)

(2) 甲公司2×20年编制合并财务报表时,应当进行如下投资抵销处理。

① 按公允价值对A公司财务报表项目进行调整。根据购买日A公司资产、负债的公允价值与账面价值之间的差额,调整A公司相关公允价值变动的资产和负债项目及资本公积项目。在合并工作底稿中,其调整分录如下。

借:存货 ① 1 100
　　固定资产 3 000
　　贷:应收账款 100
　　　　资本公积 4 000

因购买日 A 公司资产和负债的公允价值与原账面价值之间的差额对 A 公司本年净利润的影响，调整 A 公司的相关项目。之所以进行这一调整，是因为子公司个别财务报表是以其资产、负债的原账面价值为基础编制的，其当期计算的净利润也是以其资产、负债的原账面价值为基础计算的结果，而公允价值与原账面价值存在差额的资产或负债，在经营过程中因使用、销售或偿付而实现其公允价值，其实现的公允价值对子公司当期净利润的影响需要在净利润计算中予以反映。在合并工作底稿中，其调整分录如下：

借：营业成本　　　　　　　　　　　　　　　　　　　　　② 1 100
　　管理费用　　　　　　　　　　　　　　　　　　　　　　　 150
　　应收账款　　　　　　　　　　　　　　　　　　　　　　　 100
　贷：存货　　　　　　　　　　　　　　　　　　　　　　　 1 100
　　　固定资产　　　　　　　　　　　　　　　　　　　　　　 150
　　　信用减值损失　　　　　　　　　　　　　　　　　　　　 100

② 按照权益法对甲公司财务报表项目进行调整。因购买日 A 公司资产和负债的公允价值与原账面价值之间的差额对 A 公司本年净利润的影响，而对甲公司对 A 公司长期股权投资权益法核算的影响，需要对甲公司对 A 公司长期股权投资及相关项目进行调整；另外，甲公司对 A 公司的长期股权投资采用成本法进行核算，需要对成本法核算的结果按权益法核算的要求，对长期股权投资及相关项目进行调整。在合并工作底稿中，其调整分录如下：

借：长期股权投资——A 公司　　　　　　　　　　　　　　 ③ 6 545
　　投资收益　　　　　　　　　　　　　　　　　　　　　　 3 150
　贷：投资收益　　　　　　　　　　　　　　　　　　　　　 6 545
　　　长期股权投资　　　　　　　　　　　　　　　　　　　 3 150

③ 长期股权投资与所有者权益的抵销。将甲公司对 A 公司的长期股权投资与其在 A 公司股东权益中拥有的份额予以抵销。在合并工作底稿中，其抵销分录如下：

借：股本　　　　　　　　　　　　　　　　　　　　　　　 ④ 20 000
　　资本公积　　　　　　　　　　　　　　　　　　　　　　 12 000
　　盈余公积　　　　　　　　　　　　　　　　　　　　　　 3 200
　　未分配利润　　　　　　　　　　　　　　　　　　　　　 5 650
　　商誉　　　　　　　　　　　　　　　　　　　　　　　　 4 300
　贷：长期股权投资——A 公司　　　　　　　　　　　　　　 32 895
　　　少数股东权益　　　　　　　　　　　　　　　　　　　 12 255

④ 投资收益与子公司利润分配等项目的抵销。将甲公司对 A 公司投资收益与 A 公司本年利润分配有关项目的金额予以抵销。在合并工作底稿中，其抵销分录如下：

借：投资收益　　　　　　　　　　　　　　　　　　　　　 ⑤ 6 545
　　少数股东本期损益　　　　　　　　　　　　　　　　　　 2 805
　　年初未分配利润　　　　　　　　　　　　　　　　　　　 2 800
　贷：提取盈余公积　　　　　　　　　　　　　　　　　　　 2 000
　　　向股东分配利润　　　　　　　　　　　　　　　　　　 4 500
　　　年末未分配利润　　　　　　　　　　　　　　　　　　 5 650

⑤ 应收股利与应付股利的抵销。本例中，A 公司本年宣告分派现金股利 4 500 万元，股利款项尚未支付，A 公司已将其计列应付股利 4 500 万元。甲公司根据 A 公司的分派现金股利公告，按照其所享有的金额，已确认应收股利，并在其资产负债表中计列应收股利 3 150(4 500×70%)万元。这属于母公司与子公司之间的债权债务，在编制合并财务报表时也必须将其予以抵销，其抵销分录如下。

借：应付股利　　　　　　　　　　　　　　　　　　⑥　3 150
　　贷：应收股利　　　　　　　　　　　　　　　　　　　　3 150

(3) 编制合并工作底稿并编制合并财务报表。

根据上述调整分录和抵销分录，甲公司编制的合并工作底稿如表 13-15 所示。

表 13-15　合并工作底稿

2×20 年度　　　　　　　　　　　　　　　　　　单位：万元

项目	甲公司	A公司	合计数	调整分录 借方	调整分录 贷方	抵销分录 借方	抵销分录 贷方	少数股东权益	合并数
资产负债表项目									
流动资产：									
货币资金	5 700	6 500	12 200						12 200
交易性金融资产	3 000	5 000	8 000						8 000
应收票据	7 200	3 600	10 800						10 800
应收账款	8 500	5 100	13 600	100②	100①				13 600
预付款项	1 500	2 500	4 000						4 000
应收股利	4 800	0	4 800				3 150⑥		1 650
其他应收款	500	1 300	1 800						1 800
存货	37 000	18 000	55 000	1 100①	1 100②				55 000
其他流动资产	1 800	1 000	2 800						2 800
流动资产合计	70 000	43 000	113 000	1 200	1 200		3 150		109 850
非流动资产：									
债权投资	14 000	4 000	18 000						18 000
其他债权投资	9 000	0	9 000						9 000
长期股权投资	69 500	0	69 500	6 545③	3 150③		32 895④		40 000
其中：A公司	29 500								
固定资产	28 000	26 000	54 000	3 000①	150②				56 850
在建工程	13 000	4 200	17 200						17 200
无形资产	6 000	1 800	7 800						7 800
商誉						4 300④			4 300
非流动资产合计	139 500	36 000	175 500	9 545	3 300	4 300	32 895		153 150
资产总计	209 500	79 000	288 500	10 745	4 500	4 300	36 045		263 000
流动负债：									
短期借款	10 000	4 800	14 800						14 800
交易性金融负债	4 000	2 400	6 400						6 400
应付票据	13 000	3 600	16 600						16 600

续表

项 目	甲公司	A公司	合计数	调整分录 借方	调整分录 贷方	抵销分录 借方	抵销分录 贷方	少数股东权益	合并数
应付账款	18 000	5 200	23 200						23 200
预收款项	4 000	3 900	7 900						7 900
应付职工薪酬	5 000	1 600	6 600						6 600
应交税费	2 700	1 400	4 100						4 100
应付股利	5 000	4 500	9 500			3 150⑥			6 350
其他应付款	300	700	1 000						1 000
其他流动负债	2 000	900	2 900						2 900
流动负债合计	64 000	29 000	93 000			3 150			89 850
非流动负债:									
长期借款	4 000	5 000	9 000						9 000
应付债券	20 000	7 000	27 000						27 000
长期应付款	6 000	0	6 000						6 000
非流动负债合计	30 000	12 000	42 000						42 000
负债合计	94 000	41 000	135 000			3 150			131 850
股东权益:									
股本	50 000	20 000	70 000			20 000④			50 000
资本公积	29 500	8 000	37 500		4 000①	12 000④			29 500
盈余公积	18 000	3 200	21 200			3 200④			18 000
未分配利润	18 000	6 800	24 800	4 400	6 645	14 995	12 150	2 805	21 395
归属于母公司的股东权益合计	115 500	38 000	153 500	4 400	10 645	50 195	12 150	2 805	118 895
少数股东权益								12 255④	12 255
股东权益合计	115 500	38 000	153 500	4 400	10 645	50 195	12 150	9 450	131 150
负债和股东权益总计	209 500	79 000	288 500	4 400	10 645	53 345	12 150	9 450	263 000
利润表项目									
一、营业收入	150 000	94 800	244 800						244 800
减:营业成本	96 000	73 000	169 000	1 100②					170 100
税金及附加	1 800	1 000	2 800						2 800
销售费用	5 200	3 400	8 600						8 600
管理费用	6 000	3 900	9 900	150②					10 050
财务费用	1 200	800	2 000						2 000
加:其他收益									
投资收益 其中:A公司	9 800 3 150	200	10 000	3 150③		6 545③	6 545⑤		6 850 0
公允价值变动收益									
信用减值损失	200		200	100②					100
资产减值损失	400	300	700						700
资产处置收益									

续表

项目	甲公司	A公司	合计数	调整分录 借方	调整分录 贷方	抵销分录 借方	抵销分录 贷方	少数股东权益	合并数
二、营业利润	49 000	12 600	61 600	4 400	6 645	6 545			57 300
加：营业外收入	1 600	2 400	4 000						4 000
减：营业外支出	2 600	1 000	3 600						3 600
三、利润总额	48 000	14 000	62 000	4 400	6 645	6 545			57 700
减：所得税费用	12 000	3 500	15 500						15 500
四、净利润	36 000	10 500	46 500	4 400	6 645	6 545			42 200
归属于母公司股东净利润									39 395
少数股东损益								2 805⑤	2 805
一、年初未分配利润	9 000	2 800	11 800			2 800 ⑤			9 000
二、本年增减变动金额									
三、利润分配									
1.提取盈余公积	7 000	2 000	9 000				2 000⑤		7 000
2.对股东的分配	20 000	4 500	24 500				4 500⑤		20 000
四、年末未分配利润	18 000	6 800	24 800			5 650④	5 650⑤		21 395*
				4 400	6 645	14 995	12 150	2 805	

注：*21 395=24 800+(6 645-4 400)+(12 150-14 995)-2 805。

甲公司在编制上述合并工作底稿并计算各项目合并数后，根据合并数编制合并资产负债表、合并利润表以及合并股东权益变动表。甲公司编制的合并资产负债表、合并利润表以及合并股东权益变动表略。

第六节　内部商品交易的合并处理

一、内部销售收入和内部销售成本的抵销处理

内部销售收入，是指企业集团内部母公司与子公司、子公司相互之间发生的购销活动所产生的销售收入。内部销售成本，是指企业集团内部母公司与子公司、子公司相互之间发生的内部销售商品的销售成本。

(一)购买企业内部购进的商品当期全部实现对外销售时的抵销处理

在内部购进的商品全部实现对外销售的情况下，对销售企业来说，销售给其他成员企业商品与销售给集团外部企业情况下的会计处理相同，即在本期确认销售收入，结转销售成本，计算损益，并在其个别利润表中反映；对购买企业来说，一方面要确认销售收入，另一方面要结转销售内部购进商品的成本，并在其个别利润表中分别作为营业收入和营业成本反映，并确认损益。即对于同一购销业务，在销售企业和购买企业的个别利润表都作了反映。但从企业集团整体来看，这一购销业务只是实现了一次销售，其销售收入只是购

买企业销售该商品的销售收入，其销售成本只是销售企业销售该商品的成本。销售企业销售该商品的收入属于内部销售收入，相应地，购买企业销售该商品的销售成本也属于内部销售成本。因此，在编制合并财务报表时，就必须将重复反映的内部销售收入与内部销售成本予以抵销。进行抵销处理时，应借记"营业收入"等项目，贷记"营业成本"等项目。

【例13-7】 甲公司拥有A公司70%的股权，系A公司的母公司。甲公司本期个别利润表的营业收入中有3 000万元，是向A公司销售产品取得的销售收入，该产品销售成本为2 100万元。A公司在本期将该产品全部售出，其销售收入为3 750万元，销售成本为3 000万元。对于这笔购销业务，两公司分别在其个别利润表中列示。

对此，编制合并财务报表将内部销售收入和内部销售成本予以抵销时，应编制如下抵销分录。

借：营业收入　　　　　　　　　　　　　　　　　　　　　　3 000
　　贷：营业成本　　　　　　　　　　　　　　　　　　　　　　3 000

根据上述抵销分录，其合并工作底稿(局部)如表13-16所示。

表13-16　合并工作底稿(局部)

单位：万元

项　目	甲公司	A公司	合计	抵销分录		合并数
				借方	贷方	
利润表项目						
营业收入	3 000	3 750	6 750	3 000		3 750
营业成本	2 100	3 000	5 100		3 000	2 100
……						
营业利润	900	750	1 650			1 650
……						
净利润	900	750	1 650	3 000	3 000	1 650
股东权益变动表项目						
未分配利润(期初)	0	0	0			0
……						
未分配利润(期末)	900	750	1 650	3 000	3 000	1 650

(二)购买企业内部购进的商品未实现对外销售时的抵销处理

在内部购进的商品未实现对外销售的情况下，对于销售企业来说，同样是按照一般的销售业务确认销售收入，结转销售成本，计算销售利润，并在其利润表中列示。这一业务从整个企业集团来看，实际上只是商品的存放地点发生了变动，并没有真正实现企业集团对外销售，不应确认销售收入，结转销售成本以及计算损益。因此，对于该内部购销业务，在编制合并财务报表时，应当将销售企业由此确认的内部销售收入和内部销售成本予以抵销。对于购买企业来说，则以支付的购货价款作为存货成本入账，并在其个别资产负债表中作为资产列示。这样，购买企业的个别资产负债表中存货的价值中就包含销售企业实现的销售毛利。销售企业由于内部购销业务实现的销售毛利，属于未实现内部销售损益。

存货价值中包含的未实现内部销售损益是由于企业集团内部商品购销活动引起的。在内部购销活动中，销售企业将集团内部销售作为收入确认并计算销售利润；而购买企业则是以支付购货的价款作为其成本入账。在本期内未实现对外销售而形成期末存货时，其存货价值中也相应地包括两部分内容：一部分为真正的存货成本(即销售企业销售该商品的成本)；另一部分为销售企业的销售毛利(即其销售收入减去销售成本的差额)。对于期末存货价值中包括的这部分销售毛利，从企业集团整体来看，并不是真正实现的利润，而是未实现的内部销售损益。如果合并财务报表将母公司与子公司财务报表中的存货简单相加，则虚增存货成本。因此，编制合并资产负债表时，应当将存货价值中包含的未实现的内部销售损益予以抵销。

【例 13-8】甲公司是 A 公司的母公司。甲公司本期个别利润表的营业收入中有 2 000 万元，是向 A 公司销售商品实现的收入，其商品成本为 1 400 万元，销售毛利率为 30%。A 公司本期从甲公司购入的商品在本期均未实现销售，期末存货包含 2 000 万元从甲公司购进的商品，该存货包含的未实现内部销售损益为 600 万元。

编制合并财务报表时，将内部销售收入、内部销售成本及存货价值中包含的未实现内部销售损益进行抵销时，其抵销分录如下。

借：营业收入　　　　　　　　　　　　　　　　　　　　　　　　2 000
　　贷：营业成本　　　　　　　　　　　　　　　　　　　　　　1 400
　　　　存货　　　　　　　　　　　　　　　　　　　　　　　　　600

根据上述抵销分录，其合并工作底稿(局部)如表 13-17 所示。

表 13-17　合并工作底稿(局部)

单位：万元

项　目	甲公司	A 公司	合计	抵销分录 借方	抵销分录 贷方	合并数
资产负债表项目						
存货		2 000			600	1 400
……						
利润表项目						
营业收入	2 000		2 000	2 000		0
营业成本	1 400		1 400		1 400	0
……						
营业利润	600		600	2 000	1 400	0
……						
净利润	600		600	2 000	1 400	0
股东权益变动表项目						
未分配利润(期初)	0	0	0			0
……						
未分配利润(期末)	600	0	600	2 000	1 400	0

(三)内部购进的商品部分实现对外销售、部分形成存货时的抵销处理

在内部购进的商品部分实现对外销售、部分形成存货的情况下,可以将内部购买的商品分为两部分来理解:一部分为当期购进并全部实现对外销售,例 13-7 即为该种情况;另一部分为当期购进但未实现对外销售而形成期末存货,例 13-8 即为该种情况。

【例 13-9】 甲公司本期个别利润表的营业收入中有 5 000 万元,是向 A 公司销售产品取得的销售收入,该产品销售成本为 3 500 万元,销售毛利率为 30%。A 公司在本期将该批内部购进商品的 60%实现销售,其销售收入为 3 750 万元,销售成本为 3 000 万元,销售毛利率为 20%,并列示于个别利润表中;该批商品另外的 40%则形成 A 公司期末存货,即期末存货为 2 000 万元,列示于 A 公司的个别资产负债表中。

此时,编制合并财务报表时,其抵销分录如下。

借:营业收入　　　　　　　　　　　　　　　　　　　　　　　　　　　5 000
　　贷:营业成本　　　　　　　　　(3 000+3 500×40%)或(5 000-600)　4 400
　　　　存货　　　　　　　　　　　　　　　　　　(5000×40%×30%)　600

根据上述抵销分录,其合并工作底稿(局部)如表 13-18 所示。

表 13-18　合并工作底稿(局部)

单位:万元

项　目	甲公司	A 公司	合计	抵销分录 借方	抵销分录 贷方	合并数
资产负债表项目						
存货		2 000	2 000		600	1 400
……						
利润表项目						
营业收入	5 000	3 750	8 750	5 000		3 750
营业成本	3 500	3 000	6 500		4 400	2 100
……						
营业利润	1 500	750	2 250	5 000	4 400	1 650
……						
净利润	1 500	750	2 250	5 000	4 400	1 650
股东权益变动表项目						
未分配利润(期初)	0	0	0			0
……						
未分配利润(期末)	1 500	750	2 250	5 000	4 400	1 650

对于内部销售收入的抵销,也可按照如下方法进行抵销处理:①按照内部销售收入的数额,借记"营业收入"项目,贷记"营业成本"项目;②按照期末存货价值中包含的未实现内部销售损益的数额,借记"营业成本"项目,贷记"存货"项目。

【例 13-10】 甲公司与 A 公司内部销售业务资料见例 13-8。抵销分录如下。

① 借:营业收入　　　　　　　　　　　　　　　　　　　　　　　　　　2 000
　　　贷:营业成本　　　　　　　　　　　　　　　　　　　　　　　　　　2 000

② 借：营业成本　　　　　　　　　　　　　　　　　　　　　　600
　　贷：存货　　　　　　　　　　　　　　　　　　　　　　　　　　600

在合并工作底稿中，按上述抵销分录进行抵销的结果与例 13-8 的抵销结果相同。

二、连续编制合并财务报表时内部销售商品的合并处理

在连续编制合并财务报表的情况下，首先必须将上期抵销的存货价值中包含的未实现内部销售损益对本期期初未分配利润的影响予以抵销，调整本期期初未分配利润的数额；再对本期内部购进存货进行合并处理，其具体合并处理程序和方法如下。

(1) 将上期抵销的存货价值中包含的未实现内部销售损益对本期期初未分配利润的影响进行抵销。即按照上期内部购进存货价值中包含的未实现内部销售损益的数额，借记"期初未分配利润"项目，贷记"营业成本"项目。这一抵销分录，可以理解为上期内部购进的存货中包含的未实现内部销售损益在本期视为实现利润，将上期未实现内部销售损益转为本期实现利润，冲减当期的合并销售成本。

(2) 对于本期发生内部购销活动的，将内部销售收入、内部销售成本予以抵销。即按照销售企业内部销售收入的数额，借记"营业收入"项目，贷记"营业成本"项目。

(3) 将期末内部购进存货价值中包含的未实现内部销售损益予以抵销。对于期末内部购买形成的存货(包括上期结转形成的本期存货)，应按照购买企业期末内部购入存货价值中包含的未实现内部销售损益的数额，借记"期初未分配利润""营业成本"项目，贷记"存货"项目。

【例 13-11】上期甲公司与 A 公司内部购销资料、内部销售的抵销处理及其合并工作底稿(局部)见例 13-9。本期甲公司个别财务报表中向 A 公司销售商品取得销售收入 6 000 万元，销售成本为 4 200 万元，甲公司本期销售毛利率与上期相同，为 30%。A 公司个别财务报表中从甲公司购进商品本期实现对外销售收入为 5 625 万元，销售成本为 4 500 万元，销售毛利率为 20%；期末内部购进形成的存货为 3 500 万元(期初存货 2 000 万元+本期购进存货 6 000 万元-本期销售成本 4 500 万元)，存货价值中包含的未实现内部销售损益为 1 050 万元。

编制合并财务报表时应进行如下合并处理。
(1) 调整期初未分配利润的数额。
　　借：期初未分配利润　　　　　　　　　　　　　　　①　600
　　　　贷：营业成本　　　　　　　　　　　　　　　　　　　　600
(2) 抵销本期内部销售收入。
　　借：营业收入　　　　　　　　　　　　　　　　　　②　6 000
　　　　贷：营业成本　　　　　　　　　　　　　　　　　　　6 000
(3) 抵销期末存货中包含的未实现内部销售损益。
　　借：营业成本　　　　　　　　　　　　　　　　　　③　1 050
　　　　贷：存货　　　　　　　　　　　　　　　　　　　　　1 050
其合并工作底稿(局部)如表 13-19 所示。

表 13-19　合并工作底稿(局部)

单位：万元

项目	甲公司	A公司	合计	抵销分录 借方	抵销分录 贷方	合并数
资产负债表项目						
存货		3 500	3 500		1 050 ③	2 450
……						
利润表项目						
营业收入	6 000	5 625	11 625	6 000②		5 625
营业成本	4 200	4 500	8 700	1 050 ③	600① 6 000②	3 150
……						
营业利润	1 800	1 125	2 925	<u>7 050</u>	<u>6 600</u>	2 475
……						
净利润	1 800	1 125	2 925	<u>7 050</u>	<u>6 600</u>	2 475
股东权益变动表项目						
未分配利润(期初)	1 500	750	2 250	600①		1 650
……						
未分配利润(期末)	3 300	1 875	5 175	<u>7 650</u>	<u>6 600</u>	4 125

三、存货跌价准备的合并处理

(一)初次编制合并财务报表时存货跌价准备的合并处理

当企业本期计提的存货跌价准备中包括对内部购进形成的存货计提的跌价准备时，则涉及如何将对内部购进的存货计提的跌价准备进行抵销的问题。

某一商品因毁损、陈旧过时而导致其可变现净值下降，从而计提跌价准备时，从整个企业集团来说，对这一毁损、陈旧的商品同样必须计提跌价准备。某一商品计提跌价准备的金额，从单一企业来说，为该商品可变现净值低于其取得成本的差额；而从企业集团来说，则是该商品的可变现净值与企业集团范围内取得该商品成本的差额。

从商品的取得成本来说，持有内部购进商品的企业，该商品的取得成本包括销售企业所实现的利润；而对于企业集团来说，则是指从外部购买该商品的成本或生产该产品的生产成本。编制合并财务报表时，计提存货跌价准备应当是将该商品的可变现净值与企业集团的取得成本进行比较确定的计提金额。

对内部购进形成的存货计提跌价准备的合并处理，从购买企业来看，有两种情况。

(1) 购买企业本期期末内部购进存货的可变现净值低于其取得成本，但高于销售企业的销售成本。从企业集团来说，该存货并没有跌价，不需要计提存货跌价准备，个别财务报表中计列的相应的存货跌价准备，应予以抵销。进行合并处理时，应当按照购买企业本期计提的存货跌价准备的金额，借记"存货"项目，贷记"资产减值损失"项目。

【例 13-12】甲公司是 A 公司的母公司，甲公司本期向 A 公司销售商品 2 000 万元，其销售成本为 1 400 万元；A 公司购进的该商品当期全部未实现对外销售而形成期末存货，A 公司期末对存货进行检查时，发现该商品已经部分陈旧，其可变现净值已降至 1 840 万元。为此，A 公司期末对该存货计提存货跌价准备 160 万元，并在其个别财务报表中列示。

在本例中，该存货的可变现净值降至 1 840 万元，高于抵销未实现内部销售损益后的金额 1 400 万元。此时，在编制本期合并财务报表时，应进行如下合并处理。

① 将内部销售收入与内部销售成本抵销。

借：营业收入　　　　　　　　　　　　　　　　　　① 2 000
　　贷：营业成本　　　　　　　　　　　　　　　　　　　　2 000

② 将内部销售形成的存货价值中包含的未实现内部销售损益抵销。

借：营业成本　　　　　　　　　　　　　　　　　　② 600
　　贷：存货　　　　　　　　　　　　　　　　　　　　　　600

③ 将 A 公司本期计提的存货减值准备抵销。

借：存货　　　　　　　　　　　　　　　　　　　　③ 160
　　贷：资产减值损失　　　　　　　　　　　　　　　　　　160

其合并工作底稿(局部)如表 13-20 所示。

表 13-20　合并工作底稿(局部)

单位：万元

项　目	甲公司	A 公司	合　计	抵销分录		合并数
				借方	贷方	
资产负债表项目						
存货		1 840	1 840	160③	600②	1 400
……						
利润表项目						
营业收入	2 000	0	2 000	2 000①		0
营业成本	1 400	0	1 400	600②	2 000①	0
资产减值损失		160	160		160③	0
……						
营业利润	600	-160	440	2 600	2 160	0
……						
净利润	600	-160	440	2 600	2 160	0
股东权益变动表项目						
未分配利润(期初)	0	0	0			
……						
未分配利润(期末)	600	-160	440	2 600	2 160	0

(2) 购买企业本期期末内部购进存货的可变现净值既低于该存货的取得成本，也低于销售企业的该存货的取得成本。

购买企业存货的取得成本高于销售企业取得成本的差额部分计提的跌价准备的金额，已因未实现的内部销售损益的抵销而抵销，故在编制合并财务报表时，也须将该部分金额予以抵销；而销售企业销售该存货成本高于该存货可变现净值的部分而计提的跌价准备的金额，无论对于购买企业，还是整个企业集团，都是必须计提的存货跌价准备，必须在合并财务报表中予以反映。进行抵销处理时，应当按照购买企业本期计提的存货跌价准备中内部购进商品取得成本高于销售企业取得成本的数额，借记"存货"项目，贷记"资产减值损失"项目。

【例13-13】甲公司为A公司的母公司，甲公司本期向A公司销售商品2 000万元，其销售成本为1 400万元，并以此在其个别利润表中列示。A公司购进的该商品当期全部未实现对外销售而形成期末存货；期末经减值测试，该存货可变现净值降至1 320万元。为此，A公司期末对该存货计提跌价准备为680万元。

在本例中，该存货的可变现净值降至1 320万元，低于抵销未实现内部销售损益后的金额1 400万元，在A公司本期计提的存货跌价准备680万元中，其中的600万元是相对于A公司取得成本(2 000万元)高于甲公司销售该商品的销售成本(1 400万元)部分计提的，另外的80万元则是相对于甲公司销售该商品的销售成本(1 400万元)高于其可变现净值(1 320万元)的部分计提的。此时，A公司对计提存货跌价准备中相当于抵销的未实现内部销售损益的数额600万元，从整个企业集团来说，该商品的取得成本为1 400万元，在可变现净值高于这一金额时，不需要计提存货跌价准备，故必须将其予以抵销；而另外的80万元的存货跌价准备，从整个企业集团来说，则是必须计提的存货跌价准备，故不需要进行抵销处理。在编制合并工作财务报表时，应进行如下的抵销处理。

① 将内部销售收入与内部销售成本抵销。

借：营业收入　　　　　　　　　　　　　　　　　　　　　　　① 2 000
　　贷：营业成本　　　　　　　　　　　　　　　　　　　　　　　　2 000

② 将内部销售形成的存货价值中包含的未实现内部销售损益抵销。

借：营业成本　　　　　　　　　　　　　　　　　　　　　　　② 600
　　贷：存货　　　　　　　　　　　　　　　　　　　　　　　　　　600

③ 将A公司本期计提的存货跌价准备中相当于未实现内部销售利润部分抵销。

借：存货　　　　　　　　　　　　　　　　　　　　　　　　　③ 600
　　贷：资产减值损失　　　　　　　　　　　　　　　　　　　　　　600

其合并工作底稿(局部)如表13-21所示。

表13-21　合并工作底稿(局部)

单位：万元

项　目	甲公司	A公司	合　计	抵销分录		合并数
				借方	贷方	
资产负债表项目						
存货		1 320	1 320	600③	600②	1 320
……						
利润表项目						
营业收入	2 000	0	2 000	2 000①		
营业成本	1 400	0	1 400	600②	2 000①	
资产减值损失		680	680		600③	80
……						

续表

项 目	甲公司	A公司	合 计	抵销分录 借方	抵销分录 贷方	合并数
营业利润	600	-680	-80	2 600	2 600	-80
……						
净利润	600	-680	-80	2 600	2 600	-80
股东权益变动表项目						
未分配利润(期初)	0	0	0			0
……						
未分配利润(期末)	600	-680	-80	2 600	2 600	-80

(二)连续编制合并财务报表时存货跌价准备的合并处理

在连续编制合并财务报表进行合并处理时，首先，将上期资产减值损失中抵销的存货跌价准备对本期期初未分配利润的影响予以抵销，即按上期资产减值损失项目中抵销的存货跌价准备的数额，借记"存货"或"营业成本"项目，贷记"期初未分配利润"项目。其次，对于本期对内部购进存货在个别财务报表中补提或者冲销的存货跌价准备也应予以抵销，借记"存货"项目，贷记"资产减值损失"项目。

至于抵销存货跌价准备的数额，应当分不同情况进行处理。当本期内部购进存货的可变现净值低于持有该存货企业的取得成本，但高于抵销未实现内部销售损益后的取得成本(即销售企业该存货的取得成本)时，其抵销的存货跌价准备金额为本期存货跌价准备的增加额。当本期内部购进存货的可变现净值低于抵销未实现内部销售损益后的取得成本(即销售企业取得成本)时，其抵销的存货跌价准备金额为相对于购买企业该存货的取得成本高于销售企业取得成本的差额部分计提的跌价准备的数额扣除期初内部购进存货计提的存货跌价准备的金额后的余额，即本期期末存货中包含的未实现内部销售损益的金额减去期初内部购进存货计提的存货跌价准备的金额后的余额。

【例13-14】接例13-12，A公司与甲公司之间本期未发生内部销售。本例中，期末存货系上期内部销售结存的存货。A公司本期期末对存货清查时，该内部购进存货的可变现净值为1 200万元，A公司期末存货跌价准备余额为800万元。

A公司本期计提的存货跌价准备为640万元，从整个企业集团来说，应当计提200(1 400-1 200)万元，因此应抵销440(640-200)万元。而上期期末计提结存的存货跌价准备160万元，在编制上期合并财务报表时已将其与相应的资产减值损失相抵销，从而影响到本期的期初未分配利润。为此，在本期编制合并财务报表时需要调整期初未分配利润的数额。

甲公司在编制本期合并财务报表时，应进行如下合并处理。

(1) 借：存货　　　　　　　　　　　　　　　　　① 160
　　　贷：期初未分配利润　　　　　　　　　　　　　　160
(2) 借：期初未分配利润　　　　　　　　　　　　② 600
　　　贷：存货　　　　　　　　　　　　　　　　　　　600
(3) 借：存货　　　　　　　　　　　　　　　　　③ 440
　　　贷：资产减值损失　　　　　　　　　　　　　　　440

其合并工作底稿(局部)如表 13-22 所示。

表 13-22 合并工作底稿(局部)

单位：万元

项 目	甲公司	A公司	合 计	抵销分录 借方	抵销分录 贷方	合并数
资产负债表项目						
存货		1200	1200	160① 440③	600②	1 200
……						
利润表项目						
营业收入	0	0	0			0
营业成本	0	0	0			0
资产减值损失	0	640	640		440③	200
……						
营业利润	0	-640	-640		440	-200
……						
净利润	0	-640	-640		440	-200
股东权益变动表项目						
未分配利润(期初)	600	-160	440	600②	160①	0
……						
未分配利润(期末)	600	-800	-200	600	600	-200

【例 13-15】接例 13-12，A 公司购进的商品当期未实现对外销售，因而全部形成期末存货。A 公司期末对存货进行检查时，发现该存货已经部分陈旧，其可变现净值降至 1 840 万元。为此，A 公司期末对该存货计提存货跌价准备 160 万元。在编制上期合并财务报表时，已将该存货跌价准备予以抵销。甲公司本期向 A 公司销售商品 3 000 万元，其销售该商品的销售成本为 2 100 万元。A 公司本期对外销售内部购进商品实现的销售收入为 4 000 万元，销售成本为 3 200 万元，其中，上期从甲公司购进商品本期全部售出，销售收入为 2 500 万元，销售成本为 2 000 万元；本期从甲公司购进商品销售 40%，销售收入为 1 500 万元，销售成本为 1 200 万元。另外的 60%形成期末存货，其取得成本为 1 800 万元，期末其可变现净值为 1 620 万元，A 公司本期期末对该内部购进形成的存货计提存货跌价准备 180 万元。

(1) 借：营业成本　　　　　　　　　　　　　　　　　① 160
　　　贷：期初未分配利润　　　　　　　　　　　　　　　160
(2) 借：期初未分配利润　　　　　　　　　　　　　　② 600
　　　贷：营业成本　　　　　　　　　　　　　　　　　　600
(3) 借：营业收入　　　　　　　　　　　　　　　　　③ 3 000
　　　贷：营业成本　　　　　　　　　　　　　　　　　3 000
(4) 借：营业成本　　　　　　　　　　　　　　　　　④ 540
　　　贷：存货　　　　　　　　　　　　　　　　　　　　540

(5) 借：存货　　　　　　　　　　　　　　　　　⑤　180
　　贷：资产减值损失　　　　　　　　　　　　　　　　180

其合并工作底稿(局部)如表 13-23 所示。

表 13-23　合并工作底稿(局部)　　　　　　　单位：万元

项　目	甲公司	A 公司	合　计	抵销分录 借方	抵销分录 贷方	合并数
资产负债表项目						
存货		1 620	1 620	180⑤	540④	1 260
……						
利润表项目						
营业收入	3 000	4 000	7 000	3 000③		4 000
营业成本	2 100	3 200	5 300	160① 540④	600 3 000③	2 400
资产减值损失	0	180	180		180⑤	0
……						
营业利润	900	620	1 520	3 700	3 780	1 600
……						
净利润	900	620	1 520	3 700	3 780	1 600
股东权益变动表项目						
期初未分配利润	600	-160	440	600②	160①	0
……						
期末未分配利润	1 500	460	1 960	4 300	3 940	1 600

第七节　内部债权债务的合并处理

一、内部债权债务抵销概述

母公司与子公司、子公司相互之间的债权债务项目，是指母公司与子公司、子公司相互之间的应收账款与应付账款、预付账款和预收账款、应付债券与债权投资等项目。对于母公司与子公司、子公司相互之间的这些项目，从债权方企业来说，在资产负债表中表现为一项债权资产；而从债务方企业来说，一方面形成一项负债，另一方面形成一项资产。发生的这种内部债权债务，从母公司与子公司组成的集团整体角度来看，它只是集团内部资金运动，既不增加企业集团的资产，也不增加负债。为此，在编制合并财务报表时，也应当将内部债权债务项目予以抵销。

在编制合并资产负债表时，需要进行合并处理的内部债权债务项目主要包括应收账款与应付账款，应收票据与应付票据，预付账款与预收账款，债权投资与应付债券，应收股利与应付股利，其他应收款与其他应付款。

【例 13-16】甲公司是 A 公司的母公司。甲公司个别资产负债表应收账款中有 600 万元为应收 A 公司账款；应收票据中有 400 万元为应收 A 公司票据；债权投资中有 A 公司发行的应付债券 2 500 万元。

对此，甲公司在编制合并财务报表时，应当将这些内部债权债务予以抵销。其抵销分录如下。

(1) 内部应收账款与应付账款抵销。

借：应付账款　　　　　　　　　　　　　　　　　　　　　　　　　　600
　　贷：应收账款　　　　　　　　　　　　　　　　　　　　　　　　　　600

(2) 内部应收票据与应付票据抵销。

借：应付票据　　　　　　　　　　　　　　　　　　　　　　　　　　400
　　贷：应收票据　　　　　　　　　　　　　　　　　　　　　　　　　　400

(3) 债权投资与应付债券抵销。

借：应付债券　　　　　　　　　　　　　　　　　　　　　　　　　2 500
　　贷：债权投资　　　　　　　　　　　　　　　　　　　　　　　　　2 500

二、内部应收应付款项及其坏账准备的合并处理

企业对于包括应收账款、应收票据、预付账款以及其他应收款在内的所有应收款项，应当根据其预计可收回金额变动情况，确认信用减值损失，计提坏账准备。这里的应收账款、应收票据等也包括了应收子公司账款、应收子公司票据等。在对子公司的应收款项计提坏账准备的情况下，编制合并财务报表时，随着内部应收款项的抵销，相应地，也须将该内部应收款项计提的坏账准备予以抵销。将内部应收款项抵销时，将内部应付款项的金额，借记"应付账款""应付票据"等项目，贷记"应收账款""应收票据"等项目；将内部应收款项计提的坏账准备抵销时，按各内部应收款项计提的相应坏账准备期末余额，借记"应收账款""应收票据"等项目，贷记"信用减值损失"项目。

【例 13-17】甲公司为 A 公司的母公司。甲公司本期个别资产负债表应收账款中有 580 万元为应收 A 公司账款，该应收账款账面余额为 600 万元，甲公司当年计提坏账准备 20 万元；应收票据中有 390 万元为应收 A 公司票据，该应收票据账面余额为 400 万元，甲公司当年计提坏账准备 10 万元。A 公司本期个别资产负债表中应付账款和应付票据中列示有应付甲公司账款 600 万元和应付甲公司票据 400 万元。在编制合并财务报表时，甲公司应将内部应收账款与应付账款相互抵销，同时，还应将内部应收账款计提的坏账准备予以抵销，其抵销分录如下。

(1) 应收账款与应付账款抵销。

借：应付账款　　　　　　　　　　　　　　　　　　　　　　　① 600
　　贷：应收账款　　　　　　　　　　　　　　　　　　　　　　　　　600

(2) 应收票据与应付票据抵销。

借：应付票据　　　　　　　　　　　　　　　　　　　　　　　② 400
　　贷：应收票据　　　　　　　　　　　　　　　　　　　　　　　　　400

(3) 坏账准备与资产减值损失抵销。

借：应收账款　　　　　　　　　　　　　　　　　　　　　　　③ 20
　　应收票据　　　　　　　　　　　　　　　　　　　　　　　　　 10
　　贷：信用减值损失　　　　　　　　　　　　　　　　　　　　　　 30

其合并工作底稿(局部)如表 13-24 所示。

表 13-24 合并工作底稿(局部)　　　　　　　　　　单位：万元

项　目	甲公司	A公司	合　计	抵销分录 借方	抵销分录 贷方	合并数
资产负债表项目						
……						
应收账款	580		580	20③	600①	0
应收票据	390		390	10③	400②	0
……						
应付账款		600	600	600①		0
应付票据		400	400	400②		0
利润表项目						
……						
信用减值损失	30		30		30③	0
……						
营业利润	-30		-30		30	0
……						
净利润	-30		-30		30	0
股东权益变动表项目						
未分配利润(期初)	0		0		0	0
……						
未分配利润(期末)	-30		-30		30	0

三、连续编制合并财务报表时内部应收款项及其坏账准备的合并处理

在连续编制合并财务报表进行合并处理时，首先，将内部应收款项与应付款项予以抵销，即按内部应付款项的数额，借记"应付账款""应付票据"等项目，贷记"应收账款""应收票据"等项目。其次，应将上期信用减值损失中抵销的各内部应收款项计提的相应坏账准备对本期期初未分配利润的影响予以抵销，即按上期信用减值损失项目中抵销的各内部应收款项计提的相应坏账准备的数额，借记"应收账款""应收票据"等项目，贷记"期初未分配利润"项目。最后，对于本期各内部应收款项在个别财务报表中补提或者冲销的相应坏账准备的数额也应予以抵销，借记"应收账款""应收票据"等项目，贷记"信用减值损失"项目；或按照本期期末各内部应收款项在个别资产负债表中冲销的相应坏账准备的数额，借记"信用减值损失"项目，贷记"应收账款""应收票据"等项目。

(一)内部应收款项坏账准备本期余额与上期余额相等时的合并处理

【例 13-18】接例 13-17，甲公司本期个别资产负债表应收账款中有应收 A 公司账款 580 万元，该应收账款是上期发生的，账面余额为 600 万元，甲公司上期对其计提坏账准备 20 万元，该坏账准备结转到本期；应收 A 公司票据 390 万元，该应收票据是上期发生的，账面余额为 400 万元，甲公司上期对其计提坏账准备 10 万元，该坏账准备结转到本期。本期对上述内部应收账款和应收票据未计提坏账准备。

甲公司在合并工作底稿中应进行如下抵销处理。

(1) 将上期内部应收款项计提的坏账准备抵销。

借：应收账款　　　　　　　　　　　　　　　　　　　① 20
　　应收票据　　　　　　　　　　　　　　　　　　　　　10
　　贷：期初未分配利润　　　　　　　　　　　　　　　　　　30

(2) 内部应收账款、应收票据与应付账款、应付票据抵销。

借：应付账款　　　　　　　　　　　　　　　　　　　② 600
　　贷：应收账款　　　　　　　　　　　　　　　　　　　　600
借：应付票据　　　　　　　　　　　　　　　　　　　③ 400
　　贷：应收票据　　　　　　　　　　　　　　　　　　　　400

其合并工作底稿(局部)如表 13-25 所示。

表 13-25　合并工作底稿(局部)

单位：万元

项目	甲公司	A公司	合计	抵销分录 借方	抵销分录 贷方	合并数
资产负债表项目						
……						
应收账款	580		580	20①	600②	0
应收票据	390		390	10①	400③	0
……						
应付账款		600	600	600②		0
应付票据		400	400	400③		0
利润表项目						
……						
信用减值损失	0	0	0		0	0
……						
营业利润	0	0	0		0	0
……						
净利润	0	0	0		0	0
股东权益变动表项目						
期初未分配利润	-30		-30		30①	0
……						
期末未分配利润	-30		-30		30	0

(二) 内部应收款项坏账准备本期余额大于上期余额时的合并处理

【例 13-19】接例 13-17，甲公司本期个别资产负债表应收账款中有应收 A 公司账款 735 万元，该应收账款账面余额为 800 万元，甲公司对该应收账款累计计提坏账准备 65 万元，其中 20 万元是上期结转至本期的，本期对其补提坏账准备 45 万元；应收 A 公司票据 875 万元，该应收票据账面余额为 900 万元，甲公司对该应收票据累计计提坏账准备 25 万元，其中 10 万元是上期结转至本期的，本期对其补提坏账准备 15 万元。

甲公司在合并工作底稿中应进行如下抵销处理。

(1) 抵销上期内部应收款项计提的坏账准备，并调整期初未分配利润的数额。

借：应收账款　　　　　　　　　　　　　　　　　　　　　　　　① 20
　　应收票据　　　　　　　　　　　　　　　　　　　　　　　　　　10
　　贷：期初未分配利润　　　　　　　　　　　　　　　　　　　　　　30

(2) 内部应收账款、应收票据与应付账款、应付票据抵销。

借：应付账款　　　　　　　　　　　　　　　　　　　　　　　　② 800
　　贷：应收账款　　　　　　　　　　　　　　　　　　　　　　　　800
借：应付票据　　　　　　　　　　　　　　　　　　　　　　　　③ 900
　　贷：应收票据　　　　　　　　　　　　　　　　　　　　　　　　900

(3) 抵销本期内部应收款项增加计提的坏账准备与信用减值损失。

借：应收账款　　　　　　　　　　　　　　　　　　　　　　　　④ 45
　　应收票据　　　　　　　　　　　　　　　　　　　　　　　　　　15
　　贷：信用减值损失　　　　　　　　　　　　　　　　　　　　　　60

其合并工作底稿(局部)如表 13-26 所示。

表 13-26　合并工作底稿(局部)

单位：万元

项　目	甲公司	A 公司	合　计	抵销分录 借方	抵销分录 贷方	合并数
资产负债表项目						
……						
应收账款	735		735	20① 45④	800②	0
应收票据	875		875	10① 15④	900③	0
……						
应付账款		800	800	800②		0
应付票据		900	900	900③		0
利润表项目						
……						
信用减值损失	60		60		60④	0
……						
营业利润	-60		-60		60	0
……						
净利润	-60		60		60	0
股东权益变动表项目						
未分配利润(期初)	-30		-30	30①		30
……						
未分配利润(期末)	-90		-90		90	0

(三)内部应收款项坏账准备本期余额小于上期余额时的合并处理

【例 13-20】接例 13-17，甲公司本期个别资产负债表应收账款中有应收 A 公司账款

538万元，该应收账款账面余额为550万元，甲公司对该应收账款累计计提坏账准备12万元，其中上期结转至本期的坏账准备为20万元，本期冲减坏账准备8万元；应收A公司票据374万元，该应收票据账面余额为380万元，甲公司对其累计计提坏账准备6万元，其中，上期结转至本期的坏账准备为10万元，本期冲减坏账准备4万元。

甲公司在合并工作底稿中应进行如下抵销处理。

(1) 抵销上期内部应收款项计提的坏账准备，并调整期初未分配利润的数额。

借：应收账款　　　　　　　　　　　　　　　　　　　　　　① 20
　　应收票据　　　　　　　　　　　　　　　　　　　　　　　　10
　　贷：期初未分配利润　　　　　　　　　　　　　　　　　　　　30

(2) 内部应收账款、应收票据与应付账款、应付票据抵销。

借：应付账款　　　　　　　　　　　　　　　　　　　　　　② 550
　　贷：应收账款　　　　　　　　　　　　　　　　　　　　　　550
借：应付票据　　　　　　　　　　　　　　　　　　　　　　③ 380
　　贷：应收票据　　　　　　　　　　　　　　　　　　　　　　380

(3) 抵销本期内部应收款项冲销的坏账准备与信用减值损失。

借：信用减值损失　　　　　　　　　　　　　　　　　　　　④ 12
　　贷：应收账款　　　　　　　　　　　　　　　　　　　　　　8
　　　　应收票据　　　　　　　　　　　　　　　　　　　　　　4

其合并工作底稿(局部)如表13-27所示。

表13-27　合并工作底稿(局部)

单位：万元

项目	甲公司	A公司	合计	抵销分录 借方	抵销分录 贷方	合并数
资产负债表项目						
……						
应收账款	538		538	20①	550② 8④	0
应收票据	374		374	10①	380③ 4④	0
……						
应付账款		550	550	550②		0
应付票据		380	380	380③		0
利润表项目						
……						
信用减值损失	-12		-12	12④		0
……						
营业利润	12		12	12		0
……						
净利润	12		12	12		0

续表

项　目	甲公司	A 公司	合　计	抵销分录 借方	抵销分录 贷方	合并数
股东权益变动表项目						
期初未分配利润	-30		-30		30①	0
……						
期末未分配利润	-18		-18	12	30	0

第八节　内部固定资产交易的合并处理

一、内部固定资产交易概述

内部固定资产交易，是指企业集团内部发生的与固定资产有关的购销业务。根据销售企业销售的是产品还是固定资产，可以将企业集团内部固定资产交易划分为两种类型：第一种类型是企业集团内部企业将自己使用的固定资产变卖给企业集团内的其他企业作为固定资产使用；第二种类型是企业集团内部企业将自己生产的产品销售给企业集团内的其他企业作为固定资产使用。此外，还有另一种类型的内部固定资产交易，即企业集团内部企业将自己使用的固定资产变卖给企业集团内的其他企业作为普通商品销售。这种类型的固定资产交易，属于固定资产的内部处置，在企业集团内部发生的情况极少，一般情况下发生的数量也不大。

严格来说，内部固定资产交易属于内部商品交易，其在编制合并财务报表时的抵销处理与一般内部商品交易的抵销处理有相同之处。但由于固定资产取得并投入使用后的若干个会计期间，通过计提折旧将其价值转移到产品生产成本或各会计期间费用之中去，因而其抵销处理也有其特殊性。固定资产跨越若干个会计期间，因此涉及使用该固定资产期间编制合并财务报表的期初未分配利润的调整问题；同时固定资产需要计提折旧，因此涉及每一次计提折旧中包含的未实现内部销售损益的抵销问题，也涉及每期累计折旧中包含的未实现内部销售损益的抵销问题。

二、内部固定资产交易当期的合并处理

(一)内部固定资产交易的抵销处理

1. 企业集团内部固定资产变卖交易的抵销处理

在合并工作底稿中编制抵销分录时，应当按照该内部交易固定资产的转让价格与其原账面价值之间的差额，借记"资产处置损益"项目，贷记"固定资产"项目；如果该内部交易的固定资产转让价格低于其原账面价值，则按其差额，借记"固定资产"项目，贷记"资产处置损益"项目。

【例 13-21】A 公司和 B 公司为甲公司控制下的两个子公司。A 公司将其净值为 1 280 万元的厂房，以 1 500 万元的价格变卖给 B 公司作为固定资产使用。A 公司因该内部固定资产交易实现收益 220 万元，并列示于其个别利润表中。B 公司以 1 500 万元的金额

将该厂房作为固定资产入账，并列示于其个别资产负债表中。

编制合并财务报表时，A 公司应将该固定资产交易实现的资产处置收益与固定资产原值中包含的未实现内部销售损益的数额予以抵销。其抵销分录如下。

借：资产处置损益　　　　　　　　　　　　　　　　　　　　220
　　贷：固定资产　　　　　　　　　　　　　　　　　　　　　　　220

通过上述抵销处理后，将该内部固定资产交易所实现的损益予以抵销，该厂房的原价通过抵销处理后调整为 1 280 万元。

2. 企业集团内部产品销售给其他企业作为固定资产的交易的抵销处理

在合并工作底稿中编制抵销分录将其抵销时，应当借记"营业收入"项目，贷记"营业成本"项目和"固定资产"项目。其中，借记"营业收入"项目的数额，为销售企业销售该产品的销售收入；贷记"营业成本"项目的数额为销售企业销售该产品结转的销售成本；贷记"固定资产"项目的数额为两者之差，即该内部交易所形成的固定资产中包含的未实现内部销售损益的数额。

【例 13-22】A 公司和 B 公司为甲公司控制下的两个子公司。A 公司于 2×20 年 12 月，将生产的产品销售给 B 公司作为固定资产使用，A 公司销售该产品的销售收入为 1 680 万元，销售成本为 1 200 万元。B 公司以 1 680 万元的价格将该产品作为固定资产入账。

甲公司在合并工作底稿中应进行如下抵销处理。

借：营业收入　　　　　　　　　　　　　　　　　　①　1 680
　　贷：营业成本　　　　　　　　　　　　　　　　　　　　1 200
　　　　固定资产　　　　　　　　　　　　　　　　　　　　　480

其合并工作底稿(局部)如表 13-28 所示。

表 13-28　合并工作底稿(局部)　　　　　　　　　　　单位：万元

项　目	A 公司	B 公司	合　计	抵销分录 借方	抵销分录 贷方	合并数
资产负债表项目						
……						
固定资产		1 680	1 680		480①	1 200
……						
利润表项目						
营业收入	1 680		1 680	1 680①		0
营业成本	1 200		1 200		1 200①	
……						0
营业利润	480		480	1 680	1 200	0
净利润	480		480	1 680	1 200	0
股东权益变动表项目						
期初未分配利润	0		0			0
……						
期末未分配利润	480		480	1 680	1 200	0

(二)内部固定资产交易当期且计提折旧的合并处理

在发生内部固定资产交易当期编制合并财务报表时,合并抵销处理如下。

(1) 将内部交易固定资产相关的销售收入、销售成本以及其原价中包含的未实现内部销售损益予以抵销,即按销售企业由于该固定资产交易所实现的销售收入,借记"营业收入"项目;按其销售成本,贷记"营业成本"项目;按该销售收入与销售成本之差,即原价中包含的未实现内部销售损益的数额,贷记"固定资产"项目。

(2) 将内部交易固定资产当期因未实现内部销售损益而多计提的折旧费和累计折旧予以抵销。按当期多计提的数额,借记"固定资产——累计折旧"项目,贷记"管理费用"项目(为便于理解,本节有关内部交易固定资产均假定为管理用固定资产,其各期多计提的折旧费用均通过"管理费用"项目进行抵销处理)。

【例13-23】A公司和B公司为甲公司控制下的两个子公司。A公司于2×20年1月1日,将生产的产品销售给B公司作为固定资产使用,A公司销售该产品的销售收入为1 680万元,销售成本为1 200万元。B公司以1 680万元的价格将该产品作为固定资产入账。B公司购买的该固定资产用于公司的行政管理,该固定资产属于不需要安装的固定资产,当月投入使用,其折旧年限为4年,预计净残值为零。为简化合并处理,假定该内部交易固定资产在交易当年按12个月计提折旧。

甲公司在编制合并财务报表时,应当进行如下抵销处理。

(1) 将该内部交易固定资产相关的销售收入与销售成本及固定资产中包含的未实现内部销售损益予以抵销。

借:营业收入　　　　　　　　　　　　　　　　　① 1 680
　　贷:营业成本　　　　　　　　　　　　　　　　　　1 200
　　　　固定资产　　　　　　　　　　　　　　　　　　　480

(2) 将当年计提的折旧费用和累计折旧中包含的未实现的内部销售损益予以抵销,该固定资产在B公司按4年的折旧年限计提折旧,每年计提折旧420万元,其中每年计提的折旧和累计折旧费用中包含未实现内部销售损益的摊销额120(480÷4)万元,在合并工作底稿中应进行如下抵销处理。

借:固定资产——累计折旧　　　　　　　　　　　② 120
　　贷:管理费用　　　　　　　　　　　　　　　　　　　120

其合并工作底稿(局部)如表13-29所示。

表13-29 合并工作底稿(局部)

单位:万元

项目	A公司	B公司	合计	抵销分录 借方	抵销分录 贷方	合并数
资产负债表项目						
……						
固定资产		1 680	1 680	120②	480①	900
……						
利润表项目						

续表

项 目	A公司	B公司	合 计	抵销分录 借方	抵销分录 贷方	合并数
营业收入	1 680		1 680	1 680①		0
营业成本	1 200		1 200		1 200①	0
……						0
管理费用		420	420		120②	300
……						
营业利润	480	-420	60	1 680	1 320	-300
……						
净利润	480	-420	60	1 680	1 320	-300
股东权益变动表项目						
期初未分配利润	0	0	0			0
……						
期末未分配利润	480	-420	60	1 680	1 320	-300

三、内部交易固定资产取得后至处置前期间的合并处理

在以后的会计期间,内部交易固定资产具体抵销程序如下。

(1) 将内部交易固定资产原价中包含的未实现内部销售损益抵销,并调整期初未分配利润,即按照固定资产原价中包含的未实现内部销售损益的数额,借记"期初未分配利润"项目,贷记"固定资产"项目。

(2) 将以前会计期间内部交易固定资产多计提的累计折旧抵销,并调整期初未分配利润,即按照以前会计期间抵销该内部交易固定资产因包含未实现内部销售损益而多计提的累计折旧额,借记"固定资产——累计折旧"项目,贷记"期初未分配利润"项目。

(3) 将当期由于该内部交易固定资产因包含未实现内部销售损益而多计提的折旧费用予以抵销,并调整本期计提的累计折旧额,即按照本期该内部交易固定资产多计提的折旧额,借记"固定资产——累计折旧"项目,贷记"管理费用"等费用项目。

【例13-24】接例13-23,B公司2×21年其个别资产负债表中,该内部交易固定资产原价为1 680万元,累计折旧为840万元,该固定资产净值为840万元。该内部交易固定资产2×21年计提折旧为420万元。2×20年度合并工作底稿(局部)见例13-23。

甲公司编制2×21年度合并财务报表时,应当进行如下抵销处理。

(1) 借:期初未分配利润　　　　　　　　　　　　　　① 480
　　　贷:固定资产　　　　　　　　　　　　　　　　　　　480
(2) 借:固定资产——累计折旧　　　　　　　　　　　② 120
　　　贷:期初未分配利润　　　　　　　　　　　　　　　　120
(3) 借:固定资产——累计折旧　　　　　　　　　　　③ 120
　　　贷:管理费用　　　　　　　　　　　　　　　　　　　120

其合并工作底稿(局部)如表13-30所示。

表13-30 合并工作底稿(局部)

单位：万元

项目	A公司	B公司	合计	抵销分录 借方	抵销分录 贷方	合并数
资产负债表项目						
……						
固定资产		840	840	120② 120③	480①	600
……						
利润表项目						
管理费用		420	420		120③	300
……						
营业利润	0	−420	−420		120	−300
……						
净利润	0	−420	−420		120	−300
股东权益变动表项目						
期初未分配利润	480	−420	60	480①	120②	−300
……						
期末未分配利润	480	−840	−360	480	240	−600

【例13-25】 接例13-24，B公司2×22年其个别资产负债表中，该内部交易固定资产原价为1 680万元，累计折旧为1 260万元，该固定资产净值为420万元。该内部交易固定资产2×22年计提折旧为420万元。2×20年度、2×21年度合并工作底稿(局部)分别见例13-23和例13-24。

甲公司编制2×22年度合并财务报表时，应当进行如下抵销处理。

(1) 借：期初未分配利润　　　　　　　　　　　① 480
　　　贷：固定资产　　　　　　　　　　　　　　　　480
(2) 借：固定资产——累计折旧　　　　　　　② 240
　　　贷：期初未分配利润　　　　　　　　　　　　　240
(3) 借：固定资产——累计折旧　　　　　　　③ 120
　　　贷：管理费用　　　　　　　　　　　　　　　　120

其合并工作底稿(局部)如表13-31所示。

表13-31 合并工作底稿(局部)

单位：万元

项目	A公司	B公司	合计	抵销分录 借方	抵销分录 贷方	合并数
资产负债表项目						
……						
固定资产		420	420	240② 120③	480①	300
……						

续表

项目	A公司	B公司	合计	抵销分录 借方	抵销分录 贷方	合并数
利润表项目						
管理费用		420	420		120③	300
……						
营业利润	0	−420	−420		120	−300
……						
净利润	0	−420	−420		120	−300
股东权益变动表项目						
期初未分配利润	480	−840	−360	480①	240②	−600
……						
期末未分配利润	480	−1 260	−780	480	360	−900

四、内部交易固定资产清理期间的合并处理

对于销售企业来说，因该内部交易固定资产实现的利润，作为期初未分配利润的一部分结转到以后的会计期间，直到购买企业对该内部交易固定资产进行清理的会计期间。对于购买企业来说，对内部交易固定资产进行清理的会计期间，在其个别财务报表中表现为固定资产的减少；该固定资产清理收入减去该固定资产净值以及有关清理费用后的余额，则在其个别利润表中以"资产处置损益"项目列示。固定资产清理时可能出现期满清理、超期清理、提前清理三种情况。编制合并财务报表时，应当根据具体情况进行合并处理。

(一)内部交易固定资产使用期限届满进行清理期间的合并处理

在内部交易固定资产使用期限届满进行清理的会计期末，购买企业内部固定资产实体已不复存在，因此，不存在未实现内部销售损益抵销问题，包括未实现内部销售损益在内的该内部交易固定资产的价值全部转移到各会计期间实现的损益中。从整个企业集团来说，随着该内部交易固定资产的使用期满，其包含的未实现内部销售损益也转化为已实现利润。从销售企业来说，因该内部销售所实现的利润，作为期初未分配利润的一部分已结转到购买企业对该内部交易固定资产使用期满进行清理的会计期间。为此，编制合并财务报表时，首先，必须调整期初未分配利润。其次，在固定资产进行清理的会计期间，如果在未进行清理前该固定资产仍处于使用中，则仍须计提折旧，本期计提折旧中仍然包含因内部未实现销售损益而多计提的折旧额，因此也需要将当期多计提的折旧额予以抵销。

【例 13-26】接例 13-25，2×23 年 12 月该内部交易固定资产使用期满，B 公司于 2×23 年 12 月对其进行清理。B 公司对该固定资产清理时实现固定资产清理净收益 14 万元，在 2×23 年度个别利润表中以"资产处置损益"项目列示。随着对该固定资产的清理，该固定资产的原价和累计折旧转销，在 2×23 年 12 月 31 日个别资产负债表中已无该固定资产的列示。2×20 年度、2×21 年度、2×22 年度合并工作底稿(局部)分别见例 13-23、例 13-24 和例 13-25。

此时，甲公司编制合并财务报表时，应当进行如下抵销处理。

(1) 按照内部交易固定资产原价中包含的未实现内部销售利润,调整期初未分配利润。
　　借：期初未分配利润　　　　　　　　　　　　　　　　　　　①　480
　　　　贷：资产处置损益　　　　　　　　　　　　　　　　　　　　　480
(2) 按以前期间固定资产原价中包含的未实现内部销售利润而多计提累计折旧抵销,并调整期初未分配利润。
　　借：资产处置损益　　　　　　　　　　　　　　　　　　　　②　360
　　　　贷：期初未分配利润　　　　　　　　　　　　　　　　　　　　360
(3) 将本期因固定资产原价中包含的未实现内部销售利润而多计提的折旧额抵销。
　　借：资产处置损益　　　　　　　　　　　　　　　　　　　　③　120
　　　　贷：管理费用　　　　　　　　　　　　　　　　　　　　　　　120

随着内部交易固定资产的清理,该固定资产在 B 公司个别资产负债表中均无列示,故涉及调整期初未分配利润项目的抵销处理,通过资产处置损益项目进行。

以上 3 笔抵销分录,可以合并为以下抵销分录。
　　借：期初未分配利润　　　　　　　　　　　　　　　　　　　　　120
　　　　贷：管理费用　　　　　　　　　　　　　　　　　　　　　　　120

其合并工作底稿(局部)如表 13-32 所示。

表 13-32　合并工作底稿(局部)

单位：万元

项　目	A 公司	B 公司	合　计	抵销分录 借方	抵销分录 贷方	合并数
资产负债表项目						
……						
固定资产		0	0			0
……						
利润表项目						
……						
管理费用		420	420		120③	300
……						
资产处置损益	0	14	14	360② 120③	480①	14
……						
营业利润		-420	-420		120	-286
……						
净利润	0	-406	-406	480	600	-286
股东权益变动表项目						
期初未分配利润	480	-1 260	-780	480①	360②	-900
……						
期末未分配利润	480	-1 666	-1 186	960	960	-1 186

(二)内部交易固定资产超期使用进行清理期间的合并处理

内部交易固定资产超期使用进行清理时,在内部交易固定资产清理前的会计期间,该固定资产仍然按包含未实现内部销售损益的原价及计提的累计折旧,在购买企业的个别资产负债表中列示;销售企业因该内部交易固定资产所实现的利润,作为期初未分配利润的一部分结转到购买企业对该内部交易固定资产进行清理的会计期间。因此,首先,需要将该固定资产原价中包含的未实现内部销售损益予以抵销,并调整期初未分配利润。其次,要将以前会计期间因内部交易固定资产原价中包含的未实现内部销售利润而多计提的累计折旧予以抵销。最后,由于在该固定资产使用期满的会计期间仍然需要计提折旧,本期计提折旧中仍包含多计提的折旧,因此,需要将多计提的折旧予以抵销,并调整已计提的累计折旧。

【例 13-27】接例 13-26,2×23 年 12 月 31 日该内部交易固定资产使用期满,但该固定资产仍处于使用状态,B 公司未对其进行清理报废。B 公司 2×23 年度个别资产负债表中固定资产仍列示该固定资产原价 1 680 万元,累计折旧为 1 680 万元;在其个别利润表中,列示该固定资产当年计提的折旧为 420 万元。2×20 年度、2×21 年度、2×22 年度合并工作底稿(局部)分别见例 13-23、例 13-24、例 13-25。

此时,甲公司编制 2×23 年度合并财务报表时,应当进行如下抵销处理。

(1) 按照内部交易固定资产原价中包含的未实现内部销售利润,调整期初未分配利润。

借:期初未分配利润　　　　　　　　　　　　　　　　　　　① 480
　　贷:固定资产　　　　　　　　　　　　　　　　　　　　　　　480

(2) 将因固定资产原价中包含的未实现内部销售利润而多计提累计折旧抵销,并调整期初未分配利润。

借:固定资产——累计折旧　　　　　　　　　　　　　　　② 360
　　贷:期初未分配利润　　　　　　　　　　　　　　　　　　　　360

(3) 将本期因固定资产原价中包含的未实现内部销售利润而多计提的折旧额抵销。

借:固定资产——累计折旧　　　　　　　　　　　　　　　③ 120
　　贷:管理费用　　　　　　　　　　　　　　　　　　　　　　　120

其合并工作底稿(局部)如表 13-33 所示。

表 13-33　合并工作底稿(局部)

单位:万元

项目	A公司	B公司	合计	抵销分录 借方	抵销分录 贷方	合并数
资产负债表项目						
……						
固定资产	0	0		360② 120③	480①	0
……						
利润表项目						

续表

项目	A公司	B公司	合 计	抵销分录 借方	抵销分录 贷方	合并数
管理费用		420	420		120③	300
……						
营业利润		-420	-420		120	-300
……						
净利润		-420	-420		120	-300
股东权益变动表项目						
期初未分配利润	480	-1 260	-780	480①	360②	-900
……						
期末未分配利润	480	-1 680	-1 200	480	480	-1 200

在内部交易固定资产超期使用未进行清理前,该内部交易固定资产仍处于使用状态,并在购买企业资产负债表中列示,因此,必须将该固定资产原价中包含的未实现内部销售损益予以抵销。同时将其计提的累计折旧予以抵销。但固定资产超期使用不计提折旧,因此不存在抵销多计提折旧问题。

【例 13-28】接例 13-27,该内部交易固定资产 2×24 年仍处于使用之中。B 公司 2×24 年度个别资产负债表固定资产列示净值为 0,但固定资产、累计折旧账面余额均为 1 680 万元;固定资产超期使用不计提折旧,因此 B 公司个别利润表中无该内部固定资产计提的折旧费用。2×20 年度至 2×23 年度合并工作底稿(局部)分别见例 13-23、例 13-24、例 13-25、例 13-27。

此时,甲公司编制 2×24 年度合并财务报表时,应当进行如下抵销处理。

(1) 将固定资产原价中包含的未实现内部销售利润抵销,调整期初未分配利润。
  借:期初未分配利润　　　　　　　　　　　　　　　　　① 480
    贷:固定资产　　　　　　　　　　　　　　　　　　　　　480

(2) 将累计折旧包含的未实现内部销售利润抵销,调整期初未分配利润。
  借:固定资产——累计折旧　　　　　　　　　　　　　② 480
    贷:期初未分配利润　　　　　　　　　　　　　　　　　　480

其合并工作底稿(局部)如表 13-34 所示。

表 13-34　合并工作底稿(局部)

单位:万元

项目	A公司	B公司	合 计	抵销分录 借方	抵销分录 贷方	合并数
资产负债表项目						
……						
固定资产		0	0	480②	480①	0
……						
股东权益变动表项目						
期初未分配利润	480	-1 680	-1 200	480①	480②	-1 200
……						
期末未分配利润	480	-1 680	-1 200	480	480	-1 200

对于超期使用后再进行清理的内部交易固定资产，在清理当期其实物已不存在，因此不存在固定资产原价中包含未实现内部销售损益的抵销问题；同时，该固定资产累计折旧也随着固定资产清理而转销，也不存在多计提折旧的抵销问题。也可以理解为在内部交易固定资产超期使用进行清理的情况下，其包含的未实现内部销售损益，随着其折旧计提完毕，其包含的未实现内部销售损益已实现。因此，在编制对该内部交易固定资产进行清理的会计期间的合并财务报表时，不需要进行合并处理。

(三)内部交易固定资产使用期限未满提前进行清理期间的合并处理

在这种情况下，购买企业内部交易固定资产实体已不复存在，因此不存在未实现内部销售损益抵销问题，但固定资产提前报废，其原价中包含的未实现内部销售损益随着清理而成为实现的损益。对于销售企业来说，因该内部交易固定资产所实现的利润，作为期初未分配利润的一部分结转到购买企业对该内部交易固定资产进行清理的会计期间。因此，首先，必须调整期初未分配利润；其次，在固定资产进行清理前仍需计提折旧，本期计提折旧中仍包含多计提的折旧，需要将多计提的折旧费用予以抵销。

【例 13-29】接例 13-25，B 公司于 2×22 年 12 月对该内部交易固定资产进行清理处置，在对其清理过程中取得清理收入 25 万元，在其个别利润表中作为资产处置损益列示。2×20 年度、2×21 年度合并工作底稿(局部)分别见例 13-23、例 13-24。

本例中，该内部交易固定资产于 2×22 年 12 月已经使用三年，B 公司对该固定资产累计计提折旧 1 260 万元。此时，编制合并财务报表时，应编制如下抵销分录。

(1) 借：期初未分配利润　　　　　　　　　　　　　　　① 480
　　　贷：资产处置损益　　　　　　　　　　　　　　　　　　480
(2) 借：资产处置损益　　　　　　　　　　　　　　　　② 240
　　　贷：期初未分配利润　　　　　　　　　　　　　　　　　240
(3) 借：资产处置损益　　　　　　　　　　　　　　　　③ 120
　　　贷：管理费用　　　　　　　　　　　　　　　　　　　　120

其合并工作底稿(局部)如表 13-35 所示。

表 13-35　合并工作底稿(局部)

单位：万元

项　目	A公司	B公司	合　计	抵销分录 借方	抵销分录 贷方	合并数
资产负债表项目						
……						
固定资产		0	0			0
……						
利润表项目						
管理费用	0	420	420		120③	300
……						

续表

项 目	A公司	B公司	合 计	抵销分录 借方	抵销分录 贷方	合并数
资产处置损益		25	25	240② 120③	480①	145
……						
营业利润	0	-420	-420	360	600	-155
……						
净利润	0	-395	-395	360	600	-155
股东权益变动表项目						
未分配利润(期初)	480	-840	-360	480①	240②	-600
……						
未分配利润(期末)	480	-1 235	-755	840	840	-755

第九节 内部无形资产交易的合并处理

内部无形资产交易，是企业集团内部发生交易的一方涉及无形资产的交易，如企业集团内部某一成员企业将自身拥有的专利权、专有技术等转让出售给其他成员企业作为无形资产继续使用。对于内部无形资产交易，在编制合并财务报表时，首先，必须将由于转让出售无形资产所产生的净损益及购入企业无形资产入账价值中包含的未实现内部销售损益予以抵销；其次，随着无形资产价值的摊销，无形资产价值中包含的未实现内部销售损益也随之计入当期费用。因此，必须对内部交易无形资产摊销计入相关费用项目进行抵销处理。

一、内部无形资产交易当期的合并处理

进行合并处理时，按内部交易时该无形资产账面价值中包含的未实现内部销售损益的数额，借记"资产处置损益"项目；按交易时该内部交易无形资产账面价值中包含的未实现内部销售损益的数额，贷记"无形资产"项目。同时按本期该内部交易无形资产摊销额中包含的未实现内部销售损益的数额(即该无形资产价值中包含的未实现内部销售损益除以该无形资产的摊销年限得出的金额)，借记"无形资产——累计摊销"项目，贷记"管理费用"项目。

【例13-30】甲公司是A公司的母公司，甲公司2×20年1月8日向A公司转让无形资产一项，转让价格为820万元，该无形资产的账面成本为700万元。A公司购入该无形资产后，即投入使用，确定使用年限为5年。A公司2×20年12月31日资产负债表中无形资产项目的金额为656万元，利润表管理费用项目中记有当年摊销的该无形资产价值164万元。

此时，A公司该无形资产入账价值为820万元，其中包含的未实现内部销售利润为120万元；按5年的期限，本年摊销的金额为164万元(无形资产从取得当月起开始摊销)，其中包含的未实现内部销售利润的摊销额为24万元。

甲公司在编制2×20年度合并财务报表时，应当对该内部无形资产交易进行如下抵销

处理。

(1) 将 A 公司在受让取得该内部交易无形资产时其价值中包含的未实现内部销售利润抵销。

借：资产处置损益　　　　　　　　　　　　　　　　　　　　① 120
　　贷：无形资产　　　　　　　　　　　　　　　　　　　　　　　　120

(2) 将 A 公司本期该内部交易无形资产价值摊销额中包含的未实现内部销售利润抵销。

借：无形资产——累计摊销　　　　　　　　　　　　　　　　② 24
　　贷：管理费用　　　　　　　　　　　　　　　　　　　　　　　　24

其合并工作底稿(局部)如表 13-36 所示。

表 13-36　合并工作底稿(局部)

单位：万元

项目	甲公司	A公司	合计	抵销分录 借方	抵销分录 贷方	合并数
资产负债表项目						
……						
无形资产		656	656	24②	120①	560
……						
利润表项目						
……						
管理费用		164	164		24②	140
……						
资产处置损益			120	120①	24	0
……						
营业利润	120	−164	−164		24	−140
……						
净利润	120	−164	−44	120	24	−140
股东权益变动表项目						
期初未分配利润	0	0	0			0
……						
期末未分配利润	120	−164	−44	120	24	−140

二、内部交易无形资产持有期间的合并处理

进行合并处理时，按受让时内部交易无形资产价值中包含的未实现内部销售损益的数额，借记"期初未分配利润"项目，贷记"无形资产"项目；按上期期末该内部交易无形资产累计摊销金额中包含的已摊销未实现内部销售损益的数额，借记"无形资产——累计摊销"项目，贷记"期初未分配利润"项目；按本期因该内部交易无形资产价值中包含的未实现内部销售损益而多计算的摊销金额，借记"无形资产——累计摊销"项目，贷记"管理费用"项目。

【例 13-31】接例 13-30，2×21 年 12 月 31 日 A 公司个别资产负债表无形资产项目的金额为 492 万元，利润表管理费用项目中当年摊销的无形资产价值为 164 万元。2×20 年度

合并工作底稿(局部)见例 13-30。

本例中，A 公司在该无形资产取得时，其入账价值为 820 万元，其中，包含的未实现内部销售利润为 120 万元；该无形资产按 5 年摊销，每年摊销金额为 164 万元，则 2×21 年 12 月 31 日，累计摊销额为 328 万元，包括上年结转的累计摊销额和本期摊销额各 164 万元，上年结转的累计摊销额中包含 2×20 年因内部交易无形资产价值中包含的未实现内部销售利润而多计算的摊销额 24 万元。此外，本期因该内部交易无形资产使用而计算的摊销额 164 万元，其中也包括因该无形资产价值中包含的未实现内部销售利润而多计算的摊销额 24 万元。

甲公司在编制 2×21 年度合并财务报表时，应当对该内部无形资产交易进行如下抵销处理。

(1) 将 A 公司在受让取得该无形资产时，其价值中包含的未实现内部销售利润抵销。

借：期初未分配利润　　　　　　　　　　　　　　　　　　① 120
　　贷：无形资产　　　　　　　　　　　　　　　　　　　　　　120

(2) 将 A 公司上期期末该无形资产价值摊销额中包含的已摊销未实现内部销售利润抵销。

借：无形资产——累计摊销　　　　　　　　　　　　　　② 24
　　贷：期初未分配利润　　　　　　　　　　　　　　　　　　　24

(3) 将 A 公司本期摊销的该无形资产价值中包含的未实现内部销售利润的摊销额抵销。

借：无形资产——累计摊销　　　　　　　　　　　　　　③ 24
　　贷：管理费用　　　　　　　　　　　　　　　　　　　　　　24

其合并工作底稿(局部)如表 13-37 所示。

表 13-37　合并工作底稿(局部)

单位：万元

项目	甲公司	A 公司	合计	抵销分录 借方	抵销分录 贷方	合并数
资产负债表项目						
……						
无形资产		492	492	24② 24③	120①	420
……						
利润表项目						
……						
管理费用	0	164	164		24 ③	140
……						
营业利润	0	-164	-164		24	-140
……						
净利润	0	-164	-164		24	-140
股东权益变动表项目						
期初未分配利润	120	-164	-44	120①	24②	-140
……						
期末未分配利润	120	-328	-208	120	48	-280

甲公司在编制 2×22 年度合并财务报表时,该内部无形资产交易相关的抵销处理如下。

(1) 将 A 公司在受让取得该无形资产时,其价值中包含的未实现内部销售利润抵销。

借:期初未分配利润　　　　　　　　　　　　　　　　　　　　① 120
　　贷:无形资产　　　　　　　　　　　　　　　　　　　　　　　　120

(2) 将 A 公司上期期末该无形资产价值摊销额中包含的已摊销未实现内部销售利润抵销。

借:无形资产——累计摊销　　　　　　　　　　　　　　　　② 48
　　贷:期初未分配利润　　　　　　　　　　　　　　　　　　　　48

(3) 将 A 公司本期摊销的该无形资产价值中包含的未实现内部销售利润的摊销额抵销。

借:无形资产——累计摊销　　　　　　　　　　　　　　　　③ 24
　　贷:管理费用　　　　　　　　　　　　　　　　　　　　　　　24

其合并工作底稿(局部)如表 13-38 所示。

表 13-38　合并工作底稿(局部)

单位:万元

项　目	甲公司	A公司	合　计	抵销分录 借方	抵销分录 贷方	合并数
资产负债表项目						
……						
无形资产		328	328	48② 24③	120①	280
……						
利润表项目						
……						
管理费用	0	164	164		24③	140
……						
营业利润	0	-164	-164		24	-140
……						
净利润	0	-164	-164		24	-140
股东权益变动表项目						
期初未分配利润	120	-328	-208	120①	48②	-280
……						
期末未分配利润	120	-492	-372	120	72	-420

甲公司在编制 2×23 年度合并财务报表时,该内部无形资产交易相关的抵销处理如下。

(1) 将 A 公司在受让取得该无形资产时,其价值中包含的未实现内部销售利润抵销。

借:期初未分配利润　　　　　　　　　　　　　　　　　　　　① 120
　　贷:无形资产　　　　　　　　　　　　　　　　　　　　　　　　120

(2) 将 A 公司上期期末该无形资产价值摊销额中包含的已摊销未实现内部销售利润抵销。

借:无形资产——累计摊销　　　　　　　　　　　　　　　　② 72
　　贷:期初未分配利润　　　　　　　　　　　　　　　　　　　　72

(3) 将 A 公司本期摊销的该无形资产价值中包含的未实现内部销售利润的摊销额抵销。

借：无形资产——累计摊销　　　　　　　　　　　　　　③　24
　　贷：管理费用　　　　　　　　　　　　　　　　　　　　　　24

其合并工作底稿(局部)如表 13-39 所示。

表 13-39　合并工作底稿(局部)

单位：万元

项　目	甲公司	A 公司	合　计	抵销分录 借方	抵销分录 贷方	合并数
资产负债表项目						
……						
无形资产		164	164	72② 24③	120①	140
……						
利润表项目						
……						
管理费用	0	164	164		24③	140
……						
营业利润	0	-164	-164		24	-140
……						
净利润	0	-164	-164		24	-140
股东权益变动表项目						
期初未分配利润	120	-492	-372	120①	72②	-420
期末未分配利润	120	-656	-536	120	96	-560

三、内部无形资产交易摊销完毕的期间的合并处理

对于购买企业来说，该内部交易无形资产到期，其账面价值已摊销完毕，其中未实现内部销售损益的数额也摊销完毕，无形资产账面价值经摊销后为零。对于转让企业来说，因该内部交易无形资产实现的收益，作为期初未分配利润的一部分结转到以后的会计期间，直到购买企业对该内部交易无形资产到期的会计期间。对于整个企业来说，随着该内部交易无形资产的使用期满，其所包含的未实现内部销售损益也转化为已实现损益。销售企业因该内部交易无形资产所实现的收益，作为期初未分配利润的一部分结转到购买企业该内部交易无形资产到期的会计期间，因此，首先，必须调整期初未分配利润；其次，在该无形资产到期的会计期间，本期无形资产摊销额中仍然包含无形资产价值中包含的未实现内部销售损益的摊销额，这一数额仍须进行抵销处理。

【例 13-32】接例 13-31，2×24 年 12 月，A 公司该内部交易无形资产使用期满，在其个别资产负债表中已无该无形资产摊余价值，在其个别利润表管理费用中仍包含该无形资产使用本期摊销额 164 万元。2×20 年度至 2×23 年度合并工作底稿(局部)见例 13-30、例

13-31。

甲公司在编制 2×24 年度合并财务报表时，该内部无形资产交易相关的抵销处理如下。

(1) 将 A 公司在受让取得无形资产时，其价值中包含的未实现内部销售利润抵销。

借：期初未分配利润　　　　　　　　　　　　　　　① 120
　　贷：无形资产　　　　　　　　　　　　　　　　　　　　120

(2) 将 A 公司上期期末该无形资产价值摊销额中包含的已摊销未实现内部销售利润抵销。

借：无形资产——累计摊销　　　　　　　　　　　　② 96
　　贷：期初未分配利润　　　　　　　　　　　　　　　　　96

(3) 将 A 公司本期摊销的该无形资产价值中包含的未实现内部销售利润的摊销额抵销。

借：无形资产——累计摊销　　　　　　　　　　　　③ 24
　　贷：管理费用　　　　　　　　　　　　　　　　　　　　24

其合并工作底稿(局部)如表 13-40 所示。

表 13-40　合并工作底稿(局部)

单位：万元

项　目	甲公司	A 公司	合　计	抵销分录 借方	抵销分录 贷方	合并数
资产负债表项目						
……						
无形资产	0	0	0	96② 24③	120①	0
……						
利润表项目						
……						
管理费用	0	164	164		24③	140
……						
营业利润	0	-164	-164		24	-140
……						
净利润	0	-164	-164		24	-140
股东权益变动表项目						
期初未分配利润	120	-656	-536	120①	96②	-560
……						
期末未分配利润	120	-820	-700	120	120	-700

第十节　所得税会计相关的合并处理

在编制合并财务报表时，需要对企业集团内部交易进行合并抵销处理，由此可能导致合并财务报表中反映的资产、负债账面价值与其计税基础不一致，存在着差异。为了使合并财务报表全面反映所得税相关的影响,特别是当期所负担的所得税费用的情况,应当进行所得税会计核算,在计算确定资产、负债的账面价值与计税基础之间差异的基础上,确认相应的递延所得税资产或递延所得税负债。

一、内部应收款项相关所得税会计的合并处理

在编制合并财务报表时,随着内部债权债务的抵销,也必须将内部应收款项计提的坏账准备予以抵销。对其进行合并抵销处理后,合并财务报表中该内部应收账款已不存在,由内部应收账款账面价值与计税基础之间的差异所形成的暂时性差异也不能存在。因此,在编制合并财务报表时,对持有该集团内部应收款项的企业因该暂时性差异确认的递延所得税资产则需要进行抵销。

【例13-33】甲公司为A公司的母公司。甲公司本期个别资产负债表应收账款中有1 700万元为应收A公司账款,该应收账款账面余额为1 800万元,甲公司当年对其计提坏账准备100万元。A公司本期个别资产负债表中列示有应付甲公司账款1 800万元。甲公司和A公司适用的所得税税率均为25%。

甲公司在编制合并财务报表时,其合并抵销处理如下。
(1) 将内部应收账款与应付账款相互抵销,其抵销分录如下。

借:应付账款　　　　　　　　　　　　　　　　　　　① 1 800
　　贷:应收账款　　　　　　　　　　　　　　　　　　　　　1 800

(2) 将内部应收账款计提的坏账准备予以抵销,其抵销分录如下。

借:应收账款　　　　　　　　　　　　　　　　　　　② 100
　　贷:信用减值损失　　　　　　　　　　　　　　　　　　　100

(3) 将甲公司对内部应收账款计提坏账准备导致暂时性差异确认的递延所得税资产予以抵销,其抵销分录如下。

借:所得税费用　　　　　　　　　　　　　　　　　　③ 25
　　贷:递延所得税资产　　　　　　　　　　　　　　　　　　25

甲公司对内部应收账款计提坏账准备导致暂时性差异=1 800-1 700=100(万元)
确认的递延所得税资产=100×25%=25(万元)
根据上述抵销分录,编制合并工作底稿(局部),如表13-41所示。

表13-41　合并工作底稿(局部)

单位:万元

项　目	甲公司	A公司	合　计	抵销分录		合并数
				借方	贷方	
资产负债表项目						
……						
应收账款	1 700		1 700	100②	1 800①	0
……						
递延所得税资产	25		25		25③	0
……						

续表

项目	甲公司	A公司	合计	抵销分录 借方	抵销分录 贷方	合并数
应付账款		1 800	1 800	1 800①		0
……						
利润表项目						
……						
信用减值损失	100		100		100②	0
……						
营业利润	−100		−100		100	0
……						
利润总额	−100		−100		100	0
所得税费用	25		25	25③		0
净利润	−75		−75	25	100	0
股东权益变动表项目						
期初未分配利润	0		0			0
……						
期末未分配利润	−75		−75	25	100	0

二、内部交易存货相关所得税会计的合并处理

　　企业在编制合并财务报表时，应将纳入合并范围的母公司与子公司以及子公司相互之间发生的内部交易对个别财务报表的影响予以抵销，其中包括将内部商品交易所形成的存货价值中包含的未实现内部销售损益的金额。对于内部商品交易所形成的存货，从持有该存货的企业来说，假定不考虑计提资产减值损失，其取得成本就是该资产的账面价值，其中包括销售企业因该销售所实现的损益，这一取得成本也就是计税基础。由于所得税是以独立的法人实体为对象计征的，这一计税基础也就是合并财务报表中该存货的计税基础。此时，账面价值与其计税基础是一致的，不存在暂时性差异，也不涉及确认递延所得税资产或递延所得税负债的问题。但在编制合并财务报表过程中，随着内部商品交易所形成的存货价值包含的未实现内部销售损益的抵销，合并资产负债表所反映的存货价值是以原来内部销售企业该商品的销售成本列示的，不包含未实现销售损益。因此，导致在合并资产负债表所列示的存货价值与持有该存货的企业计税基础不一致，存在着暂时性差异。这一暂时性差异的金额就是编制合并财务报表时所抵销的未实现内部销售损益的数额。从合并财务报表编制来说，对于这一暂时性差异，必须确认递延所得税资产或递延所得税负债。

　　【例13-34】甲公司持有A公司80%的股权，是A公司的母公司。甲公司2×20年利润表列示的营业收入中有5 000万元，是当年向A公司销售产品取得的销售收入，该产品销售成本为3 500万元。A公司在2×20年将该批内部购进商品的60%实现对外销售，其销售收入为3 750万元，销售成本为3 000万元，并列示于其利润表中；该批商品另外的40%形成A公司期末存货，即期末存货为2 000万元，列示于A公司2×20年的资产负债表中。甲公司和A公司适用的企业所得税税率均为25%。

　　甲公司在编制合并财务报表时，其合并抵销处理如下。

(1) 将内部销售收入与内部销售成本及存货价值中包含的未实现内部销售利润抵销,其抵销分录如下。

借：营业收入　　　　　　　　　　　　　　　　　　　　① 5 000
　　贷：营业成本　　　　　　　　　　　　　　　　(5 000-600) 4 400
　　　　存货　　　　　　　　　　　　　　　　(5 000×40%×30%) 600

(2) 确认因编制合并财务报表导致的存货账面价值与其计税基础之间的暂时性差异相关递延所得税资产。

本例中,从 A 公司角度,其持有该存货账面价值与计税基础均为 2 000 万元;从企业集团角度来说,通过上述合并抵销处理,合并资产负债表中该存货的价值为 1 400(2 000-600)万元;由于甲公司和 A 公司均为独立的法人实体,这一存货的计税基础应从 A 公司的角度来考虑,即其计税基础为 2 000 万元。因该内部交易抵销的未实现内部销售导致的暂时性差异为 600(2 000-1 400)万元,实际上就是抵销的未实现内部销售损益的金额。因此,编制合并财务报表时还应当对该暂时性差异确认递延所得税资产 150 (600×25%)万元。其抵销分录如下。

借：递延所得税资产　　　　　　　　　　　　　　　　　　② 150
　　贷：所得税费用　　　　　　　　　　　　　　　　　　　　150

根据上述抵销分录,其合并工作底稿(局部)如表 13-42 所示。

表 13-42　合并工作底稿(局部)

单位：万元

项　目	甲公司	A 公司	合　计	抵销分录 借方	抵销分录 贷方	合并数
资产负债表项目						
……						
存货		2 000	2 000		600①	1 400
……						
递延所得税资产	0	0	0	150②		150
……						
利润表项目						
营业收入	5 000	3 750	8 750	5 000①		3 750
营业成本	3 500	3 000	6 500		4 400①	2 100
……						
营业利润	1 500	750	2 250	5 000	4 400	1 650
……						
利润总额	1 500	750	2 250	5 000	4 400	1 650
所得税费用	375	187.5	562.5		150②	412.5
净利润	1 125	562.5	1 687.5	5 000	4 550	1 237.5
股东权益变动表项目						
期初未分配利润	0	0	0			0
……						
期末未分配利润	1 125	562.5	1 687.5	5 000	4 550	1 237.5

三、内部交易固定资产等相关所得税会计的合并处理

对于内部交易形成的固定资产，编制合并财务报表时应当将内部交易对个别财务报表的影响予以抵销，其中包括将内部交易形成的固定资产价值中包含的未实现内部销售利润予以抵销。内部交易形成的固定资产，对于从持有该固定资产的企业来说，假定不考虑计提资产减值损失，其取得成本就是该固定资产的账面价值，其中包括销售企业因该销售所实现的损益，这一账面价值与其计税基础是一致的，既不存在暂时性差异，也不涉及确认递延所得税资产或递延所得税负债的问题。但在编制合并财务报表时，随着内部交易所形成的固定资产价值所包含的未实现内部销售损益的抵销，合并资产负债表中所反映的该固定资产价值不包含这一未实现内部销售损益。也就是说，是以原销售企业该商品的销售成本列示的，因而导致在合并资产负债表所列示的固定资产价值与持有该固定资产的企业计税基础不一致，存在暂时性差异。这一暂时性差异的金额就是编制合并财务报表时所抵销的未实现内部销售损益的数额。从合并财务报表来说，对于这一暂时性差异，在编制合并财务报表时必须确认相应的递延所得税资产或递延所得税负债。

【例13-35】A公司和B公司均为甲公司控制下的子公司。A公司于2×20年1月1日，将生产的产品销售给B公司作为固定资产使用，A公司销售该产品的销售收入为1 680万元，销售成本为1 200万元。B公司以1 680万元的价格将该产品作为固定资产入账。B公司购买的该固定资产用于公司的销售业务，该固定资产不需要安装，当月投入使用，其折旧年限为4年，预计净残值为零，并与税法规定一致。为简化合并处理，假定该内部交易固定资产在交易当年按12个月计提折旧。B公司在2×20年12月31日的资产负债表中列示有该固定资产，其净值为1 260万元。A公司、B公司和甲公司适用的所得税税率均为25%。

甲公司在编制合并财务报表时，应当进行如下抵销处理。

(1) 将该内部交易固定资产相关销售收入与销售成本及原价中包含的未实现内部销售利润予以抵销，其抵销分录如下：

借：营业收入　　　　　　　　　　　　　　　　　　　　　　　　① 1 680
　　贷：营业成本　　　　　　　　　　　　　　　　　　　　　　　　　1 200
　　　　固定资产　　　　　　　　　　　　　　　　　　　　　　　　　　480

(2) 将当年计提的折旧和累计折旧中包含的未实现内部销售损益的金额予以抵销，其抵销分录如下：

借：固定资产——累计折旧　　　　　　　　　　　　　　(480÷4) ② 120
　　贷：销售费用　　　　　　　　　　　　　　　　　　　　　　　　　　120

(3) 确认因编制合并财务报表导致的内部交易固定资产账面价值与其计税基础之间的暂时性差异相关递延所得税资产。

本例中，确认递延所得税资产或负债相关计算如下。

B公司该固定资产的账面价值=1 680-420=1 260(万元)

B公司该固定资产的计税基础=1 680-420=1 260(万元)

暂时性差异=0

在B公司个别财务报表中不涉及确认递延所得税资产或负债的问题。

合并财务报表中该固定资产的账面价值=1 200-300=900(万元)
合并财务报表中该固定资产的计税基础=1 680-420=1 260(万元)
合并财务报表中该固定资产的暂时性差异=900-1 260=-360(万元)

关于计税基础,企业所得税是以某个企业的纳税所得为对象计算征收的。某一资产的计税基础是从使用该资产的企业来考虑的。对于某一企业来说,资产的取得成本就是其计税基础。该内部交易固定资产属于 B 公司拥有并使用,因此,B 公司该固定资产的计税基础也就是整个企业集团的计税基础,个别财务报表确定该固定资产的计税基础与合并财务报表确定的该固定资产的计税基础是相同的。

对于合并财务报表中该内部交易固定资产因未实现内部销售利润的抵销而产生的暂时性差异,应当确认的递延所得税资产为 90(360×25%)万元。抵销分录如下。

借:递延所得税资产　　　　　　　　　　　　　　　　　　　③ 90
　　贷:所得税费用　　　　　　　　　　　　　　　　　　　　　　90

根据上述抵销分录,编制合并工作底稿(局部)如表 13-43 所示。

表 13-43　合并工作底稿(局部)

单位:万元

项　目	A公司	B公司	合　计	抵销分录		合并数
				借方	贷方	
资产负债表项目						
……						
固定资产		1 260	1 260	120②	480①	900
……						
递延所得税资产				90③		90
……						
利润表项目						
营业收入	1 680		1 680	1 680①		0
营业成本	1 200		1 200		1 200①	0
……						
销售费用		420	420		120②	300
……						
营业利润	480	-420	60	1 680	1 320	-300
……						
利润总额	480	-420	60	1 680	1 320	-300
所得税费用	120	-105	15		90③	-75
净利润	360	-315	45	1 680	1 410	-225
股东权益变动表项目						
未分配利润(期初)	0	0	0			0
……						
未分配利润(期末)	360	-315	45	1 680	1 410	-225

第十一节 合并现金流量表的编制

一、合并现金流量表概述

现金流量表按照收付实现制反映企业经济业务所引起的现金流入和现金流出,其编制方法有直接法和间接法两种。我国已经明确规定采用直接法编制。所谓直接法,是将按照权责发生制确认的营业收入调整与营业活动有关的流动资产和流动负债的增减变动,列示营业收入和其他收入的收现数,将按照配比原则确认的营业成本和营业费用调整为付现数。在采用直接法的情况下,以合并利润表有关项目的数据为基础,调整得出本期的现金流入和现金流出数量;分别经营活动产生的现金流量、投资活动产生的现金流量、筹资活动产生的现金流量等三大类,反映企业一定会计期间的现金流量情况。

合并现金流量表,是指综合反映母公司及其子公司组成的企业集团在一定会计期间现金流入、现金流出数量以及其增减变动情况的财务报表。合并现金流量表以母公司和子公司的现金流量表为基础,在抵销母公司与子公司、子公司相互之间发生的内部交易对合并现金流量表的影响后,由母公司编制。合并现金流量表也可以依据合并资产负债表和合并利润表进行编制。

二、编制合并现金流量表需要抵销的项目

在以母公司和子公司个别现金流量表为基础编制合并现金流量表时,需要进行抵销的内容如下:

(1) 母公司与子公司、子公司相互之间当期以现金投资或收购股权增加的投资所产生的现金流量应当抵销。

当母公司从子公司中购买其持有的其他企业股票时,由此所产生的现金流量,在购买股权方的母公司的个别现金流量表中,表现为"投资活动产生的现金流量"中"投资支付的现金"的增加,而在出售股权方的子公司的个别现金流量表中则表现为"投资活动产生的现金流量"中的"收回投资收到的现金"的增加。在母公司对子公司投资的情况下,其所产生的现金流量在母公司的个别现金流量表中表现为"投资活动产生的现金流量"中的"投资支付的现金"的增加,而在接受投资的子公司个别现金流量表中则表现为"筹资活动产生的现金流量"中的"吸收投资收到的现金"的增加。因此,编制合并现金流量表时将其予以抵销。

(2) 母公司与子公司、子公司相互之间当期取得投资收益收到的现金,应当与分配股利、利润或偿付利息支付的现金相互抵销。

母公司对子公司投资以及子公司之间进行投资分配现金股利或利润时,由此所产生的现金流量,在股利或利润支付方的个别现金流量表中表现为"筹资活动产生的现金流量"中的"分配股利、利润或偿付利息支付的现金"的增加,而在收到股利或利润方的个别现金流量表中则表现为"投资活动产生的现金流量"中的"取得投资收益收到的现金"的增加。因此,在编制合并现金流量表时必须将其予以抵销。

(3) 母公司与子公司、子公司相互之间以现金结算债权与债务所产生的现金流量应当抵销。

以现金结算的债权债务，债权方表现为现金的流入，债务方则表现为现金的流出。在现金结算的债权与债务属于母公司与子公司、子公司相互之间内部销售商品和提供劳务所产生的情况下，从其个别现金流量表来说，在债权方的个别现金流量表中表现为"销售商品、提供劳务收到的现金"的增加，而在债务方的个别现金流量表中则表现为"购买商品、接受劳务支付的现金"的增加。在编制合并现金流量表时必须将由此所产生的现金流量予以抵销。在现金结算的债权与债务属于内部往来所产生的情况下，在债权方的个别现金流量表中表现为"收到的和其他与经营活动有关的现金"的增加，在债务方的个别现金流量表中表现为"支付的其他与经营活动有关的现金"的增加，在编制合并现金流量表时由此所产生的现金流量也必须予以抵销。

(4) 母公司与子公司、子公司相互之间当期销售商品所产生的现金流量应当抵销。

母公司与子公司、子公司相互之间当期销售商品没有形成固定资产、在建工程、无形资产等资产的情况下，该内部销售商品所产生的现金流量，在销售方的个别现金流量表中表现为"销售商品、提供劳务收到的现金"的增加，而在购买方的个别现金流量表中则表现为"购买商品、接受劳务支付的现金"的增加。而在母公司与子公司、子公司相互之间当期销售商品形成固定资产、工程物资、在建工程、无形资产等资产的情况下，该内部销售商品所产生的现金流量，在购买方的个别现金流量表中表现为"购建固定资产、无形资产和其他长期资产所支付的现金"的增加。因此，在编制合并现金流量表时必须将由此产生的现金流量予以抵销。

(5) 母公司与子公司、子公司相互之间处置固定资产、无形资产和其他长期资产收回的现金净额，应当与购建固定资产、无形资产和其他长期资产支付的现金相互抵销。

内部处置固定资产时，由于处置固定资产等所产生的现金流量，对于处置方个别现金流量表来说，表现为"处置固定资产、无形资产和其他长期资产收回的现金净额"的增加；对于购置该资产的接收方来说，在其个别现金流量表中表现为"购置固定资产、无形资产和其他长期资产支付的现金"的增加。故在编制合并现金流量表时必须将由此所产生的现金流量予以抵销。

(6) 母公司与子公司、子公司相互之间当期发生的其他内部交易所产生的现金流量应当抵销。

合并现金流量表的格式与个别现金流量表的格式基本相同(略)。

本 章 小 结

合并财务报表，是指反映母公司和其全部子公司形成的企业集团整体财务状况、经营成果和现金流量的财务报表。合并财务报表至少要包括合并资产负债表、合并利润表、合并现金流量表、合并所有者(或股东)权益变动表以及附注。合并财务报表的合并理论，到目前为止，有母公司理论、实体理论、所有权理论。依据不同的合并理论，其确定的合并范围和选择的合并方法不同。目前，国际财务报告准则和我国企业会计准则主要采用的是实体理论。

合并财务报表的合并范围应当以控制为基础予以确定。控制，是指投资方拥有对被投资方的权力，通过参与被投资方的相关活动而享有可变回报，并且有能力运用对被投资方的权力影响其回报金额。因此，投资方要实现控制必须具备以下基本要素：一是因参与被投资方的相关活动而享有可变回报；二是拥有对被投资方的权力，并且有能力运用对被投资方的权力影响其回报金额。投资方只有同时具备这两个要素，才能控制被投资方。

编制合并财务报表的程序主要包括：设置合并工作底稿；对母公司和子公司个别财务报表各项目的数据进行加总，计算得出个别财务报表各项目的合计数额；编制调整分录与抵销分录，这是合并财务报表编制的关键和主要内容，将个别财务报表各项目的加总金额中重复的因素予以抵销；计算合并财务报表各项目的合并数额；将合并数额填列于合并财务报表中。

合并财务报表包括合并日或购买日的合并财务报表的编制，以及合并或购买日后合并财务报表的编制。合并日需要编制合并资产负债表、合并利润表、合并现金流量表。

同一控制下取得的子公司，母公司在编制合并日的合并资产负债表时，只需进行与内部股权投资有关的抵销处理，即将对子公司长期股权投资与子公司所有者权益中母公司所拥有的份额相抵销；在编制合并日的合并利润表、合并现金流量表时，需将合并当年年初至合并日的合并方与被合并方之间发生的内部交易进行抵销处理。非同一控制下取得的子公司，母公司需编制购买日的合并资产负债表，以购买日确定的各项可辨认资产、负债的公允价值为基础对子公司的财务报表进行调整和列示。母公司合并成本大于取得子公司可辨认净资产公允价值份额的差额，作为合并商誉在合并资产负债表中列示母公司取得子公司后，在未来持有该子公司的情况下，每一会计期末都需要将其纳入合并范围，编制合并财务报表。

编制合并日后合并财务报表时，首先将母公司对子公司的长期股权投资由成本法核算的结果调整为权益法核算的结果，使母公司对子公司的长期股权投资项目反映其在子公司的所有者权益中所拥有权益的变动情况；其次将母公司对子公司的长期股权投资项目与子公司的所有者权益项目等内部交易相关的项目进行抵销处理，将内部交易对合并财务报表的影响予以抵销；最后在编制合并日后合并工作底稿的基础上，计算合并财务报表各项目的合并数并编制合并财务报表。

编制购买日后合并财务报表时，应当以购买日确定的各项可辨认资产、负债及或有负债的公允价值为基础对子公司的财务报表进行调整，通过编制调整分录进行；将母公司对子公司的长期股权投资采用成本法核算的结果，调整为权益法核算的结果时，子公司的净利润必须调整为公允价值，并以此净利润进行调整。其余程序与同一控制下的控股合并相同。

复习思考题

1. 什么是合并财务报表？它包括哪些内容？与个别财务报表相比，它有哪些特点？
2. 合并财务报表的合并理论有哪些？它有什么特点？目前我国采用哪种？
3. 谈谈合并范围如何确定？
4. 合并财务报表编制应遵循哪些原则？

5. 谈谈合并财务报表的编制程序。
6. 同一控制下的控股合并和非同一控制下的控股合并，股权取得日的合并财务报表有哪些？怎样编制？
7. 同一控制下的控股合并，合并日的合并财务报表有哪些？怎样编制？
8. 非同一控制下的控股合并，购买日的合并财务报表有哪些？怎样编制？
9. 股权取得日后，编制哪些合并财务报表？其主要的调整分录和抵销分录有哪些？
10. 合并资产负债表中的少数股东权益如何确定？
11. 合并资产负债表中的商誉如何确定？
12. 内部存货交易的抵销分录有哪些？怎样编制？
13. 内部固定资产交易的抵销分录有哪些？怎样编制？
14. 内部交易形成的资产已计提减值准备的，编制合并财务报表时是否需要抵销？如何抵销？
15. 如何理解合并利润表中"净利润"项目反映的内容？
16. 如何理解合并资产负债表中"股东权益"项目反映的内容？
17. 合并资产负债表中，是否列示母公司对子公司的"长期股权投资"项目？为什么？

参 考 文 献

[1] 中华人民共和国财政部. 企业会计准则(2022 年版)[M]. 上海：立信会计出版社，2022.
[2] 财政部会计司编写组. 企业会计准则讲解 2010[M]. 北京：人民出版社，2010.
[3] 中国注册会计师协会. 会计[M]. 北京：中国财政经济出版社，2022.
[4] 刘永泽，傅荣. 高级财务会计[M]. 6 版. 大连：东北财经大学出版社，2018.
[5] 耿建新，戴德明. 高级会计学[M]. 6 版. 北京：中国人民大学出版社，2013.
[6] 财政部会计司编写组. 企业会计准则第 2 号——长期股权投资[M]. 北京：经济科学出版社，2014.
[7] 财政部会计司编写组. 企业会计准则第 33 号——合并财务报表[M]. 北京：经济科学出版社，2014.
[8] 财政部会计司编写组. 企业会计准则第 20 号——企业合并[M]. 北京：中国财政经济出版社，2006.
[9] 财政部会计司编写组. 企业会计准则第 7 号——非货币性资产交换[M]. 北京：中国财政经济出版社，2020.
[10] 财政部会计司编写组. 企业会计准则第 12 号——债务重组[M]. 北京：中国财政经济出版社，2019.
[11] 财政部会计司编写组. 企业会计准则第 21 号——租赁[M]. 北京：中国财政经济出版社，2019.
[12] 财政部会计司编写组. 企业会计准则第 22 号——金融工具确认和计量[M]. 北京：中国财政经济出版社，2018.
[13] 财政部会计司编写组. 企业会计准则第 23 号——金融资产转移[M]. 北京：中国财政经济出版社，2018.
[14] 财政部会计司编写组. 企业会计准则第 37 号——金融工具列报[M]. 北京：中国财政经济出版社，2018.
[15] 财政部会计司编写组. 企业会计准则第 14 号——收入[M]. 北京：中国财政经济出版社，2018.